Von der Oper zum Musiktheater

Nora Eckert

Von der Oper zum Musiktheater

Wegbereiter und Regisseure

Henschel Verlag Berlin

Abbildung auf dem Schutzumschlag:
»Die Frau ohne Schatten« (Strauss), Genf 1992 – Regie: Andreas Homoki
Foto: Marc van Appelghem

Die Deutsche Bibliothek-CIP-Einheitsaufnahme:

Eckert, Nora:
Von der Oper zum Musiktheater: Wegbereiter und Regisseure / Nora Eckert. – Berlin: Henschel, 1995
ISBN 3-89487-207-1
NE: HST

ISBN 3-89487-207-1

© Henschel Verlag GmbH, Berlin 1995

Schutzumschlag: Hans Spörri

Gestaltung: Ingo Scheffler

Satz und Litho: AS Satz & Grafik, Berlin

Printed in Germany

Druck und Binden: Interdruck Graphischer Großbetrieb GmbH

INHALT

OPERNREGIE
IM 20. JAHRHUNDERT
EIN EXKURS

Die Krise der Darstellbarkeit von Oper und der Rettungsversuch durch avanciertes Musiktheater

Die Opernbühne hat sich in einen Boulevard der Dämmerung verwandelt, als sei ihr Untergang beschlossene Sache. Oder gleicht sie vielmehr einem surreal anmutenden Schiff der Träume, wie wir es aus Fellinis »E la nave va« kennen? Gleicht sie jenem Ozeandampfer, auf dem man die Trauerfeier für eine Operndiva zelebriert und der am Ende leck geschossen wird und sinkt? Bei Fellini verbirgt sich dahinter der absurde Wunsch nach einer Katastrophe, »die uns zu einer Wiedergeburt verhilft«. Denn alle Beteiligten sind an einem Punkt angelangt, der Stillstand bedeutet und nach einer wie auch immer gearteten radikalen Veränderung verlangt. Darum wird das Schiff zur vagen Verheißung, irgendeinen Hafen zu erreichen. Aber wie die Illusionsmaschinerie Oper entlarvt auch der Film die ganze Kunstwirklichkeit, wenn zum Schluß die Kamera die Studiosituation erfaßt, den Untergang als eine Angelegenheit von Effekten zeigt, als sitze das Publikum hinter der Bühne und schaue in den nackten, unbemalten Kulissenwald. Wohin die Reise dieses Ozeandampfers geht, bleibt ungewiß. Auf jeden Fall appelliert der Film an das Gebot der Gaukler, daß nämlich die Vorstellung weiterzugehen hat, als sei nichts geschehen. Kein Zufall, wenn Fellini gerade in »E la nave va« die Welt der Oper entdeckt, von deren Krise heute allenthalben die Rede ist.

Manchem scheint die Oper tatsächlich schon versunken und nur noch matt als Erinnerung an einst glanzvolle Zeiten zu existieren. Längst schon hatte sie ihre Rolle verspielt, war zu verstaubter Kunstrhetorik geworden, so hohl und anmaßend wie ihr Publikum im Grunde verständnislos. Aber man hatte es sich bequem gemacht in dieser Erinnerung. Man war in die »Weichheit des Abgestorbenen, aus welchem jeder Widerspruch unmöglich geworden ist«, geflohen, um sich nicht eingestehen zu müssen, man sei zu schwach für die Härte und Brutalität der Gegenwart. Thomas Bernhard spielte bei diesen Worten auf die Beobachtung an, daß sich heutzutage viele Menschen mit Altem umgeben. Die Oper scheint wohl auch eine Art altes Möbel zu bedeuten.

Ähnliches formulierte Ludwig Giesz in seiner »Phänomenologie des Kitsches«, als er von der »Geborgenheit im Gewesenen« sprach. Wer in der Oper alles beim Alten lassen will, verhält sich wie der »Kitsch-Mensch«, der die Erlebnisform einer mit Stimmung aufgeladenen Vergangenheit sucht und dabei »Vergangenheit als ungestörtes Gewesensein« goutiert. Der Opernabend wird so zur Flucht aus der unbequemen Gegenwart, deren Hast durch Stillstand ersetzt wird. »Die Erlebnisaura des Vergangenen kommt dem genüßlichen Stimmungsbedürfnis mehrfach entgegen«, heißt es bei Giesz.

Es nimmt kaum Wunder, wenn die Stichworte »Operndämmerung« und »Opernmuseum« inzwischen selbst schon zum Themenfundus des Genres gehören. Aber ist das schon die ganze Wahrheit? Wenn ja, was findet dann jeden Abend auf unseren Opernbühnen statt? Ist, was für tot erklärt wurde und sich scheinbar so lebendig gibt, wirklich nur ein Abglanz von Erinnerung? Und ist das Festhalten an dieser Erinnerung nichts anderes als eine Flucht vor der allzu unbequemen Gegenwart?

Ganz ohne Frage, es hat sich im 20. Jahrhundert etwas Grundlegendes im Verhältnis von Gesellschaft und Oper verändert. Obschon die Geschichte des Genres eigentlich eine Dauerkrise beschreibt, war noch nie so häufig und vehement von der Krise die Rede und waren ihre Symptome so augenfällig wie gerade in unseren Tagen. Theodor W. Adorno sprach dieses Thema sowohl in einem Vortrag bereits 1955 (publiziert unter dem Titel »Bürgerliche Oper« in dem ersten Band der Musikalischen Schriften »Klangfiguren«) als auch in einem modifizierten Beitrag zu seiner »Einleitung in die Musiksoziologie« von 1962 an. Er griff dabei eine aus den zwanziger Jahren datierende Diskussion auf, als er erklärte, Oper sei passé, ihre Form veraltet und das

Verhältnis der Oper zur Gesellschaft radikal beschädigt. «Fragwürdig ward die Oper nicht nur, wie man wohl denken könnte, im Innern der Werke und in den Regungen fortgeschrittenen kompositorischen Geschmacks. Die permanente Opernkrise ist mittlerweile manifest als Krise der Darstellbarkeit von Opern.« Ebendies aber soll hier behandelt und zugleich behauptet werden: die Darstellbarkeit von Oper. Denn so wenig die Krise verleugnet wird, so sehr fällt der Rettungsversuch ins Gewicht, wie ihn das avancierte Musiktheater unternimmt. Nicht wenige mögen noch am Ende des 20. Jahrhunderts das avancierte Musiktheater als einen Zirkus der Sensationen bewerten, als ob es den Regisseuren nur darum ginge, mit immer neuen, stets spektakulären Einfällen das Opernkarussell am Laufen zu halten. Und zwar ganz so, als hätte man hier schon längst die Post-histoire erreicht, über die Arnold Gehlen spekulierte – ausgehend von einer Kultur mit einer »Innenanpassung an die industriegesellschaftlichen Lebensformen«. Die Abwechslung, die Hektik und Schnellebigkeit des Kulturbetriebs mit seiner Vorliebe für Oberflächenreize lieferte ihm dafür die Indizien. Der rasche Wechsel immer neuer Operninterpretationen würde vermutlich in Gehlens Bild passen und sich mit seiner Feststellung decken: »Ein Leerlauf kann auch hochtourig erfolgen.« Also wäre auch zu fragen, ob die moderne Opernregie nur Ausdruck hochtourigen Leerlaufs ist.

Als man in den zwanziger Jahren vom Opernmuseum zu sprechen begann und die Erstarrung der Kunstform wie auch ihre ganze Antiquiertheit diagnostizierte, da war die Musiktheateridee bereits geboren. So kompetente Anhänger sie auch fand, so sehr hatte sie sich gegen den Hohn mancher Kritiker und gegen ein verstimmtes Publikum zu verteidigen. Das Publikum zeigt sich heute noch immer verstimmt, wenn auch mit wechselnden Mehrheiten des Pro und Kontra. Tumultartige Reaktionen bei Premieren belegen das stets aufs neue, aber auch demonstrative Zustimmung.

Musiktheater, das war und ist die moderne Sicht auf die Opernstoffe. Das Moderne blieb jedoch ungeliebt, weshalb alles suspekt erscheinen mußte, was sich darauf berief. Überhaupt impliziert der Begriff der Moderne »mehr Negation dessen, was nun nicht mehr sein soll, als positive Parole«. Darum besitzt das Moderne oft den »Ton von Unheil« (Adorno). Es ist dem Menschen unbehaglich geworden in diesen säkularen, modernen Zeiten, kein gemütliches Zurücklehnen ist mehr möglich. Und anstelle einer neuen Festlichkeit in den Opernhäusern schärfen Aufführungen vielmehr den Blick für Brüche und Widersprüche. Das Theater als »geistiger Raum« soll auch Gültigkeit für die Oper erlangen, und sie setzt damit auf das wache Bewußtsein des Publikums. Die Idee des Musiktheaters meint, kritisch mit den Stoffen zu verfahren. Eine solcherart motivierte Opernregie arbeitet mit ironischen Brechungen, legt Widersprüche offen und versucht, anstatt Kulinarik zu präsentieren, Denkprozesse in Gang zu setzen. Sie bringt die sinnliche Erfahrung mit dem Intellekt zusammen. Dem steht freilich das Harmoniebedürfnis des Publikums entgegen, das eine Oper des unumschränkten Optimismus erwartet, was Friedrich Nietzsche zu der Feststellung veranlaßte, in ihr erfülle sich »die Sehnsucht zum Idyll«.

Das avancierte Musiktheater, dies der häufigste Vorwurf, verletze die Werktreue, deute alte Stoffe nach Gutdünken um und zeige im Grunde etwas Neues, was der Komponist Mozart, Verdi oder Wagner gar nicht oder zumindest anders gemeint habe. Angesprochen werden Tradition und Traditionsverlust. Was Adorno aber für die gegenwärtige Kunst konstatierte, paßt gleichermaßen auf das avancierte Musiktheater. Entscheidend nämlich ist, daß die Kategorie Tradition sich selbst verändert hat, und darum gilt: »In einer wesentlich nichttraditionalistischen Gesellschaft ist ästhetische Tradition apriori dubios. Die Autorität des Neuen ist die des geschichtlich Unausweichlichen. Insofern impliziert es objektiv Kritik am Individuum, seinem Vehikel: ästhetisch schürzt im Neuen sich der Knoten von

Individuum und Gesellschaft.« (Adorno) Zur Oper, die als Idylle, als widerspruchslose kulinarische Veranstaltung genossen werden will, paßt schlecht eine solche (selbst-)kritische Sicht. Darum fällt die Ablehnung von seiten des Publikums derart vehement und die Verdammung derart rigoros aus. H. C. Artmanns Bemerkung »Ja, jeder gebildete Mensch möchte von Zeit zu Zeit eine gute Oper hören«, spricht mit berechtigter Ironie das bildungsbürgerliche Konsumverhalten in der heutigen Opernrezeption an.

Hin und wieder vernimmt man publizistische Kassandrarufe, die sich gegen die vermeintliche oder tatsächliche Willkür von Regisseuren richten. So beispielsweise von Kurt Honolka, der vor dem Gespenst des Regietheaters warnte, das in deutschen Opernlanden umgehe. Ein anderer dieser selbsternannten Anwälte des Publikums und der »mißhandelten« Künstler ist Curt Riess. Sie mögen zwar wortreich gegen das publikumsfeindliche Theater polemisieren, bleiben aber schließlich sprachlos, wenn es um die Definition geht, wo denn die Grenzen der Willkür verlaufen, wie Werktreue auszusehen habe. Auch Curt Riess begnügt sich mit der »Darstellung eines Niedergangs« und setzt die Aufzählung von »Missetaten« (wie etwa Aida als Putzfrau) fort, die in den zwanziger Jahren mit »Hamlet im Frack« begann. Riess spricht es nicht aus, meint es aber auf fast jeder Seite: Die Vertreter des »Regietheaters« müssen krank, müssen Idioten oder Wahnsinnige sein. Wer wie das Publikum »normal« denkt, der kann gar nicht auf eigene Ideen kommen. Erstaunlich nur, daß die Regie, die Werke für ausdeutbar hält, nun schon seit einem Jahrhundert auf die in jeder Beziehung »offene Dramaturgie« setzt. Es dürfte wohl mehr als bloße Hartnäckigkeit oder die Lust an der Provokation ein Grund dafür sein.

Noch älter als die Feindschaft gegen moderne Opernregie ist allerdings die Warnung vor dem Untergang des Theaters und der Oper. Ganz offensichtlich versteht jeder und jede Zeit etwas anderes unter Theater und sieht es bei Veränderungen

immer wieder bedroht. Peter Brook hat dazu erst jüngst in »Das offene Geheimnis« Treffendes geäußert: »Das Wort Theater ist so vage, daß es entweder gar nichts bedeutet oder Verwirrung schafft, weil ein Mensch über einen Aspekt spricht und der nächste über etwas ganz anderes. Es ist so, als spräche man über das Leben. Das Wort ist zu groß, um Bedeutung zu tragen.«

Avanciertes Musiktheater entspricht ja keineswegs unserem Opernalltag, der noch genug szenische Belanglosigkeiten und biederes Arrangement bereithält. Nicht zu Unrecht stellte Peter Brook resigniert fest: »Die Oper ist ein Alptraum riesiger Fehden über winzige Nebensächlichkeiten, surrealistischer Anekdoten, die sich alle um dieselbe Behauptung drehen: nichts braucht sich zu ändern.« Indes: »Alles in der Oper muß sich ändern, aber in der Oper ist Änderung blockiert.«

Was Adorno das radikal beschädigte Verhältnis der Gesellschaft zur Oper nennt, umschrieb Anfang dieses Jahrhunderts Paul Bekker folgendermaßen: »Heute besteht ein gemeinsames öffentliches Interesse an künstlerischen Dingen nicht mehr.« Die Kunst sei zur »Kunst an sich« geworden und habe damit einen großen Teil ihrer Wirkungsmöglichkeiten preisgegeben. Er hält es im übrigen mit der Kulturkritik Nietzsches und erklärt den Niedergang der Oper mit dem Wandel zum Konversationsstück, bei dem artistische Reize die Oberhand gewinnen. Andererseits attestiert er dem Genre angesichts seiner ungebrochenen Konjunktur den »entwicklungsfähigsten Ausdrucksapparat«. Das avancierte Musiktheater hat diesen bis heute immer wieder auszureizen versucht, wo es etwa die Aktualität von Werken zu mobilisieren verstand, obschon der konservative Paul Bekker als Verfechter einer absoluten Werktreue solches entschieden ablehnte. Die Tendenz der Opernregie im 20. Jahrhundert ist klar: Sie will die Werke als Echo des Menschen vorführen, was sich mit der Ansicht des Romantikers Novalis deckt, wonach das Theaterspiel die tätige Reflexion des Menschen über sich selbst ist.

Avanciertes Musiktheater wurde möglich durch die Entdeckung des Regisseurs und seiner interpretierenden und vermittelnden Arbeit, dieses Ausloten des Ausdrucksapparates Oper. Eher skeptisch bewertet beispielsweise Adolf Dresen diesen Umstand, denn für ihn stellt der Regisseur letzten Endes eine »Gestalt der Entfremdung« dar. Sein Erscheinen wurde möglich und auch notwendig im Zusammenhang mit einem entfremdeten und vermittelten Leben, das sich nur noch in der Rezeption von Kunst widerspiegelt. Als Symptome dieser Entfremdung mag man bereits die Trennung von Publikum und Bühne ebenso wie die Entwicklung hin zur Guckkastenbühne sehen. Und nicht zuletzt waren es die alten Stücke, die mit der Entstehung eines kanonisierten Repertoires und historisierten Spielplans im vorigen Jahrhundert ein immer größeres Gewicht erlangten, unmittelbar aber nichts mehr mit der Gegenwart zu tun hatten und darum um so mehr einer Vermittlung bedurften.

Trotz seiner ihm in diesem Jahrhundert zugewachsenen Bedeutung wird immer wieder an der Existenzberechtigung des Regisseurs gezweifelt (zumal in der Oper), als genügten die Stücke für sich schon und könnten für sich allein sprechen. Diesem Irrtum hat nicht zuletzt Peter Brook in seinem geradezu programmatischen Essay »Der leere Raum« mit Nachdruck widersprochen. Es genügt eben keinesfalls, Sänger, Chor und Orchester in einem Theater zu versammeln und schon würde daraus Oper entstehen. Daß sie der Szene bedarf, läßt sich nicht leugnen. Regie muß sein, und sie muß über das bloße Arrangieren, über die »Dekoration von Texten« hinausgehen. Es ist der Regisseur, der »dieses geheime und zugleich sichtbare Band zwischen den Figuren, diese wechselseitige Sensibilität, diese verborgene Zwiesprache der Beziehungen« erfindet, lautete schon 1913 Jacques Copeaus Definition in »Die Erneuerung des Theaters«. Daran hat sich bis heute nichts geändert. Noch immer geht es im Theater (und nicht weniger in der Oper) um die Sichtbarmachung des Unsichtbaren, auch wenn sich dies in einem musikalischen Gebilde weit komplexer als auf der Sprechbühne gestaltet.

Wolfgang Rihm formulierte in seiner Ansprache anläßlich der Wiedereröffnung der Frankfurter Oper »einige Phantasien« zur Oper und zum Musiktheater. Er plädierte für eine Modernität, die aus der Variabilität des Genres herrührt, aus der »kommunikativen Wirklichkeit« von Aufführungen. Die Oper erweise sich gegenüber der Konkurrenz etwa des Films so viel überlegener, weil sie die Mechanik ihrer Herstellung nicht verberge – »sie ist die Wirklichkeit der Bühne, deren Realität« und befördert die imaginative Sensibilität. Der Film, einmal entstanden, bleibt als Produkt unveränderlich. Anders das Musiktheater, das jeden Abend neu ersteht mitsamt seiner Kraft der Verwandlung: »Selbst Guckkasten-Aufführungen sind stets neu sich gebärdende Vorgänge großer Variabilität und darin eigentlich viel moderner als das in seiner Herstellung technisch so weit entwickelte Filmwerk.« Entscheidend jedoch bleibt auch hier der Geist, aus dem Oper entsteht, denn szenischer Konservatismus und musikalische Ungenauigkeit bewirken am Ende nur tödliches Theater.

»Erst der erneute und erneuerte Blick läßt mehr erkennen«, äußerte Rihm, »als die verwischten Züge eines vermeintlich vertrauten Unwissens.« Eine solche Sicht verträgt sich mit Nietzsches Artisten-Metaphysik, wonach die eigentliche metaphysische Tätigkeit des Menschen nicht die Moral, sondern die Kunst sei mit ihrem »Hintersinn hinter allem Geschehen«. Was auch an das von Adorno beschriebene »Klima« der Kunst erinnert: »Das Nachleben der Werke, ihre Rezeption als Aspekt ihrer eigenen Geschichte findet statt zwischen dem Nicht-sich-verstehen-lassen und dem Verstanden-werden-wollen.« Opernregisseure sind heute mehr denn je auf der Suche nach dem Hintersinn, sie setzen mit unterschiedlichsten ästhetischen und ideellen Resultaten auf die Variabilität des Genres und sensibilisieren im besten Falle für die imaginative Kraft von Bühnenwerken. Hier gilt aber auch, was Arthur Maria

Rabenalt in den zwanziger Jahren über den spielerischen Umgang mit dem Genre und seine artistische Existenz formulierte: »Die Bühne ist kein Museum und kein Tempel, in dem Reliquien ausgestellt und ehrfürchtig verehrt werden, sondern es ist eine lebendige Spielwelt, ein Abenteuerspielplatz für den virulent gewordenen menschlichen – ewigen Spielwillen.«

Bei Ernst Bloch finden wir einen anderen Aspekt, wenn er 1930 in dem Aufsatz »Mangel an Opernstoffen« einwandte, daß noch kein Schöpfer mit seinem Werk je zufrieden war, ja daß eigentlich jedes unfertig bliebe. »Das gilt vor allem auch für die alten Opern und nicht nur wegen der Theaterwirkung, die dauernd immer anders wird, sondern auch wegen der Stoffe, die noch nicht ganz erschienen sind, in keiner bisherigen Musikform auch ganz erscheinen konnten.« Für Opernstoffe gebe es deshalb weder ein »Zuspät« noch einen «numerus clausus«.

Man mag das als Relativismus abtun, aber es ist gleichsam zum Zeichen der Kunst des 20. Jahrhunderts geworden: die wechselnden Methoden und Interpretationen, der Wechsel der Ausdrucksform, der zugleich eine Änderung des Denkens anzeigt. Immerhin verspricht die interpretatorische Vielfalt einen Reichtum der Erfahrung, der sich nicht allein durch »Praxis«, sondern auch durch Zuschauen erschließt. Sicherlich garantiert die neue Ansicht keine neue Einsicht, aber sie ermöglicht sie. Angesichts eines immer einfältiger werdenden Unterhaltungsangebotes bleibt es fraglich, wie weit und wie lange das Publikum überhaupt noch Opernszenen zu entschlüsseln in der Lage sein wird, da der metaphorische Bildervorrat eher im Schwinden begriffen zu sein scheint. Sehen wir also im Künstler wie im Regisseur auch einen »Vermehrer«, der als eine Art sozialer Geste gewissermaßen Erfahrungen schenkt. Die Variabilität des Genres wird durch Lust am Interpretieren zu einem schier unerschöpflichen Reservoir an Erlebnis- und Erkenntnismöglichkeiten. Regie wird zum semantischen Spiel,

das die Lesbarkeit der Welt zum Motto hat. Zum Verständnis der Kunst gehört seit jeher die interpretatorische Offenheit des Kunstwerkes, es begreift die Imagination des Betrachters als dessen Bestandteil. Was für das Bild gilt und seine Dialektik des Verdeckens und Zeigens gilt mindestens auch für die so viel komplexere Oper. Auch dort ist die Szene im Zusammenklang mit der Musik bis zu einem bestimmten Maße auf die Imagination des Publikums angewiesen, zumal dort, wo Regisseure nur andeuten. Nicht zuletzt deren Anteil offenbart sinnfällig die interpretatorische Offenheit der Werke. Metaphern unterliegen in ihrer Lesbarkeit der jeweiligen Zeit mit ihrem spezifischen Bewußtsein. Gleichwohl bleiben sie vieldeutig und wandelbar.

Avanciertes Musiktheater ist keine auch nur irgendwie formierte Bewegung, auch wenn eine Gesamtdarstellung diesen Eindruck vielleicht erweckt, wie möglicherweise auch jenen der Kontinuität in der Zusammenfassung eines Jahrhunderts Opernregie. Der nachfolgende geschichtliche Abriß über die Opernregie im 20. Jahrhundert beschreibt eine Vielfalt stilistischer und gedanklicher Ansätze in der Interpretation von Oper. Des weiteren belegen die Porträts von Opernregisseuren und die Beschreibung und Analyse ihrer Arbeitsweisen und Stile, wie sehr sich dieser Pluralismus durch die inszenierten Resultate legitimiert. Denn die Wahrheit in der Oper ist mindestens so facettenreich wie die unterschiedliche Optik ihrer Präsentation. Die eine Version erscheint uns vielleicht genauso richtig wie eine andere, gleich ob es das Spiel oder die These ist, die überzeugen. In ihrer Überzeugungskraft und Plausibilität beweisen sie noch allemal die gelungene Annäherung an die Werke. Das avancierte Musiktheater ist in seinen Argumenten ebensowenig einheitlich wie in seinen Arbeitsweisen. Dabei entspricht der interpretatorische Pluralismus dem pluralistischen Ausdrucksapparat der Oper selbst. Weil sich aber avanciertes Musiktheater über Konventionen hinwegsetzt und gegen die Musealität des Opernbetriebs und seine reine Festlichkeit gerichtet ist, war es in diesem Jahrhundert und ist es immer noch zahlreichen Widerständen ausgesetzt. Natürlich hat es aufgeschlossene, risikofreudige Intendanten gegeben, die eine moderne Opernregie ermöglichten. Es gab das ambitionierte, von Gerard Mortier geleitete Théâtre de la Monnaie in Brüssel, zehn Jahre lang währte in Frankfurt die mittlerweile schon legendäre Gielen-Ära, es gibt das in Sachen »Opernarchäologie« nach wie vor aktive Stadttheater Bielefeld mit seinem weithin bekannten Spielleiter John Dew. Interessantes wurde während der zehn Jahre von Dennis Russell Davies in Stuttgart produziert, und auch Götz Friedrich ist ein solcher Ermöglicher an der Deutschen Oper Berlin, wo Hans Neuenfels, Achim Freyer, John Dew oder Günter Krämer mehrmals inszenierten. Nicht unerwähnt bleiben darf die Oper in Basel während der letzten Jahre; Hans Hollmann und Herbert Wernicke haben dort regelmäßig ebenso aufregende wie anregende Inszenierungen erarbeitet. Und in dieser Aufzählung hat dann sicherlich auch die Ära Liebermann an der Grand Opéra in Paris ihren Platz. Ansonsten bleibt avanciertes Musiktheater eine Summe singulärer Ereignisse. Selten wird die Arbeitskraft eines ganzen Opernhauses derart gebündelt wie etwa bei der von einer übergreifenden Dramaturgie durchdrungenen Arbeit in Frankfurt während der Gielen-Ära.

DIE ENTDECKUNG DER OPERNREGIE

Kein anderer Terminus hat sich im reformerischen Umgang mit dem Genre Oper so sehr als Leitbild eingeprägt wie Wagners Begriff vom Gesamtkunstwerk. Die gelungensten Inszenierungen des avancierten Musiktheaters werden zugleich auch als Gesamtkunstwerke bezeichnet. Alle Elemente der Oper sollen darin als gleich bedeutend für das Resultat gelten, wobei Musik und Szene sich gegenseitig durchdringen, zu einer Einheit verschmelzen, um das Chaos der »angewandten Kunstmittel« zu überwinden, wie es bei Wagner heißt. Dabei war am Anfang weit weniger von Opernregie die Rede als von der Musik, nach deren Intentionen das Spiel zu ordnen sei. Aufführungen, wie sie Wagner als gültig ansah, und er hat ja wie kaum ein anderer Komponist akribisch festgelegt, was wie zu schauen sei, dürften uns heute eher antiquiert vorkommen. Das Stichwort hieß damals Illusionsbühne, die sich ganz aufs naturalistisch-realistische Ambiente verstand, wie die Musik selbst auf vollendeten Schein setzte. Ernst Bloch warnte davor, es sich in der »guten Stube« dieses vollendeten Scheins bequem zu machen. Wie sehr das Neue des Gesamtkunstwerks von der Musik herkommt, hatte Friedrich Nietzsche in seiner frühen Schrift »Die Geburt der Tragödie aus dem Geiste der Musik« philosophisch formuliert, wo er »Tristan und Isolde« als das Werk der Zukunft feierte. Kein Wort jedoch, wie der Umbruch mit der Hinwendung zum tragischen Mythos szenisch glaubhaft zu machen sei, obgleich ziemlich genau die musikalische Wende benannt wird. Denn nun habe es ein Ende mit der »optimistischen Verherrlichung des Menschen«, zu der die Kunstform Oper verfiel, indem die Entwicklung »zur verstandesmäßigen Wort- und Tonrhetorik« ging und als Ersatz für die fehlende Vision der Komponist »den Maschinisten und Dekorationskünstler in seinen Dienst« zwang. Mit dem »Tristan« habe die Musik sich mit der Tragödie verbunden und erlange wieder ihre »dionysische Weltbestimmung«: »immer von neuem wieder das spielende Aufbauen und Zertrümmern der Individualität als der Ausfluß einer Urlust«.

Gewiß, Nietzsche dürfte kaum daran gedacht haben, daß die ästhetische Lust mindestens ebenso stark eine des Schauens und Begreifens wie eine des Hörens ist. Aber wenn auch sehr abgeschwächt, so wuchs doch ein Bewußtsein oder zumindest ein Gespür heran, daß Oper mehr sein kann als kunstrhetorische Kulinarik. Nicht zuletzt in Wagners Begriff des Musikdramas schwingt solches mit. Jedoch hat der Begriff Gesamtkunstwerk mit seiner inhaltlichen Bestimmung als eine Synthese der Einzelkünste letztendlich die Frage nach den szenischen Resultaten offengelassen und die Antwort dem jeweiligen Zeitstil überlassen. Auch in Udo Bermbachs jüngst vorgelegter Studie »Der Wahn des Gesamtkunstwerks«, in der Wagners Idee als politisch-gesellschaftliche Utopie erklärt wird, bleibt die Frage nach der Szene offen. Wenn freilich Kunst Vorbildcharakter für das Leben erhalten soll, müßte sie wohl in der Sprache der Gegenwart szenisch formuliert werden, um verstanden zu werden.

Wie so oft in diesem Jahrhundert erfuhr die Opernregie wichtige Anstöße durch das stets avanciertere Schauspiel. Zu Beginn des 20. Jahrhunderts übte vor allem Stanislawski diesen Einfluß aus, der für seine Methode den Begriff der »produktiven Einfühlung« fand. Zugleich war sein Künstlertheater Antwort auf ein wis-senschaftlich geprägtes Zeitalter. Denn Lebenswirklichkeit sollte auf der Bühne reproduziert werden. Regie wurde, wie zuvor vielleicht nur bei den Meiningern, zur Detailfrage, zur Beschwörung von Atmosphäre. Als Folge der politischen Veränderungen in Rußland entwickelte Stanislawski schließlich Ende der zwanziger Jahre ein neues Theaterkonzept und wurde damit zum Wegbereiter des sozialistischen Realismus auf der Bühne. Nicht mehr Einfühlung, sondern die Logik der Handlung trat in den Vordergrund, und die Rollengestaltung wurde gewissermaßen zur soziologischen Aufgabe. Nun bedurfte jede Inszenierung einer »Überaufgabe« als ihre eigentliche Idee, die die künstlerische Geschlossenheit sicherzustellen hatte.

Stanislawski leitete ab 1919 ein zunächst in seiner Wohnung untergebrachtes Opernstudio. Dort sollte der singende Schauspieler ausgebildet werden. Oper begriff man als Einheit von Musik, Gesang, Wort und Handlung mit dem Ziel der Harmonisierung. Auch in der Oper müsse es um Wahrhaftigkeit gehen. Dazu bedürfe es nicht des äußeren Tempos und Rhythmus, sondern des inneren, geistigen. »Sie müsse im Ton, im Wort, in der Handlung, in der Geste und im Gang, im ganzen Werk zu

spüren sein«, heißt es in Stanislawskis Erinnerungen »Mein Leben in der Kunst«. Auch bei ihm vernimmt man den Begriff von der Musikalisierung der Szene: »Die Handlung auf der Bühne soll genauso wie das Wort musikalisch sein. Die Bewegung muß einer endlosen Linie folgen und dehnbar sein wie der Ton eines Streichinstruments oder aber abreißen können wie das Staccato einer Koloratursängerin.« Zugleich eine Forderung an die Opernsänger seiner Zeit.

Als bemerkenswertes Detail darf man seine Ausführung zur Rolle der Ouvertüre sehen, die er als ein pantomimisches Vorspiel auffaßt, eine häufige Praxis heutiger Inszenierungen – und wie man sieht also keine ganz neue Idee. Stanislawski bewertet die Ouvertüre als eine plastische Wiedergabe der in der Musik ausgedrückten Handlung, und »das gilt auch für die Vorspiele zu einzelnen Akten, weil dort musikalisch erzählt wird, was im darauffolgenden Akt geschieht. Unser Opernstudio war bemüht, solche Ouvertüren bei geöffnetem Vorhang und mit den Künstlern zusammen zu spielen.« Berühmtheit erlangte seine mit jungen Sängern erarbeitete Inszenierung des »Eugen Onegin« aus dem Jahre 1922. Dabei wurde die vorhandene Ausstattung des Saals genutzt: Säulen, die in Bäume verwandelt wurden, oder einströmendes Sonnenlicht. Ziel war ein sehr präziser Realismus, der für damalige Opernkonventionen viel Ungewöhnliches hervorbrachte – etwa eine Tatjana, die die Briefszene vom Bett aus und ohne an der Rampe auf und ab zu schreiten gestaltete. Durch die räumliche Intimität konnte auch ein differenziertes mimisches Spiel erreicht werden.

Bezeichnend bleibt für die ersten Jahrzehnte zaghafter Bemühungen um eine szenische Reform zuallererst die Erfüllung des musikalischen Geistes auf der Bühne. Gustav Mahlers Opernreform in Wien ist dafür das beste Beispiel. Seine Bemühungen waren außerdem so nachhaltig, daß noch aus den Argumenten eines Bruno Walter und später eines so exponierten Theatermannes wie des Dirigenten Otto Klemperer Mahlers Ansichten zur Opernreform herauszuhören sind. Aber mit der Erfüllung musikalischen Geistes beginnt tatsächlich auch die Suche nach szenischen Äquivalenzen.

»Wer diese zehn Jahre der Oper unter Mahler jung erlebt hat«, erinnerte Stefan Zweig emphatisch, »dem ist etwas gewonnen für sein Leben gewesen, das mit Worten nicht zu messen ist.« – »Nie in der darstellenden Kunst habe ich so etwas an Einheit erlebt wie an manchen dieser Abende, die in ihrer reinen Wirkung nur Elementarem vergleichbar sind.« 1897 wurde Gustav Mahler, bereits ein erfahrener und berühmter Dirigent, Hofoperndirektor in Wien. Die immensen Erwartungen wurden sogleich auf triumphale Weise erfüllt. Obwohl er sich zuweilen über die »Tretmühle« Theater oder über das »Theater-Höllenleben« beklagte, führte er den Kampf gegen die vielfältigsten Schlampereien mit äußerster Hartnäckigkeit. Berühmt geworden ist in diesem Zusammenhang der Satz: »Was ihr Theaterleute eure Tradition nennt, ist nichts als eure Bequemlichkeit und Schlamperei.« Für ihn bedeutete das Gesamtkunstwerk Oper zunächst die Einheit von Darstellung und Gesang als ein harmonisches Ganzes. Nicht weniger lag ihm an einer plausiblen Handlung, einer dramaturgischen Logik, wie an der Natürlichkeit von Gestik und Mimik. Ferdinand Pfohl beschrieb das folgendermaßen: »Mahler besaß als Operndirigent ein höchstes Maß an Stilgefühl; er trieb im innigsten Zusammenhang mit der Szene überhaupt Ausdruckskunst und Ausdruckskultur; war in einer Person Regisseur und Kapellmeister; Erklärer der Musik durch die Szene, Erklärer der Szene durch die Musik.« Er wurde kurzum »das denkende Gehirn jeder Aufführung«.

Unterstützung erhielt er durch Alfred Roller, diesen vom Jugendstil beeinflußten Bühnenbildner, der durch eine gemäßigte Stilisierung und durch szenische Vereinfachungen der Bühne die starr kanonisierten Dekorationen ablöste. Ihm verdanken wir auch einige aufschlußreiche Bemerkungen über den »Vollblut-Theatermenschen« Mahler, der sich vor allem als Improvisator verstand. Als sich Roller einmal über die Unzulänglichkeiten des Repertoire-

betriebs beklagte, erwiderte Mahler: »Alles, was Sie hier leisten können, wird immer die Flüchtigkeit der Improvisation haben, aber unterschätzen Sie dies nicht – auch deren Frische.« Und obschon Mahler gewissermaßen die Musik inszenierte, war er doch überzeugt von der Bedeutung der sichtbaren Bühnengestaltung. Gleichwohl sollte die Aufmerksamkeit des Publikums nicht durch eine allzu gewagte Szenengestaltung abgelenkt werden.

Mahlers Reformbemühungen an der Wiener Hofoper waren begleitet von einer Reihe praktischer Verbesserungen, etwa dem Einbau einer Drehbühne oder der Abdunkelung des Zuschauersaals. Sie wurden auch möglich durch die Verjüngung des Sängerensembles, wobei sein Ideal der »Singschauspieler« war – ein neuer Typ von Opernsänger, der sich auf ein lebendiges Spiel einließ, um psychologische Glaubwürdigkeit zu erzielen. Denn das Spiel erst machte die Proportionen des Ganzen deutlich, weshalb mit musikalischen Erfolgen allein auf der Opernbühne noch nichts gewonnen sei, wie Mahler einschränkte.

Diese Ära in Wien dauerte zehn Jahre, und ihr Ende glich einer Kapitulation vor einer kunstfeindlichen Bürokratie und einer intriganten Presse. Mahlers angeschlagener Gesundheitszustand und die vergeblichen Verhandlungen mit einer bigotten Zensurbehörde um die Wiener Erstaufführung der »Salome« bewogen ihn schließlich, das Amt niederzulegen. Folgt man den Augen- und Ohrenzeugenberichten, so erlebte das Musiktheater um die Jahrhundertwende seine glanzvolle Geburtsstunde. Stefan Zweig verband damit die Vorstellung von etwas »Seltenem«, einem »Wunder«, und zwar befördert durch die »Vehemenz des Gestaltens«.

Was man unter moderner Opernregie zu Beginn des 20. Jahrhunderts verstand, erläuterte Karl Skramp 1901 in der Zeitschrift »Bühne und Welt«. Die entscheidenden Anregungen gingen schon damals vom Schauspiel aus. Daran hat sich bis heute nichts geändert, und darum sind es vorzugsweise Schauspielregisseure, die die Diskutierbarkeit der Oper auf die Probe stellen. Skramp sah insbesondere den Einfluß der Meininger als fruchtbar an, die, wie in der Idee vom Gesamtkunstwerk, eine Einheit der Elemente anstrebten, ein harmonisches Ganzes, bei dem keines der Elemente vernachlässigt werden durfte. Allerdings geriet der akribische Bühnenrealismus am Meininger Theater immer mehr zum Selbstzweck, wenn beispielsweise mit Detailbesessenheit historische Kostüme und Interieurs kopiert wurden, bis schließlich die Materie über die Idee triumphierte, was in den Materialschlachten so mancher historisierender und vermeintlich werkgetreuer Operninszenierungen unserer Tage noch fortbesteht.

Zunächst aber erschienen die »stimmungsvollen Inscenierungen« und eine »durchgeistigende Regieführung« als Gewinn für die Oper, während man zuvor glaubte, »die Thätigkeit des Regisseurs bestehe nur in geschmackvollen Arrangements des szenische Bildes, in einer Art höherer Tapezierkunst für Interieurs«. Bei aller Hinwendung zu Charakter und Psychologie auf der Bühne sollte Opernregie aus dem Geiste der Musik geboren werden. In diesem Sinne stellt Skramp als wesentliche Neuerer Wagner und noch mehr Mahler vor. Ästhetisch entwickelte sich neben der »Stimmungsbühne«, die Max Reinhardt perfektionierte, die Stilisierung und Abstrahierung, wie sie Adolphe Appia betrieb. Letzterer traf sich dabei in seinen Vorstellungen mit den Bemühungen der Reformbühne. Das begann bei der Vorliebe für das Amphitheater nach Bayreuther Vorbild, erstreckte sich auf die Reduzierung der Ausstattung und reichte bis zur Ablehnung des Naturalismus, den man als »Jahrmarkts- und Panoptikumsschwindel« verwarf. Nicht die Dekoration hielt man für nötig, sondern vielmehr die Phantasie des Zuschauers. Der stilisierte Bühnenraum entfaltete seine Wirkung insbesondere durch eine moderne Lichtregie. Offenkundig ist die Parallelität zu den künstlerischen Entwicklungen des Impressionismus und der von ihm favorisierten Pleinairmalerei. Impressionismus war der Inbegriff für Licht, Luft,

Fortschritt und besaß Ausstrahlungskraft auch auf andere Künste. Paul Mersop faßte diese Entwicklung 1907 in die emphatischen Worte: »Die Seele des Theaters der neuen Zeit ist das Licht.« Der neue Stil verabschiedete das düster-romantische 19. Jahrhundert mit seinen Makartschen Staffagen, den überladenen, historisierenden Dekorationsstil. Appias Entwürfe hatten allenfalls den Zug zum Monumentalen übernommen, ansonsten herrschten Linie und Form vor. Der Bühnenbildner suchte eine Übersetzung ins Symbolische und rhythmisierte den Bühnenraum durch den Einsatz einer ausgefeilten Lichtregie. Die Bühne sollte zur »Kathedrale der Zukunft« werden, während die durch Lichtwechsel atmosphärisch sich ständig verändernden Bilder einer Inszenierung den Zeitfaktor als Kompositionsprinzip einbrachten. Fraglich ist jedoch, ob das sogenannte Theater der Bilder, wie es Robert Wilson in unseren Tagen vertritt, tatsächlich so viele Gemeinsamkeiten mit Appia besitzt, um diesen zum direkten Vorläufer erklären zu können, wie dies Peter Simhandl in seiner Studie über das Bildertheater tut. Appia realisierte nur wenige Opernproduktionen. Dafür gibt es um so mehr theoretische Schriften und zeichnerische Entwurfsarbeiten, in denen die Bühnenbildkunst Transparenz und Leichtigkeit erhielt und so den historischen Realismus ablöste. Vor allem Werke Richard Wagners hatten es ihm angetan, für die er jene rhythmisierten Räume erfand, in denen sich zugleich die Architekturbühne ankündigte (etwa die Stufenbühne). In den zwanziger Jahren wurde die Treppe zum Symbol der modernen Bühne schlechthin, für die wiederum Leopold Jessner geistige Urheberschaft anmeldete. Als Intention formulierte er die Überwindung von »Natürlichkeit« hin zu einer »wesenhaften Natur«. Die Treppe als theatralische Idee, als raum- und zeitloser Schauplatz. Appias entrümpelte Bühne schockierte freilich das Publikum – so beispielsweise 1923 in Mailand (»Tristan«) oder 1924/25 in Basel (»Rheingold« und »Walküre«). Ugo Ojetto nannte ihn der ästhetischen Strenge wegen einen »unversöhnlichen Calvinisten«.

Die Oper bleibt trotz Gesamtkunstwerk als synthetisierte und nur scheinbar organische Einheit und trotz musikalisierter Inszenierung als Paradoxon bestehen. Adorno faßte dies in den Begriff von der Unvereinbarkeit ihrer Mittel. Aber auch ein Oscar Bie sprach 1913 von der Oper als einem »unmöglichen Kunstwerk«, gerade wegen ihrer inneren Widersprüche, worauf im übrigen heute die Regisseurin Ruth Berghaus setzt, weil die Reibung der einzelnen Elemente erst die Spannung erzeuge und die ästhetische Qualität des Genres ausmache. Mit der »Sichtbarkeit der Oper« verband Bie die Feststellung, daß Dekoration und Musik sich gegensätzlich verhalten; die eine ist Raum-, die andere Zeitkunst. »Die Praxis schwankt auch hier in einer unklaren Mitte zwischen den festen Bühnenbildern, die die Konturen stellen, und der beweglichen Musik, die die Innenzeichnung liefert, halb in diese, halb in jene schielend. Das sind die doppelten Sorgen der Opernregie.« Und natürlich registriert auch Oscar Bie, wie das neue Jahrhundert die »Harmonisierung, Stilisierung der Dekoration aus dem Wesen der Musik« vorantreibt. Wenig später schon sollten Zweifel aufkommen, ob denn harmonisierte Einheit erstrebenswert, weil im Grunde unmöglich sei. Zunächst aber bahnte sich eine andere Richtung an, die zwar auch auf Einheit zielte, aber weniger vom musikalischen Geist ausging als vom Spiel selbst.

ZWISCHEN STIMMUNGSTHEATER UND ABSTRAKTION

Die Wirkung von Max Reinhardts Inszenierungen beruhe auf deren Transparenz, befand Gusti Adler, die langjährige Mitarbeiterin des Regisseurs. Er selbst sprach einmal davon, daß ihm eine Art »Kammermusik des Theaters« vorschwebe, was freilich nicht bedeutete, daß er sich lediglich auf intimes Theater, eben auf Kammerspiele, verstand. Max Reinhardt hat vieles ausprobiert – auch ein »Theater

der Fünftausend« oder eines als permanentes Festspiel. Beschränkte er sich in dem einen Fall bewußt auf die Guckkastenbühne, strebte er in einem anderen die Auflösung des Bühnenraumes und die Einbeziehung des Zuschauersaals in die Inszenierung an. Auch der Opernkenner Oscar Bie war von Reinhardt fasziniert. Er sprach im Zusammenhang mit dessen Schauspielinszenierungen von einer Art »musikalischen Eindrucks«: »Ich sagte mir oft: ich habe eine versteckte Oper genossen, und dieser Mann wäre der Rechte, unsere Oper in eine fruchtbare Regie zu bringen. Er würde nicht die Musik zwingen, der Logik des Textes sich zu fügen, sondern das Schauspiel, der Stimmung der Oper nachzugeben.« »Über ein Theater, wie es mir vorschwebt« äußerte sich Reinhardt 1901: Das Theater solle den Menschen in »eine heitere und reine Luft der Schönheit« führen. Das war das erklärte Gegenprogramm zum Naturalismus mit seiner Ausstellung menschlichen Elends. Die Menschen hätten dies satt und sehnten sich »nach helleren Farben und einem erhöhten Leben«. Aber Reinhardt war ja selbst ein Künstler, der durch die Schule des Naturalismus gegangen war und deshalb nicht alles daran verdammte. Glaubwürdigkeit und Wahrhaftigkeit sollten in die neue Bühnenkunst ebenfalls Eingang finden, auch wenn es jetzt eine Seelenkunst war, »erfüllt von Farbe und Licht«, die Fehling allerdings als »Tortentranchierung«, als »Tortenrummel – bar jeden Tiefsinns« abtat. Und ähnlich kritisch bewertete Siegfried Melchinger Reinhardts Bühnenkunst, obschon sie die Blüte des untergehenden spätbürgerlichen Zeitalters bezeichne: »Zuweilen entfaltet eine untergehende Epoche gerade in ihren spätesten Erscheinungen eine Blüte, die leuchtend und unwiederholbar ist.«

Tatsächlich steht der Name Reinhardt für das Programm des sogenannten neuromantischen Stimmungstheaters, das zunächst ebenso stark von Dekorationseffekten geprägt war. Erst allmählich besann sich der Regisseur auf das eigentliche Schauspiel als ein vor allem lebendiges Spiel und hielt beispielsweise die Wiederbelebung der Commedia dell'arte als Improvisationskunst für möglich. Die Forderung für ein »ideales Theater« lautete dann 1928, daß der Schauspieler aus der Zweidimensionalität der von der Oper favorisierten Rahmenbühne, auf der er nur als Silhouette agierte, heraustreten solle. »Aber auch das Szenenbild muß, wie der Schauspieler, plastisch werden und Gestalt annehmen.« Weg von der gemalten Kulisse, hin zur architektonisch geprägten Bühne. Der Zuschauer dürfe nicht länger unbeteiligter Außenseiter sein. »Ebenso muß der Vorhang verschwinden.« Was für das Drama gilt, sollte schließlich auch für die soviel konservativere Oper gelten. Der Singschauspieler war nun gefragt, dem es gleichermaßen um vokalen Ausdruck wie um darstellerische Plausibilität geht.

Reinhardt hat nur dreimal Oper inszeniert: 1911 die Uraufführung des »Rosenkavaliers« in Dresden, 1912 die der »Ariadne auf Naxos« in Stuttgart, und zwar in der vollständigen Version mit dem vorangestellten Schauspiel »Der Bürger als Edelmann«, und 1931 brachte er schließlich Offenbachs »Hoffmanns Erzählungen« in Berlin heraus. Nicht unerwähnt darf allerdings seine intensive Beschäftigung mit der Operette bleiben. Gleich fünfmal inszenierte er »Die Fledermaus«, aber auch »Die schöne Helena« und »Orpheus in der Unterwelt« kamen hinzu, die jeweils stark mit Schauspielern besetzt waren.

An die 1929 am Deutschen Theater inszenierte »Fledermaus« erinnerte sich Gusti Adler, Reinhardt habe darin das Wien der achtziger Jahre auf die Bühne gebracht wie jemand, der »seine Kindheit heimlich in die Tasche gesteckt und sich damit auf und davon gemacht [hat], um bis an sein Lebensende weiterzuspielen«. Hier sei die Operette vom »grundfalschen Licht« der Süßlichkeit und Verlogenheit befreit worden. Der Komponist Erich Wolfgang Korngold hatte die musikalische Leitung dieser Inszenierung, die »moussierte wie Champagner, neue Glanzlichter funkelten, und das Tempo hatte die ansteckende Spielfreudigkeit wienerischer Musik«.

Ein Sensationserfolg wurden auch »Hoffmanns Erzählungen«, aufgeführt im Großen Schauspielhaus, dirigiert von Leo Blech. Man hatte es mit atmosphärischem Theater par excellence zu tun, mit magischem Realismus. Einiges darüber erfahren wir von Gusti Adler: »Da war alles: das Romantische, das Hintergründige E. T. A. Hoffmanns – das Unheimliche des Olympia-Aktes – Spalanzani, die Puppen, das Zerbrechen lebendiger Liebe an der Marionette. Venedig, Reinhardts Venedig, das er von Strnads in die Weite des Großen Schauspielhauses zaubern ließ: Kanäle, Brücken, Palazzi, die im warmen Mondlicht aus grünblauem Wasser aufstiegen. Gondeln, Gesang. Und dazwischen das Erlebnis des verlorenen Spiegelbildes, die phantastische Szene vor dem altersblinden, irisierenden großen Spiegel im Palazzo der Giulietta, in unerbittlichen Wiederholungen einstudiert, bis die Illusion vollkommen war. Reinhardt ließ die Spiegelbilder durch Menschen spielen. Das steigerte dann noch das Grauen der Szene, in der es Hoffmann zur Gewißheit wird, daß er sein Spiegelbild verloren hat.

Nichts aber kam dem Antonia-Akt gleich: musikalisch und darstellerisch. Ein unbeschreiblicher Zauber ging von der Antonia der Novotna aus. Sie war von einer ergreifenden Schönheit, und Reinhardt holte das Letzte aus ihrem Spiel. Was sie sang, wie sie es sang, griff ans Herz, löste Spannung, Entsetzen und Mitleid aus. Reinhardt ließ sie im Singen wie einen sterbenden Vogel von dem Fauteuil heruntergleiten. Ihr Kopf sank herab. In dieser Stellung entrang sich ihr der letzte hohe Ton, ein verklingender Hauch. Strnad Dekoration, das alte Bamberger Haus, war ein Rahmen für diese Sterbeszene, der durch seine Dimensionen das Unheimliche noch steigerte. Hohe Wände, die sich im Dunkel verloren. Ein seltsames Licht, das wie mit unsichtbaren Strahlen auf das Geschehen hinwies und die Gruppe Antonia – Mirakel gleichsam mit einer Aura umgab.«

Hier scheint alles wohlkalkuliert, effektsicher, mit Instinkt dafür, was das breite Publikum anspricht. Zwei Jahre zuvor gab es in Berlin hingegen eine andere Version von »Hoffmanns Erzählungen«, die nicht zuletzt in ihrer Optik nichts an Modernität zu wünschen übrigließ und gerade darum auf das Publikum so verstörend wirkte. Gemeint ist jene Inszenierung, für die László Moholy-Nagy konstruktivistische Bühnenbilder entwarf (darauf soll später noch näher eingegangen werden). Was die Kroll-Oper unter Otto Klemperers Leitung in einem weitaus experimentelleren Sinne praktizierte, das nahm in früheren Jahren Max Reinhardt in seiner Art des Umgangs mit alten Stücken zumindest ansatzweise vorweg: »Man muß sie mit neuen Augen anschauen, mit derselben Frische und Unbekümmertheit anpacken, wie wenn es neue Werke wären, man muß sie aus dem Geiste unserer Zeit begreifen mit den Mitteln des Theaters von heute, mit den besten Errungenschaften unserer heutigen Schauspielkunst spielen.« Dies äußerte Reinhardt zu Beginn unseres Jahrhunderts, obschon er diese These nie derart radikal verstand, wie man sie später an Berlins »Republik-Oper« propagierte. Ob Max Reinhardt in einem so wenig kontrollierbaren Verhältnis zu seiner Epoche stand, daß er ebensogut ein Theaterzauberer des Hochbarocks hätte sein können, wie Egon Friedell in seiner stets pointierten Deutung der Historie mutmaßt, mag jedoch bezweifelt werden. Denn dafür stand er in einem sehr deutlich erkennbaren Verhältnis zu seiner Zeit, die in der Bühnenkunst neben der Phantasie im gleichen Maße auf den Verstand setzte.

Zur grundlegenden Erfahrung wird das Nebeneinander zuweilen sehr konträrer Ansichten über den richtigen Weg zu einer lebendigen wie anspruchsvollen Oper. Die Entwicklung der Opernregie verläuft im 20. Jahrhundert diskontinuierlich: Neben der Forderung nach Inszenierungen aus dem Geiste der Musik erlebt man die szenische Beschwörung von Stimmungen, und neben realistischen Konzeptionen schritt die Abstraktion des Bühnengeschehens voran, begleitet von vielerlei Experimenten. Sicherlich schließt das eine das andere nicht

aus, und eine abstrahierte Bühne muß deshalb nicht weniger musikalisiert wirken als eine, die sich gänzlich auf Personenführung und atmosphärische Dichte verläßt.

Wilhelm Worringers Beitrag zur Stilpsychologie, »Abstraktion und Einfühlung« von 1908, benannte im Titel ebenjenes Spannungsverhältnis, in dem sich die moderne Ästhetik bewegte. Er wurde nachgerade zum Schlagwort, und ohne daß der Autor auf das Theater oder die Opernbühne Rekurs nahm, fallen Entsprechungen in der Entwicklung etwa der Opernregie ins Auge. Der Begriff der Einfühlung läßt beispielsweise an das Stimmungstheater eines Max Reinhardt denken, oder auch an das Künstlertheater Stanislawskis, der ja selbst diesen Begriff verwandte: »Meine Methode beruht darauf, die inneren und äußeren Vorgänge miteinander zu verbinden und das Gefühl für die Rolle durch das physische Leben des menschlichen Körpers hervorzurufen.« Hier wurde Theater als ein lichter ästhetischer Moment in einem ansonsten dunklen Leben begriffen, ermöglicht durch »produktive Einfühlung«. Das verlangt einen Zuschauer, für den Einfühlung gleichermaßen zum Grundmuster seiner Wahrnehmung und seines Erlebens wird. Das ästhetische Erleben wird darin zum »objektivierten Selbstgenuß«. »Ästhetisch genießen heißt«, Worringer zufolge, »mich selbst in einem von mir verschiedenen sinnlichen Gegenstand genießen, mich in ihn einzufühlen.« Der Wert eines Kunstwerkes hängt unter diesem Aspekt von seinem »Beglückungswert« ab (ähnliches ließe sich wohl auch von einer Opernaufführung sagen). Dies hat mehr mit einem subjektiven Verhältnis zu den Werken zu tun als mit ästhetischem Objektivismus. Doch in der modernen Kunst trat immer deutlicher die Tendenz zur Abstraktion hervor. Die Form gewann an Bedeutung. Ähnlich wie für die Dichter im 20. Jahrhundert der Satzbau, wie überhaupt das Formale, in den Vordergrund trat, entfernte sich auch das Bühnengeschehen von subjektiver Einfühlung, um zu immer größerer Formalisierung zu gelangen und schließlich beim Theater der Bilder anzukommen. Und wie für die Dichter mit einem Mal die poetische Theorie für die dichterische Produktion von Belang wurde, erhielt der theoretische Ansatz, die geistig-ästhetische Analyse für die Bühne Bedeutung. Hier wie dort ging es darum, etwas anderes, Neues zu sagen.

Worringers stilpsychologische Analyse nahm ihren Ausgang bei der frühen Kunst, scheint damit aber keineswegs so entrückt, wie es die gänzlich anderen Lebensverhältnisse der Frühzeit im Vergleich zu industrialisierten, komplexen Zivilisationen der Gegenwart vermuten lassen könnten. Es ist, als rühre die Moderne gar an archaische Mentalitäten. Stilistisch hat sie sich immer wieder an die archaische Kunst angelehnt, hat beispielsweise die Negerplastik ebenso favorisiert wie bestimmte Formen der Volkskunst. Worringer beschreibt die psychischen Voraussetzungen für den Abstraktionsdrang folgendermaßen: »Während der Einfühlungsdrang ein glückliches pantheistisches Vertraulichkeitsverhältnis zwischen dem Menschen und den Außenwelterscheinungen zur Bedingung hat, ist der Abstraktionsdrang die Folge einer großen inneren Beunruhigung des Menschen durch die Erscheinungen der Außenwelt und korrespondiert in religiöser Beziehung mit einer stark transzendentalen Färbung aller Vorstellungen. Diesen Zustand möchten wir eine ungeheure geistige Raumscheu nennen.« Aus den religiösen Beziehungen sind Kunstreligionen geworden, die Manifeste der modernen Künstler, gerade auch jener, die für die Bühne arbeiteten, sind oft transzendental gefärbt. Und sosehr wir es auf der Bühne mit Raum zu tun haben, wurde die Tendenz zu seiner Aufhebung unverkennbar. Ob konstruktivistisch, expressionistisch, kubistisch oder wie auch immer, der Bühnenraum wird zum Bild, drängt in die Fläche, wird zur Chiffre und Metapher, zum Symbol. Entsprechend anders definiert sich im Abstraktionsdrang die »Beglückungsmöglichkeit«, die nicht darin besteht, »sich in die Dinge der Außenwelt zu versenken, sich in ihnen zu genießen, sondern darin,

das einzelne Ding der Außenwelt aus seiner Willkürlichkeit und scheinbaren Zufälligkeit herauszunehmen, es durch Annäherung an abstrakte Formen zu verewigen und auf diese Weise einen Ruhepunkt in der Erscheinungen Flucht zu finden«. Auch dies läßt sich im inszenatorischen Umgang mit den Werken nachvollziehen. Das gleicht durchaus dem Interpretationsbedürfnis, der notwendig gewordenen Vermittlung der Werke, ihrer Festlegung auf bestimmte Perspektiven und Erklärungsmodelle. In der Abstraktion, heißt es bei Worringer ferner, wird »den Dingen der Außenwelt ihre Willkür und Unklarheit im Weltbild« genommen, indem ihnen ein »Notwendigkeitswert und Gesetzmäßigkeitswert« gegeben wird. Auch für jene, die die Rätselhaftigkeit und das Nicht-begreifen-Können an den modernen Inszenierungen kritisieren, findet sich bei Worringer ein Erklärungsmodell. Der moderne Mensch stehe, wie zuvor schon der primitive, dem Weltbild hilflos gegenüber – »vom Hochmut des Wissens herabgeschleudert«. Solch elitäres Verhalten wird ja nicht selten avanciertem Musiktheater zum Vorwurf gemacht. Mit dem Stimmungs- und Künstlertheater und der romantischen Kunst mit ihrer im Grunde realistischen Einfühlung steht diesem Hochmut des Wissens die Harmonisierung entgegen. Denn wo Theater/Oper als etwas Organisches aufgefaßt wird, soll dessen szenische Verwirklichung so etwas wie lineares Begreifen ermöglichen. Hier wird die Verständlichkeit des eigentlich Fremden propagiert, die Harmonisierung hin zu einer Einheit disparater Elemente, die eigentlich nicht zusammengehören. Heinrich Wölfflins Kunstauffassung brachte ebendiese Einstellung auf den Begriff und scheint noch bis in unsere Zeit Wirkung zu zeigen. Etwa in der Forderung nach einer naiven Haltung gegenüber der Kunst, als würden Kinder das Märchen Oper in sich aufnehmen, unmittelbar, intuitiv, gefühlsmäßig. Was man sieht, soll ohne Vorwissen verständlich sein – dies zugleich als ethischer Gehalt der Oper. »Kinder müssen wir alle werden in der Anschauung«, lautete Wölfflins

Motto. Für solcherart Harmonisierung war und ist die Erschaffung des Raums, obschon illusionistisch, Voraussetzung und Bedingung, während die Abstraktion, auch in ihrer architektonischen Gestaltung, letztlich von der Dreidimensionalität befreit. »Die Unterdrückung der Raumdarstellung war schon deshalb ein Gebot des Abstraktionsdranges, weil es der Raum gerade ist, der die Dinge miteinander verbindet, der ihnen ihre Relativität im Weltbild gibt, und weil der Raum sich eben nicht individualisieren läßt.« Worringer erteilt fraglos dem abstrahierenden Bemühen alle Kunstoptionen. Denn während beispielsweise der Einfühlungsprozeß »Wunschlosigkeit« bewirke, indem nämlich der Mensch »das ungetrübte Glück seines rein organischen Seins genießen kann«, geschehe in der geometrisierenden Abstraktion etwas ganz anderes, indem sie auf die Verworrenheit und Unklarheit des Weltbildes instinktiv mit Äquivalenten antworte. Darum sei die Abstraktion »der vollendete und dem Menschen einzig denkbare Ausdruck der Emanzipation von aller Zufälligkeit und Zeitlichkeit des Weltbildes«. Gewiß, Worringers Überlegungen gehen von der bildenden Kunst aus, doch lassen sich parallele Vorgänge in der Bühnenkunst erkennen.

DAS EXPERIMENT KROLL-OPER

Für wenige Jahre wurde die Kroll-Oper in Berlin zum Experimentierfeld des avancierten Musiktheaters und spiegelte ebenjene Tendenzen wider, von denen soeben die Rede war. Hätte es nicht die bekannten Querelen gegeben, die zur Schließung des Hauses führten und deren publizistische Begleitmusik zugleich die Vehemenz des politischen Streits zwischen rechten und linken Kräften mit seiner ganzen ideologischen Polarisierung vor Augen führte, so wäre spätestens das Jahr 1933 zum Schicksalsdatum für die Kroll-Oper geworden. Bei allem anfänglichen Wohlwollen offizieller Stellen, die ja die Gründung erst ermöglichten, blieb der überle-

benswichtige Kampf um das Publikum vergeblich, auch wenn es im Berlin der zwanziger Jahre natürlich auch ein kulturell fortschrittliches Publikum gab, das die Produktionen der Kroll-Oper feierte. Aber das Massenpublikum ging auf Distanz, die Besucherorganisationen zogen sich aus den Verträgen zurück. Bildungsbürgerliches Besitzdenken orientierte sich vor allem am Gestern, hielt sich streng an die Namen und Werke der kanonisierten Klassiker in ebenso konventionellen Darbietungen. Das mochte in noch krasserem Maße für die Oper gelten. Daran hatten die Jahre der Weimarer Republik nichts geändert, in denen alles beim alten blieb. Hans Mayer kommentierte: »Die Weimarer Republik ließ sich alles gesagt sein. Sie hatte nichts verändert; weder im gesellschaftlichen Substrat noch in den Herrschaftsverhältnissen. Der alte Bürgerbesitz zwar wurde weggeätzt durch die Geldentwertung, allein das neue Bürgertum der Kriegs- und Nachkriegsprofiteure war um so ängstlicher darauf bedacht, die Bildungsregeln zusammen mit den Besitzregeln zu erlernen.« Gleichwohl sollte die Oper, wie sie am Platz der Republik zwischen den Jahren 1927 und 1931 praktiziert wurde, gesellschaftliche Wirksamkeit erlangen. Das große Publikum indes verlangte allein Unterhaltung und setzte in der Oper lieber auf leere Konvention. Hier trifft Walter Benjamins Beobachtung zu: »Je mehr nämlich die gesellschaftliche Bedeutung einer Kunst sich vermindert, desto mehr fallen – die kritische und genießende Haltung im Publikum auseinander. Das Konventionelle wird kritiklos genossen, das wirklich Neue kritisiert man mit Widerwillen.«

Schon bei der Eröffnung der Kroll-Oper unter der Leitung des Dirigenten Otto Klemperer wurde, trotz aller unterschiedlichen Wertungen, vor allem das künstlerisch Neue erkannt und anerkannt. Auf dem Plan stand Beethovens »Fidelio«, musikalisch geleitet und inszeniert vom neuen Hausherrn. Adolf Weißmann monierte jedoch sogleich die »monomanische Übertreibung neuer Aufführungsgrundsätze« und ebenso die »Traditionsfremdheit«, die allerdings Oscar Bie so kühn erschien, daß er dem Dirigenten und Regisseur unbeirrt zu folgen bereit war. Ein anderer Kritiker, Heinrich Strobel, brachte das Debüt, das zugleich Programm sein sollte, auf die Formel der »reformatorischen Tat«. Die neuen Verantwortlichen an der »Republik-Oper« wollten genau das: die Opernreform. Wobei diese im Musikalischen mindestens ebenso stark betrieben wurde wie im Szenischen, denn zunächst einmal sollte es um »musikalische Reinheit« gehen. Dabei versuchte man in der musikalischen Darstellung alle erdenklichen und durch den Opernbetrieb bedingten Reibungsverluste auszuschalten. Man bestand zum Beispiel auf gewissenhafter Einstudierung. Zuviel indes stand gegen das Experiment und das Votum künstlerischer Gewissenhaftigkeit: reaktionäre politische Kreise, Weltwirtschaftskrise, Sparzwang, ein Volksbühnenpublikum, das weder modern dachte noch fühlte, eine starke opponierende Presse. Am Ende waren alle Solidaritätsbekundungen nutzlos. Kein Geringerer als Thomas Mann verwandte sich für die Kroll-Oper und formulierte: »Wenn das Problem der Oper heute noch oder wieder eine geistige Angelegenheit und ein Gegenstand geistiger Auseinandersetzung ist, so ist das in erster Linie das Verdienst dieser Institution.«

Dabei war Otto Klemperer keineswegs der szenische Avantgardist, als der er gemeinhin gilt. Er glich eher seinem Vorbild Gustav Mahler und teilte mit ihm die Vorstellung einer insbesondere durch die Musik begründeten Opernreform. Hans Heinz Stuckenschmidt sprach darum von ihm als einem Künstler, in dem »die reine Flamme Gustav Mahlerscher Kunstbesessenheit« weiterbrenne. Dennoch äußerte Klemperer anläßlich der Inszenierung einer Wagner-Oper: »Nichts liegt mir ferner, als eine erstarrte, trockene, ängstliche Befolgung der Vorschriften zu verlangen. Im Gegenteil: Eine freie, phantasievolle, mutige Behandlung dieser Vorschriften wird, so scheint es mir, stets die Wagnerischste sein.« Ein andermal sprach er das Verhältnis von Szene und Musik an: »Wie ich mir diesen Zu-

sammenhang denke, ist schwer zu sagen. Es müßte ein Einverständnis erzielt werden zwischen Bühnenbildner, Regisseur und Dirigent, damit eine harmonische Aufführung zustande kommt ... Wir haben immer die größte Aufmerksamkeit in Kroll darauf gegeben, daß ein Verständnis zwischen den Bühnenbildnern, den Regisseuren und den Dirigenten erzielt wurde.« Bedenkt man Klemperers wohl eher schwieriges, weil wankelmütiges Verhältnis zur Moderne (die musikalische ausgeschlossen), so wird Hanns Eislers Bemerkung, Klemperer sei der »Piscator der Opernbühne«, sicherlich nicht den Kern der Tatsachen treffen. Ähnlich waren sich beide allenfalls in der kulinarischen Abstinenz, wenn Klemperer etwa entschieden die »Prunk- und Rauschoper« ablehnte. Für ihn war die »All-Tags-Oper« das Ziel, die »Spiritualisierung« des Genres, für die er den mißverständlichen Begriff einer Neuen Romantik wählte, die die Zeit geistig verlange und ökonomisch diktiere. Zur gleichen Zeit registrierte man aber auch einen Wandel an den schon länger bestehenden Opernhäusern in Berlin. Dieser neue Geist kehrte mit Erich Kleibers Berufung als Generalmusikdirektor 1927 an der Staatsoper ein, denn es folgten auch hier bedeutende Inszenierungen und Erstaufführungen. Schon zwei Jahre zuvor gewann die Städtische Oper Charlottenburg an künstlerischem Gewicht, und zwar mit Heinz Tietjen als Intendanten und Bruno Walter als musikalischem Leiter. Dennoch, bei Kroll wurden Avantgarde und Experiment am entschlossensten auf ihre Tauglichkeit für die Oper geprüft.

Auch Ewald Dülberg, vor allem Bühnenbildner bei Kroll, ließ keinen Zweifel daran, daß er Operninszenierungen aus dem Geiste der Musik betrieb. Er argumentierte gleichermaßen als Reformer. Jede Zeit schaffe sich den Stil, »durch den das Werk, ungeachtet seines Alters und seiner historischen Verankerung, am stärksten und eindeutigsten zu ihr spräche« (Dülberg). Wie das Resultat freilich auszusehen habe, blieb in Dülbergs theoretischen Erörterungen vage. Skeptisch beurteilte er, angesichts spezifischer Gesetzmäßigkeiten des Genres, die szenische Erweiterung. Er plädierte vielmehr für die Ausgeglichenheit von Musik und Szene, denn die Ökonomie der Mittel galt ihm als erste Forderung der Kunst. Wo immer dieses Gleichgewicht hergestellt sei, bleibe jedoch »der Schwerpunkt des Werkes unbedingt in der Musik« und sei nie in Handlung und Text zu suchen. Diese spielten die »Rolle der Begleitung«, »der sinnfälligen Ausdeutung und Betonung der musikalischen Ereignisse«. Und weiter: »Ja, in dem scheinbaren Gegensatz zwischen Musik, Handlung und Text liegt wohl das eigenste Ausdruckselement der Oper, ihre von keiner anderen Kunstform erreichte Weite und Vieldeutigkeit, ihr Gehobensein in eine Sphäre, in der die Begriffe Realität und Logik, Ernst und Scherz nur noch als Surrogate erscheinen.«

Dülberg kritisierte darum jene durch den Materialismus betriebene Degradierung der Musik zur bloßen Illustration. Er verlangt die Sublimierung und traf sich mit dieser Forderung mit Klemperers Vorstellungen: »Was für die Opernregie zu fordern ist, ist im Grunde so einfach und selbstverständlich ..: durch keine ›Regieidee‹ verstellte, einfache, klare und optisch (Beleuchtung!!) übersehbare Abwicklung der Handlung, Gestaltung von Szene und Kostüm in Form, Farbe und Beleuchtung, von Geste und Bewegung ganz aus dem Geiste der Musik heraus, Suprematie der Musik auch da, wo heute stets akustische Gesichtspunkte bei Stellungen, Einsatzschwierigkeiten usf. zugunsten der ›Regie‹ ignoriert werden.« Dülbergs bühnenästhetische Basis waren Appias architektonische und stereometrische Bühnenräume. Für Hans Curjel (der zunächst als Dramaturg und in der letzten Spielzeit als stellvertretender Direktor bei Kroll tätig war) entsprach dies einer gelungenen »Synthese von kubischer Abstraktion, struktureller Klarheit, strenger farbiger Komposition und Lichtraum«. Solche Bühnenästhetik korrespondierte mit den aktuellen Entwicklungen im Schauspiel. Als Stichwort sei hier Jessners berühmt gewordene Treppe mit ihrer architektoni-

schen Erweiterung genannt. Und was in der Kunst als Neue Sachlichkeit figurierte, das fand bei Kroll den Weg auf die Opernbühne, begleitet von einer zuweilen extremen Betonung des Anti-Sentimentalen in der Musik, auch wenn Klemperer das als »Neu-Romantik« verstand. Was die Musik im musikalisch objektivierten Ausdruck suchte, wurde auf der Bühne als Erkenntnis objektiver Bindungen visualisiert und gewissermaßen zum Signum der Zeit.

Aber man wagte durchaus mehr, betrat mit den Operninszenierungen avantgardistisches Neuland. Denn, wie Curjel treffend bemerkte, »die Kroll-Oper war eine große Sache des Riskierens und des Mutes«. Dazu gehörte nicht nur, daß man Schauspielregisseure engagierte, sondern auch die Auseinandersetzung mit der modernen Kunst führte. Da ist vor allem László Moholy-Nagy zu nennen, der der Abstraktion das Wort redete. In der Totalität des Theaters sei der Mensch die »aktivste Erscheinung« und sein Auftreten daher »funktionell begründet«. Der Mensch war für ihn »Gestaltungsmittel«, herausgehoben aus den kausalen Bindungen eines realistischen Handlungsverlaufs. Aus seinen Äußerungen spricht ganz der Optimismus der damaligen Avantgarde, die in ihrer Zukunfts- und Fortschrittsgläubigkeit gewissermaßen den Elan vital lebte. Moholy-Nagy gehörte zu jenen, die die Guckkastenbühne aufheben wollten, die Ausweitung der Bühne in den Zuschauerraum hinein anstrebten und die Aufhebung der Rampe als Grenze zwischen beiden. Und mehr noch, er wünschte sich ein »Theater der Überraschungen«, eine Bühne zirzensischer Sensationen, mit einem Menschen, der wie ein Akrobat ein mechanisch funktionierendes Stück Natur darstellt. Er verwandte dafür den Begriff der »mechanischen Exzentrik«. Das literarische Theater sei darin abgeschafft und eine zukünftige Literatur werde nur noch »Klänge« gestalten inmitten eines mechanischen Spuks aus Licht, Formen, Farben und Bewegung. Moholy-Nagys Zusammenarbeit mit der Kroll-Oper verlief indes in gemäßigteren, dem Genre angemesseneren Bahnen, obschon ein gut Teil seiner Theatervisionen in die Inszenierungen von Offenbachs »Hoffmanns Erzählungen«, Hindemiths burlesker Kurzoper »Hin und zurück« und Puccinis »Madame Butterfly« Eingang fanden. Für »Hoffmanns Erzählungen« schuf er konstruktivistische Bühnenräume, in denen das Mechanistische durchaus zum Thema wurde. Stets hatte man es mit einem Spiel aus Licht und Schatten zu tun, wobei die Kulissen zu Requisiten für Schattenerzeugung wurden. »Alles ist durchsichtig und alle Durchsichtigkeiten fügen sich zu einer überreichen, doch noch faßbaren Raumgliederung.« (Moholy-Nagy) »Bestimmte Vorgänge erschienen im Doppellauf von realer Gestik und Film«, erinnerte sich Curjel. Als nicht minder radikal beschrieb dieser die Wirkung der von Marcel Breuer stammenden Stahlrohrmöbel auf der Bühne. Und Zirzensisches brach in diese Inszenierung ein, als sich zur »Barcarole« Mädchen auf Schaukeln wie Traumwesen über den Köpfen der Zuschauer schwangen. Der Darsteller als Artist, die »Übermarionette« Schauspieler hat eine Reihe von Theatertheoretikern jener Zeit beschäftigt: Das Ideal hieß Perfektion und absolute Körperbeherrschung. Meyerhold sollte dafür den Begriff »Biomechanik« prägen. Das mochte für die Opernbühne gelegentlich anwendbar sein und auch einen Gewinn bedeuten, und es ist ja auch keineswegs folgenlos geblieben. Als Kunstdoktrin indes mündeten die avantgardistischen Lehren nicht selten entweder in Stagnation oder bloße Kunstgewerblichkeit.

Will man die Kroll-Idee zusammenfassen, so bedeutete sie zunächst ganz pragmatisch den Weg vom Repertoire zum Serientheater, bei dem vor allem die künstlerische Legitimation zählte. Das Repertoire wurde wesentlich reduziert, und man kalkulierte für jedes Werk lange Probenzeiten. An die Leidenschaft für das formal Neue war das Bemühen um eine neue Realitätssicht geknüpft. Man setzte neue Materialien ein, abstrahierte, verwandte die Collage-Technik ebenso wie filmische Mittel und Projektionen. Mit der Gewissenhaftigkeit bei der musikalischen und sängerischen Vorarbeit bewies

man Werktreue im eigentlichen Sinne. Die Personenführung setzte auf einfache Stellungen und Stellungswechsel – »ein Minimum von innerem Beteiligtsein und damit eine völlig unschematische musikalisch-körperliche Erfülltheit«, beschrieb Curjel das Ziel.

Oscar Bie, der Kroll-Sympathisant, fand in seinem Nachruf wahrhaft prophetische Worte: »Die vier Jahre Kroll werden in der Operngeschichte ein strahlendes Kapitel bleiben, voller Kunst und Menschlichkeit, mit menschlichen Schwächen und Fehlern, aber mit aller Hoheit einer wahrhaftigen Auflehnung und eines arbeitsamen Gewissens. Hol' der Teufel eine Zeit, die das nicht verträgt.« Gründe und Hintergründe des Scheiterns hat im übrigen Peter Heyworth in seiner Klemperer-Biografie akribisch rekonstruiert.

AVANTGARDISTISCHES – ZUM BEISPIEL MEYERHOLD

Die Oktoberrevolution hatte in Rußland unter vielen Künstlern einen geradezu revolutionären Rausch entfesselt, auf den aber schon wenige Jahre später eine deprimierende Ernüchterung folgte. Leben und Kunst zu verschmelzen, entpuppte sich als Irrtum und Mißverständnis, die Vision ging unter im Kitsch und Pomp des verordneten sozialistischen Realismus. Aus heutiger Sicht ist der Optimismus einer vermeintlich neuen Ära kaum noch nachzuvollziehen. Wie aus einer fremden Welt muten das revolutionäre Pathos und der uneingeschränkte Fortschrittsglaube an. Der ganze avantgardistische Elan ist längst obsolet geworden und erscheint erstaunlich naiv. Wsewolod E. Meyerhold gilt als eine der zentralen Figuren der Avantgardebühne. In einem Aufsatz von 1922 entwirft er die Vision des Schauspielers der Zukunft, die ihm nur im Zusammenhang mit der von ihm propagierten Biomechanik denkbar ist. Die Arbeit des Schauspielers wird nun mit den Maßstäben der Produktion bewertet, sie wird unter das Diktat der Effektivität gestellt. Die Bewegungen der Darsteller sollten vor allem nicht überflüssig und unproduktiv sein. Rhythmus, der richtige Schwerpunkt in der Körperhaltung und Ausdauer wurden zu wesentlichen Kriterien. Der Künstler wurde hier zum Ingenieur, der Körper des Schauspielers zu seinem Material. Meyerholds These lautete: »Die Methode der Taylorisierung ist auf die Arbeit des Schauspielers genauso anwendbar wie auch auf jede andere Arbeit.« Und: »Die Taylorisierung des Theaters wird es möglich machen, in einer Stunde so viel zu spielen, wie wir heute in vier Stunden bieten können.«

Obschon Meyerhold (wie übrigens auch Alexander Tairow mit seinem zum Ornament drängenden »entfesselten Theater«) sich nachdrücklich für die Formen des Volkstheaters interessierte, blieben seine Experimente letztlich von denen unverstanden, die er revolutionieren wollte. Der Zuschauer sollte mitdenken und »schöpferisch beenden«, was die Szene nur andeutete. So fand hier Theater, wenn auch nicht unter Ausschluß der Öffentlichkeit, so doch letzten Endes ohne deren Beteiligung statt. Daran änderte auch der Versuch nichts, die räumliche Trennung zwischen Bühne und Zuschauer aufzuheben. Wie Tairow mit seinem gestisch betonten Maskenspielen und seinem symbolisch aufgewerteten Kostümwesen wurde auch Meyerhold zum Antipoden von Stanislawskis späterhin staatlich sanktionierter Theatertheorie. Das war freilich keine einheitliche Opposition. Die Theaterrevolutionäre zeigten sich uneins, wie beispielsweise die Reaktion Tairows auf die von Meyerhold betriebene Mechanisierung des Spiels belegt, die er vor allem als Entmenschlichung kritisierte: »Die Mechanisierung der Kunst ist eine maliziöse Reaktion gegen Kunst und Leben – ein pathetischer Schraubenschlüssel für das Fortbewegungswerk des menschlichen Fortschritts.«

Zweifellos wurde das politische Theater eines Erwin Piscator wie auch das epische Theater eines Bertolt Brecht von Meyerhold beeinflußt. In Pisca-

tors Beschreibung seiner Regieziele tritt diese Verwandtschaft offen zutage: »An Stelle des Privaten tritt das Allgemeine, an Stelle des Besonderen das Typische, an Stelle des Zufälligen das Kausale. Das Dekorative wird abgelöst von Konstruktivem. Dem Emotionellen wird als gleichwertig das Rationelle beigeordnet, und das Sensuelle wird durch das Pädagogische, das Phantastische durch die Wirklichkeit, das Dokument abgelöst.« Auf einer solchermaßen rationalistischen Bühne hatte nicht selten gerade die Vernunft keine Chance. Die Szene wurde zur agitatorischen Behauptung, die die Rechthaberei kaum verbergen konnte.

Meyerhold wiederum war wesentlich geprägt von der Idee des theatralischen Gesamtkunstwerkes und praktizierte sie als ein synthetisches Theater, als ein System von Entsprechungen. Das sah allerdings 1909 im Fall seiner Inszenierung von »Tristan und Isolde« am Marjinski in Petersburg längst nicht so spektakulär aus. »Die Synthese der Künste, die Wagner zum Prinzip seiner Reform des Musikdramas machte, entwickelt sich weiter fort. Der Architekt, der Bühnenbildner, der Dirigent und der Regisseur, die die Glieder jener Kette bilden, führen dem zukünftigen Theater immer neue Initiativen zu. Aber es ist deutlich, daß sich diese Synthese nicht entwickeln kann ohne den neuen Schauspieler.« Entsprechend der Gesamtkunstwerk-Idee versuchte Meyerhold die Bewegungen der Sänger organisch, gleichermaßen plastisch erscheinen zu lassen, auf Musik und Gesang abzustimmen. »Ich bestand auf einem fast mathematisch genauen Zusammenspiel der Bewegung und Gestik der Schauspieler mit dem Tempo der Musik und der Klangzeichnung.« Die Ausstattung jedoch blieb konventionell »romantisch«. Über die Inszenierung berichtete der Maler Alexander Benois indes fasziniert: »Meyerhold schuf im ›Tristan‹ ein Dutzend derart schöner und einzigartiger Gruppen, daß ich es als Maler bedauerte, die Handlung nicht für einen Moment anhalten zu können, um einen Entwurf zu zeichnen.« Welten davon entfernt mußten seine späteren grell-grotesken Bühnenerfindungen erscheinen, Spektakel einer konstruktivistischen Bühne, auf der der Schauspieler in mechanisierten, rhythmisierten Bewegungen Teil einer Montage wurde, die der Wirklichkeit etwas wie Logizität vermitteln sollte.

Daß von der Bühne gesellschaftliche Wirkung ausgehe, die Gesellschaft sich auf ihr im wahrsten Sinne des Wortes wiederfinde, dies behaupteten jene avantgardistischen Theatertheorien. Das europäische Theater, sofern es sich politisch definierte, hat wesentlich von der Arbeit eines Meyerhold profitiert. Das betraf Stilistisches (Verfremdungs-Effekt, Filmisierung) ebenso wie die Absicht, Leben und Kunst zusammenzubringen. In den zwanziger Jahren entstand dafür der Begriff des Zeittheaters, der die Zeit bühnenreif machte und der für die neuen Bühnenwerke wie für die Art der Inszenierung gleichermaßen galt. Das alles wurde sicherlich nicht grundlos auch äußerst skeptisch betrachtet, denn wie so oft, klafften Theorie und Praxis weit auseinander. Wie bei aller Orthodoxie heftete sich auch die Praxis des politischen Theaters schließlich allzu deutlich an seine Glaubenssätze und existierte nur noch zu deren Verteidigung, die jede kritische Revision ausschloß. Einer der Kritiker des Zeittheaters war Alfred Polgar, für den es auf einem Mißverständnis beruhte, hervorgerufen dadurch, »daß die einen unter Theater mehr ein Kunstphänomen verstehen, die anderen mehr einen Apparat, dazu tauglich – Kunst hin, Kunst her – etliche hundert Menschen auf einmal unter moralisch-geistigen Druck zu setzen«.

Diese Form des Gesinnungsterrors war natürlich harmlos im Vergleich zum staatlich betriebenen Terror, der durch die hehren Ziele legitimiert schien. Die ästhetischen Revolutionäre gingen da eine verhängnisvolle Liaison ein (Meyerhold wurde ein Opfer der stalinistischen Säuberungen). Gewiß lag hier das eklatanteste Mißverständnis: die Blindheit der Künstler für das System, dem sie als Avant-Garde dienen wollten. Schon vor Stalin war das Revolutionsregime eines bloßer Gewalt, worauf

Hermann Lübbe in einem Aufsatz über »Ästhetische Avantgarde und totalitäre Herrschaft« hinwies: »Die Macht, die Lenin ergriff und exekutierte, war nach ideologischem Selbstverständnis wie in der Realität eine terroristische Macht von Anfang an, und allein das schon müßte ausreichen, die Meinung von der schönen Koinzidenz von politischen Menschheitszwecken einerseits und ästhetischem Avantgardismus andererseits in der frühsowjetischen Kunst als Irrtum zu erkennen.« Immerhin, so wäre anzufügen, waren all die Blütenträume für eine gewisse Zeit möglich, um im Bewußtsein haftenzubleiben und wirksam zu werden als Experimentierlust, die Kunst neu zu denken, auch wenn das in ein im doppelten Sinne tragisches Scheitern mündete.

REALISMUS UND NEUE SACHLICHKEIT – ZUM BEISPIEL RABENALT

Zwar hat das Staatstheater Darmstadt nie die Berühmtheit der Kroll-Oper erreicht, doch geschah dort nicht minder Bemerkenswertes. Die Provinz erschien für eine gewisse Zeit alles andere als provinziell. Es begann ebenfalls 1927: Carl Ebert (den später der Dirigent Fritz Busch als einen exzellenten Opernregisseur rühmen wird) übernahm die Intendanz der Darmstädter Bühnen und engagierte auf Empfehlung die bis dahin in Würzburg tätigen Wilhelm Reinking (Bühnenbild) und Arthur Maria Rabenalt (Regie) für die Oper. Wie auch in Berlin verfolgte man das Ziel einer Neuorientierung des Zuschauers. Mit reformerischem Elan formulierte Rabenalt das Motto: »Mobilisation des Genies gegen die Verbürgerlichung! Mobilisation aller schöpferischen Kräfte der zeitgenössischen Kunst und gemeinsamer Kampf gegen alle museale Erstarrung!« Die Arbeit des Opernregisseurs wurde in diesem Sinne definiert: »Neuinszenieren heißt, ein Werk aus unserem Empfinden heraus zu gestalten, so daß es uns überraschend anspricht und aktuelle Bedeutung für uns bekommt.« Und auch bei der

Spielplangestaltung spielte in Darmstadt das tradierte Opernrepertoire eine große Rolle, auf das man ebensowenig wie in Berlin verzichten wollte. Zwar wurden hier wie dort wichtige Werke der Moderne inszeniert, ohne aber je die älteren für entbehrlich zu halten. Rabenalt bestand sogar darauf: »Eine moderne Opernregie, die sich lediglich auf die zeitgenössische Produktion stützt, verliert ihren ideellen Rückhalt und die breite Basis, wenn sie das alte Operngut einfach aufgibt, statt es umzuwerten und für sich zu erwerben.« Doch zeigten sich die modernen Komponisten im Szenischen keineswegs so avanciert wie im Musikalischen. Eine interessante wie verblüffende Beobachtung lieferte in diesem Zusammenhang Wilhelm Reinking. Nach seinen damaligen Erfahrungen lebten nämlich die zeitgenössischen Komponisten »ganz in der Bilderwelt, die die Bühne des 19. Jahrhunderts ihnen in ihrer Kindheit gezeigt hatte«. »Das Theater ihrer Großväter«, fährt er fort, »war ihnen gerade gut genug.« Das zeigt, wie sehr moderne Opern nicht zuletzt durch die Modernität ihrer Regisseure zu jenen avancierten Werken wurden, die auch unter der Rubrik Zeittheater im Bewußtsein blieben. Als Ausnahmen erwähnt Reinking lediglich Eisler und Křenek. Und als schlimmer Fall von theatralischem Konservativismus blieb ihm der Komponist Paul Hindemith in Erinnerung.

Ernst Křeneks Publikationen bestätigen seine Aufgeschlossenheit für das avancierte Musiktheater. Als er sich 1932 über die Situation der Oper äußerte, konstatierte er zunächst »desorientierte Zeitläufte«, denn neben dem Experiment stünde die Konvention. Die »rein museale Weiterexistenz des Opernbetriebs« hielt er aber für undenkbar, da ja Musealität dem Theater widerspreche. Die letzte große musikalische Revolution lag Křenek zufolge jedoch bereits weit zurück; er nennt hier als geschichtlichen Markstein Richard Wagner. Im 20. Jahrhundert habe sich der Schwerpunkt auf die szenischen Neuerungen verlagert, während die Komponisten zwar mit einem neuen Ton aufwarteten, sich ansonsten aber

der tradierten Form verpflichtet fühlten. Der kritische Umgang mit dem Genre halte die Oper am Leben. So wurde – nach Křenek – der Zweifel zum »Motor der Weiterexistenz« der Oper, »und die Idee des durchschauten und sich selbst ironisierenden Spiels wurde zum leitenden Gedanken der Operndarstellung, auch der Opernschaffung«.

Das neue Opernteam in Darmstadt war also 1927 durchaus auf dem richtigen Weg. »Wir waren des festen Glaubens«, erinnerte sich Reinking, »Theater unserer Zeit zu machen, wie es anders gar nicht sein konnte. Das expressionistische Kunstgewerbe in malerischer Vollillusion oder der Reinhardtsche Totalrealismus, der an den meisten anderen Bühnen dieser Zeit gang und gäbe war, interessierte uns nicht. Wir sahen unsere Aufgabe, wie schon in Würzburg, darin, die gesamte Weltliteratur des Theaters zum Vergnügen der Zuschauer und zur Füllung der Theaterkassen auf unsere Art auf die Bühne zu bringen.«

Voraussetzung und Basis der Arbeit war die Überzeugung von der Autonomie der Inszenierung und damit von einer autonomen Kunst des Theaters. Die konservative Klientel indes wollte davon nichts wissen, sie beharrte auf »Werktreue« und übersah, wieviel mehr Treue zum Werk in dem Versuch der Aktualisierung steckte. Einer der zahlreichen Kritiker, die sich damals zu Wort meldeten, war Hans von Wolzogen (der sechzig Jahre lang die »Bayreuther Blätter« redigierte und deren ideologischen Kurs wesentlich beeinflußte). Ihn nannte schon Friedrich Nietzsche einen Schriftsteller »zum Totlachen«. Wolzogen registrierte in der modernen Opernregie allenthalben »Naturflucht«. Seine Plädoyers für die Illusionsbühne Wagnerschen Stils belegen zugleich, wie argumentationslos die restaurativen Kräfte ihren Angriff im Grunde führten. Der Ton ist bei Wolzogen zudem offen nationalistisch und rassistisch geprägt. Wer Stil und Symbol auf die Bühne bringe, der könne seiner Meinung nach kaum deutsch sein. Modernisierung der Szene galt ihm schlichtweg als undeutsch. Der hohe Anteil jüdi-

27

scher Künstler unter den Reformern diente ihm als Bestätigung. Es bedurfte also nicht erst der Nazidiktatur zur Verfolgung der Moderne, die Messer in diesem (Un-)Kulturkampf wurden schon sehr früh gewetzt. Immerhin ermöglichte die schwache Demokratie der Weimarer Republik eine Zeitlang all jene Experimente.

Für Rabenalt und Reinking führte der Weg aus dem Opernmuseum nur über die Alternative eines neuen Bühnenrealismus, gespeist aus dem Bewußtsein für die Gegenwart. Operninszenierungen wurden auf diese Weise zum Laboratorium für gesellschaftliche Wirklichkeit. Die Opernbühne wurde zur Reflexionsebene für das Erkennen gesellschaftlicher Zustände und Vorgänge. Man verstand sich als Realist in einem durchaus sozialistischen Sinne. Stets sollten mit einer Inszenierung »lebensechte Motivierungen« freigelegt werden. Reinking führt in seinen Erinnerungen »Spiel und Form« aus, mit welchen Mitteln und auf welche Weise das geschah. Man arbeitete zwar immer wieder mit der alten Kulissenbühne, vor allem aus Gründen der raschen Verwandlung, erprobte aber genauso die Simultanbühne, setzte Projektionen ein, verwandte den szenischen Bau mit seinen Möglichkeiten der Variabilität und Perspektivenwechsel. Gelegentlich gab es auch einen Rückgriff auf die Illusionsbühne, die durch den Rundhorizont eine illusionistische Erweiterung des vorderen Bühnenraumes ermöglichte. Reinking räumte zu Recht ein, daß es in der Natur des Theaters liege, Illusionen zu erzeugen, und auf ebendiesen Effekt setzte man vorzugsweise bei veristischen Werken, um etwa eine Verdichtung des szenischen Milieus zu erreichen. Dennoch war dieser Totalrealismus schließlich etwas anderes geworden, »als es die Operntraumwelt der Jahrhundertwende gewesen war«. Denn nun kam es auf den aktualisierten Blick an, auf gesellschaftliche Erkenntnismomente.

Ebenso bewußt arbeitete man in Darmstadt mit sogenannten Regieeinfällen, die Reinking »absurdes Theater« nannte. Das waren »in sich abge-schlossene kleinere oder größere Einschübe«, dramaturgisch bedingte »Gags« mit tieferer Bedeutung. Als Beispiel führt er den Beginn des dritten Aktes von »Der Wildschütz« an: Nach Rabenalts Meinung ist die Auftrittsarie des Grafen Eberbach allenfalls geeignet, sie morgens im Badezimmer zu trällern. So entwarf Reinking eine variable Szene: Ein gemalter Baum ließ sich wie ein Schrank öffnen und gab den Blick frei auf ein komplett möbliertes Badezimmer, wo nun der Graf zur Morgentoilette sein Lied sang. »Dem Sänger war auf diese Weise die Möglichkeit gegeben, einen lächerlichen Text ... auf eine geistreiche Weise zu gestalten. Als er die Prozedur und die Arie beendet hatte, klappte ein Bühnenarbeiter die kleinen Wände zusammen, und man befand sich wieder im Freien. Der Baum war wieder da.« Die Freiheit des Regisseurs war und ist die Voraussetzung für künstlerische Arbeit – es ist die Freiheit der Interpretation. Der Vorwurf der Regiewillkür, die mit Stücken nach Gutdünken verfährt, mehr davon zerstört als auf der Bühne sichtbar macht und sie mit Einfällen bis zur Unkenntlichkeit entstellt, ist sicherlich nicht immer unberechtigt. Das Problem ist damals wie heute dasselbe. Auch die radikalen Perspektivenwechsel in Operninszenierungen lösen immer wieder heftigste Diskussionen aus. Anders jedoch als im Schauspiel bleibt die eigentliche Struktur der Oper erhalten, wenn nicht unmittelbar an der Partitur Veränderungen vorgenommen werden. Die Musik erweist sich allemal als Klammer. Im Zuge der historischen Aufführungspraxis neigen wir jedoch zu enzyklopädischer Vollständigkeit, und auch eine in unserer Gegenwart angesiedelte Händel-Oper bleibt ungekürzt – wie etwa Sellars' Version des »Giulio Cesare in Egitto«. Die Regiegrenze verläuft da eher fließend, und die Antwort auf die Frage, was an Einfällen erlaubt ist und was nicht, fällt keineswegs eindeutig aus. Insofern ist Gerhard Stadelmaiers Vorschlag nicht abwegig, an dieser Regiegrenze eine Visumpflicht für Regisseure einzuführen, mit der Beantwortung der Frage: Können Sie lesen – oder haben Sie nur Einfälle?

Arthur Maria Rabenalt war ein Regisseur, der ganz offensichtlich Stücke richtig lesen konnte, und er favorisierte bei der szenischen Umsetzung, wie Vibeke Peusch in ihrer Studie über die Inszenierungen dieses Regisseurs bemerkt, die »epische Erzählhaltung«. Auch wenn Brechts »Kleines Organon für das Theater« als Leitfaden des epischen Theater erst 1948 erschien, so war natürlich seine Theorie schon in den zwanziger Jahren hinlänglich bekannt, diskutiert und angewandt worden. Auf die Frage, was episches Theater sei, verwies Walter Benjamin unter anderem auf die Beobachtung der betonten Gesten und ihre Zitierbarkeit; »seine Gebärden muß der Schauspieler sperren können«, heißt es hierzu bei Brecht, »wie ein Setzer die Worte.« Darum sei episches Theater per definitionem ein gestisches. Darüber hinaus verlange es nicht Einfühlung sondern Stellungnahme: Für den Anteil der Gestik ist «ein doppelter Gegenstand vorgesehen. Erstens die Vorgänge; sie müssen von der Art sein, daß sie aus der Erfahrung des Publikums an entscheidenden Stellen zu kontrollieren sind. Zweitens die Aufführung; ihrer artistischen Armatur nach ist sie durchsichtig zu gestalten. (Diese Gestaltung steht durchaus im Gegensatz zur ›Schlichtheit‹; sie setzt in Wirklichkeit Kunstverstand und Scharfsinn beim Regisseur voraus).« (Benjamin) Liest man die Regieprotokolle und Inszenierungsbeschreibungen von Rabenalt und Reinking, so will man gerne glauben, daß Kunstverstand und Scharfsinn in ausreichendem Maße in die Opernaufführungen einflossen. Denn offenkundig gab sich ihre epische Erzählhaltung nie als epische Naivität, die sich ganz und gar apologetisch und rechtfertigend verhält. Bei aller kritischen Distanz zu den Werken ging es letztlich und erklärtermaßen auch um den Unterhaltungswert. Gleichwohl galt, was Brecht über das Verhältnis zur Realität formulierte: »Das Theater muß sich in der Wirklichkeit engagieren, um wirkungsvolle Abbilder der Wirklichkeit herstellen zu können und zu dürfen.« Ob freilich das Bühnengeschehen immer auch als ein Gesellschaftsexperiment verstanden wurde, hing

wesentlich von der sozialen Phantasie des Zuschauers ab und von seiner Bereitschaft, sich darauf einzulassen. Auch in Darmstadt wußte man um diese Problematik. Bei allem Realismus hat man wohl nie das Bewußtsein von der Kunstwirklichkeit des Bühnenraumes verloren.

Rabenalt, dem seine Opernregie-Experimente 1933 den Ruf eines »Kulturbolschewisten« einbrachten, erhielt unter den Nazis zunächst Berufsverbot. Er arrangierte sich jedoch mit dem System, drehte danach Filme (unter anderem den nach 1945 umstrittenen Film »... reitet für Deutschland«) und hielt es nach dem Krieg vor allem mit Lustspielen und Operetten für das Fernsehen. Die Unterhaltungsindustrie hatte ihn, der sich für wenige Jahre dem avancierten Musiktheater verschrieben hatte, am Ende vereinnahmt.

JÜRGEN FEHLINGS AUSFLUG ZUR OPER

Otto Klemperer beschrieb ihn als »ungemein musikalisch«. Hans Curjel nannte ihn einen Menschen von explosiver Leidenschaft, und Oscar Fritz Schuh sprach vom Regisseur Fehling gar als einem »erratischen Block«. Jürgen Fehling hat in den Jahren 1929 bis 1942 gerade einmal ein halbes Dutzend Opern und Operetten inszeniert, darunter zwei Wagner-Opern (»Der fliegende Holländer« und »Tannhäuser«), Flotows »Martha«, in Straßburg die Uraufführung von Leo Justinus Kauffmanns Oper »Die Geschichte vom schönen Annerl« (mit dem Dirigenten Hans Rosbaud am Pult) sowie die Operetten »Die Prinzessin von Trapezunt« (Offenbach) und »Lady Fanny« (Erik Ernst/Peter Hell). Daneben gab es den unerfüllt gebliebenen Wunsch, auch Mozart zu inszenieren, wobei die »Zauberflöte« obenan auf seiner Wunschliste stand.

Was seine Inszenierung des »Holländers« 1929 eindrucksvoll ankündigte, das bestätigte die drei Jahre später an der Städtischen Oper Berlin in Bühnenbildern von Rochus Gliese inszenierte »Martha«.

Mit der Vereinfachung der Szene wurde ein durch Aufführungstraditionen verstelltes Werk im wahrsten Sinne des Wortes »entstaubt«. So formulierten es damals auch die Rezensenten fast einhellig. W. Fiedler überschrieb seine Kritik in der Deutschen Allgemeinen Zeitung mit »Die entstaubte ›Martha‹« und gestand, daß man das Werk frischer und mitreißender seit langem auf keiner Bühne gesehen habe. Zwar bemerkte Alfred Einstein, daß es ein Witz sei, wenn ein Regisseur wie Fehling ein derart operettenhaftes Werk inszeniere, »aber er macht auch eine Witzigkeit daraus«, denn »er amüsiert sich und uns, zwei Akte lang, über ›Martha‹, ohne das Werk zu parodieren«. Als wesentliches Merkmal konstatierte man die Musikalität des Schauspielregisseurs. »Man hört nicht nur Musik, man sieht sie auch«, schreibt Fiedler, und fährt fort: »Ein Spielleiter wie Jürgen Fehling, der selbst in seiner Schauspielregie eine so starke Musikalität offenbart, kann nur anregend in rein musikalischen Bezirken wirken.« So verwandelte Fehling Flotows abgestandene Sentimentalität in eine »traumhaft übersteigerte Wirklichkeit«, indem er und sein Bühnenbildner Gliese zunächst ein »glaubhaftes Milieu« für das Stück fanden. In diesem Sinne wird die Szene des Mädchenmarktes von Richmond als Gipfel der Aufführung beschrieben, als »Musterbeispiel einer sinnvoll gliedernden, natürlichen Opernregie« (Heinrich Strobel).

An Fehlings Wagner-Inszenierungen erinnerte sich Curjel folgendermaßen: »Nichts war ihm sakrosankt, aber er war weder zynisch noch verspielt, noch auf spektakulären Regie-Effekt bedacht, sondern inszenierte allein vom Substantiellen her.« Und es ist sicherlich nicht übertrieben, wenn Curjel weiter davon sprach, daß mit dem »Holländer« eine Aufführung von historischer Bedeutung zustande kam. Denn mit dieser Inszenierung war zugleich ein Wendepunkt in der Wagner-Interpretation markiert.

Fehling betrieb, wie er es selbst nannte, ein »Theater des Pathos«. Dazu paßt, daß er einmal vom »gewittrigen Klima« des Theaters sprach. Und vielleicht meinte Alfred Polgar ebendies, als er äußerte, daß die Kamera, mit der Fehling die Welt aufnehme, »eine besonders zwielichtstarke Linse« habe. Ganz ohne Frage betrieb er einen Stil, der vereinfachte, verdichtete, Nebensächliches abschnitt und dabei von größter Leidenschaftlichkeit geprägt war. Das war es wohl auch, was Felsenstein an Fehling bewunderte – nämlich den Bekenner, für den Aufführungen ein Credo zum Werk darstellten.

Fehlings Theaterarbeit war zugleich Opposition gegen das rauschhafte Ausstattungstheater eines Max Reinhardt. Er setzte an dessen Stelle das vom Expressionismus inspirierte Ausdruckstheater, und er hat damit gleichzeitig das gestische Theater in Deutschland begründet, erklärt Oscar Fritz Schuh, indem er »das pantomimische Element in seine Aktion einbezieht, ohne daß es jemals ornamental oder gar kunstgewerblich wurde«. Dennoch blieb Fehling Realist, wie es bei Siegfried Melchinger heißt, »weil Wahrheit für ihn das oberste Gesetz ist. Aber sein Theater ist nicht realistisch in dem Sinne, daß es Wirklichkeit abbilden, abzeichnen, nachahmen wollte. Das Wesen der Wahrheit auf der Bühne ist nicht identisch mit dem Wesen der Wahrheit im Leben.« Das habe Fehling gewußt und darum den »bühnenhaften Ausdruck der Wahrheit« gesucht. Schuh erachtet es als das Merkwürdige bei Fehling, »daß er dem Realismus ebenso verhaftet war, wie er partiell das abstrakte Theater in seine Inszenierungen einbezog«.

Diesen Stil zeichnet zweierlei aus, nämlich die völlige Identifikation des Schauspielers mit der Rolle, der die Emotionen der Figur mit seiner ganzen Leidenschaftlichkeit erzeugt, und eine entrümpelte Bühne, die den Bühnenraum aus einem einzigen Blickpunkt neu aufbaut – »im Auge des Zuschauers«. Zu seinen Erfindungen gehört der sanft ansteigende Bühnenboden – der sogenannte Bühnenfall. Im übrigen verteidigte Fehling vehement die Guckkastenbühne, da sie die Stilisierung der Szene schlechthin bedeute. Und ebenso glaubte er an die zentrale Rolle des Regisseurs, der die Aufgabe habe, die Partituren der Stücke zu lesen. Ein Stück lesen zu können, bewertete er als das wichtigste, wichtiger als alle Schauspielerführung. Entsprechend unerbittlich gab er sich in der Umsetzung seiner Vorstellungen gegenüber dem Darsteller. Einwände von Sängern, in dieser oder jener Position lasse sich nicht singen, wies er entschieden zurück. »Es ist ganz egal«, gab er beispielsweise der Sängerin Moje Forbach zur Antwort, »es ist schließlich eine Person, es ist ja ein Mensch, der lebt.« (Moje Forbach sang die Senta im »Fliegenden Holländer«.) Fehling entschied: »Der Mensch auf der Bühne ist wahr.« Und er diene dort als Selbstbestätigung des einzelnen Zuschauers. Dieser »sieht sich nur in einem Spiegel, vor dem er erkennen kann, daß etwas an ihm derangiert ist. Dann kann er sich selbst in Ordnung bringen.« – Die Bühne als Therapeutikum. Doch nicht immer weiß das Publikum, was es wirklich will. Auch dafür gibt es den Regisseur. Und so sehr die Meinungen des Publikums divergieren, letztlich berühren sie sich in den Extremen: »Das Publikum will Zerstreuung und meint Sammlung. Es verlangt nach Illusion und will Wahrheit. Es fordert Wirklichkeitstreue und erwartet das Wunder«, äußerte Fehling 1931. Der Balanceakt zwischen den Extremen gelingt ja möglicherweise erst durch die egozentrische Rolle des Regisseurs. Und so definierte er Regie als Bericht und Spiegelung dessen, was »zwischen Dichterpartitur und Umwelt im Bewußtsein des Regisseurs geschieht«.

Fehlings »Holländer«-Inszenierung von 1929 an der Kroll-Oper nannte Adorno »eine Rettung Wagners im verwegensten Sinne«. Da sei der Fonds an Aktualität mobilisiert, der bei Wagner heute zum Greifen naheliege, und endlich seien die Intentionen faßlich geworden. Ewald Dülberg hatte klar strukturierte Bühnenräume entworfen, eine von romantischem Ballast gereinigte Bühne. Die Wirkung dieser Aufführung war enorm, auch und gerade in der Ablehnung. Die Wagner-Verbände liefen Sturm, die rechte Presse überschlug sich mit Haßtiraden von

nicht zu überbietender Borniertheit. Die zweite Aufführung fand gar unter massivem Polizeischutz statt, weil man Demonstrationen der Nazis befürchtete. Was war geschehen? Klemperer berichtet: »Wir machten die Oper mehr oder weniger in gegenwärtiger Kleidung. Senta trug Sweater und Rock, die Seeleute waren im Matrosenanzug und der Holländer hatte ein Cape.« Adorno beschrieb die Szenarien ausführlicher: »Des wegrasierten Bartes [des Holländers] geschah bereits Erwähnung; so hat man auch den Matrosen ihre Südwester fortgerissen, und Jürgen Fehlings Regie hat eine Schar Proleten in kümmerlichen Jacken aus ihnen gemacht, deren Sehnsucht, endlich anzukommen, deren Steuermannchor bedrohlich wird und der wahrhaft aufrührerischen Musik des jungen Wagner Raum schafft. Daß im zweiten Akt mit der deutschen Renaissance, mit Busen und Busenlatz aufgeräumt wird, versteht sich von selber; sie sitzen grau genug bei ihrem Spinnerlied, sie arbeiten an Netzen anstatt an bunten Prachtgewändern; wenn der Holländer unterm Bilde erscheint (eigentlich tritt er aus dem Bilde seiner Ballade unmittelbar hervor, das Bild ist die dünne Wand, die die Schiffer vorm Einbruch der Mythologie schützt), dann ist das Zimmer fast dunkel, eine Schiffskabine treibend auf dem Ozean, und auf dem Dach weht das Segel: Effekt, der aus der Substanz sich rechtfertigt.« Alfred Einstein zeigte sich stark ergriffen, weil der dramatische Kern der Handlung hier stärker wirksam sei, als er es je erlebt habe.

Zur gleichermaßen heftig umstrittenen Inszenierung geriet der »Tannhäuser« an der Berliner Staatsoper, von dem es nach der Premiere am 12. Februar 1933 lediglich drei Wiederholungen gab, nach denen er abgesetzt wurde. Das Regiekonzept ging von einer Polarisierung von Natur und Geist aus und wählte dafür Requisiten von symbolischer Bedeutung. Da gab es in der Venusbergszene ein mächtiges Doppelrad, auf dessen horizontalen Sprossen Tänzer und Akrobaten in einer wahrhaft orgiastisch angelegten Choreografie sich bewegten.

Eine ebenfalls riesige Harfe gehörte zu diesem Bild sowie ein emblematisch wirkendes Tierfell. Die darauffolgende Szene im Wartburgtal war Alfred Einstein zufolge »beinahe Natur, nicht mehr Dekoration«. Für den zweiten Akt hatte Oskar Strnad eine den gesamten Raum füllende Bühnenarchitektur entworfen. Im Auftritt des Chores wurde der Ritus betont, die Macht tradierter Gewohnheit, auch das Einengende der Konvention, ihr entindividualisierender Charakter. Der dritte Akt schließlich spielte vor dem Tor der Wartburg. Die Pole in diesem Künstlerdrama waren räumlich und choreografisch umgesetzt worden, wobei der Venusberg für Rausch und Ekstase stand und die Wartburg für eine selbstgesetzte strenge Ordnung. Dieser »Tannhäuser« erreichte nicht ganz die frappierende Wirkung des »Holländers«. Hier war ein Künstler exponiert, der in der einen Welt sowenig zu Hause sein kann wie in der anderen. Vor dem damaligen politischen Hintergrund vermochte ein Künstler, der zwischen allen Stühlen sitzt, wo man eindeutige Stellungnahmen erwartete, zunächst zu irritieren, gleichwohl dürfte die Art der Inszenierung auch als brisant empfunden worden sein.

Fehlings Theater war keines, das griffige Antworten parat hielt. Das Staunen mochte dem Regisseur als Publikumshaltung genügen, denn nicht anders näherte er sich selbst den Werken: »Man kann nicht lebendiges Theater machen, ohne selber auf jeder Probe zutiefst erstaunt zu sein, über alles, was man auf der vierten Probe nicht wußte und was auf der fünften Probe entsteht.« Fehlings Regiestil besaß in seiner Nachwirkung so etwas wie Leitbildfunktion. Siegfried Melchinger resümiert: »Alles, was heute auf unseren Brettern zu sehen ist, kommt von daher: die Zeichenhaftigkeit exponierter Versatzstücke, die Segmente als Blickfeld, die Transparenz der Bühnenwände, das Zusammenwirken von realem Vordergrund und imaginärem Hintergrund, Projektionen und was alles noch.«

Zwischen Archaik und Symbol – Wieland Wagner

Die Naziherrschaft bereitete dem avancierten Musiktheater ein abruptes Ende. Die Opernbühne wurde wieder zur Festoper, die musikalische Moderne ebenso verbannt wie szenische Experimente. Die ideologische Gleichschaltung folgte umgehend, wenn auch nicht vollkommen, und obschon nicht alle wichtigen Theaterleute emigrieren mußten (der unbequeme Jürgen Fehling beispielsweise konnte an dem von Gustaf Gründgens geleiteten Schauspielhaus am Gendarmenmarkt weiterarbeiten), so bedeutete dennoch jedes szenische Wagnis eine Gratwanderung. Friedrich Michael und Hans Daiber resümieren in ihrer »Geschichte des deutschen Theaters«: »Es war eine üppige Theaterzeit, konservativ und perfekt, ein Theater der Bestätigung, der Propaganda und der Tarnung. Ein goldener Käfig, in dem man sehr schön singen konnte, wenn auch nicht sämtliche Lieder. Das Ringen um Anpassung ist im allgemeinen kein harter Kampf gewesen. Wer gewisse Voraussetzungen akzeptierte, vor allem, daß es keine Juden mehr geben durfte, der hatte auf der Sonnenseite gelebt. Beispiellose materielle und ideelle Förderung hatte zu Einverständnis und Dankbarkeit verpflichtet, wenigstens zur Duldung von ›Maßnahmen‹, die eine Minderheit ›ausschalteten‹.«

Auch das Bayreuther Festspielhaus profitierte davon, stand es doch unter der persönlichen Protektion Hitlers (die abtrünnige Wagner-Enkelin Friedelind überschrieb ihre Erinnerungen an diese Zeit zutreffend mit »Nacht über Bayreuth«). Wieland Wagners radikale Loslösung von dieser unheilvollen Vergangenheit war im Grunde die Voraussetzung für Neu-Bayreuth, obschon es nach Meinung des Publikums mit dem alten Pomp und im gewohnten naturalistischen Plunder à la Praetorius hätte weitergehen können, zumal dieser wohl eher zur Feststimmung des beginnenden Wirtschaftswunders und zur Verfettung des Denkens paßte als ebenjene »entrümpelte« Bühne eines Wieland Wagner. An den Reaktionen des Publikums war ablesbar, wie tief die Naziideologie in der Kunstwahrnehmung Wurzeln geschlagen hatte, eines Publikums, das nichts anderes als »Gewohnheitsunfug« und »Vokal-Idiotie« verlangte, wie es Walter Felsenstein umschrieb.

Hans Heinz Stuckenschmidt urteilte über Wieland Wagners »Ring«-Inszenierung von 1953 emphatisch: »Hier ist großes und vielfach neues Theater am Werk.« Zwar äußerte er in Detailfragen einige Einwände, aber er würdigte insgesamt einen imponierenden Neuanfang in der Wagner-Interpretation. Das Schlagwort von der »entrümpelten Szene« wurde gleichsam das Markenzeichen eines »Stils des Weglassens«. »Fast alle Requisiten fallen, und auch die naturalistischen Effekte scheinen Reflexe aus der mythischen Welt in die irdische«, schrieb Stuckenschmidt und bemerkte darüber hinaus, daß der neue Bayreuther Stil nicht nur ohne Requisiten auskommt, sondern auch kein Bühnenbild im eigentliche Sinne mehr benötigt. Denn hier herrscht die entmaterialisierte Szene mit von Musik durchdrungenen Lichträumen, in denen Farben und einfachste Formen (zumeist Kreisformen, umgeben von einem weiten Horizont) eine Rolle spielen. Und »mit den Requisiten von einst fällt auch weg, was uns unterbewußt an der Wagner-Szene immer verstimmt hatte: die allzu sinnfälligen Symbole des Nordisch-Mythischen, die Bärenfelle, Helme und germanischen Antiquitäten«. Regie fand auf dieser minimalisierten Bühne um so mehr in der Personenführung statt. Nicht zuletzt die äußerst heiklen Monologe und langen Gespräche im »Ring« wirkten auf eine unvermutete Weise lebendig, oder man bewunderte auch den rhythmischen Sinn der Walkürengruppe. An Chorszenen indes bemängelte Stuckenschmidt die falsche »Neigung zu Uniform und soldatischer Exerzier-Symmetrie« – etwa im »Lohengrin«. Und das in eine Zirkusarena verwandelte »Meistersinger«-Finale wirke wie ein von Cecil B. de Mille inszeniertes Operettenfinale. Stets jedoch

rühmte er Wieland Wagner als den »Former von Großgestik«. So »gegenstandslos« die Szene sich auch gebe, so sehr entspreche sie dem »erdfernen Geist« des »Rings«. Hier setzte die Kritik der »Realisten« der Opernbühne ein, etwa Joachim Herz': »Unser Einwand war, bei Wieland Wagner, der Verzicht auf den dramatischen Gegenpol, der Raum identifizierte sich mit dem Wünschen und Sehnen des Helden; was ihn zu diesem Sehnen nötigte, blieb unsichtbar. Lohengrin trat nicht als Fremder, als das Wunder, in eine unheile Welt, in der ein Justizmord gerade im besten Gange ist, in eine harte Welt aus Not und Zugzwang, sondern in ein Universum aus Blau und Silber, ihm gemäß.« Vielleicht gab es für Wieland Wagner gar keine andere Möglichkeit als die der Abstraktion, um mit einer Vergangenheit zu brechen, die Bühnenrealismus diskreditierte, indem sie ihn als Lüge mißbraucht hatte. Ihm blieb vielleicht keine andere Wahl, als die trügerischen Bilder zu negieren, die Schein-Welt zu demontieren, um hinter dem Schein die falsche Ideologie zu entlarven und sich nun auf das Wesentliche zu konzentrieren – nämlich auf den Menschen, der in die Bühnenfiguren eines archetypischen Theaters schlüpft.

Wieland Wagners Inszenierungen waren in ihren optischen Signalen gespeist aus den mythischen Vorbildern der Antike. Darum gab es weder Naturalismus noch Realismus auf der Bühne, wohl aber eine neue Optik. Der Regisseur, dessen musikalische Begabung nach eigenem Bekunden schon früh »ins Optische verrutscht« schien, zielte auf Visionäres, auf ein Theater, das Ergebnis eines buchstäblichen Nach-Denkens ist und das Verdrängungen aufbricht. Für ihn stand fest, daß bei der Entstehung der Opern zuerst die Idee da war und dann die Musik, die daraus erzeugt wurde. Deshalb entschied er: »Das Szenische steht nicht im Verhältnis von Ursache und Wirkung zur Musik. Die Szene, die Idee ist das Primäre: szenische Aktion und musikalischer Ablauf sind nicht in einem vordergründigen Sinn parallel geschaltet, sondern sie korrespondieren in einem geistigen Raum miteinander.«

Unübersehbar, wie der leere Raum in seinen Inszenierungen mit dem epischen Theater korrespondiert, das im gleichen Maße die Bühne aufhellt, auf Bauten und Requisiten weitestgehend verzichtet. Er verlangt den ausgeleuchteten Raum an Stelle des beleuchteten Bildes. Hans Mayer verwies darauf, wie sehr hier eine Dramaturgie des »unsichtbaren Theaters« entworfen wurde, von dem Wagner selbst einmal sprach. Bei Wieland Wagner blieb es freilich ein Theater der Archetypen, das unbewußte Schichten mobilisiert. »Wagner hat dem Theater eine neue, höhere Dimension erschlossen«, erklärte der Enkel, »er appelliert nicht an die spielerische Phantasie, sondern an das Traumbild, das Unterbewußtsein – optisch und, vor allem, musikalisch.« Und ähnlich rührt Wieland Wagner ans Traumhafte, setzt auf Psychologie, die gestisch und in Körperhaltungen die Befindlichkeiten der Bühnenfiguren auszudrücken sucht, obschon distanzierend, verfremdet, mit aller Logik brechend. Wieland Wagner hatte sich im besonderen Maße gegen die Parteigänger der Werktreue zu wehren, die ihr theatertötendes Dogma gar noch mit polizeilichen Maßnahmen durchzusetzen gedachten, wie es der erzreaktionäre Hans Pfitzner einst mit seinem Reichsgesetz zum Schutz von Kunstwerken vor willkürlicher Entstellung allen Ernstes forderte. Ganz ohne Frage waren für den Wagner-Enkel die biedermeierlichen Genrebilder der Wagnerzeit ebenso indiskutabel wie die spätere Landschafts- und Historienmalerei. Denn für das Theater gelte immer der jeweilige »Zeitstil«. Darum sei Werktreue nicht Erfüllung, sondern »nachschöpferische geistige Leistung«. Es gehe also um die permanente Neudeutung, die den Veränderungen in der Zeit Rechnung trägt: »Diese Neugestaltung – und nur sie – unterliegt dem Wandel. Ihm ausweichen zu wollen hieße, die Tugend der Treue zum Laster der Erstarrung machen. Eine solche Erstarrung aber würde es töten. Wer ihr das Wort redet, wird zum Totengräber am Werk. Der Übergang von Treue zum Wechsel ist unvermeidlich. Es gibt nichts ›Ewiges‹. Was wir unter diesem großen Wort verstehen, ist nur ein Langandauerndes, für uns Menschen nicht mehr zu Übersehendes. So betrachtet erscheint der Wandel – modern gesprochen – gleichsam nur als Frage des Taktgefühls, nur der Vorschnelle ist im moralischen Sinne des Wortes ›untreu‹.« Insofern sei es nur konsequent, wenn die Frage, ob es Denkmalschutz für Wagner gebe, mit einem entschiedenen Nein beantwortet wird. »Es gibt in der Kunst nur die Gegenwart, das Hier und das Heute. Es kann deshalb kein Sondergesetz für das Wagnersche Werk anerkannt werden, das dieses aus der zwangsläufigen Entwicklung der Kunst und Geistesgeschichte ausschließt.«

Stuckenschmidt nannte Wieland Wagner einen Mann der konsequenten Stilisierung, andere (wie etwa Joachim Kaiser) schränkten ein: Stilisierung ja, aber nicht konsequent. Das übersieht, wie wenig es Wieland Wagner um Logik ging und um Kausalität, die es auf der Opernbühne ohnehin nicht gibt. Denn warum sollte es dort heute anders zugehen als in der Kunst, der Literatur, der Musik, denen das Fragment zum Sinnbild geworden ist. Wieland Wagner inszenierte gleichsam die Brüche in den Werken aus der geistigen Perspektive unserer Zeit bis in die Ausdrucksmittel hinein, dem allgemeinen Harmoniebedürfnis des Publikums und mancher Rezensenten zum Trotz. Erstaunlich bleibt dennoch, wie schwierig die Einsicht herstellbar ist. Selbst ein gegenüber der Moderne aufgeschlossener, kompetenter Schriftsteller wie Michel Leiris sah anstatt des großen Entwurfs (verbunden mit dem Bedürfnis, Neues zu denken) nur die vermeintliche »Bequemlichkeitslösung«, »mit der das zu lösende Problem ganz einfach aus der Welt geschafft werden soll: nämlich die Lächerlichkeit dieses großen Sagen- und Mythenapparats. Auf diese Weise vergißt man, daß die Oper ein lyrisches Theater ist und kein Oratorium«. Als tödlicher freilich erweist sich das Mißverständnis, das Oper zur musealen Veranstaltung machen will. Auch wenn Wieland Wagners Stil selbst historisch geworden ist, hat er für seine Zeit Neues geschaffen.

NOCH EINMAL REALISMUS: FELSENSTEIN, HERZ, FRIEDRICH, HORRES

Die letzte Felsenstein-Inszenierung an der Komischen Oper verschwand mit dem Ende der Saison 1991/92 für immer aus dem Repertoire – es handelte sich um den außerordentlich publikumswirksamen Operetten-Klamauk »Ritter Blaubart« von Jacques Offenbach. Die Legende indes wird bleiben, denn wer von der Komischen Oper Berlin spricht, der meint mindestens auch die Musiktheater-Idee ihres Gründers Walter Felsenstein. Er hat den Begriff des »singenden Menschen« geprägt, der zur Qualitätsmarke für eine Theaterarbeit wurde, die sich als realistisches Musiktheater verstand und die fast nach Art einer anthroposophischen Ganzheitsmethode funktionierte. Eine ungewöhnliche Erinnerung an diese zur Historie gewordene Ära, die den Felsenstein-Apologeten vielleicht weniger gefällt, stammt von Ruth Berghaus: »Felsenstein hat uns immer eine aufregende, phantastische, dramatische Geschichte in Harmonie erzählt. Das Gute und Schöne löste den Schrecken auf. Das war nach '45, nach der Zerrissenheit und Zerstörtheit, heilsam.« Den Weg in die Komische Oper fand die Palucca-Schülerin, weil sie »immer eine ganz große Mitteilung kriegte, die mich nie in einen Zwiespalt brachte, weder mit mir noch mit der Welt. Das war schön! Das war eben einfach wirklich schön.« Das klingt nun gar nicht nach politisch akzentuiertem, realistischem Theater, das vornehmlich um die Sichtbarmachung realer Bezüge bemüht ist. Denn wo böte sich in der Wirklichkeit ungebrochene Harmonie, wo wäre nicht jedes Idyll auf Zerstörung und Entfremdung errichtet! Die Harmonie als utopischer Horizont, als Hinweis darauf, was noch nicht ist oder einmal war und nun wieder sein soll – davon handelte auch die Szene, quasi auf einer zweiten, immanenten Ebene. Mit der Gegenständlichkeit der Opernszene, ihrem spezifischen Realismus wurde der Mensch in seiner undeformierten Ganzheit exemplifiziert. Das war ästhetisch dezidierte Opposition gegen die Abstraktion auch

auf der Opernbühne. Aber stimmt es denn, daß erst die Abstraktion die Dinge und das Bild vom Menschen zerstört hat? Oder reflektiert die Kunst nicht vielmehr, was die Wirklichkeit praktizierte: Deformation. Das einst realistische Weltbild Europas war in der abstrakt gewordenen Kunst zertrümmert, ging verloren als Grundlage einstiger europäischer Überlegenheit, wie Klaus Fußmann in seinen »Betrachtungen über die Ratlosigkeit in der zeitgenössischen Kunst« notierte. Aber er sprach auch davon, daß die Abstraktion andererseits vor der Erstarrung und Orthodoxie in der Kunst rettete, allerdings um den Preis ihrer Auflösung. Alfred Andersch setzte dem in »Die Blindheit des Kunstwerkes« entgegen, daß die scheinbar wortlose abstrakte Kunst nicht ohne Inhalt sei, »sondern Kunst des Aufstands gegen den zur Ideologie degradierten Inhalt in der Weise des Sich-Entziehens« darstelle. Betrachtet man das realistische Musiktheater vor diesem Hintergrund, so fällt zunächst dieses auf: Die Ausdrucksmittel des szenisch Gegenständlichen scheinen erschöpft zu sein. Felsensteins Theater, sofern es in Filmdokumenten konserviert wurde und dadurch in einem gewissen Umfange nachvollziehbar beziehungsweise überprüfbar ist, mutet heute veraltet an. Im übrigen betonte Hans Heinz Stuckenschmidt immer wieder den konservativen Grundzug Felsensteinscher Regie. Die Inhalte dieses Realismus wirken ideologisch: das Gute und Wahre der Idealisierung gegen die bösen formalistischen Auflösungstendenzen. Nicht wenige Inszenierungen des realistischen Musiktheaters zeigen, wie stereotyp die inhaltlichen Behauptungen geworden sind, wie wenig sie die Kompliziertheit und Komplexität der Realität treffen, wie sie eher zum Sinnstifter für eine entfremdete Realität werden und wie sehr ihr realistischer Stil zum Selbstzweck geworden ist. Und zuweilen nimmt sich dann die Rettung des Theaters in der Oper wie purer Populismus aus.

Für Felsenstein gehörte Musik, ob mit oder ohne Sprache, zum »Wesen des menschlichen Ausdrucks«, und zwar »als elementares Äußerungsbedürfnis des Menschen«. Gleichwohl sei das Singen eine Ausnahmeerscheinung, es hafte ihm »Ungewöhnlichkeit« an. »Aber wenn ich mich auf der Bühne befinde, muß der Augenblick eintreten, in dem ich wunderbarerweise, auch für mich selbst unerwarteterweise singe, anstatt zu sprechen.« Gesang muß glaubhaft und eine notwendige Lebensäußerung sein. Das wird nicht etwa durch die sichere Beherrschung der Rolle erreicht, sondern durch die Identifikation des Sängers mit ihr. Und hier setzt die Hauptarbeit des Regisseurs ein, nämlich die »verläßliche Absicht des Darstellers zu erreichen«. »Auf jeden Fall ist das nur möglich, wenn die Absicht der handelnden Figur im Stück zur persönlichen Absicht des Darstellers wird.« Damit ist aber noch immer nicht die ganze »Realität des singenden Menschen« erreicht, denn Felsenstein verlangte vom Sänger zudem die Beherrschung des gesamten Instrumentalparts, »um in der Lage zu sein, ihn scheinbar – dem Publikum gegenüber scheinbar – zu veranlassen. Es gibt kein Orchester im Musiktheater. Das, was man aus dem Orchester hört, zu hören glaubt, ist das, was die Bühne tut.«

Auch wenn sich Felsenstein gegen die Stimmungsbühne aussprach, so setzte er doch auf deren Illusionismus in Personenführung und Rollengestaltung – »produktive Einfühlung« hieß das bei Stanislawski. Felsenstein variierte es in ein Theater der Absichten. Denn so wenig ihn der »darstellerisch-artistische Perfektionismus« interessierte, so sehr lag ihm an Verinnerlichung, weshalb »der echte, von einer konkreten Absicht erfüllte Wille auch eines minder perfekten Darstellers« ihm wirkungsvoller, weil glaubhafter erschien. Fraglich bleibt, ob Singen einen solchen zweckrationalen Zusammenhang nötig hat, ob die phänomenologische Erklärung ausreichend ist und dieser selbstauferlegte Legitimationszwang der Sache gerecht wird. Denn geht Singen nicht über bloße Intentionalität hinaus, rührt es nicht auch für sich emotional, und erreicht es damit nicht Wahrnehmungsnerven, die nichts mit Vernunft zu tun haben oder keiner rationalistischen Recht-

fertigung bedürfen, weil es allein um Ergriffenheit geht? Adorno verwies auf den mythischen Zusammenhang: Im Gesang »vernehmen die Menschen zugleich sich selbst als das, wogegen ihre Naturbefangenheit sich verstockt, als Natur, und eben damit wird das mythische Element, die Leidenschaft besänftigt«. Wo bliebe im übrigen die spielerische Natur, wenn es überall nur Zwecke, Absichten und Notwendigkeiten gäbe. Felsenstein versuchte stets an den Punkt zu gelangen, wo Musik als Lebensäußerung ausgelöst wird, um so das Innerste der Figur klingend zu enthüllen, wie es Joachim Herz beschrieb. »Nur dann darf gesungen werden«, erklärte er weiter, »wenn der sprachliche Ausdruck nicht mehr ausreicht, um das Wesentliche Gestalt werden zu lassen.« Und »daß real handelnde Menschen singend sich äußern, ist dann kein Widerspruch und sogar eine Notwendigkeit, wenn die Vorgänge von vornherein auf die Entladung von Affekten im Gesang hin angelegt sind und der Entfaltung des inneren Erlebnisstromes Raum geben« – also Oper als höchste Form der Rationalität, das Singen als Potenzierung von Wirklichkeit. Zu fragen bliebe, wie real Opernfiguren wirklich handeln. Die szenischen Resultate einer solchen Opernauffassung lassen sich heute nur noch an Filmdokumenten nachvollziehen, die vor allem belegen, wie sehr Glaubwürdigkeit und verläßliche Absicht in der Darstellung zur gestisch-mimischen Überzeichnung führten, zu einem Expressionismus, der sowohl aktionistische Betriebsamkeit forderte als auch die pathosgeladene große Geste aus alten Operntagen. Die Deutlichkeit des Gefühls stand immer im Vordergrund. Nicht zufällig war Felsenstein gerade von Alexander Tairow und dessen »entfesseltem Theater« fasziniert, den er den »realsten« Expressionisten nannte. Die Aufgabe des Regisseurs sei es, dem Sänger ein »Spiegel« zu sein, »der ihm sagt, ob dem Gefühl der inneren Richtigkeit, das der Darsteller hat, auch eine ebenso große Deutlichkeit und Ablesbarkeit für den Zuschauer entspricht; ein Ordner und Bewahrer, der die Funktion des Einzelnen im

Zusammenhang des Ganzen genau kennt und das Einzelne dem Ganzen einfügt.« (Herz)

Ein weiterer prominenter Vertreter des realistischen Musiktheaters ist der hier bereits zitierte Joachim Herz, der mit Felsenstein den Glauben an die Realität des singenden Menschen teilt und mit mindestens ebensolcher akribischer Handwerklichkeit inszeniert. Nach Felsensteins Tod übernahm Herz die Leitung der Komischen Oper, wo er Jahre zuvor schon als Regisseur tätig war. Mehr vielleicht als Felsenstein ging es Herz um die politischen Aspekte einer Interpretation. »Eines dürfte nicht beschädigt werden: daß die Stücke uns angehen.« Dazu gehörte die Überprüfbarkeit einer Interpretation genauso wie die bewußte Inkaufnahme provozierender Konzepte, denn Provokation und Bestätigung bedürfen einander, äußerte Herz. Aufsehenerregend, weil eine der ersten politischen Deutungen, war 1973 seine »Ring«-Inszenierung in Leipzig. Jahre später hat er in einer Rede zusammengefaßt und erklärt, worum es in der, wie er es nannte, »realistisch-komödiantischen« Wagner-Interpretation ging. Zunächst bedeutete sie eine kritische Auseinandersetzung mit dem Werk. Das schloß ein, daß Regisseure den im Werk gesetzten Zeitrahmen verließen, um es näher an die Erfahrungen der Gegenwart zu rücken. Herz ist deshalb allerdings kein Aktualisierer geworden, der Stoffe eins-zu-eins in die Gegenwart überträgt. Realismus versteht er nicht als Stil, sondern als »Einsicht vermittelnd in Realität«, gleichwohl bleibt es immer auch ein Realismus der Bühne, die vom Spiel der Komödianten lebt. Bei allen technischen Möglichkeiten des Theaterapparates bleibt darum die »körperhafte Aktion ... das geeignetste Mittel, Vorgänge so unmittelbar dem Zuschauer zu übermitteln«. Herz ist von der gesellschaftlichen Bedeutung des Theaters überzeugt und von den Wechselwirkungen zwischen Bühne und Gesellschaft. Die ständige Neuaneignung der Werke ist Beweis für deren Lebendigkeit und Wirksamkeit zugleich – Oper ist alles andere als eine historische Rarität.

Um Joachim Herz ist es mittlerweile etwas ruhiger geworden. Seine in der Vergangenheit rege Regietätigkeit wurde von umfangreichen Publikationen begleitet, die belegen, wie wichtig ihm neben der »Handwerklichkeit« die philologischen und historischen Vorstudien und die Exkursionen ins Umland der Oper sind, um schließlich über diesen Weg zu seinen Inszenierungen zu gelangen. Seine Suche nach dramatisch-komödiantischer Wahrheit und musiktheatralischer Glaubwürdigkeit birgt ebenso die Gefahr in sich, Lebendigkeit mit wuseligem Aktionismus zu verwechseln (so zuletzt in seiner Inszenierung der »Liebe zu den drei Orangen«) und inhaltliche Scheingefechte um allzu griffige Thesen zu führen – denn das Theater wird nicht an seiner Theorie und seinen guten Absichten, sondern allein an seiner Wirklichkeit gemessen. Daß man auf der Bühne einen »Tummelplatz spielender Kombinatorik« schafft, bannt nicht die Gefahr, dennoch ins Leere zu gehen. Und was Herz über die »Inhalte theatralischer Kommunikation« vorträgt, formuliert zugleich die Crux seines Inszenierungsstils: »Einsicht wird möglich durch Vereinfachung, Reichtum entsteht aus Simplifizierung. Jede Zeit spielt auf ihrer Bühne ihre Lieblingsspiele, die Konstellationen wiederholen sich, Figuren wechseln nur mehr ihre Namen ...«

Auch Götz Friedrich war Regisseur an der Komischen Oper, nachdem er zuvor als Regieassistent und Dramaturg in der »Kompagnie« Felsensteins gearbeitet hatte. Auch er gilt als Vertreter des realistischen Musiktheaters, hält diesen Begriff jedoch für problematisch, weil irreführend. Das eigentlich Realistische sei vielmehr der »permanente Dialog zwischen Realität und ästhetischer Verfremdung«, den die Oper führe. Ansonsten empfinde er Oper als »das vollkommenste absurde Theater«. Friedrich fand einen eigenen Weg und setzte in seiner Regiearbeit durchaus andere Akzente als Felsenstein. An dessen Grundthese, wozu ein Stoff Musik braucht, hält er jedoch fest: »Wenn durch eine Musik, wenn durch Singen etwas beschrieben wird, was mit Worten allein nicht ausdrückbar ist, nur dann, glaube ich, entstehen Werke, die aufregend sein können.« Gewiß bewahrt auch Friedrich bei seinen Inszenierungen den Blick für die gesellschaftlichen Zusammenhänge, doch mehr scheint er an der Individualität von Figuren interessiert zu sein: »Oper kann Wahrheiten im Spiel realisieren, durch die wir uns vielleicht weniger der gesellschaftlichen Wirklichkeit als vielmehr unserer eigenen, individuellen, existentiellen Wirklichkeit bewußter werden.« Da liegt es nahe, Oper als ein Mittel »sozialer Gesunderhaltung« zu definieren. Der Weg zur Oper, zu ihrer Aneignung, führt über das Mittel der Assoziation als »Vergegenwärtigung«. – »Ich verstehe darunter eben auch, daß an einer Oper wie ›Fidelio‹ die Geschichte und die menschliche Erfahrung auch nach Beethoven noch weitergeschrieben werden kann.«

Und obschon sich Friedrich erklärtermaßen an Felsensteins Grundidee orientiert, wonach »das Musizieren und Singen auf der Bühne zu einer überzeugenden, wahrhaften und unentbehrlichen Äußerung zu machen« sei, so hat er die Abweichung von der reinen Lehre nie gescheut, um gelegentlich auf verpönte Artistik zu setzen. Eines blieb allerdings für seine Opernarbeit unverrückbar: das Interesse für den Menschen und, damit verbunden, die Suche nach inwendiger Realität, nach der »ganz anderen Realitätsqualität«. Das ist auch der Grund, weshalb bei Friedrich die Bühnen-Wirklichkeit häufig auch dem Alltag gleicht mit all seinen Existenzfragen, all seinen Lebensumständen, Leidenschaften und Verzweiflungen, seinem flüchtigen Glück und seinen Abgründen. Vom Realismus der Felsenstein-Bühne hat er das Element der Überzeichnung übernommen. Er setzt bewußt auf »Überpointierung« mit ihrem Zug ins Groteske, um auf diese Weise zu entlarven, Situationen zu »klären«. Die Traumszene wird zugleich (und dies ist Hinweis auf die Verwandtschaft mit dem epischen Theater) in ihrer »Machart« durchschaubar, die Illusion zur sichtbaren Draperie – oder anders gesagt: »Die Realität ist

die des Theaters.« (Heinz Josef Herbort) Das ist ein höchst unsicheres Unterfangen, das keine Erfolgsgarantie mitliefert.

Realismus gerät in seinen szenischen Resultaten zuweilen gar zu eindimensional, verkürzt mit seiner Versachlichung die Perspektive. Da wurde mitunter auch Genrehaftes dargeboten oder ein zur Idylle verklärtes Elend. Friedrichs »Bohème« war von dieser Art und setzte darüber hinaus im zweiten Akt auf Jahrmarktfirlefanz mit im Grunde nur öden Sensationen. Es blieb darin beim sentimentalen Kitsch, der auch durch die soziale Komponente nicht glaubhafter wurde, sondern die Oper in einen Herz-und-Schmerz-Komödienstadl verwandelte. Hier erlebte man die Flachheiten des realistischen Musiktheaters. Auch seine »Aida« setzte auf solche Abgeschmacktheit, ein einziger ägyptisierender Requisitenschwindel, der ganz offensichtlich zum Wohlgefallen des Abonnentenpublikums inszeniert wurde, brav erzählt, mit Schwergewicht auf Gefühl.

In vielen Friedrich-Inszenierungen indes überwogen die Qualitäten eines realistischen Musiktheaters, für das der gesellschaftliche Bezug lebenswichtig ist, der zumeist weit über die primäre Erzählschicht hinausgeht, und zwar auch auf die Gefahr hin, Bilder von einer gewissen Aufdringlichkeit hervorzubringen. Solange sie den moralischen Appell nicht in den Vordergrund rücken oder auf allzu rasches Einverständnis zielen, gehören sie zum Überzeugendsten und Animierendsten in Friedrichs Opernarbeit. Die Problematik ist dem Regisseur keineswegs verborgen geblieben, wenn er beispielsweise formulierte: »Jedes Stück ist eigentlich so gut oder so aktuell, wie wir es schaffen, daraus eine Parabel zu machen.« Hinzuzufügen wäre: daraus eine vielschichtige Parabel zu machen. Plakative Lösungen führen dagegen zur Abschaffung der Werke und kennen nur die »Aha«-Sympathie- oder Abwehrreaktionen, mit denen das Stück überflüssig wird. Eindeutige Festlegungen hält er demzufolge für albern und hat es doch nicht in allen Fällen verhindern können, so albern zu sein.

1981, soeben Intendant der Deutschen Oper Berlin geworden, äußerte er: »Ich bin bei Felsenstein ausgebrochen um zu inszenieren; ich habe wie ein Wütender inszeniert. Aber jetzt kommt es auf so etwas wie Kontinuität an. Es reizt mich, an diesem Punkt der Welt, wo man eine andere, sagen wir einmal künstlerische Flugschneise hat als etwa in Wien oder München, etwas auszuprobieren. Nicht den Rückfall in das alte Ensembleprinzip des Stadttheaters, sondern die Profilierung des Ensembles durch die Zusammenarbeit und Konfrontation mit Stars und speziellen Gästen zu steigern und zu einer Kontinuität der Aufführungsqualität zu gelangen. Auf der anderen Seite ist eine gewisse insulare Selbstgenügsamkeit zu vermeiden und dafür zu sorgen, daß die fruchtbare Irritation und Kommunikation des Aufeinandertreffens der häufiger anwesenden und der fremden Vögel ermöglicht wird.« Er hat seither, wie Heinz Josef Herbort bemerkt, auch die Peripherie des Opernrepertoires aufgesucht und auf Risiko gesetzt. Und er hat auch anderen Regisseuren die Chance gegeben, ebenso auf- wie anregendes Musiktheater zu realisieren.

Spricht man über die »alten Herren« des realistischen Musiktheaters, dann darf dieser Grandseigneur nicht ausgelassen werden: Kurt Horres. An der Komischen Oper hat er in den fünfziger Jahren nur kurze Zeit assistiert, wohl mehr, um zu beobachten und sich am Ende zu distanzieren. Denn er monierte, daß dem Regisseur Felsenstein das brillante Handwerk gelegentlich zum Selbstzweck wurde. Und in Anspielung auf dessen Umgang mit seinen Assistenten und Studenten äußerte Horres: »Ich glaube nicht, daß ich in der Kompagnie geboren bin.« Seit vielen Jahren ist er Opernintendant in Düsseldorf und hat dort das künstlerische Profil entscheidend geprägt.

Horres besitzt eine Vorliebe für die Literaturoper unseres Jahrhunderts, für ein Genre also, das eher als spröde beurteilt wird. Seine Art, sie zu inszenieren, geht aber oft weit über szenisches Nacherzählen hinaus – da ist mehr zu sehen als die Illustration von Text. Denn Horres inszeniert, wie Norbert Ely ausführt, die innere Bewegung mit und legt frei, »was als Meta-Realität die nackte Handlung übersteigt und die nichtsyntaktische Form von Prosa ist: Surrealität«. Er zeigt das Phantastische als Wirklichkeit und spürt die Abgründe, das Abseitige des Alltags auf. Ely zitiert in diesem Zusammenhang den Surrealisten André Breton, um Horres' Regiestil zu umschreiben: »Damit die unverhüllte, bestürzende Irrationalität gewisser Vorkommnisse zutage tritt, ist die strengste Authentizität des sie verzeichnenden menschlichen Dokuments unerläßlich.« Doch hat Breton jede scheinbare, nur erfundene »Authentizität«, wie sie der realistische Roman mit seinen genauen Orts- und Zeitangaben hervorbrachte, abgelehnt. Denn nicht die Oberfläche der Dinge interessierte den Surrealisten, sondern ihr unerwartetes und dennoch für ihn notwendiges Zusammentreffen, als bezeichneten die Ereignisse des Lebens ein geheimes Netz psychisch motivierter Notwendigkeiten. Breton prägte dafür den Begriff des »objektiven Zufalls«. Ähnlichkeiten zwischen Horres' Regiestil und der Surrealität sind aber nicht von der Hand zu weisen.

Horres ist zweifellos ein Moralist und als solcher naturgemäß konservativ. Nicht zu übersehen ist sein Hang zu den schwierigen, ernsten Stücken wie auch der dunkle Grundzug seiner Inszenierungen. Zwei ständig wiederkehrende Motive sind Furcht und Schuld. Die Erfahrung des Dritten Reiches bleibt ihm stets gegenwärtig, nämlich wenn sich Vergangenheit wie ein Alp in den Träumen der Gegenwart eingenistet hat. Auf der Bühne finden sich dafür immer wieder deutliche Hinweise, zitathaft und wie optische Signale. Entsprechend mißtrauen seine Opernfinale dem Erlösungsrezept, wie Ely vermerkt. Sie bleiben vielmehr offen wie Träume, die ebenfalls kein Ende besitzen, keine moralische Schlußfolgerung als Belehrung. Seine Vorliebe für die Literaturoper hat damit zu tun, daß Horres die Sprache zum Ausgangspunkt seiner Inszenierungen macht. Aber er bleibt dort nicht stehen, beläßt es nicht beim szenischen Nacherzählen und macht die Oper nicht zum Schauspiel. Das Unbewußte, der Traum sind die Ziele. Seine Regie faßt beides, Wirklichkeit und Traum, in einem Bild zusammen, setzt sie in eins. Das gerät ihm mitunter so spannend, als sei er nachgerade ein Spezialist für Krimi-Suggestion. Im gleichen Maße vertraut er der musikalischen Rede, wertet Singen nicht als gehobenes Sprechen ab, sondern begreift es als Chiffre, da es dem Traum und dem Phantasma näher als Sprache scheint.

DIE SZENE AUS DEM GEISTE DER MUSIK: GIORGIO STREHLER

An Urteilen über den Regisseur Giorgio Strehler mangelt es gewiß nicht. In einem sind sie sich einig: Man hat es mit einem »Theatermenschen« zu tun, der für das Theater Neues schuf. Galt er zunächst als Italiens bedeutendster Brecht-Regisseur, so reizte ihn immer mehr das reine Spiel, erfüllt von Heiterkeit, das Theater als Theater und die Poesie darin als eine eigene Wahrheit, wie es bei Günther Rühle heißt. So wurde ihm die Bühne gar eine artifizielle »Gegenwelt zur Banalität des chaotischen Alltags« (Dietmar Polaczek). Nicht nur schöpfte er aus einer wahren Fülle der Erfindungen, er gebärdete sich in seinem Beruf wie ein Besessener – Theater wurde ihm zur obsessiven Leidenschaft, die alle Nerven, eine absolute Aufmerksamkeit und alle Sinnlichkeit beansprucht. Und tatsächlich ist Strehler dieser ständig unter Hochdruck arbeitende Theatermensch und belegt damit das Bild vom Regisseur als Dompteur und Liebhaber in einem. Die Art seiner Proben bringt es an den Tag, enthalten ist darin sicherlich auch das dem Theater eigene Element der Persiflage und Karikatur. Durch die plötzliche Erkrankung eines Darstellers mußte 1973 die Premiere der »Dreigroschenoper« am Piccolo Teatro in Mailand abgesagt werden. Strehler setzte am Abend statt dessen eine weitere Probe an, über die der Rezensent der

»Süddeutschen Zeitung«, Wolfgang Schreiber, wie folgt berichtete: »Noch am Abend der Aufführung scheint ihm alles ungenügend. ›Los, macht eure brutalen Visagen! Seid finstere Typen!!‹ herrscht er die Bettlerbande an, ehe sie zum makabren Ballett der Erniedrigung ansetzen, daß es einem den Atem verschlägt. Und schon ist er mit fünf großen Sprüngen auf der Bühne, imitiert in Sekundenschnelle gleich den ganzen Rudel von Jammergestalten, bringt Bewegung in die Schauspieler, singt, schreit, flucht. ›Porca miseria!‹ Höhepunkt der ›Proben-Show‹: Strehler als Mackie Messer. Ungeduldig wollte er nur zwei Passagen ausbessern, und schon spielt er selbst die halbe Szene, singt das Duett mit Polly: ›Siehst du den Mond über Soho?‹ – ›Ich sehe ihn, Lieber.‹ Wenig später hilft er dem Orchester auf die Beine. Wütend stampft er mit den Füßen den Takt, gibt Einsätze, ermuntert das schwere Blech zu parodistischer Verzerrung, erfreut sich wie ein Kind an Weills Musik.«

So sehr die Probensituation einem nervtötenden, scheinbar chaotischen Exerzitium gleicht und eher von der Tyrannei des Regisseurs kündet als von dessen Ideal eines »menschlichen Theaters«, so sehr scheint es zumindest durch das Resultat gerechtfertigt. Es bestätigt aber auch, daß bei Strehler nicht »inszeniert«, sondern »dirigiert« wird, und zwar im doppelten Sinne – sowohl was den Umgang mit den Darstellern angeht als auch in der Musikalisierung der Szene.

Bei seinen Operninszenierungen kam ihm sogleich zugute, daß er eigentlich einmal Dirigent werden wollte und von Musik etwas versteht. Seine Operninszenierungen aus dem Geiste der Musik bestanden also nicht aus den bloßen Absichtserklärungen des Regisseurs, sondern bestätigten vielmehr dessen musikalisches Denken. »Er ist unglaublich musikalisch«, bescheinigte ihm Claudio Abbado, »man sieht sofort: Alles kommt bei ihm aus der Musik.« Da gebe es stets diese »faszinierende Übereinstimmung mit der Partitur«. Abbado sprach auch vom Zauber und der Magie in Stehlers Theater oder von einer auf ganz bestimmte Lichtstimmungen angelegten Regie. Keine Frage, daß dies alles Perfektion voraussetzt. Und ohne auf optische Sensationen zu setzen, wirken Strehlers szenische Erfindungen auf unspektakuläre Weise gleichwohl spektakulär. Sie gewannen nämlich jene mediterrane Heiterkeit, eine von aller Schwere des Theaterapparats abgelöste Leichtigkeit.

Strehler stammt aus einer musikalischen Familie. Sein Bekenntnis, »Musik ist eines der Grundelemente meines Lebens«, ist da nur naheliegend. Er hat bei seinen Operninszenierungen bisher vorzugsweise auf Werke gesetzt, die ihm anspruchsvoll erschienen, von denen er sich herausgefordert fühlte. Als solche nennt er den »Fidelio«, »Wozzeck« und »Lulu«, »Die Zauberflöte« und »Don Giovanni« und einige Werke Giuseppe Verdis, vor allem die späten, von Arrigo Boito mit beeinflußten, aber auch »La Traviata«, weil sie in einem unmittelbaren Sinne Zeittheater bedeutet. Durch diese Werke wurde für ihn Opernregie überhaupt erst erträglich, denn dieses Genre sei ansonsten nicht so leicht zu lieben. Von besonderer Anziehungskraft für ihn ist Mozart, ein Künstler, der ihm nach eigener Aussage am meisten liegt, dessen Werke sich als stets präsent erweisen: »Mozart ist Gegenwart, Vergangenheit und Zukunft: Die Beziehung des Künstlers zur Zeit ist ein wesentliches Problem.« Und mit seiner Erklärung zum Wesen des künstlerischen Genies hat Strehler auch seinen eigenen Regiestil charakterisiert: »Für mich ist eine der selbstverständlichen Charakteristika des Genies oder der Genialität die Klarheit und Einfachheit, die Verständlichkeit eines Kunstwerks und eines Künstlers.« Naturgemäß liebt Strehler all das in der Kunst, was »durchsichtig« ist, nicht jedoch das Komplizierte, Schwierige, Dunkle. Fast erlangt Transparenz etwas wie Pathos und scheint mit Vehemenz zu leugnen, daß sie aus tiefster Undurchdringlichkeit kommt. Gewiß macht er es sich damit entschieden zu einfach, da Mozart weder »leicht« noch »unkompliziert« ist, die klassizistische Idealisierung muß an seinen Werken letzten Endes scheitern, auch wenn in seiner Musik scheinbar nur heitere Gelöstheit transportiert wird. Doch von Abgründigem und Brüchen weiß sie mindestens genauso eindringlich zu erzählen. Das Frappierende freilich an Strehlers Inszenierungen ist vor allem der Eindruck, daß die spielerische Leichtigkeit zugleich das Natürlichste darstellt, im Grunde aber bleibt sie das Rätsel, das Unerklärliche, und deshalb sind wir bereit, in diesem Falle vom Regisseur als Zauberer, von der Magie einer Aufführung zu sprechen.

Strehler schätzt an Mozart den »kompletten Theatermenschen«, denn seinen Opern gehe es nie allein um die Musik, sondern um das Theatralische, um das szenische Denken, aus dem die Musik geboren ist, welche die Bühnensituation mit vollzieht, sie vertieft und ihr eine neue Dimension verleiht. Als Theatermensch lebte Mozart bewußt in seiner Zeit, erkennbar am »sozialen« Interesse etwa im »Figaro« oder in der »Entführung aus dem Serail«, das aus einem »larmoyanten Märchen« ein Stück über Humanität macht, als wäre es von Lessing. Strehler betont immer wieder und lieferte dafür zugleich den szenischen Beweis, daß Ehrlichkeit und Schlichtheit auf der Bühne die größte Wirksamkeit besitzen. Allein ein wenig Wissen, Phantasie und Menschlichkeit seien nötig – aber gerade diese drei Dinge gewinne man so schwer. Wie in jedem realistischen Musiktheater geht es auch Strehler um Logik und Plausibilität. Und so definierte er Opernregie mit: »die richtige Mitte finden zwischen Tradition und Wirklichkeit, den Einklang zwischen Stoff und Komposition, besser noch: eine mitvollziehbare Logik aufdecken, oder da, wo das nur unvollkommen möglich ist, wenigstens einer plausiblen Lösung so nahe wie möglich kommen«.

Strehler geht es stets aufs neue um die Glaubwürdigkeit des dramatischen Moments. Doch bereitet gerade die Oper Probleme mit der szenischen Logik und Kausalität. Er hat dies sehr wohl erkannt und deshalb nie versucht, das Bühnengeschehen etwa durch strenge realistische Psychologie »wirklich« machen zu wollen, aber es muß zumindest aus der Musik heraus glaubwürdig werden. Seine »Simone Boccanegra«-Inszenierung war dafür ein bemerkenswertes Beispiel, denn obwohl ein historisch-realistischer Rahmen gesetzt wurde, gewann das Werk seine eigentliche Kraft aus den melodramatischen Bedingungen. Das geschah ohne »effekthascherische Extravaganzen und in der äußeren Gestaltung nicht so umwerfend neu, daß man verblüfft sein könnte«, wie Strehler selbst seine Arbeit bewertete. Wie eine Traumvision war der Prolog inszeniert, mit sogenannten »Flash-backs« – Erscheinungen, aus dem Dunkel auftauchend. Zwei Verschwörer beschließen auf einem Genueser Platz, Simone Boccanegra als neuen Dogen zu lancieren. Kurz darauf betreten dieser und Fiesco Jacopo die Szene. Auch in ihrem Gespräch geht es um Macht, Intrige und Mord. Unversöhnlich gehen beide auseinander. Die Musik dringt zum Kern der Szene vor, kompositorisch subtil wird die Unvereinbarkeit zum Symbol des Prologs. Das Dunkel der Szene, unterbrochen von kurzen filmhaften Einblendungen, die nur die Gesichter der Kontrahenten sichtbar werden lassen, schafft die atmosphärische Voraussetzung, »die dem Publikum von heute vielleicht das düstere Klima der Geschichte klarer macht« (Strehler). Der Regisseur kommentierte seine Arbeit an diesem politischen und menschlichen Drama folgendermaßen: »Alle psychologischen Feinheiten werden durch die Musik ausgedrückt. Man muß ihr nur mit der entsprechenden Demut folgen. Sie gibt uns genau die dramatischen Tempi, die Pausen, die Atmosphäre und die grundlegenden Bewegungen an; all das, was in der Handlung unglaubwürdig oder unverständlich erscheint, wird durch die Musik klar, menschlich und ergreifend. So wird zum Beispiel Fiesco, der uns unverständlich und beinahe langweilig erscheint, zu einer Figur, die zwar durch ihren Schmerz aller menschlichen Züge beraubt wird, im letzten Duett mit Simone dann aber doch wieder menschlich erscheint. Wie nie zuvor bei Verdi schaffen in ›Simone Boccanegra‹ die Naturelemente – die Nacht, das Morgengrauen, die Sonne,

die Luft und das Meer – eine bald tragische, bald zärtliche, bald symbolische Atmosphäre.« Das von Ezio Frigerio entworfene Bühnenbild nahm all diese atmosphärischen Elemente auf, übersetzte sie in differenzierteste Lichträume. Die Figuren trugen historisierende Kostüme und bewegten sich in einer an historischen Vorbildern orientierten Architektur, »Paläste, groß wie Kathedralen, auf gotischen Pfeilern ruhend, die das Gefühl eines regelmäßigen, senkrechten, monotonen Rhythmus vermitteln« (Frigerio). Hier wurde, wie der Regisseur einschränkte, auf durchaus konventionelle Weise die stilisierte Illusionsbühne beschworen, sie schuf aber, quasi als produktives Mißverständnis, das Klima für eine Inszenierung, die von einer eindringlichen Feinzeichnung der Figuren geprägt war. Konservativer Geist endete hier einmal nicht in Erstarrung, sondern erreichte Verlebendigung durch den Glauben an das Werk. Das Inszenieren aus dem Geiste der Musik hat mit Strehler eine Blüte erlebt, ein wohl kaum zu überbietendes Maß an Perfektion. Nicht unerheblich dürfte sein Einfluß auf Klaus Michael Grüber gewesen sein. Aber es läßt sich heute eine ganze Reihe von Regisseuren finden, die zwar nicht in unmittelbarer Verbindung zu Strehler stehen, jedoch seine Auffassung einer musikalisierten Bühne, eines »menschlichen Theaters« teilen: Bondy, Chéreau oder Dorn seien stellvertretend für die Regisseure eines vorwiegend realistischen Musiktheaters genannt.

VON DER NATÜRLICHKEIT DER OPER – PETER BROOK

Peter Brook hat schon immer mit ungewöhnlichen Einsichten überrascht (erinnert sei an seine Essaysammlung »Der leere Raum"). So auch, wenn er die Entstehung der Oper vordatiert: »Die Oper begann vor fünfzigtausend Jahren damit, daß die Menschen aus ihren Höhlen kamen und Laute ausstießen«, lautete seine These. Der menschliche Laut als erste Äußerung, die »Einton-Oper«, die dann viel später durch entsprechendes Reglement zur Kunst wurde. Sie hatte wesentlich mit dem Ausdruckswillen des Menschen zu tun, war also einmal etwas Natürliches und wurde dann als Künstliches bewundert. Das bestätigt einmal mehr, wie wichtig dem Regisseur Brook der Mensch ist, Ausgangs- und Endpunkt seiner theatralischen Mission, die nicht zuletzt deshalb überzeugt und in den Bann zieht, weil sie eben nicht zum pseudoreligiösen Dogma mutierte. Die Opernkunst als etwas Künstliches erstarrte schließlich zur Konvention: »Ich würde sagen, jetzt, an diesem Punkt des zwanzigsten Jahrhunderts, besteht die größte Herausforderung darin, die Auffassung – sowohl in den Köpfen der Mitwirkenden wie in den Köpfen der Zuschauer, daß die Oper künstlich sei, durch die Auffassung zu ersetzen, daß sie natürlich sei. Das ist eigentlich das wichtigste, und ich glaube, es ist möglich.«

Auf den ersten Blick mag man an Felsensteins »singenden Menschen« erinnert sein. Doch Brook hat etwas anderes gemeint. Ihm ging es nie in erster Linie um die Intentionalität des Singens. Er hat Opern nicht inszeniert, um den Gesang zu legitimieren, weil für ihn von vornherein das Natürliche im Kunst-Laut feststand. Daß in der Opernrezeption wie in der Opernregie die Natürlichkeit möglich ist, dürfte von Brook mittlerweile skeptischer beurteilt werden. Tatsache ist, daß er nur noch äußerst selten Oper inszeniert und wenn, dann außerhalb der traditionellen Institutionen. Zuletzt galt sein Interesse Claude Debussys Oper »Pelléas et Mélisande«, die er im November 1992 am Théâtre des Bouffes du Nord in Paris herausbrachte, um danach mit dieser Produktion in mehreren europäischen Städten zu gastieren. Aber nicht nur außerhalb der Institution Oper fand dieses Ereignis statt, sondern zugleich musikalisch reduziert auf ein Kammerspiel. Wie schon im Fall von Bizets »Carmen« hatte wiederum der Komponist und Dirigent Marius Constant die Partitur klanglich wesentlich reduziert und den »Pelléas« für zwei Klaviere arrangiert. Entsprechend wurde der Titel in »Impressions de Pelléas« geändert. Die Idee dazu entstand bereits zehn Jahre vorher. Schon 1981 äußerte Brook in einem Interview, nachdem gerade seine »Carmen«-Version Premiere hatte, daß »Pelléas et Mélisande« auch ohne seine berühmte Orchesterpartitur Lebendigkeit haben könne.

Die meisten Operninszenierungen Brooks datieren aus den vierziger und fünfziger Jahren: »Boris Godunow«, »La Bohème«, »Le nozze di Figaro«, »Salome«, die Uraufführung von Arthur Bliss' »The Olympians«, Gounods »Faust« und »Eugen Onegin«. Aufsehen erregte 1981 »Die Tragödie der Carmen«, die zwei Jahre später auch verfilmt wurde. Vielleicht würde man seine frühen Operninszenierungen heute nicht mehr als die Großtaten verstehen, die sie zu ihrer Zeit bedeuteten. Zu einigen Aufführungen hatte er sich schriftlich geäußert und zu verstehen gegeben, daß er nie etwas anderes als Oper habe machen wollen, ebensowenig wollte er die Sänger in Schauspieler verwandeln, sondern er habe sie Sänger sein lassen in ganz und gar nicht revolutionären Bühnenbildern. Nur bei der »Salome«, zu der Salvador Dali die Bühne entwarf, war visuell Aufregendes beabsichtigt. Am wenigsten bediente Brook irgendwelche Konventionen. Gounods »Faust« war natürlich nicht in einem erfundenen Mittelalter angesiedelt, sondern passend zur Musik in dem so viel eleganteren 19. Jahrhundert. Es dürften vor allem die Arbeitsbedingungen der Oper gewesen sein, die ihn für lange Zeit davon abhielten, sich diesem Genre wieder zu widmen.

Peter Brook war in den sechziger Jahren, wie damals viele, angesteckt von der Politisierung des Theaters – die Themen, die er vorzugsweise behandelte, waren politische. Doch wurde er weder für die einen noch für die anderen zum Parteigänger, gewiß nicht aus Indifferenz, sondern aus der Einsicht in die Mechanismen politischer Meinungsbildung Auch Schuldzuweisungen waren seine Sache nicht, wohl aber, Konflikte in ihrer Widersprüchlichkeit in szenische Sprache zu übersetzen. Das war an die Erkenntnis geknüpft, wieviel komplizierter das gesellschaftliche Leben und die politische Großwetterlage geworden waren, und ging in die Haltung des interpretierenden Regisseurs über, der sich sofort von allem trennte, was immer sich als schnelle Lösung anbot. »Unsere Interpretationen und Deutungsversuche, also die Dinge, die als Interpretation ganz schnell an die Oberfläche gelangen, sind immer superficial, vordergründig.« Seine Arbeitsweise ist gleichwohl intuitiv, jedoch ausgestattet mit einem enormen selbstkritischen Potential als Korrektiv gegen Bequemlichkeitslösungen. Auch wenn er den Begriff des »menschlichen Theaters« nicht ausdrücklich benutzt, gibt es doch keinen Zweifel, daß für ihn der Mensch das wichtigste auf der Bühne ist. Die intuitive Regiearbeit ist dem ebenso verpflichtet wie seine spezifische Art, menschliche Natur zum Schwingen zu bringen, sie als Element der Theaterarbeit zu mobilisieren. Wichtiger als Konzepte ist ihm, was aus dem Unbewußten als Vorahnung ins Bewußtsein aufsteigt – dieses presentiment wurde für ihn zur zentralen Kategorie, »sie gibt die Richtung der Arbeit an, den Weg«. Mehr als Technik brauche man den Mut, beim Inszenieren »die formlose Spur so lange zu verfolgen, bis sich die richtige Form einstellt«.

Brook hat sich über Fragen der Regie sehr ausführlich geäußert, programmatisch in »Der leere Raum« oder auch in seinen unter dem Titel »Wanderjahre« zusammengefaßten Schriften. Seine Arbeitsweise vollzieht die theoretischen Reflexionen in der Praxis nach, und ihre Ergebnisse belegen, daß hier Theorie und Praxis identisch sind. Seine Aufführungen sind gewissermaßen die Exempel einer kritischen Theatertheorie. Brooks einziger Traum ist wohl die Einfachheit. Eine seiner Thesen ist die von der »permanenten Revolution«, denn das Theater befinde sich im ständigen Wandel. Vielleicht setzt der Regisseur ja deshalb bei seiner Arbeit zunächst auf die »formlose Spur« und trägt so den sich wandelnden Formen Rechnung, die niemals ewig sind im Gegensatz zu den unvergänglichen Inhalten. Für ihn gehören Ewigkeitswerte zum töd-

lichen Theater. Eine weitere Konsequenz daraus ist die Besinnung auf das Substantielle des Theaters, was mit der These von der Bühne als leerem Raum korrespondiert. So basiert jede Entscheidung auf der Überlegung, ob es nicht auch weniger sein kann. Und damit verbunden ist die Einsicht, wie viel wichtiger der Mensch ist. »Der menschliche Kontakt ist die einzige unentbehrliche Wirklichkeit. Dies ist das Theater, das wir suchen, das zu den Quellen geht.« Hierin liegt wohl der Grund dafür, warum wir auf Brooks Bühne Magie, Liebe und Schönheit anstatt Hokuspokus, Sex und Ästhetizismus antreffen. Und wenn er nach eigenem Bekunden anfangs einmal anders gearbeitet hat, so setzte sich allmählich die Erfahrung durch, »daß das stärkste, das reichste Instrument der Mensch ist«.

Brook ist ein entschiedener Gegner der Gesamtkunstwerk-Idee, nicht zuletzt auch, weil er den Darsteller in das Zentrum seines Interesses rückt und die Wahl der Darstellungsmittel und ihre Gewichtung von den spezifischen Erfordernissen des Stückes abhängig macht, von dem darin liegenden Ton, den es zu beschwören gilt, damit das Stück gehört werden kann. Es sei ein Irrtum, äußerte er, wenn man die Elemente für gleichbedeutend wie die Instrumente in einem Orchester nimmt. »Das Theater ist kein Orchester. Nichts kann ähnlich stark sein, wie die Personen es sind.« Dies ist wohl der Grund, weshalb er Debussys »Pelléas et Mélisande« das Orchester nahm und mit der musikalischen Reduktion auf zwei Klaviere auf das Kammerspiel setzte. Überflüssig wurde durch diese Inszenierung die eigentliche Oper allerdings nicht, was eindringliche Interpretationen zuletzt von Ruth Berghaus, Peter Sellars oder Christoph Marthaler bezeugten. Brook indes erinnerte an Debussys Ausspruch, den dieser den Sängern gegenüber auf der ersten Probe getan haben soll: »Vergeßt, daß ihr Sänger seid! Alles muß natürlich sein ... alles muß fließen, wie das Leben.« Bei Brook gab es diese Natürlichkeit, fließende Bewegungen, ohne den Figuren ihre Rätselhaftigkeit zu nehmen. Denn Natur bedeutete hier psychologische Komplexität der Figuren, die ihm in der Oper mit ihrer gestisch-mimischen Vereinfachungstendenz weniger leicht herstellbar schien. Die Rolle der Mélisande hatte er bewußt mit einer Asiatin besetzt, da sie das Fremde schlechthin verkörpere. Und obschon das Spiel von ruhigen, zarten Bewegungen und gedämpfter Atmosphäre bestimmt war, bestand zwischen den Figuren doch eine ungeheure Spannung, die aus der Sprengkraft des Dreiecksverhältnisses resultierte: Ehemann – Frau – Liebhaber, letzterer zugleich Halbbruder des Ehemanns. Optisch angesiedelt war das Drama im bürgerlichen Salon der Jahrhundertwende, ohne dafür jedoch ein geschlossenes Bild zu verwenden. Es genügten Andeutungen – das Klavier selbst fungierte als zitathaftes Element. Hinzu kamen als Requisiten einige Fauteuils, eine üppig mit Hortensien gefüllte Vase, orientalische Teppiche, Petroleumlampen, ein Goldfischglas. Die Außenwelt war hier nur noch durch zwei rechteckige Wasserbecken im Vordergrund symbolisiert (Mélisande verliert ihren Ring in einem Brunnen). Mit der radikalen akustischen Minimalisierung, die gleichwohl atmosphärisch präzis blieb, wurde jedoch auch dieser Effekt möglich: »Das Klavier und die Stimme erlauben auch die Präsenz der Stille, und die Stille ist ein musikalisches Instrument.«

Brook erreicht immer wieder diese naive Annäherung an die Werke. Die Naivität ist es letztlich, die Wunder nicht nur denkt, sondern möglich werden läßt. Er bedarf nicht der aufwendigen Apparate, auf die allzu viele Regisseure hereinfallen. Man wünschte sich nur, er fände häufiger den Weg zur Oper, um sich auch dort als Zauberer der Einfachheit zu betätigen. Es trifft den Kern, wenn ein Rezensent den Regisseur Brook anläßlich dessen »Sturm«-Inszenierung »eines der ältesten, aber frischesten Kinder, die das Welttheater besitzt«, nannte. Denn nicht nur wurde dort deutlich, daß Naivität möglich ist, sondern daß ihre einfachen Lösungen zugleich die besten sind.

STILISIERUNG: JEAN-PIERRE PONNELLE

Einer, der seit den sechziger Jahren wesentlich die Opernbühne mit geprägt hat, war Jean-Pierre Ponnelle. Ein größerer Gegensatz zu Brooks Forderung nach Natürlichkeit läßt sich allerdings kaum finden als Ponnelles Ästhetizismus, seine virtuos betriebene Stilisierungskunst, die sich von der Droge der Illusionsmaschinerie oft und gerne berauschen ließ. Seine Regiearbeit begann durchaus avanciert und gab dem Genre ein neues Element von Leichtigkeit und Charme. Doch die Neuheit verflüchtigte sich allmählich, um am Ende fast nur noch sich selbst zu reproduzieren, nur noch geschmackvoll und trotzdem schal zu wirken. Von wenigen Ausnahmen abgesehen, erfüllte Ponnelles Regiearbeit am Ende vor allem den Publikums- und Intendantenwunsch nach kulinarischer Üppigkeit und unterwarf sich mehr oder weniger bereitwillig der glamourösen Ereigniskultur. Am Schluß stand operettenhafter Kitsch wie in »Turandot«, für die der Dekorationskünstler Pet Halmen den entsprechenden Rahmen anfertigte.

Ponnelles Biografie ist die Geschichte einer steilen Karriere und klingt wie fast jede Erfolgsstory auch ein wenig märchenhaft. Nach eigener Aussage hat ihn sein Erfolg selbst wohl am meisten überrascht, aber wahrscheinlich besaß er die interessantesten Ideen zum richtigen Zeitpunkt. Er hat nicht klein angefangen, sondern die Großen des Theaters hatten ihn gleich am Anfang engagiert, und er stolperte so mitten hinein ins Karriereglück. Das kulturell orientierte Elternhaus dürfte entsprechende Weichen gestellt haben. Es vermittelte ihm zudem früh Internationalität, die sich als ausgesprochen hilfreich erwies. Ponnelle ist einer jener Regisseure, die ursprünglich vom Bühnenbild kommen. Er blieb bei den meisten Inszenierungen auch sein eigener Ausstatter, und zwar einer auf der Suche nach dem Mittelweg: »Das rein dekorative Bühnenbild ist sinnlos. Aber wenn ein Bühnenbild mit dramaturgischer

Deutung zu sehr beladen wird, erstickt es das Spiel und die Darsteller auf der Bühne.« Die Bühnengestaltung soll die Extreme ausbalancieren: Dekoration im Prinzip ja, aber mit dem richtigen Maß an Bedeutung. Dabei ging er stets von der Kunstwirklichkeit der Bühne aus und betrieb Ästhetisierung aus dem Geiste der Musik. Für ihn stand fest, daß zum Beruf des Opernregisseurs gehört, daß er Musik lesen kann. Aber mit dem Lesen allein ist es natürlich noch nicht getan. Richtig freilich ist die Einsicht, daß Rhythmus und Dynamik nicht nur musikalische, sondern im gleichen Maße auch szenische Qualitäten bezeichnen. Dafür lieferten viele seiner Inszenierungen eindrucksvolle Beweise. Ponnelle entwickelte sich zum wahren workaholic. Er war rasch an allen großen Opernhäusern zu Hause und wurde dabei zum Routinier ästhetischen Furors, der so etwas wie eine eigene Industrie beschäftigte. Seine ästhetische Internationalität ging einher mit der Internationalisierung der Oper und ihrer zunehmenden Industrialisierung. Opernregie war nun eingebunden in die Marktstrategien der Medienkonzerne. Und so wurde der Name Ponnelle zum Markenzeichen »für exquisite, so pompöse wie zierratreiche Ausstattungen« (Gerhard Koch). Aber gleichzeitig erreichten seine Inszenierungen große Beweglichkeit und Virtuosität in der Personen- und Chorführung. Immerhin schränkte auch der Freund Joachim Kaiser in seinem Nachruf auf den mit 56 Jahren früh verstorbenen Ponnelle ein: »Manchmal war der witzige Bühnenbildner nicht etwa ein Vorteil, sondern fast eine Belastung für den klugen und stilsicher regieführenden Menschen-Gestalter Ponnelle.«

Wenn Ponnelle, der Großindustrielle und Effektivitätsspezialist unter den Regisseuren, seine Arbeitsweise beschreibt, so erstaunt zunächst, daß die Entscheidung für den jeweiligen Raum erst relativ spät fiel, denn an erster Stelle stand für ihn die Beherrschung der Partitur, obschon dem Assoziationen vorausgingen. »Natürlich fängt man leicht an zu träumen, es ist eine Mischung von Phantasie und Spinnerei, Logik und Unlogik.« Und während die Musik »erarbeitet« wurde, entstand synchron dazu ein szenisch-visuelles Denkmodell. Danach kam die Reihe an die Gestaltung der Figuren, und erst am Ende dieses Prozesses standen das Regiekonzept und der endgültige Bühnenraum.

Berühmtheit erlangte, auch als ein Beispiel avancierten Musiktheaters, Ponnelles Monteverdi-Zyklus, den er in Zürich zusammen mit dem Dirigenten Nikolaus Harnoncourt in den Jahren 1975 bis 1979 schuf. Er inszenierte diese frühen Opern im Gewand der Entstehungszeit und kommentierte: »Mir scheint es erlaubt, alles, was in der Konvention der Zeit eingebettet war, abzutrennen und eine Art Transplantation zu unternehmen. Da gibt es verschiedene Techniken, Tricks oder auch Ideen, sie sind von Fall zu Fall anders. Man darf nicht vergessen, daß die meisten Komponisten, was die Szene betrifft, Dilettanten waren.« Das lief auf eine Vermischung der Zeitebenen in den Kulissen und Kostümen hinaus. Wichtig war ihm der optische Verweis auf die Entstehungszeit, aber eben durchaus in einer Perspektive, die in unsere Zeit führt. »Es ist«, äußerte er, »wie wenn ich ein Bild mit einem biblischen Thema von Caravaggio sehe, mit Figuren in Renaissancegewändern. Die Kleider der Renaissance, die für Caravaggio zeitgenössische waren, muß ich heute wiederfinden. Damit ich den Renaissance-Autor wiederentdecken kann.« Indem er sich aus dem stilgeschichtlichen Fundus bediente, wollte er über die Form hinaus etwas wie die geistige Haltung entdecken. Hier zeigte sich, mit welcher Vorliebe Ponnelle als Bühnenbildner die Stile fingierte und dabei ähnlich wie der Historismus des 19. Jahrhunderts Stile sammelte, um daraus eine zuweilen ungenießbare Melange zu bilden. Er hat stets gerne und viel aus der Kunst- und Architekturgeschichte rekapituliert, die ihm wohl wie ein Steinbruch der Ideen vorkam, freilich verbunden mit der Hoffnung, eine Brücke zum Autor herstellen zu können. Die von ihm seit den sechziger Jahren beeinflußte Opernbühne war eine der Stilkopie, obschon bewußt und absichtlich; aber sie hat nicht verhindert, eher beschleunigt, daß eine im Grunde stillose Unverbindlichkeit sich allenthalben breitmachte und nichts mehr übrigblieb, woran man sich hätte halten können. Oder mit Worten Peter Brooks: »Die Suche nach Stil wird in dem Maße auffälliger, wie die Substanz schwindet.« Denn dieser bezweifelt, daß man durch das Sammeln von Äußerlichkeiten die geschichtliche Wirklichkeit erfassen kann. Brook riet, den entgegengesetzten Weg zu gehen, zur Beobachtung zurückzukehren, die Dinge zu verlassen, um die menschliche Natur wiederzufinden, obschon diese als Bühnensprache stilisiert sei und je nach Tradition stark formalisiert sein könne. Dennoch besitze sie Lebendigkeit und Verständlichkeit. Inwieweit dies für untergegangene Epochen wie beispielsweise die in historische Ferne gerückte Zeit Monteverdis gilt, bleibt indes offen. Wenn damals antike Stoffe im zeitgenössischen Gewand vorgeführt wurden, dann wäre eine solche »Aktualisierung« auch für uns heute denkbar (wie sie beispielsweise Herbert Wernicke anstrebte, der die Sänger im »Orfeo« in Smoking und Abendkleid auftreten ließ). Das wäre Ponnelle aber wohl als vordergründige Aktualisierung erschienen, die er gar als »Proletarisierung« der Kunst abtat, denn sie bedeute Verflachung und Simplifizierung. Ihm lag mehr an einer Archäologie der Konventionen, durch die Kunst zur Sprache, zur Mitteilung wird, was gleichermaßen ihre Handhabbarkeit ermöglicht wie ihre Ein- und Abgrenzung forciert – eben die Schaffung der Kunstwirklichkeit. Brooks Einwand gegen theatersprachliche Konventionen: »Man erfindet phantastische Konventionen, die niemand aufrechterhalten kann und die zu stilistischen Symbolen

einer verblichenen Erinnerung an die Vergangenheit werden.«

Daß Ponnelle immer wieder auch Figuren glaubhaft zu machen verstand, darauf hatte bereits Joachim Kaiser zu Recht hingewiesen. Auch stimmt es, daß er mit der zitathaften Stilisierung der Bühne zuweilen sehr genau den geistigen Horizont, etwas von der Mentalität der Werke sichtbar machte. Dies wurde beispielsweise an einer seiner letzten Inszenierungen deutlich: So spürte er für Hindemiths »Cardillac« die ganze schaurige Romantik des Sujets auf, versetzte die Szene in die Schräglage expressionistischer Überzeichnung und versah sie mit einer entsprechend schiefen Stadtkulisse. Er beschwor damit einen Stil, der bei der Entstehung des Werkes durchaus noch Aktualität besaß und darin auch seinen Niederschlag fand. Gleichzeitig setzte er auf den filmischen Gestus – etwa in den Chorbewegungen oder in der Mordszene, die wie ein Stummfilmkrimi ablief. Da schien das ästhetische Klima der Entstehungszeit der Oper äußerst eindringlich rekonstruiert. Aber es blieb vornehmlich ein ästhetisches Ereignis, das die Perspektive für die Gegenwart vermissen ließ und damit die Antwort auf die Frage, was uns dieses Werk heute angeht, außer daß wir es als Exponat im Opernmuseum betrachten.

Für Ponelle gab es überhaupt nur einfache Wahrheiten über das, was Opernregie sein sollte, über andere Regisseure, das Publikum, die Kritiker. Das liest sich in Interviews nicht selten wie Simplifizierung – und Pauschalurteile sind es wohl auch. Im Grunde ließ er nur gelten, daß es auf der Bühne nicht wie im Leben zugeht und daß Regie aus hundert Prozent »Handwerk« besteht.

PORTRÄTS

Vorbemerkungen

Bei aller Vielfalt theatralischer Lösungen, die uns das avancierte Musiktheater im 20. Jahrhundert präsentierte, greift es doch immer wieder auf bestimmte Grundideen zurück. So unterschiedlich die Resultate ausfallen, ihr gemeinsamer Ausgangspunkt ist und bleibt die Musik – so zumindest lautet in den meisten Fällen die Absichtserklärung. Bemerkenswert in diesem Zusammenhang, daß sich insbesondere die Arbeit von Schauspielregisseuren für die Oper als äußerst fruchtbar erwies. Und wieviel Innovation auch weiterhin von dieser Seite zu erwarten ist, belegen die nachfolgenden Porträts. Sie stellen eine Auswahl dar, die durchaus subjektiven Momenten folgt. Regisseure wie Andras Fricsay, George Tabori, Robert Carson, Thomas Schulte-Michels, David Alden, Brian Michaels, Hans Neugebauer oder Jürgen Gosch wurden keineswegs übersehen, auch wenn sie hier unberücksichtigt bleiben.

Für Tabori beispielsweise blieb die Oper eine eher periphere Angelegenheit. Auf seine Inszenierungen von Viktor Ullmanns »Der Kaiser von Atlantis« und Leoncavallos »Bajazzo« für die Wiener Kammeroper folgte zwar jüngst Schönbergs »Moses und Aron« in Leipzig, doch wird es erklärtermaßen auch Taboris letzte Beschäftigung mit der Oper bleiben. An seiner »Moses und Aron«-Inszenierung fiel abermals der Sinn für die Musik auf. So eigenwillig das Regiekonzept angelegt war, die musikalische Struktur blieb unangetastet. »Moses und Aron« wurde zu einem Stück über Antisemitismus und funktionierte nach der Formel »alle gegen einen«, alle gegen Moses. »Die Menschen verstehen Moses nicht. Seine Gedanken sind ihnen zu abstrakt und damit fremd. Das Unverstandene verunsichert und wird deshalb ausgegrenzt, auch mit Gewalt.« (Tabori) Der oratorienhafte Charakter des Werkes wurde in der Chorregie reflektierend aufgenommen. Äußerlich wirkten die Choristen uniformiert, in ihrem Verhalten legte es der Regisseur aber auf Individualisierung an. Eindringlicher, prägnanter wird man massenpsychologische Mechanismen wohl nicht auf einer Opernbühne exemplifiziert sehen. Sicherlich gibt der Stoff der Schönberg-Oper inhaltlich mehr und anderes her, als in der von George Tabori inszenierten Perspektive, was er folgendermaßen kommentierte: »Die Oper ist wahr, aber nicht die ganze Wahrheit. Sie ist sehr dicht und widersprüchlich. Ihre eigentliche Größe liegt in der Musik. Der Text ist sehr unterschiedlich interpretierbar. Ich denke, Schönberg hat ihn unbewußt so konzipiert: Eigentlich nicht gegenständlich.«

Auch andere Opernereignisse blieben zu singulär, um sie eigens vorzustellen – so beispielsweise die heftig umstrittene Inszenierung der »Hochzeit des Figaro« durch Peter Zadek in Stuttgart. Rühmenswert wäre jedoch Christoph Marthalers Ausflug zur Oper (in Frankfurt inszenierte er »Pelléas et Mélisande«), der allerdings offenläßt, ob und wieweit dies den Anfang einer kontinuierlichen Auseinandersetzung bedeutet. Für die nächste Spielzeit ist in Frankfurt seine Inszenierung von Verdis »Luisa Miller« annonciert. Das Debüt jedenfalls fiel überzeugend aus und bewies nicht zuletzt Marthalers Gefühl für musikalische Atmosphäre. Abzuwarten gilt es auch im Fall des Regie-Nachwuchses: Bei Philipp Himmelmann stand bislang Gelungenes neben allzu Fragwürdigem. Zweifellos interessant ist auch Martin Schülers Arbeit in Cottbus.

Zwei weitere Bereiche blieben ebenfalls unberücksichtigt, die zwar im Einzelfall überzeugende Resultate zeitigten, ansonsten aber eher konventionell in ihren szenischen Aussagen blieben. Gemeint sind hier die Filmregisseure und die Bühnenbildner, die sich an der Oper versuchten. Für die erste Kategorie wäre zu nennen: Luchino Visconti, Roman Polanski, Werner Herzog, Volker Schlöndorff, István Szábo oder Ken Russell. Letzterer dürfte die eigenwilligsten Deutungen hervorgebracht haben, da er die Bühne nicht selten in eine Geisterbahn verwandelte und mit wüster Phantasie in Bewegung setzte. In seinen Filmen präsentierte er sich als Regisseur der »Trivialmythen« mit einem deutlichen Hang zum Bösen und einer Vorliebe für alles Bizarre. Die Beschäftigung mit den Stoffen und Figuren fiel dabei ebenso lustvoll wie respektlos aus, und nicht ganz zu Unrecht nennt man ihn den Regisseur des schlechten Geschmacks. Auch Roman Polanski dürfte als Filmemacher besser sein denn als Opernregisseur, denn im Film sezierte er oft genug psychologisch virtuos und spannungsreich die Beziehungen von Menschen, ließ er Irrationales katastrophisch in den Alltag einbrechen. Eine Oper wie Verdis »Rigoletto« böte dafür genug Material, doch geriet in seiner Inszenierung der ganze Schrecken zu einem nicht allzu tiefgründigen Kostüm- und Kulissenspektakel. Das gleiche gilt für Szabos »Boris Go-

Bild-Effekte wörtlich genommen – »Don Quijote de la Mancha« (Stuttgart 1993) – Regie: Axel Manthey
Foto: Andreas Pohlmann

51

dunow« oder auch für einige von Werner Herzogs Inszenierungen. Die filmischen Mittel scheinen also nur begrenzt auf die Oper anwendbar. Nicht selten entpuppt sich das Denken in Kameraeinstellungen auf der Bühne als eine Gefahr, ins Bildhaft-Statische abzurutschen. Rühmliche Ausnahmen sind Tarkowskis »Boris Godunow« oder auch Lina Wertmüllers Opernarbeiten.

Nicht weniger problematisch stellen sich zuweilen die Inszenierungen von Bühnenbildnern

Ungleiche Brüder – »Pelléas et Mélisande«
(Frankfurt 1994) – Regie: Christoph Marthaler
Foto: Andreas Pohlmann

dar, obschon wir darunter auch außergewöhnliche Begabungen finden: Herbert Wernicke und Achim Freyer sind solche Ausnahmeerscheinungen, die im übrigen nachfolgend porträtiert werden. Von Ponnelle war schon die Rede. Gottfried Pilz, Axel Manthey, Wilfried Minks oder auch Pet Halmen wären ebenfalls zu nennen. Letzterer gibt ein Beispiel dafür, wie Regiearbeit sich allein an dekorativen Bildideen festmacht und wie Bildphantasien sich verselbständigen können. Solcherart Bildertheater erscheint eher als Indiz für das, was Brook als Substanzverlust in der Oper ansprach.

Grundsätzlich muß es ein hoffnungsloses Unterfangen bleiben, über Opernaufführungen zu sprechen, die inzwischen Geschichte geworden sind. Denn Oper, wie naturgemäß jedes andere Theater, lebt ja nur im Augenblick, wenn sie denn auf irgendeine Weise lebendig geworden ist, also für den Moment des Entstehens, und hat mit dem letzten Wort, dem letzten Ton schon wieder aufgehört zu existieren. Und unsere Erinnerungen erweisen sich zudem als höchst unzuverlässig. Diesem Dilemma sieht sich jeder gegenüber, der über Oper zu sprechen beginnt.

Auch wenn heute Aufführungen auf verschiedenste Weise konserviert werden können, so vermittelt das nicht immer und unbedingt auch die Wirkung, die sie auf das Publikum einmal ausübten. Aura läßt sich durchaus nicht technisch reproduzieren. Man spricht gerne vom Bühnenzauber Reinhardtscher Inszenierungen, doch wer heute seinen »Sommernachtstraum«-Film sieht, der findet davon nichts wieder, obschon Franz Werfel seinerzeit betonte, daß der Film mit seinen sonst sterilen Kopien der Außenwelt gerade im vorliegenden Fall Kunst werde, indem er nämlich »mit natürlichen Mitteln und mit unvergleichlicher Überzeugungskraft das Feenhafte, Wunderbare, Übernatürliche zum Ausdruck« bringe. Davon ist heute nichts mehr geblieben, denn das Filmdokument bannt nicht zugleich die einstige Wirkung des Neuen. Dasselbe gilt für den Versuch historischer Aufführungen, wie etwa jener der Wiener Kammeroper, die Stanislawskis legendäre »Eugen Onegin«-Inszenierung von 1922 nachinszenieren ließ. Und wenn das Unternehmen für sich durchaus Qualität besaß, so läßt sich doch der damalige Blick für eine Inszenierung nicht rekonstruieren. Auch was einmal avanciertester Stil war, kommt uns mit unserer heutigen Wahrnehmung vielleicht nur altmodisch vor. Eine hinlänglich bekannte Erfahrung: Das Neue veraltet nur allzu rasch. Darstellungsweisen und ihre Rezeption ändern sich genauso wie Vorlieben für Themen und Formen. Jegliches Theater ist einem ständigen Wandel unterworfen. Es kennt keine gültigen Ewigkeitswerte. Das schließt freilich gewisse Parallelen und Wiederholungen nicht aus, wenn es um Argumente und Parolen geht.

Sofern es allerdings um die Arbeit der nachfolgend porträtierten Regisseure geht, so läßt sich diese sehr wohl überprüfen, das überraschende Moment der Neuheit feststellen, weil sie eben jetzt stattfindet und vom Publikum unmittelbar erlebt wird. Ziel der Porträts war es, die Vielfalt stilistischer Mittel der Opernregie zu dokumentieren. In den Porträts spielt Biografisches keine Rolle. Auch sind bei der oft großen Zahl von Inszenierungen lediglich einzelne Aufführungen stellvertretend skizziert worden. Vor allem ging es darum, das Verhältnis des Regisseurs zur Oper darzustellen, das Spezifische seiner Arbeitsweise wie auch deren Zielsetzungen zu analysieren und zu beschreiben.

Wenn die hier zitierten Äußerungen zwischen den Begriffen Theater und Oper recht unvermittelt und ohne erkennbare Unterscheidung wechseln, so liegt dies in der Tatsache begründet, daß die meisten Regisseure des avancierten Musiktheaters in der Hauptsache Schauspielregisseure sind. Das hat, wie

Theater auf dem Theater – »Ariadne auf Naxos« (Stuttgart 1992) – Regie: Axel Manthey
Foto: Mara Eggert

53

die Verwendung des noch weitergesteckten Begriffs der Kunst, also nichts mit Begriffsverwirrung zu tun, denn sofern sie hier und im vorangegangen Text benutzt wurden, geschah dies im Bewußtsein einer Übertragbarkeit der jeweils angesprochenen Inhalte und Argumente auf die Oper. Nicht geleugnet werden sollen damit die Eigengesetzlichkeiten des Genres. Gerade aber Schauspielregisseure übertragen die Prinzipien und Methoden ihrer Regiearbeit auf die Oper, was für diese in den meisten Fällen einen Gewinn an Bedeutung, Aussagekraft, Lebendigkeit und Wahrheit beinhaltet. Dabei findet in einem sehr unmittelbaren Sinn die Erprobung der Stücke statt. Im günstigsten Fall erhalten die Werke mit ihren scheinbar längst abgelegten Stoffen Gegenwärtigkeit. Das Problem besteht hier, wie Peter Brook ausführte, keinesfalls in unterschiedlichen Regiestilen, denn die Wege, dies zu erreichen, sind vielfältig. Es liegt allenfalls in der notwendigen Ba-

lance zwischen Detail und Allgemeinem. Denn sowenig eine Inszenierung vom abgehobenen Universalitätsanspruch bestimmt sein darf, sowenig darf sie sich in allzu festgelegten Konkretionen binden.

Wie treffsicher oder verfehlt auch immer die Auseinandersetzung mit der Oper in diesem Jahrhundert ausfiel, sie hat immerhin ihre Diskutierbarkeit wie Darstellbarkeit unter Beweis gestellt und gerettet, was als hoffnungslos veraltet galt. Und wenn auch die Formen einem ständigen Wandel unterzogen sind, so erweisen sich die Inhalte als unvergänglich. Man mag es beklagen, daß die zeitgenössische Opernproduktion in den meisten Fällen nicht das große Publikum erreicht, die ständige Neuaneignung der älteren Werke ist dennoch etwas anderes als bloßes Ritual oder sinnentleerte Repetition des Immergleichen. Durch avanciertes Musiktheater wird kulturelles Erbe als permanenter Neugewinn erfahren.

Massenpsychologie – »Moses und Aron« (Leipzig 1994) – Regie: George Tabori
Foto: Andreas Birkigt

RUTH BERGHAUS

Adorno nennt in seiner »Ästhetischen Theorie« das Kunstwerk ein »System von Unvereinbarkeit«, denn immer haftet ihm etwas Widersprüchliches an: Der Geist in den Kunstwerken folgt zwar aus deren Beschaffenheit, doch bleiben sie trotz seiner Objektivität etwas Gemachtes. Das Kunstwerk besitzt Dynamik, durch die es zu sprechen vermag, und wird dennoch durch seine Fixierung erst zu dem, was es ist. Es entsteht in einem Prozeß, ist dieser selbst, und bleibt am Ende ein fertiges Gebilde. Auch spricht Adorno von dem Kraftakt, der sich an die Entstehung von Kunst knüpft und sie in einem artistischen Sinne zu Kunststücken macht, als wiederhole sich in ihr der Zirkusakt: »die Schwerkraft besiegen, und die offene Absurdität des Zirkus: wozu all die Anstrengung«. Ebendies, bemerkt Adorno, sei eigentlich schon der Rätselcharakter von Kunstwerken. Und wer sich an die Interpretation von Kunst macht, der kommt an diesen Widersprüchlichkeiten nicht vorbei. Darum zieht er die Schlußfolgerung: »Ein Drama oder ein Musikstück richtig aufführen heißt, es richtig als Problem formulieren derart, daß die unvereinbaren Forderungen erkannt werden, die es an den Interpreten stellt.«

Hier wird zwar nicht ausdrücklich von der Oper gesprochen, doch wer Inszenierungen von Ruth Berghaus kennt, der weiß, daß dieses Genre im Grunde in der eben beschriebenen Weise »funktioniert«. Es gehört zur Arbeitsweise der Regisseurin, die von der Oper vorgegebene scheinbare Einheit ihrer Mittel als letzten Endes unvereinbare Forderung erkennbar zu machen. Denn sie trennt die Elemente der Oper, besteht auf deren Selbständigkeit,

um sie schließlich zueinander in Reibung zu bringen. Das wirkt auf manche noch immer verstörend, weil nirgendwo so radikal gegen einen wie auch immer gearteten Illusionismus Front gemacht wird.

Ruth Berghaus kommt vom Ausdruckstanz; sie war Schülerin von Gret Palucca. Und es gibt keine Inszenierung, in der dies nicht wenigstens in Rudimenten – etwa durch ein bestimmtes gestisches Repertoire und choreografierte Bewegungsabläufe – sichtbar wird. Ein anderer entscheidender Einfluß kam von Bertolt Brecht und seiner Idee des epischen Theaters, dessen Wesen er 1927 darin sah, »daß es nicht so sehr an das Gefühl, sondern mehr an die Ratio des Zuschauers appelliert. Nicht miterleben soll der Zuschauer, sondern sich auseinandersetzen.« Doch wehrte er sich entschieden gegen den Vorwurf, der heute immer wieder auch gegen Ruth Berghaus vorgebracht wird, daß das Gefühl bei diesem Theater ausgespart bleibe. Nicht zu leugnen freilich ist die Tendenz allzu didaktischer Verhandlung von Parabeln, je mehr Theater zum Lehrstück wird.

»Das epische Theater bekämpft nicht die Emotionen, sondern untersucht sie und macht nicht Halt bei ihrer Erzeugung. Der Trennung von Vernunft und Gefühl macht sich das durchschnittliche Theater schuldig, indem es die Vernunft praktisch ausmerzt. Seine Verfechter schreien beim geringsten Versuch, etwas Vernunft in die Theaterpraxis zu bringen, man wolle die Gefühle ausrotten.« (Brecht) Ähnliches meint Berghaus, wenn sie davon spricht, Oper bedeute, »mit allen Sinnen und Gedanken dabeizusein, sich fortwährend auswählend, kombinierend zu verhalten«.

Gerade weil Oper eine Sache von Leidenschaften, Affekten und dramatischen Effekten ist und offenkundig Rationalität leugnet, halten manche Kritiker die konsequent betriebene Analyse von Musik und Text und ihre Übersetzung in ein ebenso zeichenhaftes wie metaphorisches Gebilde für fragwürdig, wenn nicht gar untauglich. Man übersieht dabei, wie wenig an der neuen Optik älterer Werke wirklich Erfindung oder bloßer Regieeinfall ist und wie sehr sie das Resultat aus den Relationen von Musik und Text darstellt, also das sichtbar macht, was in den Notationen der Werke bereits vorhanden ist. Ruth Berghaus besteht darauf, dem Stück niemals ein Konzept von außen überzustülpen. Die Idee findet sie im Stück selbst. »Ich komme nicht mit einem Gedanken zum Stück«, sagt sie, »ich finde den Gedanken im Stück.« Vielleicht gibt es keinen zweiten, der Notentexte wie Sprache so ernst, ja so wörtlich nimmt, wie gerade sie. Denn: »Ich halte überhaupt nichts von Ungenauigkeit. Das geht gar nicht in der Kunst. Kunst ist Ordnung, ordnen und das zum Punkt führen, was man erreichen will.« Gleichwohl entsteht in der szenischen Umsetzung zuweilen eine wahre Bilderflut. Keine Einzelheit soll verlorengehen, jede scheint wichtig zu sein, erfüllt ihren Sinn und drängt dazu, Bild, Geste, Bewegung zu werden. Ruth Berghaus dringt zum Kern der Stücke vor und gleicht dabei jemandem, der den Mittelpunkt der Welt zu erreichen versucht. »Und schwebten sie im Mittelpunkt der Welt«, heißt es in Arthur Schnitzlers »Der einsame Weg«, »dann ahnten sie, daß alle Dinge gleich wichtig sind.« Ein Inszenieren unter solchen Voraussetzungen, aus dem Zentrum der Stücke heraus, geht mitunter auf Kosten einer einfachen Struktur, denn auf der Bühne baut sich ein dichtes Beziehungsgeflecht von Wort, Ton und Handlung auf, eingefaßt in szenische Metaphern, übersetzt in Symbole. Dabei vermittelt die scheinbare Kompliziertheit etwas von der tatsächlichen Komplexität der Oper. »Um die Vorgänge sinnlich zu machen, nimmt man bestimmte Zeichen, die in ein Verhältnis gesetzt werden: zur Natur des Menschen, zur Bühne, Musik, Figur, zum Gesang oder zum Wort – also vielfältige Bindungen sind da auf der Opernbühne.« Wo man Überinterpretation mutmaßt, sind nicht selten die einfachen Erklärungen die richtigen. »Wer anfängt nachzudenken, der hat's schon verpaßt.« Das Bild müsse auf Anhieb verstanden werden, optisch intuitiv, jedenfalls nicht intellektuell. Dennoch, die Bereitschaft, sich auf solche Drahtseilakte einzulassen, so simpel die Übersetzung auch ausfallen mag, scheint beim Publikum nach wie vor begrenzt zu sein. Lieber schon hätte es Netz und doppelten Boden, sprich naturalistische Bebilderung, die keine Rätsel aufgibt, keine Fragen stellt. Ablehnende Publikumsreaktionen zeigen oft eine erschreckende Vehemenz, als sei ein Mehr an analytischer Genauigkeit, gewissermaßen an Rationalität auf der Bühne, nur mit noch mehr Irrationalismus im Zuschauersaal zu beantworten. Denn was da auch immer provozierend wirkt, die Provokation ist ja nie das Ziel, allenfalls ein Hinweis auf die Schärfe, mit der die in Opernstoffen vorhandenen Konflikte in Szene gesetzt werden. Wenn für die Regiearbeit von Ruth Berghaus die Devise gilt: Lesen will gelernt sein, so gilt für den Opernbesucher: Sehen und Hören will gleichfalls gelernt sein.

Ruth Berghaus hatte sich nach choreografischen Arbeiten in den fünfziger und sechziger Jahren eine Zeitlang sehr intensiv mit dem Schauspiel beschäftigt. Zwischen 1971 und 1977 war sie Intendantin des Berliner Ensembles und dürfte in dieser Zeit den politischen wie künstlerischen Gralshütern zunehmend Kopfschmerzen bereitet haben, was schließlich zur Ablösung durch Manfred Wekwerth führte. Sie hatte ihre Arbeit danach ganz auf das Inszenieren von Opern verlagert, ab 1980 dann immer häufiger auch im Westen. In zahlreichen Interviews hat sie sehr bereitwillig ihre Arbeitsmethode erläutert. Zwei Elemente wurden schon erwähnt: die Trennung der Kunstebenen in der Oper und die Verwendung szenischer Metaphern. »Für mich ist ganz wichtig in der Oper, daß diese verschiedenen Künste absolut Eigenwert haben und behalten, daß diese Elemente nicht eliminiert werden zu einem Gesamtbild, sondern daß jedes Element mit seiner eigenen, kräftigen Sprache sich anmeldet, um die Geschichte zu erzählen.« Voraussetzung für die Eigenständigkeit der verschiedenen »Erzähl«-Ebenen bleibt die Musik- und Textanalyse, die zu den szenischen Lösungen führt. Dieser Vorgang wird keineswegs diktatorisch von der Regisseurin bestimmt, denn sie versichert, daß die Bilder aus der komplexen Arbeit aller Beteiligten entstehen: »Hat jeder zunächst seiner Phantasie relativ freien Raum gelassen, muß nun jeder Entwurf, jede Skizze, jeder Vorgang in einem konkreten Verhältnis zum Wort- und Ton-Sinn stehen.« Hier werden Empfindungen und Wissen in Vorstellungen umgesetzt. Dabei sind ebenfalls die Regieanweisungen des Komponisten von Bedeutung, »was sich nicht immer 1 : 1 umsetzen läßt«. Ruth Berghaus, die an der Staatsoper Berlin »Moses und Aron« inszenierte, führt das Beispiel an, daß Schönberg in einer Szene wilde Tiere und Elefanten vorschreibt. Das sei nicht zu erfüllen: »Ich weiß aber, was der Komponist will, das setze ich in eine Sprache um, die heute auf der Bühne möglich ist.«

Keine Frage, die Theatersprache unterliegt einem Wandel. Aber sicherlich ist nicht alles ganz so neu, wie es vielleicht auf den ersten Blick scheint. Zuweilen liegt es nur am Ortswechsel, wenn beispielsweise ein Darstellungsmittel von der bildenden Kunst auf die Bühne wechselt oder umgekehrt.

»Ariane et Barbe-Bleue« (Paris 1991) – Regie: Ruth Berghaus
Foto: Marie-Noelle Robert

Gemeint sind hier das Pathos und die pantomimische Gestik. Beide gehören eng zusammen und haben mit der Physiognomik zu tun, die im 18. Jahrhundert als Wissenschaft hoch im Kurs stand. Das Theater jener Zeit entdeckte sie für sich als das Spiel mit »erhabenen Gesten« – »geste sublime« nannte sie Diderot. Wurde sie später von anderen stilistischen Ausdrucksmitteln abgelöst, so blieb sie in der bildenden Kunst konserviert. Gerade durch den pantomimischen Gestus der dargestellten Figuren wurde Pathos ins Bild gebracht als ein mit moralischer Bedeutung angefülltes Zeichen. Bei Berghaus ist dieses Pathos nicht nur wiederbelebt, sondern ins gestische Repertoire mischt sich gleichermaßen ironische Brechung, da wir längst in Zeiten leben, in denen der Idealismus moralischer Inhalte brüchig geworden ist.

Es fällt wohl nicht schwer, Berghaus-Inszenierungen auf Anhieb zu erkennen. Das spricht keineswegs gegen sie, schon gar nicht bedeutet es Stagnation. Welcher Wandel möglich ist, war am Beispiel ihrer »Freischütz«-Inszenierungen (1970 an der Staatsoper Berlin und 1993 in Zürich) nur zu deutlich geworden. Gab es damals einen »romantischen« Kulissenwald, historisierende Kostüme und allerlei realistische Versatzstücke, so herrscht heute mit dem Bühnenbild Hartmut Meyers die Abstraktion vor – der geometrisierte Bühnenraum in den dezenten Farben Grün (= Natur) und Gelb (= sonnendurchstrahlte Taghelle), durch bewegliche Formelemente zusätzlich variierbar, figuriert als kubistische Landschaft. Und nicht von ungefähr sprach man einst vom Quälenden des Kubismus, das jetzt in Erinnerung gerufen wurde. Tatsächlich geht es in Webers Oper um die Ängste des Menschen, um das Unheilvolle in seiner Lebenswelt. Man wird im übrigen schwerlich eine zweite Inszenierung finden, die sich ebenso konsequent auf die Bilder des Unheimlichen versteht, die ja nach des Komponisten eigenem Bekunden den Hauptcharakter der Oper ausmachen. Zusammen mit den Effekten einer raffinierten Lichtregie entstand eine atmosphäri-

sche Dichte, deren Suggestion man sich wohl kaum entziehen konnte. Der Bühnenraum erscheint »eingestimmt« auf das Geschehen. Schon mit der Eröffnungsszene wird klar: Dies ist kein lustiges Bauernvergnügen, wenn Max vom Chor der Landleute verspottet wird. Da werden soziale Mechanismen in ihrer aggressiven Natur vorgeführt. Gemeinschaftsgefühl existiert nur für die anderen. Der erfolglose Max wird hingegen bestraft, bleibt ausgeschlossen.

Die gemütliche Idylle war schon 1970 verabschiedet worden. Nun zeigte sich ein noch deutlicherer Blick für das Unheilvolle in dieser Oper, es brauchte nicht mehr, wie damals noch, der Romantikbegriff selbst in Frage gestellt zu werden. Wie eine Reminiszenz aus Stummfilmtagen wirkte dabei das Spiel mit den Schatten, um Bedrohung zu signalisieren. Zudem war Samiel als Inkarnation der finsteren Mächte stets präsent (»Schütze, der im Dunkeln wacht«) als jemand im dunklen Anzug und mit Hut, der mal wie ein Dieb über die Bühne huscht oder ein andermal feixend herumtänzelt. Das herabgefallene Bild des Erbförsters im Försterhaus, gleichfalls ein abstrakter Raum mit engeren Dimensionen, verwandelt sich in eine Art Zugbrücke, die die Wand zu öffnen scheint. Ännchen wird als Komplizin der »bösen Gäste« vorgestellt, wenn sie Kaspars Hut und Mantel anlegt. Furios dann die Wolfsschluchtszene, ein Alptraum, wie ihn Kafka sich ausgedacht haben könnte: zwei ansteigende Schrägen, davor eine Öffnung im Boden, wo Kaspar lauert und seine Giftküche in Gang setzt, während im Zeitlupentempo schwarzgekleidete Gestalten aus dieser Öffnung in synchronen Bewegungen hervorkriechen und sich zu dem formieren, was der glücklose Max als »gespenstige Nebel« besingt. Das Libretto nennt die Zeit nach einem Krieg, der den Menschen noch bewußt ist und offensichtlich nicht aufhört, eine Bedrohung darzustellen. Die Militärstiefel der Frauen verweisen darauf. Wenn am Ende der Probeschuß, von dem das Schicksal von Max und Agathe abhängt (»auf einer Kugel Lauf zwei edler Herzen Glück«), sein Ziel verfehlt und das falsche Spiel aufgedeckt ist und zugleich das Gesetz als unmenschlich entlarvt, geht das Volk sogleich zur »Tagesordnung« über: Man putzt Stiefel, schüttelt den Staub aus der Kleidung, reinigt die Gewehre, poliert die Trinkbecher – Geschäftigkeit kaschiert die Verlegenheit. Man ist noch einmal mit dem Schrecken davongekommen.

Im gleichen Jahr inszenierte Berghaus die Oper »Nachtwache« von Jörg Herchet in Leipzig. Diesmal entwarf Hans-Dieter Schaal die Bühne, eine Architekturlandschaft, auf der Drehbühne aufgebaut und bewußt mit dem ständigen Wandel von

Perspektiven, Ein- und Durchsichten als Wechsel von Innen und Außen kalkulierend. Auch hier wurde auf eindringliche Weise die Atmosphäre des Stückes ausgestellt. Wenn die Regie das Klima eines Stückes fühlbar machte, dann gewiß nicht im Sinne von Stimmungstheater, da es um sogenannte Befindlichkeiten ging, geistige Haltungen angesprochen wurden. Wiederum hatte man es mit einem Alptraum zu tun, diesmal mit dem Motiv der Schuldverstrickung von Täter und Opfer. Der Text stammt von Nelly Sachs – eine szenische Dichtung, Traum und Wirklichkeit vermischend. Die Bühne greift das

»Nachtwache« (Leipzig 1993) – Regie: Ruth Berghaus
Foto: Andreas Birkigt

59

Thema der Verwandlung und Wanderung sinnfällig auf: Zwei Männer überleben die Hinrichtung, doch nur einer vermag zu fliehen, der andere erliegt seiner Verwundung. Der Überlebende macht sich Vorwürfe, dem Freund Hilfe vorenthalten zu haben. Erinnerung und Gegenwart wechseln einander wie in fieberhafter Trance ab. Und im Kreisen der Bühne ist es, als ob der Überlebende eine Wanderung durchs eigene Ich antritt, Inneres nach außen gekehrt ist, das Außen als Symbol für das psychische Erleben, die traumatische Erfahrung steht.

Das Bemerkenswerte an Berghaus-Inszenierungen ist immer auch die präzise Personenführung, die keine Beliebigkeit zuläßt. Das hat sich noch stets als Gewinn für die Deutlichkeit einer Figur erwiesen. Aber so scharf die Kontur hervortritt, so wenig ist sie klischeehaft. Nirgendwo findet man Charaktere in Schwarzweiß-Malerei. Bei allem Antinaturalismus wirken die Figuren so vielschichtig realistisch, wie es eben nur Menschen in ihrem oft nicht kalkulierbaren Verhalten sind. Hieraus beziehen die Figuren bei Berghaus die Intensität ihrer Wirkung. Lauheit ist ihre Sache nicht. »Dieses ›Dazwischen‹ kann ich nicht ertragen.« Sie interessieren eher die extremen Spannungen zwischen absoluter Stille und dem Schrei. Und so sehr sie die Stücke im Erfahrungszusammenhang des Hier und Jetzt ansiedelt, so wenig setzt sie auf das Identifikationstheater. Es ist wie mit der Artistik, die Respekt verlangt und alles »Komplizenhafte« ausschließt.

LUC BONDY

Das Wesen des Musikalisch-Erotischen erklärte der dänische Philosoph Sören Kierkegaard an Mozarts »Don Giovanni« als eine Idee der sinnlichen Genialität. Gleichwohl besaß er eine ziemlich genaue Vorstellung von der Bühnenfigur Giovannis: »Schön ist er, nicht mehr ganz jung; sollte ich ein Alter vorschlagen, so würde ich 33 Jahre nennen«. Letztlich gehe es jedoch um ein Prinzip, nämlich das der Begierde. Darum könne es auch nicht um die Begierde irgendeines konkreten Individuums gehen, da sie (wie auch das Verführerische) eine Sache des Geistes sei. Denn wenn man sich die Zahl der tausendunddrei verführten Frauen in Spanien als »Leistung« eines Individuums vorstelle, würde die Sache unfreiwillig komische Züge annehmen. Deshalb nennt Kierkegaard Don Giovanni ein Bild, »das zwar immer wieder erscheint, aber niemals Gestalt und Konsistenz gewinnt, ein Individuum, das immerfort sich bildet, aber niemals fertig wird«.

Aber wie ließe sich dann jemals die Oper inszenieren? Wäre es möglich, ein szenisches Äquivalent für das abstrakte, das geistige Prinzip der Begierde zu finden? Kann der Sänger als Darsteller des Don Giovanni etwas anderes als ein Individuum sein? Kierkegaard dürften solche praktischen Fragen einer Operninszenierung nicht interessiert haben, zumindest findet sich nichts darüber in seiner Schrift »Entweder – Oder«, in der er auf Mozarts Oper der Opern zu sprechen kommt. Das zeigt freilich die Praxisferne philosophischer Kommentierung von Oper. Aber deren Aufgabe ist es ja wohl auch nicht, sich nach der Decke einer schlechten, weil begrenzten, unzulänglichen Realität zu strecken. Der Opernregisseur mag Kierkegaards

Ausführungen für das Programmheft möglicherweise passend finden, auf der Bühne helfen sie ihm wenig.

Einer unter den Regisseuren allerdings scheint für eine Oper wie »Don Giovanni« prädestiniert – nämlich Luc Bondy. Denn ihn interessieren überhaupt nur Stücke, in denen es »désir« als ein wie auch immer orientiertes Verlangen gibt. Er ist ein Regisseur, der sich auf die Gefühlslagen der Menschen kapriziert und darum nicht zu Unrecht schon zu Beginn seiner Karriere von einem Theaterkritiker ein »Sensibilist« genannt wurde.

Bondy hat »Don Giovanni« in Wien inszeniert, und zwar mit einem Sänger in der Titelrolle, der als ideale Verkörperung schlechthin galt – Ruggero Raimondi. Der Name ist seit Joseph Looseys Verfilmung gewissermaßen Programm. Auf keinen Fall aber handelte es sich bei diesem Cavaliere um einen jugendlichen Verführer, und auch stimmlich gilt er durchaus nicht als leichtgewichtig, auch wenn seinen Baß im gleichen Maße Eloquenz wie Sonorität auszeichnen. Man erlebte in den von magischem Realismus angefüllten Bühnenbildern Erich Wonders einen in die Jahre gekommenen Libertin, der sich weniger als Sammler von Amouren betätigt (die ihm ja ohnedies nicht mehr gelingen wollen), denn als viriler Machtmensch – imposant als letztendlich tragische Figur. Im Schlußbild kam etwas von der Tragik ins Blickfeld, denn Giovanni, der Gottlose, befand sich bildlich gesehen eigentlich sehr nahe bei Gott. Erich Wonder hatte auf der Bühne einen Saal aufbauen lassen, durch dessen hohe Fenster das Panorama einer geradezu heroischen Gebirgslandschaft sichtbar wurde. Die einsame Höhe steht für die Anmaßung des unbotmäßigen Giovanni – sein Scheitern gleicht dem Himmelssturz von Ikarus. Verloren ist, wer seine ganze Sinnlichkeit für das Leben verschwendet. Vielleicht wäre Don Giovanni ein großer Künstler oder vielleicht ein Revolutionär geworden. Über den Libertin indes muß Gott triumphieren, um die Freiheit zu beherrschen, wie es bei Pierre Jean Jouve heißt.

Hier zeigte sich, daß Personenführung zu Bondys virtuosen Leistungen zählt. Wenn seine »Don Giovanni«-Inszenierung insgesamt nicht der große Wurf war, so wird man doch die dramatis personae wohl schwerlich intensiver auf der Bühne erleben können als in jener Wiener Festwochen-Produktion. Das hat möglicherweise damit zu tun, daß in den sensiblen Charakterisierungen, den spannungsreichen Bühnenaktionen und dem Gespür für die Nuancen menschlichen Verhaltens etwas von der Idee sinnlicher Genialität lebendig wird, von der der Philosoph spricht.

Bondy gehört weder zur Gruppe der Vielinszenierer noch zu jener der Allesinszenierer. Seine Interessen sind ausgewählt. Darum blieb die Liste seiner Operninszenierungen bislang auf ein halbes Dutzend Werke beschränkt. Er hält die Oper gar für eine »vollkommene Ausdrucksform«, bewertet allenfalls die Frage nach dem Sänger als vollkommenem Schauspieler eher skeptisch. Denn: »Beim Schauspieler nimmt das Bewußtsein Platz im Körper. Beim Sänger ist es die Musik. Also versucht man bei der Arbeit mit dem Sänger, dem Bewußtsein etwas mehr Platz zu verschaffen gegen die Musik.«

Aber er sprach ebenso davon, daß Oper eine Droge sei: »Das ist so schön, die Musik macht so viel. Man ist getragen von etwas. Es ist so schwierig, die Musik zu durchdringen, um auf das zu kommen, was man selber machen will.« Natürlich will er nur das machen, was ihm wirklich Spaß bereitet. Das betrifft gleichermaßen die Frage des Wie. Vor allem ist er gegen Konzepte. Ihm liegt es nicht, etwas in Bilder zu pressen oder überhaupt zu vorder-

gründige Bilder zu schaffen. Denn damit setze sich der Regisseur über den Organismus und die Psyche des Schauspielers hinweg. Als ein extrem schauspielerorientierter Regisseur vermag Bondy schließlich auch bei den Sängern, die heute ohnehin häufiger Singdarsteller oder singende Schauspieler sind, erstaunliche darstellerische Potentiale zu mobilisieren. Es paßt ins Bild, wenn er darum als seinen Traum von Theater »die absolute Selbstverständlichkeit und Musikalität der Atmung, der Körper, der Bewegungen, der Töne und der Stimmen« anführt. Oder anders formuliert: »Ich liebe einfach die Natürlichkeit, die Freiheit auf der Bühne. Mir tut es weh, wenn ich spüre, daß etwas keine organische Freiheit hat, wenn ... etwas nicht in einer Musikalität, nicht in ›einem Atem‹ gearbeitet ist.« Und obzwar von Natürlichkeit die Rede ist, darf die bewußt eingesetzte Künstlichkeit seiner Bühnenwelten nicht übersehen werden, die er mit so viel Leichtigkeit kreiert, als handele es sich um perfekt trainierte artistische Balanceakte, in denen das Gesetz der Schwerkraft aufgehoben wurde. Mit Natürlichkeit meint Bondy nämlich alles andere als Naturalismus. Auch liegt ihm keinesfalls an der Glättung menschlichen Verhaltens und Empfindes im Sinne von klassizistischer Anmut, denn Schmerz, Wut, Gier oder was auch immer menschliche Obsessionen bedeuten können, bleiben ja nicht ausgespart.

Ivan Nagel hat den Regisseur Bondy als Skeptiker beschrieben, der auf der Bühne Ideale durch Realien des menschlichen Verhaltens ersetzt – das heißt: »Er traut nur dem, was er gesehen hat – und mißtraut zugleich jenen allzu sichtbaren Botschaften, die alle Dinge und Leute pausenlos an uns aussenden.« Auf der Bühne werden auf diese Weise Antworten zu Fragen umformuliert. Ein Beispiel dafür war, wie er Salome mit ihrer bis zum Wahnsinn gesteigerten Begierde zum Triebmenschen aus Fleisch und Blut formte, eine Salome, die so alles andere als eine »jugendstilartige Kunstfigur« war. Sichtbar wurde die Wandlung von einer scheuen Person hin zur Täterin, ohne die Bühne auf eine psychoanalytische Séance zu beschränken. Denn Theater erfüllt für Bondy Kunstanspruch, und zwar ganz elitär. Das hält er heute für dessen eigentliche Kraft, »weil das Theater gegen diese Allgemeindemokratisierung des ›Allesverstehens‹, des ›Alles-für-Jeden‹ sich aufbäumt, und ihr etwas entgegensetzt: Schranken gegen die Tendenz, schrankenlos zu sein.« Be-

merkenswert, wie in dieser Frage, ungeachtet unterschiedlichster stilistischer oder methodischer Positionen, unter Regisseuren Konsens herrscht. Bondy setzt auf das Elitäre, Berghaus verlangt Respekt, Freyer und Wilson kalkulieren bewußt die Trennung zwischen Bühne und Zuschauer, andere argumentieren ähnlich.

»Don Giovanni« (Wien 1990) – Regie: Luc Bondy
Foto: Axel Zeininger

Im Fall von Luc Bondy muß es also nicht verwundern, wenn er sich das Pathos der Oper manchmal für das Schauspiel wünscht, »weil wir natürlich die Tendenz zur Profanisierung haben, denn diese ist immer der bequemste Weg. Die Oper macht das nicht, weil Musik schon ein fremdes Element ist, selbst wenn es sich um einen Ohrwurm handelt. Schon der Vorgang, daß jemand auf der Bühne plötzlich seinen Mund aufreißt und Töne produziert, ist eine Fremdheit. Dieses Moment des absolut Fremden und Großartigen müßte man am Theater auch haben.« Eine Äußerung von 1979 ist als Kennzeichnung seines Regiestils bis heute gültig geblieben: »Es sind für mich tautologische Erlebnisse, wenn ich auf der Bühne Figuren vorgeführt bekomme, die so sein sollen wie ich. Theater ist kein Spiegel, sondern eine Transformation, verwandelte Realität. Ich will im Theater etwas sehen, was ich noch nie so gesehen habe. Das Theater müßte etwas von einer Geisterbahn haben! Wir Theatermacher haben immer so eine Sehnsucht nach Naivität, sei's Geisterbahn oder Zirkus, aber wir sind intellektuell so vollgeschossen, daß wir das Naivitätsprinzip nur noch als Begegnung der zweiten, wenn nicht der dritten Art empfinden können.« Legendären Ruf genießen mittlerweile die Mozart-Inszenierungen an Brüssels Théâtre de la Monnaie. Darunter befand sich jene von Luc Bondy in Bühnenbildern von Karl-Ernst Herrmann inszenierte »Così fan tutte«, über die Rolf Michaelis urteilte: »So versteht, so durchschaut das Gespinst aus Begehren und Verweigern, Zuneigung und Abwehr, Liebes-Lügen und verzweifelt wahrem Geständnis nur Luc Bondy.« Sie war zugleich die größtmögliche Annäherung an sein Ideal: vollständige Leichtigkeit, Grazie und Anmut, »ohne daß etwas von der Atmosphäre eingesaugt oder verschluckt wird«. Bondy hat diesen Inszenierungsstil damit erklärt, daß er ein »verhinderter Schriftsteller« sei: »Ich schreibe in der Luft. Das ist meine Vorstellung von Theater. Ich arbeite gern so, daß die höchste Präzision der Form letztlich Leichtigkeit hervorbringt.«

Zur Kunstwirklichkeit der Oper paßte, daß Bondy den Abend mit einem Theater-auf-dem-Theater-Spiel begann. Guglielmo und Ferrando sitzen zusammen mit Don Alfonso während der Ouvertüre in der Proszeniumsloge, als hätten sie gerade eine Oper gesehen, über die sie in Streit geraten, ob denn die Frauen tatsächlich so untreu seien. In Mozarts Dramma giocoso folgt darauf die Probe aufs Exempel; allerdings glaubt Bondy, daß die Figuren voneinander wüßten, daß sie sich verstellen: »Es gibt also keine ›Betrogenen‹. Als ob man sich geeinigt hätte auf ›Verstellung‹, um bestimmte Sachen zu tun, die man sonst nicht machen würde.« »Die Schule der Liebenden«, wie Mozarts Oper im Untertitel heißt, erweist sich demzufolge als eine Schule in Erfindungsreichtum, in Ausreden und Rechtfertigungen – der Zweck heiligt die Mittel. Der Zufall wollte es, daß Bondy als nächste Inszenierung Marivaux' »Triumph der Liebe« an Berlins Schaubühne und zugleich als Einstand in seiner damals neuen Funktion eines künstlerischen Direktors des Hauses zeigte. Marivaux hält er im übrigen für einen ganz modernen Autor. Die Ähnlichkeit zum Thema der »Così fan tutte« besteht in dem beiden eigenen mentalen Moment. Auch Marivaux thematisiert in seinem Stück Verstellungen, zugleich ureigenes Element des Theaters, ohne daß die Beteiligten von der Maskerade etwas wissen. Denn hier geht alles von einer Frau aus, die in verschiedene Rollen schlüpft, um schließlich einen jungen Mann zu entführen. Sie verführt zu diesem Zweck zuvor einen alten Philosophen und eine ältere Frau, indem sie deren Welt der Enthaltsamkeit aufbricht. Bondy hatte im Fall der Mozart-Oper kein glückverheißendes Kythera vor Augen, da die Verstellungen und der so arrangierte Partnertausch in erster Linie die Einsamkeit der jungen Menschen offenbaren. Dies ist weniger im Libretto zu finden als in der Musik: »Die Musik ist der Schmerz der Geschichte. ... Die Musik ist dem Libretto immer ein Stück voraus. Sie weiß mehr, als die Figuren selber wissen.« Darum versteht er sie keineswegs ironisch, etwa in der Abschiedsszene der beiden Paare: »Egal, ob man von der Falschen Abschied nimmt oder von der Frau, die man liebt. Abschied ist bei Mozart zerreißend.«

Das Finale zeigte die Paare zu einer Gruppe verschlungen, während eine weiße Hütte sich über sie herabsenkte, was der Regisseur folgendermaßen kommentierte: »Es ist etwas Gezwungenes, die Macht der Dramaturgie, die Macht der Konventionen, die sie am Ende wieder zusammenpaart. Sie sind am Schluß wie Salzsäulen. Sie haben sich ausgelebt. Es ist ja auch keine Note mehr da. Sie haben sich ausgesungen ... Aber zusammen. Sie sind aneinandergekettet.«

Nicht nur liebt Bondy die Überraschung, wenn er auf seiner Bühne ganz auf das Spiel setzt, seine Inszenierungen wimmeln zudem »von Gesten und Tonfällen, die improvisiert, wie eben erfunden wirken« (Nagel). Karl-Ernst Herrmanns Bühnenbild zu »Così fan tutte« ermöglichte als ein Endlos-Prospekt eine »wandernde Landschaft« »wie eben Empfindungen gleiten. Wie musikalische Übergänge. Die Musik verträgt keine Gegenständlichkeit, keine geschlossenen Räume.« Und wenn es schon in der Oper nicht um das Glück ging, so bedeutete diese Inszenierung für das Publikum höchstes Opernglück. Den Weg dorthin hält Bondy für eine stets offene Sache, bei der das »Handwerk« wenig hilft, da es Tausende von Möglichkeiten für den Regisseur gebe, sich auszudrücken und etwas zu vermitteln. Deshalb befand er: »Meine Methode, das bin ich.«

Patrice Chéreau

Zwar verhandelte man in Bayreuth zunächst mit Peter Stein, der überraschend aus dem Projekt ausstieg, aber dann entschied man sich für den nicht mehr ganz unbekannten jungen Franzosen Patrice Chéreau, der ja längst den Ruf eines »Theater-Wunderkindes« durch Professionalität ersetzt hatte. Soweit mag Zufall eine Rolle gespielt haben. Kein Zufall indes, daß aus seiner Inszenierung des »Rings des Nibelungen« ein vielzitierter (und anfangs auch vielgeschmähter) »Jahrhundert-Ring« wurde, und das im doppelten Sinne. Am wenigsten natürlich durch das Jubiläumsdatum selbst, sondern vielmehr durch die fulminante Regieleistung, die einen Markstein in der Aufführungsgeschichte des Werkes bedeutete. Gewiß, die provokante Formel von »Walhall ist Wallstreet« stammte von Wieland Wagner, aber Chéreau lieferte letzten Endes die schlüssige Inszenierung dazu, die für zahlreiche nachfolgende Interpretationen der »Ring«-Tetralogie zum Modell wurde: Neunzehntes Jahrhundert, großbürgerliche Familientragödie und Kapitalismuskritik hießen darin die Stichworte. Er belegte, daß auch Mythen datierbar sind, wie Hans Mayer jenen entgegenhielt, die den mythischen Bereich für vermeintlich zeitlos erachten.

Seit jeher besitzt Chéreau eine besonders intensive Bindung zur deutschen Kultur, die er als die seine bezeichnet, obschon der Grund wiederum zufälliger, familiärer Art ist. Es gab nämlich einen germanophilen Großvater aus Lothringen, der die Kinder Deutsch lernen ließ. »Es war letztlich ein Zufall, über den ich sehr glücklich bin. Ich glaube, es ist ein großes Glück, die deutsche Kultur in der Tiefe zu kennen.« Zusammen mit seiner Regiebegabung war das also keine schlechte Voraussetzung für die szenische Realisierung des Riesenprojekts »Ring«. Er verkörperte dabei alles andere als das selbstgewisse Genie. Das Gegenteil trifft eher zu. Er blieb der Skeptiker, der pessimistische Zweifler an der eigenen Sache. Ausdruck seiner selbstkritischen Haltung war die Bemerkung, daß ein Drittel des »Rings« bei der Premiere ganz schlecht gewesen sei. »Das habe ich dann verbessert. Ein gewisses Ungenügen blieb trotzdem.« Er gehört nicht zu den Regisseuren, die glauben, auf alles eine Antwort zu wissen, weder das Theater noch das Leben hält er für eine einfache Sache. Am wenigsten sei die Bühne für simple, allzu bequeme Lösungen geeignet oder für eine Wahrheit, die die Inszenierung wie eine Botschaft hinausruft. Er betreibt die Bühnenkunst nicht als Medium politischer Parolen, denn tatsächlich sei die Wahrheit viel komplizierter. Daß er dennoch Thesen in seine Inszenierungen einbrachte, die in der Art einer Formel funktionierten, bedeutete nicht, daß dies auf Kosten szenischer Komplexität ging. Auch wenn für die Moderne des zwanzigsten Jahrhunderts die Kunst des Weglassens nachgerade zum Signum wurde, so verschwindet mit der klareren Linie keineswegs das Rätselhafte. Chéreaus Bühnenkunst bietet dafür genug Anschauungsmaterial.

Für die konservative bis reaktionäre Wagner-Klientel blieb Chéreaus »Ring« so etwas wie Schändung des Erbes. Und auch die gemäßigteren Konservativen bezweifelten den Nutzen einer historischen Verlagerung des Mythenstoffes. Zwar wußte Joachim Kaiser von einigen Momenten zu berichten, die dem Regisseur ausdrucksstark gelangen oder etwas bislang Übersehenes mit einemmal sichtbar machten, aber das Resümee blieb ablehnend. »Wenn nun Chéreaus Interpretation darüber hinaus eher auf Verdoppelung und Umfunktionierung setzt als auf Vereinheitlichung und strenge Stilisierung, dann muß verwirrende Vielfältigkeit, Verschiedenheit, natürlich auch verschieden Gelungenes dabei entstehen.« (Süddeutsche Zeitung.) Immerhin ließ Kaiser dies gelten »als ein Muster, das Spiegelungen, Erweiterungen, Perspektiven herstellt«, doch gehe Chéreaus Konzept letztlich von der »Oberlehrerfrage« aus, ob denn Wagners Welt heute noch vorkomme, worauf der Regisseur als »Musterschüler« mit »Ja« antworte. »Mit einem dummen Ja«, wie Kaiser zu wissen meinte, »das weniger aus dem Buchstaben der Partitur abgeleitet scheint als aus dem vorwitzigen Willen, um jeden Preis zu modernisieren und zu verkleinern.« – Was natürlich auch nur Behauptung ist und eher eine Ahnung von den Scheuklappen des Kritikers vermittelt. Hans Mayer sprach davon, mit Chéreaus »Ring«-Inszenierung die Geburt der Tragödie in Betroffenheit erlebt zu haben. Denn natürlich seien Mythen datierbar. Sie im neunzehnten Jahrhundert aufzuspüren oder in unserer Zeit, das zeige den »Ring« als ein Endspiel im modernen Sinne. »Von hier aus führt der Weg weiter zu Karl Kraus und den ›Letzten Tagen der Menschheit‹ und zu den Endspielen eines Samuel Beckett. Es ist deshalb folgerichtig, wenn die szenische Interpretation eine Welt vorführt, die bereits gestorben ist, auch wenn sie, mit Smokings und Karabinern und weißen Abendkleidern, scheinbar lebendige Gegenwart zu sein behauptet.« (Mayer) Nichts Befremdliches sah Hans Mayer auch in dem Stauwerk aus dem »Rheingold« und dessen Wiederkehr im dritten Akt der »Götterdämmerung«, da die Schlußfolgerung ja nur konsequent sei: Wotans Speer, aus der Weltesche gebrochen, läßt den Baum verdorren und die Quelle versiegen. In der »Götterdämmerung« war das Stauwerk folgerichtig außer Funktion, die Metalltore verrostet. Über dieses Bild entbrannte ein heftiger Publikumsprotest.

Denn wie schon im »Rheingold« die Natur nicht mehr unzerstört war (auch wenn dies die Musik suggeriert), so galt das erst recht für den letzten Abend der Tetralogie. »So genau kannten die meisten Wagnerianer im Publikum das Werk jedoch nicht, um diesen gedanklichen Ansatz zu verstehen«, schrieb Mayer.

Oper zu machen, war einmal Patrice Chéreaus Traum, »weil ich dachte, das könnte theatralischer sein als Theater«. Er hat diesen Traum nicht allzu oft Wirklichkeit werden lassen und sich daran gehalten, daß Oper für ihn »die wunderschöne, seltene Ausnahme« bleiben sollte. Und nicht alles, was ihm angeboten wurde und was er für die Bühne realisierte, entsprach seinen Vorstellungen eines musikalischen Theaters. Wagner und auch Bergs »Lulu« stimmten am ehesten mit seinen künstlerischen Ansprüchen überein, negativ äußerte er sich indes über die phantastische Oper »Les Contes d'Hoffmann« von Jacques Offenbach, die er vor mehr als zwanzig Jahren an der Pariser Grand Opéra inszenierte. Das Libretto sei literarisch von mäßiger Qualität, urteilte er rückblickend, und auch die Musik mißbillige er – »Man findet in ihr weder den Tiefsinn noch die Unruhe der Deutschen.« Er hatte die Oper umgestellt, damit deutlich werde, worum es seiner Meinung nach ging. Er änderte die Reihenfolge der Akte und begann mit Hoffmanns Verlust seines Spiegelbildes. Außerdem ließ er den Darsteller des Hoffmann in jedem Akt den Satz sagen: »Gib mir mein Spiegelbild zurück.« Freilich wollte er nicht alles an der Musik für »unmöglich« halten: »Der Antonia-Akt hat, dessen bin ich sicher, dramatische Spannung, weil Offenbach, als er ihn schrieb, schon dem Tod nahe war und die Angst vor dem Tod ohne Zweifel in die Musik eingeflossen ist.«

Abgesehen von den internen Problemen einer Opernproduktion, die für den Regisseur schon genug Frustrationen bereithält, kritisierte Chéreau insbesondere auch die Haltung des Publikums. Er glaubte an den Reaktionen des Opernpublikums entdeckt zu haben, daß es nur kulinarische Konsumgewohnheiten kenne und gar nicht bemerkt habe, daß er als Regisseur des »Hoffmann« eine etwas andere Geschichte erzählt habe, die Hoffmann näherkomme. »Man versucht, ernsthaft zu arbeiten, aber wer nicht sehen und hören will, sieht und hört eben nicht ... Und die Leute haben keine Augen, haben keine Ohren.« Gottlob hat er seine damalige Ankündigung nicht wahrgemacht, keine Oper mehr zu inszenieren.

Dennoch fand Chéreau erst nach einer Pause von zwölf Jahren wieder zur Oper (1980 gab es die letzten »Ring«-Zyklen in Bayreuth). Diesmal widmete er sich Alban Bergs »Wozzeck«. Wie immer

entwarf Richard Peduzzi das Bühnenbild, der den »Chéreau-Stil« mit seinem Hang für eine zumeist düstere, desolate Welt durch die entsprechenden Szenarien mitprägte. Und es schien, als habe er jetzt die »Geometrie« der Musik in ein architektonisches Spiel der Konstruktion übersetzt, in dem es keine Innenräume gibt. Zudem benutzte Peduzzi einfachste Formen, als seien die Häuser auf Bühnenformat vergrößerte Bauklötzer aus dem Kinderspielkasten, gleichsam essentielle Formsprache unserer Epoche. Ständig wurden die teils mit spitzen Dächern versehenen Kuben wie von Geisterhand zu einer Stadt neu gruppiert. Das Ergebnis war eine bezwingend klare Bühnenästhetik, die auch mit dem buchstäb-

»Wozzeck« (Paris 1993) – Regie: Patrice Chéreau
Foto: Marie Noelle Robert

lich leeren Raum laborierte. Dies alles signalisierte Schutzlosigkeit. Und in der Tat erscheint Wozzeck seinem Schicksal unentrinnbar ausgeliefert, und alles um ihn herum agiert so, als kenne es den Ausgang der Geschichte bereits. Es bedurfte nicht des Arme-Leut-Naturalismus, um Wozzecks Verlassenheit und Fremdheit darzustellen. Mit kompromißloser Strenge erzählte Chéreau die Geschichte. »Was mich am meisten interessiert ist: erzählen, die Geschichte erzählen – das ist unser Beruf, unsere Arbeit.« Dabei gestaltete sich die szenische Abstraktion zu einem kühlen, unerbittlichen Räsonieren, als gelte es, den Fall so messerscharf zu sezieren, um des Hauptmanns schrillen Einwurf zu illustrieren, Wozzeck laufe wie ein offenes Rasiermesser durch die Welt, an dem man sich schneide. Man gewann das Gefühl, als ob man sich an dieser Inszenierung schneiden solle. Der Riß durch die Welt gab dabei die Schnittlinie vor, die sich ins Gemüt des Betrachters eingraben sollte. Richard Peduzzi erklärte einmal, die Zeit müsse man auf der Bühne erfinden, zumal bei alten Stücken: »Wenn es sich um Historisches handelt, muß man einen zeitgenössischen Filter verwenden. Nur so entsteht Neues.« Nicht anders verfuhren Bühnenbildner und Regisseur beim »Wozzeck«, wobei zugleich deutlich wurde, wie eng die Zusammenarbeit war: »Wir malen zu zweit an einem Bild. Wir verstehen uns ohne Worte«, bekannte Peduzzi, oder anders formuliert: »Die Regie und das Bühnenbild sind wie zwei parallele Straßen, die sich schließlich begegnen. Indem wir diesen Beruf ausüben, malen wir zu zweit an demselben Bild. Auch wenn wir manchmal voneinander entfernte Flächen benutzen, vermischen sie sich, ja verschmelzen schließlich immer miteinander.«

Chéreau sieht sich als Moralist und Fatalist zugleich. In einem Interview bekannte er: »Ich war in meiner Jugend vollkommen einsam, so einsam, wie man nur sein kann ... Ich kam mir vor wie ein Fremder.« Einsam und fremd kommt einem auch Wozzeck vor. Und es fällt nicht schwer, hier eine Geistesverwandtschaft festzustellen. Dies wird im Zusammenhang mit folgender Bemerkung um so einleuchtender. Chéreau sprach nämlich im gleichen Interview zwar von der Differenz zwischen Realität und Bühne, aber auch von den starken subjektiven Momenten einer Aufführung: »Die wirkliche Welt, echte Leidenschaft, findet nicht auf der Bühne statt. Das vergesse ich nie. Das Blut im Theater ist immer Theaterblut. In gewissem Sinne ist es Lüge. Man stellt etwas dar. Aber man gibt auch ein Stück von sich selbst her. Ich verstecke mich nicht hinter dem Text eines Autors.«

Keine Frage, daß die Illusion Theater auch von Chéreau mit Perfektion betrieben wird, wenn es um das sogenannte Handwerk geht. Die Opernbühne

»Don Giovanni« (Salzburg 1994) – Regie: Patrice Chéreau
Foto: Ros Ribas

stellt ihn jedoch vor ganz besondere Probleme, denn es kostet beachtliche Energie, die Sänger beispielsweise dazu zu bringen, ohne Blickkontakt zum Dirigenten zu singen und zu agieren, um nur in Beziehung zu den anderen Darstellern auf der Bühne zu stehen (wie das beim Schauspiel der Fall ist). Erst dann aber gewinnt die imaginierte Welt an Glaubwürdigkeit. Dabei versucht er auch, Emotionen nicht wie auf Abruf erscheinen zu lassen, als bedürfe es nur eines Knopfdrucks, um dieses oder jenes Gefühl zu vermitteln. Chéreau versucht, Emotionen vielfältig zu brechen. In »Wozzeck« erfüllte sich dies auf faszinierende Weise. Und erst jüngst ließ sich an seiner Salzburger »Don Giovanni«-Inszenierung erfahren, mit wieviel Glaubwürdigkeit das Spiel betrieben wird und wie ernst die Gefühle der Protagonisten erscheinen. Manches wirkte so bedrohlich, als ginge es tatsächlich um das Leben. Obschon Chéreau auch hier im Grunde nichts weiter als die Geschichte erzählte, erlebte man sie in der variablen Architekturbühne von Richard Peduzzi, die mit diffusem Bühnenlicht ebenso arbeitete wie mit dramatisch akzentuierten Licht- und Schattenspielen, wiederum in an spielerischer Intensität kaum zu übertreffender Weise. Zugleich entstanden immer wieder Ensembles, die bei aller Bewegtheit an figurenbetonte alte Malerei erinnerten. Der beherrschende Eindruck war der von der Musikalität der Szene, als ob der Regisseur die Darsteller weniger führe, sondern mehr »intoniere«. Obschon die Riesenbühne des Salzburger Festspielhauses die monumentale Szene gewissermaßen aufzwingt, war an Chéreaus Inszenierung die nuancierte Feinzeichnung in der Personenregie am interessantesten. Giovannis Umgang mit den Frauen entlarvte den virilen Machtmenschen. Elvira und Anna wurden regelrecht von ihm vorgeführt. Elviras »Antwort« ist ein buchstäblich halsbrecherischer Somnambulismus, der sie fast aus dem Fenster stürzen läßt, wobei sie tatsächlich in den Abgrund der Leidenschaft und damit in die Arme Don Giovannis stürzt. Man erlebt ein Wechselbad der Gefühle zwischen Anziehung und Abstoßung.

Wenn es zutreffe, daß ein Regisseur mit seiner gesamten Regiearbeit im Grunde immer wieder ein und dieselbe Inszenierung umkreist, immer wieder auf einen Punkt zusteuert, dann brauche dies kein Manko zu bedeuten, weil alles immer konzentrierter, immer schärfer gesehen und erlebt werde. Das sei es, was zählt, äußerte Chéreau: »Vielleicht machen Regisseure nur eine einzige Inszenierung, so wie man von Schriftstellern sagt, daß sie unter verschiedenen Titeln immer ein und dasselbe Buch schreiben. In den drei oder vier Dingen, die man zu sagen hat und zu sagen weiß, immer weiter und tiefer zu gehen.«

WILLY DECKER

Er habe sich »weder als Aushängeschild der Feuilletonisten noch als Gallionsfigur modernen Regietheaters« ideologisch benutzen lassen, hieß es in einer Würdigung des Opernregisseurs Willy Decker. Er arbeite zudem unabhängig von Zeitgeist und Trends. Haben wir es also mit einem Konservativen zu tun, der zu Recht Moden ablehnt? Mitnichten! Ganz ohne Frage kommt man in der Bewertung seiner Opernarbeit nicht weit, wenn man sie durch künstliche Fronten, durch solche stereotypen Begriffe einengt und darüber die eigentlichen Qualitäten vergißt. Deckers Inszenierungen sind ja dann am gelungensten, wenn sogenanntes modernes Regietheater wirksam wurde. Denn wie anders als durch Regie, und zwar durch eine zeitgemäße und nicht konservative, ließen sich szenische Lösungen erreichen, wie sie der Regisseur zusammen mit dem Ausstatter Wolfgang Gussmann für die Oper bisher fand. Da waren und sind Konzepte vonnöten, die die Stücke in ganz bestimmte Perspektiven rücken und die nicht unbedingt in den Regieanweisungen der Libretti zu finden sind. Man sollte ohnedies von dem untauglichen Begriff des Regietheaters wegkommen, denn seit dem vorigen Jahrhundert kennen wir nichts anderes als dieses Regietheater der unterschiedlichsten Valeurs und Couleurs, das des Regisseurs bedarf und nach seiner interpretierenden Arbeit verlangt. Nichts anderes als ein Vermittler, Übersetzer und Deuter von Werken ist Willy Decker, und er ist darin eben kein »Unzeitgemäßer«, schon gar nicht, was das Optische angeht, das zuweilen eine deutlich modische Attitüde kennzeichnet.

Ideologisch verdächtig erscheinen allerdings Deckers in Interviews geäußerten humanistischen Allerwelts-Bekenntnisse, wenn er etwa für ein menschlicheres Theater plädiert, wenn er von seiner Begeisterung für den Menschen auf der Bühne, von seinem Interesse an der Sichtbarmachung menschlicher Beziehungen spricht. Im Kern ist das sicherlich alles richtig. Bei Decker scheint der Probenprozeß zum gruppendynamischen Versuch zu werden: »Die Arbeit mit Sängern ist ein ganz sensibler Bereich. Ich habe bisher bei jeder Produktion erlebt, daß man sich sehr nahekommt, daß sich Nervenenden berühren, daß Mauern eingerissen werden. Und das ist eine der tollsten Erfahrungen in diesem Beruf: Daß Menschen, die an einer Produktion beteiligt sind, anders rausgehen als sie hineingekommen sind; daß man erlebt, daß sich Leute während der Arbeit befreien. Bis hin zu dem Punkt, wo sich auch im Leben elementare Dinge verändern oder Dinge entscheiden, die unbedingt entschieden werden mußten. Unsere Arbeit geht zu tief, als daß das nicht auch der Fall sein müßte.«

Im Mittelpunkt steht für Decker also der Mensch, und darum individualisiert er Opernfiguren zumeist. Seine Inszenierungen leben von realistischer Genauigkeit und machen aus Bühnenfiguren förmlich Menschen zum Anfassen. Seine Regiearbeit ist aber im gleichen Maße von der Tendenz geprägt, die menschliche Ebene ins Symbolische zu übersetzen oder sie mit expressionistischer Schärfe zu zeichnen. Das paßt wiederum zu den kargen, abstrakten Bühnenräumen Wolfgang Gussmanns, die mit klaren Chiffren operieren. Hier wird das Bühnengeschehen auf Essentielles reduziert, werden »Urspannungen« hergestellt, immer mit dem Ziel, die Assoziationswerte zu erhalten. In Deckers Inszenierungen steht Archetypisches neben Individualisierung. Was er von der Oper verlangt, ist im Grunde nicht viel und doch das schwierigste: daß sie nämlich lebendig ist und die Opernfiguren zu singenden Menschen werden, deren Gefühle man ernst nimmt und nicht als opernhafte Affekte abtut. Seine Arbeit zielt auf eine »ganzheitliche künstlerische Äußerung«. Solche Forderungen durchziehen die Opernregie des zwanzigsten Jahrhunderts wie ein roter Faden. Die Entdeckung der Natürlichkeit steht am Anfang des Musiktheaters wie auch die

»Eugen Onegin« (Köln 1993) – Regie: Willy Decker
Foto: Paul Leclaire

Einbeziehung psychologischer Aspekte der Rollengestaltung. Doch propagiert Decker mehr einen Humanismus des Herzens als einen vom Verstand geprägten. Ebenso hält er viele bühnenpraktische Dinge für eine Sache der Intuition. Weshalb die großen Momente des Theaters seiner Meinung nach jenseits von verstandesmäßigem Planen passieren. »Man kann sie nicht mit dem Intellekt erzeugen. Sie passieren einfach.« Daß er der Macht des Unbewußten eine solch wichtige Rolle beimißt, rührt sicherlich von seinen psychoanalytischen Ambitionen als Regisseur her. Er hält das Musiktheater für »die ideale Verbindung von ›Bauch‹ und ›Kopf‹«, wie überhaupt das Theater als eine »wertvolle Form der Selbsterkennung« fungiert.

Zu widersprechen wäre freilich Deckers Annahme, das Theater unserer Zeit sei einer Intellektualisierung ausgesetzt, die zum Problem werde, weil die Bühne Dinge verhandle, die nicht vom Verstand abgedeckt seien. Und auch dieses erscheint fragwürdig: Während man den Verstand überlisten könne, gelinge das nicht beim Gefühl. »Wenn man überzeugend ist, überzeugt man auch den, der verstandesmäßig nicht einverstanden ist. Das spürt man immer wieder bei den Generalproben. Das Gefühl ist etwas Untrügliches, auch in dem Sinne, daß man es nicht betrügen kann.« Die tägliche Erfahrung (und sie bleibt schon gar nicht auf das Theater begrenzt) zeigt ja, wie manipulierbar die Gefühle sind. Die Existenz von Kitsch und seine massenpsychologische Wirkung oder die der Konsumwerbung sind Indizien für die Manipulierbarkeit, von Demagogie im politischen Bereich einmal ganz zu schweigen. Und wer von der problematischen Dominanz des Intellekts spricht, der läuft Gefahr, sich allzu leicht von einer stets virulenten Intellektuellenfeindlichkeit vereinnahmen zu lassen oder ihr das Wort zu reden. Im übrigen gilt, was Adorno über die Trennung von Verstand und Gefühl formulierte: »Die Spießbürgerweisheit, die Gefühl und Verstand auseinander klaubt und sich die Hände reibt, wo sie beides balanciert findet, ist, wie Trivialitäten zuweilen, das Zerrbild des Sachverhalts, daß in den Jahrtausenden von Arbeitsteilung Subjektivität in sich arbeitsteilig wurde. Nur sind Gefühl und Verstand in der menschlichen Anlage kein absolut Verschiedenes und bleiben noch in ihrer Trennung von einander abhängig.«

Mit Gefühl allein hat man noch nichts verstanden, sondern es erinnert daran, wie oft es gerade an Bewußtsein mangelt. Auch die Gefahr, vom Gefühl ins bloß Gefühlige abzugleiten, sollte nicht außer acht bleiben, sonst entsteht so etwas wie »sentimentale Reservate« – noch zusätzlich stimuliert durch

fernöstliche New-Age-Träume –, und der Regisseur wird vielleicht zu einem Psychologen, der nur noch menschliche Reaktionsweisen für die Bühne arrangiert und vergessen machen will, daß Wahrheit die Ratio nicht ausschließt.

Mitunter tragen Äußerungen von Regisseuren zu ihrer Arbeit nicht gerade zum besseren Verständnis derselben bei. So manches Ablenkungsmanöver wird da versucht, und so manche Koketterie ist heraushörbar. Daß es beispielsweise ohne Theorie und Analyse bei einer Operninszenierung abgehe, dürfte, wenn man denn das Genre ernst nimmt, eine

»Das Schloß« (Berlin 1992) – Regie: Willy Decker
Foto: Kranichphoto

dieser Irreführungen darstellen. Andererseits bekennt Decker missionarischen, aufklärerischen Eifer: »Mich interessiert immer mehr dieses Ausloten zutiefst humaner Problematiken in den Figuren, die nicht nur von gesellschaftlichen Umständen determiniert sind. Unsere Probleme können nicht anderswo gelöst werden als in jedem einzelnen. Und da ist Theater eine wertvolle Form zur Selbsterkennung.«

Deckers Inszenierungen sind zumeist von starken ästhetischen Reizen geprägt. Seit Jahren arbeitet er mit dem Ausstatter Wolfgang Gussmann zusammen. Eine offensichtlich ebenso fruchtbare Verbindung wie jene über viele Jahre dauernde zwischen John Dew und Gottfried Pilz, oder Patrice Chéreau und Richard Peduzzi, Peter Stein und Karl-Ernst Herrmann. Da ist nicht immer auseinanderzuhalten, was auf das Konto der Regie und was auf das des Bühnenbildes geht. Genau dies ist der Punkt: Im Bühnenbild kulminiert die Idee der Operndeutung, wird die Quintessenz der Inszenierung ablesbar (Thomas Delekat). Hier ließen sich im Grunde sämtliche Inszenierungen des Teams Decker/Gussmann anführen, denn stets trägt das Bild als Metapher oder Symbol die Inszenierungsabsicht zur Schau.

Das geschah mit solcher Eindringlichkeit und Überzeugungskraft beispielsweise bei der Uraufführung von Aribert Reimanns Kafka-Oper »Das Schloß« an der Deutschen Oper Berlin. Da gab es den Zug zu optischen Vereinfachungen, und so lapidar diese mitunter daherkamen, so effektvoll behaupteten sie sich schließlich. Wo allerdings alles auf eine ästhetische Linie gebracht wird, ist natürlich auch die Gefahr der Glättung gegeben – als ob alle Konflikte in stimmigen Bildern aufgelöst werden. Zwiespältig fiel deshalb die Kritikerbewertung aus, da man sich fragte, was uns eine Kafka-Oper heute angehe, angesichts einer Wirklichkeit, die über alle Bühnenmonstrosität weit hinausgeht. Zum anderen fiel auf, wie die Kunstwirklichkeit der Oper das Elend ästhetisch goutierbar macht und so-

mit in bloße Unterhaltung mündet. Allerdings urteilt man bei einem zeitgenössischen Werk offenkundig weniger kompromißbereit als bei einem älteren aus dem so überreichen Opernfundus. Denn bei einem »Eugen Onegin«, einem »Freischütz« oder »Don Giovanni« wird man kaum grundsätzliche Debatten darüber führen, wie legitim oder dringlich dieser oder jener Stoff für uns ist. Das geschah zur Entstehungszeit ebensowenig. Insofern sollte man bei einer Kafka-Oper unserer Tage nicht mehr soziales und politisches Engagement verlangen als etwa bei einer »Aida«. Das Theater hat zwar durchaus mit der Wirklichkeit zu tun, aber auf der Bühne findet nie das Leben selbst statt.

Wie auch im Roman betritt K. die Szene inmitten eines Schneegestöbers; er betritt sie als Fremder und bleibt es bis zum Ende, angetrieben von dem Verlangen, das Schloß zu erreichen, das er stets vor Augen hat. Doch wird er nie dort ankommen. Die Oper hat daraus eine Folge von neun musiktheatralischen Szenen geschaffen. Der Ausstatter Wolfgang Gussmann hat als sinnfälliges Symbol ein riesenhaftes turmartiges Gebilde in die Mitte der Bühne gesetzt, auf dessen schwarzer Oberfläche sich das Schneegestöber als unzählige weiße Striche fortsetzt. Kreisend bewegt es sich, eingefaßt von schwarzen Wänden, die eine Gasse bilden, welche an eine Sackgasse wie an ein Labyrinth denken läßt – das Leben als immergleiche Kreisbahn. Dieser Turm steht für das Schloß, das eine anonyme, einschüchternde Macht ausübt als Symbol einer durch die Bürokratie beherrschten, verwalteten Welt.

Decker siedelt die Bilder in einem irrealen Raum an, betont das Surrealistische von K.s Situation. Das ganze Geschehen bleibt undurchsichtig, zwanghaft bis zur Groteske. Die beiden Gehilfen treten so quirlig-burlesk wie das Personal einer veritablen Buffa auf, weshalb in der »Zeit« von einer »Commedia dell'arte-Unterhaltung« die Rede war. Gewiß setzt Decker dabei auf das Prinzip Oper, was ja so verkehrt nicht sein kann. Allerdings schafft die virtuose Bühnenästhetik eher Distanz, als daß die

Figuren Individuen werden, worauf sich der Regisseur sonst so gut versteht. Seine vermenschlichende Porträtkunst gelingt ihm im Fall von K., doch um diesen schart er komödiantisch-skurrile Kunstfiguren wie in einer verhexten Welt. Sie bleiben Figuren in einem psychoanalytischen Alptraumspiel, wobei Kafka vielleicht die ungelösten Rätsel den schonungslosen Entlarvungen durch Sigmund Freuds Wissenschaft vorgezogen hätte, denn er selbst äußerte einmal: »Es ist keine Freude, sich mit der Psychoanalyse abzugeben, und ich halte mich von ihr möglichst fern, aber sie ist zumindest so existent wie die Generation.« Decker setzt offenbar uneingeschränkt auf sie: »Die Bühne sieht er als Spannungsfeld, wo man die Figuren sezieren kann.« Was davon in seine Regiearbeit einfließt, führt zu respektablen bis faszinierenden Resultaten, wie das am Beispiel einer »Billy Budd«-Aufführung in Köln in der Zeitschrift »Opernwelt« nachzulesen ist: »Decker erzählt eine Tragödie der Vergeblichkeit. Mit nie nachlassender symbolischer Erfindungskraft, auch die Nebenpersonen ... vollgültig ausdeutenden Charakterzeichnung.« An seiner für Dresden erarbeiteten »Soldaten«-Inszenierung wurde ähnliches bemerkt. Es fiel die Konzentration auf die Tragödie des Menschlichen auf, ermöglicht auch durch die einfachen Formen der Bühne, die aus einem in die Schräge gekippten Kasten als Spielraum bestand. Hinzu kam eine als drastisch empfundene Farbdramaturgie. Der Regisseur vermochte, wie Gerhard Koch betonte, zu zeigen, wo Krieg beginnt, ohne ihn selbst darzustellen oder auf die politische Ebene zu heben, nämlich in unseren kleinen, zu engen Herzen. Und Heinz Josef Herbort verwies darauf: »Das karge Theater spricht deutlicher als das weitaus omnipotentere und totalere.«

John Dew

Die Frage nach seinem Traum vom Glück beantwortete John Dew so: »Zu wissen, daß ich vielen Menschen einige glückliche, unterhaltsame Stunden gegeben habe.« Ob das wirklich sein Traum vom Glück ist, mag dahingestellt bleiben, ist aber bei dem Naturell des Regisseurs als Motiv seiner Arbeit zumindest vorstellbar. Daß allerdings Faulheit seinen Hauptcharakterzug ausmacht, wie er ebenfalls äußerte, ist hingegen kaum glaubhaft. Denn seit mehr als zehn Jahren inszeniert er Opern in einem Zwei-Monats-Rhythmus. Das sieht eher nach einem workaholic aus, und das um so mehr, als er mit Vorliebe neue und unbekannte Werke in Szene setzt und nicht immer wieder das eigene Repertoire reproduziert. Er ist, was seinen Inszenierungsstil anbelangt, zweifellos der Erzähler unter den Opernregisseuren. Für seine Interpretationen gilt das narrative Prinzip. Dew bevorzugt abgeschlossene und vor allem schlüssige Geschichten, die er für ältere Werke gewissermaßen neu erfindet. Ein solcher Umgang mit Opernstoffen setzt den Glauben an eine herstellbare Einheit voraus und ignoriert selbst offenkundige Widersprüche. Dew, der Spezialist für Aktualisierungen, benutzt die Oper als Spiegel des Lebens, als Echo des Menschen. »Warum soll unser Leben nicht auf der Bühne sein?«, fragt er und erklärt als Absicht seiner Opernarbeit, Theater für unsere Zeit zu machen. »Mein Theater ist eine Reaktion auf das, was ich erlebe als Mensch und als Teil eines geschichtlichen Kontinuums.« Gleichwohl begreift er Aktualisierung als direkte Übersetzung von Opernstoffen und -handlungen in unsere Gegenwart nicht als Patentrezept, aber jedenfalls als eine Möglichkeit. »Entscheidend ist, daß sich der Betrachter ähnlich angesprochen fühlt wie der Betrachter der Uraufführung. Mit den Mitteln der Uraufführung wird man das heute nicht erreichen.«

Seine aus Regiekonzepten entwickelten szenischen Erzählungen vermitteln oft den Eindruck, mit leichter Hand gefertigt zu sein, indem sie assoziativ aufgreifen, was an gesellschaftlichen, sozialen oder psychologischen Problemen an der Oberfläche treibt. Sie wirken zunächst plausibel: »Ich will, daß die Leute meine Geschichte verstehen.« Verrätselte Kommentare und metaphorische Übersetzungen sind seine Sache nicht. Seine Radikalität in der Deutung wirkt nie gewaltsam, seine Thesen dürften letzten Endes breitesten Konsens finden, auch wenn Premieren zuweilen heftig umstritten sind. Kontrovers fallen die Publikumsreaktionen vor allem dann aus, wenn es sich um ältere und bekannte Werke des Opernrepertoires handelt, bei denen das Publikum bestimmte Erwartungshaltungen hat, die freilich in den wenigsten Fällen auf genaue Werkkenntnisse zurückzuführen sind, sondern vorzugsweise auf Klischeevorstellungen beruhen. Aber auch in anderen Fällen wählt Dew von den Vorlagen abweichende Interpretationen. Um einige Beispiele zu nennen: Schrekers im 18. Jahrhundert angesiedeltes erotisches Läuterungs-Drama »Irrelohe« versetzte er in die Entstehungszeit der zwanziger Jahre und übertrug die psychoanalytischen Vertracktheiten des Stoffes in ein Alptraumszenario. In Strauss' »Frau ohne Schatten« übersetzte er die mythischen Elemente und Zaubereien in Seelenvorgänge, verwandelte die Oper in »Szenen zweier Ehen«, die er in der Wohnküche spielen ließ. Dews eigenwilliger

»Così fan tutte« (Leipzig 1992) – Regie: John Dew
Foto: Andreas Birkigt

Umgang mit den Stoffen wurde auch an Schrekers »Singendem Teufel« deutlich: Nicht mehr um eine Orgel mit teuflischem Zauberklang ging es und um einen genialen Orgelbauer, sondern das Zauberwerk bedeutete nun Kernspaltung, und der Orgelbauer erinnerte an Einstein. Am Ende standen Atombomben wie Orgelpfeifen aneinandergereiht auf der Bühne. Religiöse Widersacher bei Schreker waren bei Dew politische. Kein Wunder, wenn rote Fahnen geschwenkt wurden und eine Betstunde zur Parteiveranstaltung geriet. Halevys »Jüdin« spielte nicht mehr im Jahre 1414, also zur Zeit des Konstanzer Konzils, sondern in den Anfangsjahren des Dritten Reichs. Die Szene erzählte von Rassenhaß und Progromstimmung. Das gesellschaftliche Problem des Rassenwahns erhielt gegenüber der seelischen Grausamkeit des Juden Eleazar einen besonderen Akzent und stand damit berechtigterweise im Mittelpunkt des Interesses.

Mit dem Dirigenten Hermann Scherchen, der gelegentlich auch Regie führte, dürfte Dew die Äußerung teilen, daß das Lebendige bei jeder Regie die Hauptsache sei, und beide teilen zudem die Neigung, in die Struktur der Werke verändernd einzugreifen, wenn ihnen dies aus dramaturgischen Gründen sinnvoll erscheint. Da werden mitunter Dialoge und ganze Szenen gestrichen oder umgestellt, und da werden neue Texte eingearbeitet, um die beabsichtigte Aussage zu präzisieren, sehr zum Ärger von Opernpuristen, die das als Verstümmelung ablehnen. »Hier zeigt sich meine Auffassung vom Theater am deutlichsten«, kommentierte Dew, »denn wir haben es mit lebendigen Substanzen zu tun... Ein Stück ist nur eine Vorlage, der jeder Interpret eigenes Leben einhaucht, und das nur für kürzeste Zeit.«

Schon mit einer seiner ersten Inszenierungen wurde diese Arbeitsweise deutlich, nämlich 1973 bei Strawinskys »The Rake's Progress« (»Der Wüstling«): »Wir haben die Textvorlage und Partitur unabhängig von Strawinskys Regiebemerkungen durchgearbeitet«, äußerte er damals, »und sind so zu Ergebnissen gekommen, die nicht immer ins Bild der Tradition passen.« Und auch Scherchen argumentierte ähnlich, »denn die Werke leben ja auch mit den Zeiten mit, und sie verändern sich mit den Zeiten«.

Der Vielinszenierer Dew setzt am liebsten auf eindringliche Formeln und Thesen. Die Gefahr der Oberflächlichkeit und Redundanz ist deshalb immer präsent. Aber das deckt sich mit seiner Meinung, wonach Regie so etwas wie »Wegwerfkunst« sei. Hier finden wir die Erklärung für seine eskapistische Haltung als Regisseur, die ästhetische Reize, Symbole und Zeichen wie Slogans benutzt. Daß die Optik ein besonderes Gewicht in seiner Regiearbeit erlangte, lag lange Zeit auch an der Zusammenarbeit mit dem Bühnenbildner Gottfried Pilz und dessen Begabung für ausgesprochen suggestive Bildlösungen. Zwischen 1979 und 1990 arbeiteten beide kontinuierlich zusammen. Pilz entwirft mit einfachsten Mitteln Kunsträume, die nie bloße Staffage bedeuten. Seine Fähigkeit besteht in der Reduktion. Und oft sind es nahezu leere Bühnenräume, dominiert von Farbe und Licht, die den passenden Rahmen für Dews aktualisierende Erzählungen bilden.

Unter den zahlreichen Opernproduktionen des Teams Dew/Pilz erscheint mir Gounods »Faust« geeignet, um die enge Zusammengehörigkeit von Regie und Ausstattung darzustellen. In der 1988 für die Deutsche Oper Berlin erarbeiteten Fassung (zuvor zeigten die beiden ihre Version dieses französischen Klassikers der Opernliteratur in Düsseldorf) kommt Pilz mit einem Einheitsbühnenbild aus, das durch wenige Requisiten, insbesondere aber durch eine effektsicher kalkulierte Lichtregie die erforderlichen Ortswechsel ohne störende Umbaupausen ermöglicht. Der Bühnenraum ist nach hinten verengt, wirkt dadurch perspektivisch wie eine Straßenschlucht und gibt den bedeutenden Chorszenen eine adäquate Einrahmung. Die Eröffnungsszene zeigt einen alten Mann am Stock, der sich durch die Straßenschlucht bewegt. Es ist Faust, der über die vergebliche Mühe klagend sein Studierzimmer verlassen hat. Ihm gelingt allenfalls noch die Verfluchung des Daseins, nicht aber der Selbstmord mit dem Revolver, der im entscheidenden Moment versagt. Das ist wiederum der Augenblick für Mephistopheles, der im feschen Jägergrün die Bühne betritt, gewissermaßen auf der Pirsch nach neuen Seelen. Faust läßt sich auf den vorgeschlagenen Handel ein und steht, wie durch einen Zaubertrick, unversehens im modisch silbergrauen Anzug als smarter Yuppietyp auf der Bühne. Mephistopheles ist fortan ständig präsent und wechselt immer wieder sein Aussehen. Der Verführer zum Bösen gibt es demnach viele, sie haben viele Gesichter und sind allgegenwärtig.

Besonders beeindruckend gelangen Dew die Chorszenen. Da ist die »Kirmes« mit den Bier trinkenden Männern, die nur Augen für die aufgetakelten Damen haben. Passend zum »Rondo vom Goldenen Kalb« zeigt der Regisseur Frauen aus allen sozialen Schichten im Konsumrausch, wenn sie mit Einkaufswagen, angefüllt mit den seligmachenden Produkten vom Lippenstift bis zum Fernseher, paradieren. Geld regiert die Welt, und um es deutlich zu zeigen, schweben aus dem Bühnenhimmel die bunt leuchtenden Kurven der Yen-, Dollar- und DM-Kurse. Die folgende Walzerszene wird zum Tanzturnier im kitschigen Talmiglanz. Damen, in Tüll und Taft gehüllt, von Herren im Frack geführt, ziehen Kreise über die Tanzfläche eines Cafés, in dem Margarete als Serviererin arbeitet. Eine glitzernde Spiegelkugel sorgt für Ballatmosphäre, bei der man den Zuschauerraum gleich mit einbezog. Ihre Ballade vom König von Thule singt Margarete anschließend auf dem Heimweg in der U-Bahn.

Daß aber Dew/Pilz nicht nur diese chic gestylten Szenen des modernen Jahrmarkts der Eitelkeiten, diesen Zirkus von Selbstdarstellungsriten optisch überzeugend umzusetzen vermögen, dies

»Faust« (Berlin 1988) – Regie: John Dew
Foto: Kranichphoto

weist die in Nebel und fahles Licht getauchte Szene, in der Margaretes Bruder, der moralisch verbohrte Valentin, getötet wird. Sensationslüstern, aber auch entsetzt steht eine Menschenmenge um Valentin. Gegenlicht läßt nur ihre Kontur sichtbar werden. Ähnlich ausdrucksstark gelingt der als Danse macabre inszenierte Soldatenchor. Im Paradeschritt und mit Dirigierstab schickt der feixende Mephistopheles diesen Haufen abgerissener Soldaten in den Tod – dazu die Trommelwirbel wie Gewehrsalven. Der Höhepunkt an optischer Überreizung ist zweifelsohne die »Walpurgisnacht«. Dew/Pilz machen daraus einen psychedelischen Rausch, begleitet von Breakdancern (die buchstäblich von der Straße weg engagiert wurden). Sie zelebrieren eine monströse Sexshow in der Manier von Videoclips der Popindustrie. Die entsetzliche Ernüchterung bleibt nicht aus: Margaretes Gefängnis ist die Nervenklinik, wohin man sie als Kindsmörderin brachte. Diese von grellem Neonlicht erhellte Szene bedeutet absolute Tristesse. Beide, Margarete und Faust, sind Verführte. Das Schicksal bestimmte für beide das bittere Ende. Während Faust sich bis zuletzt an die Trugbilder des Teufels klammert und darum zum

Scheitern verurteilt ist, erlebt Margarete die opernhaft pompöse Apotheose. Für sie die himmliche Rettung, für Faust den Höllensturz – mit viel Nebel und dämonisch rotem Licht ist es zwar so richtiger Theaterdonner, zugleich aber optischer Endpunkt einer Inszenierung, die immer wieder präzise den ästhetischen Nerv der Zeit trifft. Kritische Zeitperspektiven, Unterhaltungswert und der spielerisch leichte Umgang mit der Ironie gehen hier Hand in Hand.

Das Problem der Aktualität ist ihre Abhängigkeit von der Zeit, denn allzu schnell veraltet ihr Aussagewert, und nichts langweilt mehr als der Schnee vom letzten Jahr. Dew setzt sich mit seiner Regiearbeit dem Risiko aus, allzu Vergängliches zu produzieren. Aber er nimmt dies wohl in Kauf, da er, wie schon erwähnt, Regie ohnehin als eine Wegwerfkunst betrachtet. In den meisten Fällen teilen sich die Inszenierungen nicht zuletzt wegen ihrer plakativen Wirkungen, die ohne falsche ideologische Verkrampfung auskommen, dem Publikum mit. Und sie bestätigen, daß Dew nicht selten »mit sehr leichten Genres schwere Ideen vermitteln« kann.

DIETER DORN

Gemessen am Publikumszuspruch gehört er neben Jürgen Flimm sicherlich zu den erfolgreichsten Regisseuren und Theaterleitern unserer Tage. Seit 1976 arbeitet Dieter Dorn an den Münchner Kammerspielen, deren Intendant er 1983 wurde und bis über die Jahrtausendwende erst einmal bleibt. Die Treue des Regisseurs zu München mag kein Zufall sein, scheint es doch zwischen seinem ästhetisierenden Theaterstil und dem Münchner Publikumsgeschmack offenkundig eine Affinität zu geben. Über die Kunstgesinnung der Münchner hatte schon Thomas Mann Treffendes geäußert, als er die Atmosphäre der Stadt und die Mentalität ihrer Bewohner in seinem Roman »Doktor Faustus« als »dionysische Lebensbehaglichkeit« umschrieb, freilich in durchaus ironischer Absicht. Denn in der Isarstadt gebe es unter föhnblauem Alpenhimmel auch eine »töricht harmlose Lebensstimmung«, eine »sinnlich-dekorative und karnevalistische Kunstgesinnung«. Daß die Sanguiniker dieses Typs heute weniger geworden sind, ist eher unwahrscheinlich. Und ob nun die sprichwörtliche Münchner Schickeria den Weg in die Kammerspiele findet, mag dahingestellt bleiben, für Dorns Regiestil jedenfalls fand sich schnell das Etikett »Boutiquentheater« oder auch Heymes borniertes Wort vom »Bonbontheater«.

Gewiß, er ist weder radikal noch subversiv, Schocks und Exzesse jedweder Art bleiben in seinen Inszenierungen ausgespart. Selbst beabsichtigte Provokationen konsumierte das Publikum letztendlich als Gaudi. Gleichwohl versieht er seine Inszenierungen mit politischem Anspruch. Für ihn hat Theater, und zwar im Sinne einer »sinnlichen Aufklärung«, erzieherisch zu wirken, indem es nämlich Defizite bewußtmachen soll, und das geschieht durch In-Frage-Stellen und ohne jegliche Besserwisserei. »Ich will so wenig Psychologie wie möglich und so viel Widersprüchlichkeit wie möglich; ich will mit dem geringsten Aufwand die größte Vielfältigkeit einfangen – das Leben.« Das gelingt dem Regisseur oft genug mit Brillanz. Und er ist sich dabei der Vergänglichkeit all dessen bewußt: »Das Theater ist ein flüchtiges Instrument. Es bleibt nicht mal der Krach, der entsteht, wenn am Schluß die Dekorationen zusammengeschlagen werden. Wichtig sind die Reaktionen in jedem einzelnen, dann, wenn er sich einer Inszenierung ausgesetzt, sich auf sie eingelassen hat.«

Eindeutigkeit in den szenischen Aussagen lehnt der Regisseur entschieden ab. »Wenn man ein eindeutig kritisches Bild gegen eine Szene findet, dann stellt sich schnell heraus, daß sich das nicht trägt, daß es mit der Musik nicht zusammengeht und nur einfach lächerlich dasteht. Sicher sind manche dieser Versuche zwar ganz wichtig in dem Sinne, daß man mit mehr kritischem Bewußtsein auch ans Musiktheater herangeht, aber wenn man die Sache nur auf eine Pointe bringt oder einen einzigen Widerspruch, dann erledigt sich das im falschen Sinne.« Dorn strebt in seinen gesellschaftskritischen Bestandsaufnahmen eher eine Ambivalenz zwischen Wirklichkeit und Schein an, deren Motto lauten könnte: »Der Schein trügt«. Und dies um so mehr, als Dorns Theater ja gerade von schönen Bildern geprägt wird, die Teil des Regiekonzepts sind: »Theater, ob Schauspiel oder Oper, muß versuchen, daß sich die ästhetische Formulierung mit der inhaltlichen deckt. Oder anders gesagt: je ästhetischer eine Arbeit ist, desto politischer ist sie in der Wirkung.« Bei einer Operninszenierung müsse das alles aus der Musik heraus entwickelt werden. Habe man erst einmal das Zentrum erspürt, von dem aus zu agieren ist, geschehe schließlich das Faszinierende der Oper, die dann mehr Dimension als das Schauspiel besitze: »Die Arie singen kann jeder, aber sie im Moment entstehen zu lassen – das ist mehr als sich auf Buntstifte einzulassen.« Politisches und Poetisches als Wirklichkeit und Traum müsse dabei in der Szene, im Moment des Spiels aufgehoben sein: »Wenn einer, der unten im Zuschauerraum sitzt, nicht mehr merkt oder nicht mehr sagen kann, daß Regie stattgefunden hat, dann ist mein Ideal erreicht.«

Dieter Dorn ist hauptsächlich Schauspielregisseur, doch nimmt er seit seiner ersten Operninszenierung im Jahre 1979 regelmäßig entsprechende Angebote an. Das vielbeachtete Debüt mit der »Entführung aus dem Serail« an der Wiener Staatsoper wurde damals indes vorwiegend negativ beurteilt. Was immer die Erwartung der Rezensenten gewesen sein mag, Dorn verwandelte jedenfalls das Singspiel in ein Drama, zu dem Goethes »Iphigenie auf Tauris« die Vorlage geliefert haben könnte, so sehr glich Bassa Selim jenem König Thoas.

Da Dorn größte Bedenken gegen den Repertoirebetrieb hegt und darum lieber im Rahmen von Festspielen arbeitete, ist die Zahl der Inszenierungen eher gering geblieben. An ihnen fällt immer wieder der Respekt vor der Musik auf. Das wurde sowohl an der »Entführung« bemerkt wie an der im gleichen Jahr für die Salzburger Festspiele (wiederum unter Karl Böhm) produzierten »Ariadne auf Naxos«. »Eine Strauss-Aufführung, die gerade aus dem Zusammenwirken von Regie und Bild, musikalischem Atem und Bewegung ihre Anschaulichkeit holte«, hieß es in einer der Besprechungen. Als einen Unterschied zwischen Oper und Sprechtheater nennt Dorn den Rhythmus, denn »in der Musik ist die innere Welt vorgegeben. Im Schauspiel

stimmt das nur in Grundzügen. Der Spieler muß sich seinen eigenen Rhythmus suchen, die innere Musikalität selber finden, er kann sie aber auch, wenn er will, zerstören. Der Sänger nicht. Man kann Belmonte am Fuß aufhängen – seine Arie klingt immer gleich. Bis auf jene kleine Spanne der individuellen Interpretation.« Bei aller inszenatorischen Orientierung an den musikalischen Vorgaben kommt der Regisseur um szenische Veränderungen nicht immer herum. Viele der authentischen Bühnenanweisungen sind zeitgebunden, über ihre Beschränkungen muß sich der Regisseur, nimmt er seine Sache ernst, heute hinwegsetzen. Wichtig ist in diesem Zusammenhang auch die Arbeit des Bühnenbildners. Dorn arbeitet seit Jahren eng mit Jürgen Rose zusammen, der die Fähigkeit besitzt, Räume zu erdichten, »theatralische Übersetzungen von Raum zu finden«. Jürgen Rose verstehe sich auf »spielerisch Leichtes«. Seine Erfindungen beweisen allemal Bühnenwirksamkeit, und noch das Spektakuläre wirkt wie selbstverständlich. Den »tollen Tag« in Mozarts »Le nozze di Figaro« hatte Dorn beispielsweise als eine Art Traumspiel inszeniert, bei dem nicht nur die Türen aus den Angeln gehoben waren, sondern ebenso im Sinne eines historischen Verweises die Zeit selbst als eine des Um- und Aufbruchs. »Wie in einer schwarzen Komödie, in der die Nacht zum Tag wird ..., ist das Dunkel Licht genug, um alle Verirrungen und Verfehlungen sichtbar zu machen.« (Hartmut Regitz)

So einhellig der Publikumszuspruch ausfiel und so eindeutig die Einwände der Kritiker überwogen, so sehr ist Dorns Inszenierung des »Fliegenden Holländers« für die Bayreuther Festspiele ein anschauliches Beispiel für die Stärken und Schwächen seines Regiestils. In den Premierenkritiken war (wie könnte es anders sein) von einem »Abend der schönen Bilder und dekorativen Wirkungen« die Rede, deren Komponenten sich angeblich weder plausibel zusammenfügten noch spannungsvolle Reibungen ergaben. Die »postmoderne« Operninszenierung entwickele mit ihren statischen

Tableaus Perspektiven wie aus dem Trickfilmstudio. Auch im zweiten Jahr der Inszenierung wollte Josef Oehrlein nur allzu schlichte Botschaften hinter den Rätseln ausmachen und fragte, ob dieser »Holländer« nun symbolistisches Drama, Horrorstory, Märchen oder schickes Ausstattungsstück sei.

Dieter Dorn hat die Literatur sicherlich eingehend studiert. Keinesfalls ist die Inszenierung konzeptionslos zu nennen. Was als Unentschiedenheit in der Wahl darstellerischer Mittel moniert wird, trifft im Grunde Wagners Oper selbst, weil dort bereits stilistische Vielfalt zum romantischen Sujet verschmolzen wurde: Spukgeschichte und Alltagswelt, Historisches und Visionäres, tragisches Pathos und Parodie. Also kann es nur legitim sein, wenn der Regisseur, bildlich gesprochen, den Witz vor dem Abgrund wagt, wenn er eine integrale Lösung anstrebt, wie sie Hans Mayer beispielsweise für den »Freischütz« forderte: »Man hat das Werk ernst zu nehmen und alle Anweisungen auszuführen. Keine Zauberei und Gruselei darf ausgespart werden ...« Der Regisseur beabsichtigte eine Inszenierung ohne Ausflüchte, wenn er die Sage vom fliegenden Holländer als »Volksgedicht« mit all den disparaten Elementen darin erzählt und »ein Übernatürliches als selbstverständlichen Bestandteil der Alltagswelt« präsentiert. Zusammen mit Jürgen Roses artifizieller Bühne gelang Dorn eine furiose Inszenierung (und nicht allein der Spinnstube wegen, die während des Duetts Holländer/Senta abhebt und sich um die eigene Achse dreht). Manches ist zwar nur funkensprühender Budenzauber, der das »Jahrmarkthafte« an Wagners Oper vor Augen führt, vieles dagegen theatralische Magie im besten Sinne. Bei Rose sah das Holländerschiff mit seinen »blutroten Segeln« tatsächlich »wie ein dunkler Riese in einem weiten Scharlachmantel« (Heine) aus. Und die Geister dieses Schiffes wirkten so unheimlich wie das »schwarze Heer« aus Webers »Freischütz«.

Dorn ist ein Meister der Andeutung. Seine »Holländer«-Inszenierung belegt das aufs neue. Aber manch einem, so will es scheinen, genügen keine Andeutungen. Nur wird man von diesem Regisseur eben nicht erwarten können, daß er alles auf eine einzige Formel bringt. Schon gar nichts hält er von einer Psychologie auf der Bühne, die den Figuren alles Rätselhafte nimmt. Also balanciert er, wie der Komponist in der Partitur, das motivische Geflecht und bewahrt so die von ihm bevorzugte szenische Vielfalt auch als eine ideelle.

Dorn wird natürlich auch Heine gelesen haben, bei dem Wagner das operngerechte Erlösungsmotiv fand. Darüber hinaus faszinierte den Komponisten, der sich als wahrer Romantiker nur zu gern vom Grausen und von Gespenstergeschichten erregen ließ, gerade das spukhafte Sujet. Bei Heine indes verläuft die Geschichte zweigleisig, so daß Tragik und Ironie einander spiegelbildlich gegenüberstehen. Carl Dahlhaus hat das als ein Kennzeichen der damaligen Zeit beschrieben: »Tragisches wurde parodiert, aber auch umgekehrt Parodiertes ins Tragische zurückgewendet.« Ebendies bringt Dorn ins Bild. Auch deutet er in der Figur des Holländers etwas von der Problematik des Künstlers an. Dazu paßt dann Nietzsches Vergleich des Künstlers mit dem »ewigen Juden« (die Analogie Holländer/Ahasver fiel von Anfang an ins Auge). Ob es allerdings wünschenswert sei, daß das Weib den Unsteten erlöst, dies beantwortete Nietzsche äußerst skeptisch, denn »ins Wirkliche übersetzt: die Gefahr der Künstler ... liegt im Weibe: die anbetenden Weiber sind ihr Verderb. Fast keiner hat Charakter genug, um nicht verdorben – ›erlöst‹ zu werden, wenn er sich als Gott behandelt fühlt«. Wie schon bemerkt, bei Dorn bleibt dies alles Andeutung, keine thesenhafte Aufdringlichkeit, nichts wird restlos ausgespielt, Ironie wird gleichsam szenisch »mitgedacht«. Ein Beispiel dafür ist auch die Pantomime während der Ouvertüre: Auf einer schiefen Ebene versucht ein Mann immer wieder vergeblich, die Spitze zu erklimmen. Eine über dieser Spitze schwebende Kugel bleibt für ihn jedoch unerreichbar. Später erkennen wir die Gestalt als den Holländer, jenen »Typus des Suchenden, Irrenden, nach Erlösung sehnenden Menschen« (Wagner). Das stumme Vorspiel im Schwarzweiß-Kontrast korrespondiert als Bild mit dem Schluß der Oper, wenn Senta dem Holländer zu den Klängen der Erlösungsmusik die Hand entgegenstreckt. Das Nachtdunkel der vorangegangenen Szene geht über in weißes Licht, das Paar wird in Schatten verwandelt.

Ein Opernregisseur müsse immer wissen, »daß der Komponist schon einmal inszeniert« hat. Wie sehr dabei die musikalische Dramaturgie zum Regiekonzept wird, zeigte Dorns »Così«-Inszenierung. Werktreue erwies sich hier als ein Aufspüren kritischer Intentionen im Werk. Denn in dieser

»Schule der Liebenden« wird, wie Wolfgang Hildesheimer einmal ausführte, der »Mangel an Weibertreue« noch übertroffen vom »Mangel an Männermoral«. Dies auf der Bühne zu zeigen, war Absicht des Regisseurs. Zugleich vertrat er die Sache der Skeptiker, die das Opernfinale längst nicht mehr als Happy-End deuten, denn wie sollten diese »richtigen« Ehen nach den so ganz anderen Erfahrungen der Paare einmal aussehen und funktionieren?

Oper als »sinnliche Aufklärung« heißt bei Dorn, sie als Katharsis zu begreifen. Und hier liegt sicherlich die Crux seiner Inszenierungsarbeit. Denn bei so viel Sublimierung, so viel ästhetischem

»Così fan tutte« (München 1993) – Regie: Dieter Dorn
Foto: Wilfried Hösel

Schein ist die Gefahr allzu groß, das Ästhetische nur noch als schöne Verpackung wahrzunehmen, hinter der die Defizite verschwinden, um deren Sichtbarmachung der Regisseur erklärtermaßen bemüht ist. Es ist, als ob sich die ästhetische Fiktion einer Inszenierung verselbständige, um tatsächlich nur Katharsis im Sinne einer »Reinigungsaktion gegen die Affekte« (Adorno) zu bedeuten. Da mag Dorns Idee durchaus plausibel erscheinen, etwa in seiner jüngsten »Elektra«-Inszenierung alles Monströse in psychologische Feinzeichnung zu übersetzen, die Riesentragödie auf menschliches Format zu bringen. Aber am Ende bleibt szenische Unentschiedenheit,

eine gewisse Fadheit übrig. Die kritischen Reaktionen auf Dorns Regiestil vermitteln zuweilen die Ahnung, daß ästhetische Fiktion letztendlich nur Ersatz darstellt. Zudem erlaubt das Ästhetische allemal noch Distanz zu jeder als Provokation beabsichtigten szenischen »Zumutung«. Also doch mehr Radikalität und weniger erzieherisches Ideal? Immerhin, Dorns Zurückhaltung bedeutet eine Absage an allzu platte politische Einverständnisse. Darum vermeiden seine Inszenierungen Schlußfolgerungen. Sie bleiben offen, und zwar in einem produktiven Sinne. Sie appellieren an das Denkvermögen des Publikums und bereiten gleichzeitig Lust beim Schauen.

»Elektra« (Berlin 1994) – Regie: Dieter Dorn
Foto: Monika Rittershaus

ADOLF DRESEN

Befragt nach seinen Erfahrungen mit Opernregisseuren, antwortete der Sänger Wolfgang Schöne: Adolf Dresen »ist ja auch so ein Präzisionsfanatiker«. Auch wenn es vielleicht so klingt, war dies keineswegs kritisch gemeint, sondern als Zustimmung für jemanden, der sein »Handwerk« versteht. Wolfgang Schöne hatte die Rolle des Dr. Schön in der von Dresen am Pariser Théâtre du Châtelet inszenierten Oper »Lulu« von Alban Berg gesungen. Die Feststellung des Sängers deckte sich mit der Beobachtung des Rezensenten: »Ohne spektakuläre Einfälle überzeugt die Neuinszenierung ... durch handwerkliches Können, Detailtreue und subtiles Gespür für innere Kontraste.« Und weiter: Dresen habe »eine geschmeidig präzise Regie erfunden, in einem zerrissenen Bürgermilieu, dessen Teile zusehends wie Erinnerungsstücke auseinandertreiben und bald Risse des Chaos, bald Lichtblicke totaler Lebenserfüllung freigeben«. (Hanimann/FAZ)

Allem Anschein nach handelte es sich bei dieser Pariser »Lulu« um eine gelungene Musiktheaterproduktion – in ihrer szenischen Subtilität ebenso anregend wie mit Sinnlichkeit nicht geizend. Nur Spektakuläres blieb ausgespart – die Sensation. Denn das überläßt Dresen dem sogenannten Regietheater (ein fürwahr unglücklicher, weil gänzlich untauglicher Begriff), gegen das er sich deutlich abgrenzt. Er meint damit jenen Regiestil, der vorzugsweise auf eigenwillige bis willkürliche Einfälle setzt und sich allzu grell und marktschreierisch gibt. Die Zerstörung der Werke präsentiere sich als letzte Form, und der Skandal sei ihr Markenzeichen. Hier sei Theater ein »schlechter Spiegel«, der nur an sich selbst erinnert. Oder anders gesagt: »Das Regietheater ist die Kapitulation des Theaters vor den allerorts wachsenden Problemen mit der Unmittelbarkeit, es ist die Pointe entfremdeten Theaters.« Das äußerte Dresen 1980, nachdem er drei Jahre zuvor aus politischen Gründen die DDR verlassen hatte. Diese Ansicht vertritt er auch heute noch mit aller Vehemenz, wobei sein eigener Stil sich fast nur noch aus der Rolle einer Gegenposition, einer immer stärker insistierenden Verweigerungshaltung erklärt. Er gehört außerdem zu jenen, die im heutigen Theater, wie auch in der Oper, allenthalben Verfall diagnostizieren. Pessimismus ist vielleicht nicht allein eine Sache der Überzeugung, sondern auch eine der Leidenschaft – fast in einem buchstäblichen Sinne. Adolf Dresen ist offenbar so ein leidenschaftlicher Pessimist, zumindest wenn es um die Zukunft des Theaters und der Oper geht. Die vermeintlichen Indizien und Symptome für das Absterben sind freilich so neu nicht, gewiß ebensowenig falsch wie bedingungslos richtig. Und als ob Dresen den Tod der dahinsiechenden Oper hinauszuzögern versucht, hat er sich als Regisseur nur noch ihr verschrieben, um mit jeder Inszenierung die Agonie zu unterbrechen und sagen zu können, seht her, so könnte, so sollte es weitergehen. Denn selbstverständlich hält jeder Prophet seine Rezepte für die besten und wirksamsten. Gleichwohl nannte ihn Gerhard Stadelmaier einen »Arzt ohne Arzenei«, von dem man glaubt, er würde an einem Drama über die Fehler und Fehlentwicklungen des Theaters schreiben: »Zwar hat er immer den Text genau gelesen, die Fabel verstanden, den gesellschaftlichen Kontext erfaßt, das individuelle Moment als konflikthaft begriffen ..., aber sein Theater lebt schwer.« Auch für den, der Dresens Operninszenierungen schätzt (gerade in ihrer handwerklichen Genauigkeit), besitzt das andauernde Lamento einen Zug zum Unredlichen. Darüber hinaus ermüdet es ungemein und schon gar, wenn nach jedem prophezeiten Untergang noch ein Jahrhundert oder vielleicht noch ein Jahrtausend folgt. Bleiben wir also bei dem Greifbaren, bei den Inszenierungen.

Sein Festhalten an realistischen Konzeptionen bezeichnet jedenfalls einen möglichen Rettungsversuch der Oper, aber gewiß nicht den einzigen Weg, sich den Werken zu nähern, um das dahinter Verborgene sichtbar zu machen. Die Sichtbarmachung des Unsichtbaren »funktioniert«, dies die Erfahrung jedes geübten Opernbesuchers, auf sehr verschiedene Weise, ohne daß die eine weniger überzeugend ausfallen muß als die andere. Die verschiedenen Stile der hier porträtierten Regisseure sind Beleg dafür.

Dresens Interesse gilt heute allein der Oper. Er hat immer auch bereitwillig Auskunft gegeben über seine Arbeitsweise, über Vorlieben und Abneigungen, über seine Regiekonzepte, und freilich wird man die Resultate gerade daran messen. Man erfuhr, wie sehr er es haßte, Stücke zu aktualisieren: »Mir schien immer notwendig, sie historisch zu verstehen – das schien mir das beste Training, auch die eigene Zeit nicht als etwas Festgemauertes, sondern

»Das Rheingold« (Wien 1992) – Regie: Adolf Dresen
Foto: Axel Zeininger

historisch zu sehen.« Oder dieses: »Ich meine nicht, daß man ein Konzept nicht braucht. Wenn man es aber dann auf der Bühne sieht, taugt es nicht viel. Ich will ein Stück sehen.« Mit anderen Worten, es gebe bereits viel zu viel inszenierte Sekundärliteratur. Zu widersprechen wäre der Aussage, daß Konzepte nur das Gerüst seien und nicht auch den Inhalt bezeichneten, denn ein Regieentwurf ist ja ohne gleichzeitige inhaltliche Bestimmung nicht möglich.

Operninszenierungen besitzen bei Dresen stets die soeben angesprochene historische Perspektive. Sie beschwören die in den Stücken konservierte Zeit, freilich nicht mit der Absicht, ein Opernmuseum einzurichten, wie es einst ein Paul Bekker forderte, um musikalische Besitzstandswahrung zu betreiben, sondern vielmehr, um die Schwingungen wieder in Gang zu setzen, die das Werk an Psychologie und Politik einst seismographisch notierte. Als Regisseur will er in dem Stück sein, und die Art und Weise, wie er es auf die Bühne bringt und damit sichtbar macht, muß etwas Zwingendes haben. Dann gibt es auch Unmittelbarkeit. »Die Freude daran«, formulierte er in einem Vortrag zum Thema »Alte Stücke lesen«, »das ist die ganze Ästhetik«. Aber die besten Absichten nützen nichts, wenn mit dem Inszenieren nicht wirklich der Ton eines Stückes getroffen wird. Dann kann das, obschon mit Feinsinn und hochedel serviert, auch bei einem Adolf Dresen zu einem ästhetisierten historischen Bilderbogen werden. In Schönheit erstarrt – das war nämlich sein an der Wiener Staatsoper inszenierter »Wozzeck«. Da scheiterte die künstlerische Verlebendigung durch Synästhesie, und es blieb bei einer Retrospektive des schönen Scheins. Verloren war die Schärfe, mit der Büchner literarisch den Riß durch die Welt und mitten durch diesen Wozzeck zeichnete. Zu vieles wirkte schlicht genrehaft: die Arme-Leut-Stube, die Wirtshausszene und manches andere. Realismus wird zur ideologischen Angelegenheit, wenn er nicht das Beschädigte und Entfremdete der Welt zeigt und allein auf affirmative Abbildungen setzt, die der schlechten Realität

schließlich so etwas wie Sinn injizieren. Gerade aber in Verbindung mit Herbert Kapplmüllers Bühnenbildern führte die realistische Beschreibung zum harmonisierten Bild. Realismus darf nicht nur szenische »Reportage« sein, er bedarf des Kommentars, für den der Regisseur szenische Äquivalente sucht. Nicht zu Unrecht überschrieb der Rezensent der FAZ seine Premierenkritik mit »Da ertrinkt jemand höchst schön«, denn: »Nachträglich kann man sich immer weniger des Eindrucks erwehren, daß auf die bühnenimaginatorische Lösung der Teichszene mehr Initiative als auf die Inszenierung des Stückes selber verwendet worden ist.« Ein Eindruck, der sich leider nur bestätigen läßt.

Über den Philosophen Ernst Bloch erzählt man, es sei ihm eine allabendliche Gewohnheit gewesen, sich die dritte Leonore-Ouvertüre (selbstredend in einer Aufnahme unter Otto Klemperer) anzuhören, wobei er jedesmal beim Erklingen des Trompetenrufs als einem Signal der Befreiung und der Freiheit zu Tränen gerührt war. Ob dies wahr oder nur kolportiert ist, mag dahingestellt bleiben. Aber mit dem Trompetensignal hat es bei Beethovens »Fidelio« in der Tat seine Bewandtnis. Anläßlich einer Inszenierung in Brüssel formulierte Dresen: »Der Augenblick der Trompete ist in Beethovens Oper ein schwieriger Augenblick, er signalisiert auch eine Misere. Alles läuft schließlich darauf hinaus, daß ein Zufall im letzten Moment die Rettung bringt. Der Minister erscheint als deus ex machina und entwertet zugleich Leonores Tat.« Dresen nennt das Zusammentreffen der privaten (nämlich Leonores Suche nach ihrem verschleppten Ehemann Florestan) mit der öffentlichen Aktion (dem Auftreten des Staatsministers und der Wiederherstellung der durch die Macht zuvor außer Kraft gesetzten Ordnung) zufällig. Angesprochen wird hier die fehlende Einheit von Politischem und Privatem, die es im »Fidelio« ebensowenig gebe wie in Deutschland. »Was man der Oper als Schwäche anrechnen kann, war eine Schwäche der Realität selbst«, urteilte Dresen, »das Stück spiegelt eine Misere der Wirklichkeit.«

Angekreidet hat man dem »Fidelio« seit jeher das Nebeneinander von häuslicher Idylle und Gefängnis. Aber auch dies diagnostiziert der Regisseur als durchaus realistischen Blick, wenn er empfiehlt, die Memoiren des KZ-Leiters von Auschwitz zu lesen, um ein Beispiel dafür zu erhalten, wie Idylle und Bestialität miteinander bestehen können.

Dresen setzte deshalb nachdrücklich auf dieses Nebeneinander: Die Bühne leuchtete hell wie im strahlenden Sonnenschein, über dem Staatsgefängnis ein azurblauer Himmel. Von der aufgeräumten Amtsstube des Kerkermeisters Rocco aus hörte man den Aufmarsch von Soldaten. Das Exerzieren auf dem Gefängnishof lieferte die akustische Kulisse für eine bedrückende Gegenwart, die von der Singspielszene von Marzelline und Jaquino im ersten Akt konterkariert und somit entsprechend umge-

»Der Rosenkavalier« (Paris 1993) – Regie: Adolf Dresen
Foto: Marie Noelle Robert

wertet wurde. Die gesprochenen Dialoge hatte Dresen teilweise gekürzt und vor allem umgeschrieben. Den »Engel Leonore« setzte er mit Egmonts Vision vom Clärchen als Liebesengel in Beziehung, der auf dem Bühnenvorhang zu sehen war. Somit verwandelte sich Freiheit vom abstrakten Prinzip zu einer konkreten Vision. Leonores Befreiungstat wird durch ihre Liebe möglich.

Dresen betreibt – was ihm selbst noch in ansonsten negativen Urteilen bescheinigt wird – akribische Personenführung, die den Figuren vor allem Plausibilität verleiht. Das ist um so bedeutender, je realistischer der Bühnenrahmen gesetzt wird, denn szenischer Realismus bedarf der Genauigkeit – also wirklicher als die Wirklichkeit sein, heißt die Devise, was nicht mit Naturalismus als einem bloßen Nachbilden von Wirklichkeit verwechselt werden sollte. Realismus geht einen Schritt weiter und trifft mit einer Kunst zusammen, die Erkennen bedeutet und damit »die bis eben unbekannte, die sich offenbarende Wahrheit« ist (Dresen).

Naturgemäß ist hier die Bühnenausstattung von nicht zu unterschätzender Bedeutung. Im Fall des »Fidelio« stammen die Entwürfe von der Ungarin Margit Bardy, mit der Dresen bereits verschiedentlich zusammengearbeitet hatte. Das verlief nicht immer ohne Spannung, wie Margit Bardy in einem Interview äußerte (»seine Wünsche zu realisieren ist manchmal schon sehr schwierig« – vor allem, weil er immer wieder verwirft, abändert und technische Schwierigkeiten kaum akzeptiert). Andererseits hält sie die Zusammenarbeit mit Adolf Dresen für fruchtbar. Dazu gehört, daß er vor Beginn der Arbeit sein Konzept schriftlich skizziert. Aber auch sie glaubt, daß man jedes Stück neu erarbeiten, seine spezifische Atmosphäre finden muß. »Nur ästhetisches Theater ist meistens überflüssig. Ästhetik muß stets eine bestimmte geistige Grundlage haben. Das schlimmste ist, wenn das Bühnenbild zur Dekoration wird.« Nicht immer ist dies eindeutig zu bestimmen, wie das Beispiel des »Eugen Onegin« zeigte. Denn die als »lyrische Szenen« bezeichnete Oper war dominiert von poetisierenden, stimmungsvollen Bühnenbildern eines Karl-Ernst Herrmann.

Doch der Regisseur beschwor zugleich jene Tschechow-Welt, in der Glück und Katastrophe nahe beieinanderliegen. Der schöne Schein der Bühnenräume wurde so zum Symbol für das trügerische Lebensglück der Menschen. Stoffe dieser Art scheinen Dresen immer noch am besten zu gelingen. Das bestätigte auch die Inszenierung der von Rolf Liebermann stammenden und auf dem gleichnamigen Stück von Ostrowski basierenden Oper »Der Wald«.

Nach zwei gescheiterten »Ring«-Versuchen an der Wiener Staatsoper startete unter begreiflicherweise hohem Erwartungsdruck im Herbst 1992 ein erneuter Anlauf zu einer Inszenierung von Wagners Tetralogie. Zwar brachte Dresen das Weltendrama mit der »Götterdämmerung« im Mai 1993 zum Abschluß, aber sein Versuch eines epischen Theaters mit starken psychologisierenden Akzenten scheiterte letztlich an der kleinmütigen Realisierung durch den Regisseur. »Die Geschichte, die da erzählt wird, muß klar und schlicht sein; die Figuren sollen so einfach wie möglich sein.« Dabei versprach zunächst »Rheingold«, das Dresen mit »Satyrspiel vorab« überschrieb, einen durchaus interessanten Ansatz, und zwar frei nach Offenbach ein Stück mit dem Titel »Wotan in der Unterwelt«. Gerade damit hatte ein anderer Regisseur so viel Fortune: Wagner mit Offenbach in eins gedacht – dies war Herbert Wernickes grandiose Idee in Brüssel. Dresen hatte höchst klug über »Siegfrieds Vergessen« nachgedacht und die Dialektik von Natur und Kultur in Wagners »Ring des Nibelungen« beschrieben, wobei er Siegfrieds »Vergessen« als Epochensymbol erkannte. Setzt der Essay auf die Diskutierbarkeit der Oper, so wich der Autor als Regisseur ebendieser Diskutierbarkeit aus. Dresen erging es wie jenem Herrn Palomar (einer literarischen Erfindung Italo Calvinos), der beim Betrachten der Stadt zunächst die Oberfläche der Dinge erfaßt, um in einem zweiten Schritt das Darunterliegende, das Innere der Dinge herauszufinden. »Doch die Oberfläche der Dinge ist unerschöpflich« – der Grund, warum Palomar nie über das Erfassen und Registrieren hinausgelangt. Auch Dresen verlor sich in der Oberfläche des Stoffes. Hier mangelte es ganz offensichtlich an einem kühnen Entwurf. Auch mag Understatement als Tugend erscheinen, aber es führt nicht notwendig zum Erfolg. Denn zuweilen ist weniger ja wirklich mehr, aber gelegentlich ist weniger dann doch zu wenig.

JÜRGEN FLIMM

Seit 1985 ist er Intendant des Hamburger Thalia Theaters und damit ebenso erfolgreich wie als Interview-Partner allerorten gefragt. Denn der Erfolgreiche ist meistens auch der Liebling aller (wenn auch in diesem Fall nicht unbedingt der Theaterkritiker). Zumindest ließe sich von ihm authentisch erfahren, welches denn die Mittel des Erfolges sind und wie der Weg dorthin aussieht. Zunächst hält er nicht viel von dem Krisengerede um das Theater (was ihn schon mal sehr sympathisch erscheinen läßt) – auch wenn er es mittlerweile am Rande der Vergnügungsindustrie angesiedelt sieht – , denn dafür mache es einen zu vitalen und lebendigen Eindruck. Das Publikumsinteresse liege eindeutig bei den »Ganzheitsentwürfen«, wie sie in den alten Stücken und vielleicht auch in der Oper zu finden sind. Und sogleich fiel Flimm dazu der »tolle Welt-Entwurf« in Verdis »Maskenball« ein. Andererseits gefallen dem Publikum extreme Sachen – »Die sind extrem an Meinung interessiert derzeit«, »weil sie sonst überall eingeseicht werden«. Was allerdings problematisch wird, wenn es nicht auf Diskutierbarkeit zielt, sondern auf plattes Einverständnis und zustimmendes Mitdenken. Aber Flimm meint anderes: »Die Theater müssen wieder zu radikalen Meinungen kommen; in dem Maße, wie Ausgewogenheit und Meinungslosigkeit um sich greifen, muß Theater radikalisieren, polarisieren.« Als Intendant ermöglicht er die Extreme, und wer vieles bringt, bietet bekanntlich jedem etwas. Im übrigen versteht er sich als ein sehr publikumsorientierter Regisseur.

Wie Jürgen Flimm auf die Fragen seiner Gesprächspartner zumeist einfache und treffsichere Antworten parat hat, so scheint er auch Stücke zu inszenieren: ohne Umwege zur Sache kommen. »Das Theater ist da ein ganz altes sentimentales Instrument«, erklärt er zudem, »das auf eine ganz naive, rührende Weise versucht, Welt darzustellen.« Jedoch: »Ich habe mich nie für vordergründige Aufklärung ..., ich habe mich immer für das Scheitern der Aufklärung interessiert.« Und wie er in der Diskussion um die vermeintliche Sinnkrise die kopflastige Debatte wieder auf die Beine stellt, das ist auch die Art, wie er Stücke zum Laufen bringt. Beim genauen Hinsehen relativiert sich tatsächlich manches. Flimm ist jedenfalls kein selbstverliebter Prophet des Untergangs, der sich seine Weissagungen noch versilbern läßt.

Schwer zu sagen allerdings, ob es realistischer Blick oder eine Form von Koketterie ist, wenn er etwa über den Nachruhm sinniert: »Es überdauern auch nur wenige. Von mir wird in fünfzig Jahren auch keine Sau mehr reden, von Herrn Peymann wird man sicherlich mehr reden und von Herrn Stein hoffentlich am meisten – und von Herrn Grüber. Aber deswegen erschieß' ich mich ja nicht.« Man lernt daraus, ein gesundes Selbstvertrauen gehört zum Erfolg. Die Macht der Presse ist angesichts der zwar häufigen, dennoch wirkungslosen Angriffe eher gering zu nennen. Was aber, um für die Oper zu sprechen, ist sein Verdienst in Sachen avanciertes Musiktheater? Ganz ohne Zweifel, er vermag die Oper zu vitalisieren. Und wenn er dabei allzu gerne dekoriert und »Tortentranchierung« betreibt, wie Fehling einst Reinhardts Bühnenzaubereien umschrieb, wenn er also ganz auf das opulente Spektakel setzt, dann bleibt auf jeden Fall der Unterhaltungswert und das eigentlich gar nicht schlechte

Gefühl, virtuos inszeniertes Theater erlebt zu haben, das ohne ideologische Verkrampfung oder über die Stränge zu schlagen auf die Kulinarik der Oper setzt und damit gar nicht so weit von Brechts Intentionen entfernt liegt. Wenn Flimm beispielsweise Mozarts Opern im historischen Rahmen beläßt, setzt er zugleich auf den wachen Blick des Publikums für das Aktuelle im Alten. Und die Inszenierung wird insgesamt zum Sinnbild für das Vergängliche, das in unserer Phantasie und Erinnerung jedoch weiterzuleben vermag.

Bernd Sucher nannte Flimm einen »genialischen Vereinfacher«: »Er bereitet selbst dem ungebildeten Theatergänger noch ein Vergnügen. Weil er ... auf radikale Weise direkt ist. Kein Subtext, keine Kunstassoziationen, keine ambitionierten Bilderrätsel belasten seine Arbeiten, das heißt zugleich: Sie sind (oft) ohne Geheimnis.« Szenische Präzision und Eindeutigkeit gehen also Hand in Hand. Und fraglos erreicht er damit das Publikum, was die zumeist einhellige Zustimmung belegt.

Bei seinen Operninszenierungen verläßt er sich ganz auf den musikalischen Impetus. Während er im Schauspiel aktualisiert, rekonstruiert er in der Oper den historischen Zusammenhang, weniger über das Bild, als mehr in der Übersetzung musikalischen Geistes in Gesten und Haltungen der Sänger. So verlassen seine Mozart-Interpretationen

»Le nozze di Figaro« (Amsterdam 1993) – Regie: Jürgen Flimm
Foto: Hermann J. Baus

nicht den atmosphärischen wie geistigen Rahmen des 18. Jahrhunderts, auch wenn dieser mit stilisierenden Bühnenbildern angefüllt wird, obschon mit dem Bewußtsein und den Erfahrungen einer zweihundert Jahre messenden Distanz. Inszenierungen aus dem Geiste der Musik nannte man das bereits um die Jahrhundertwende. Sie transponieren die Mentalität und das Tempo des Rokokos auf die heutige Bühne.

Die Geschichte ist immer dieselbe, neu war jedoch, w i e sie sich ereignete. Bei Flimm ist der Ort, an dem »Così fan tutte« handelt, die von Kunst und Künstlichkeit geschaffene Idylle. Schon auf dem Bühnenvorhang mit seinem prächtigen Panorama von Neapel und der als Zitat eingefügten Frühstücksszene aus Manets bekanntem Bild »Le Dejeuner sur l'herbe« wird das Publikum darauf eingestimmt. Die pittoreske Szenerie, in der sich die jungen Damen zusammen mit ihren Verlobten unter der Anleitung von Don Alfonso bewegen und vor allem in neuen Konstellationen begegnen, hatte der Bühnenbildner Rolf Glittenberg mit einer riesigen Kuppel überwölbt – in deren Mitte eine Öffnung, durch die Guglielmo und Ferrando wie Luftschiffer im Fesselballon entschwinden, um kurz darauf, als Orientalen verwandelt, zurückzukehren.

Es folgt nach Vorgabe des Librettos ein komisch-turbulentes Verwirrspiel der Liebe. Der Regisseur wurde so, wie es in einer der Premierenkritiken zu lesen war, zum »Zeremonienmeister für die wohlverträgliche Leichtigkeit des Seins«. Das will nicht mehr sein als ein Blick zurück in eine vergangene Zeit und nichts anderes vermitteln, als daß andere Zeiten andere Sitten kannten.

Von ähnlichen erotischen Spielregeln schien auch Flimms »Figaro«-Inszenierung zu handeln und natürlich von den vielfältigen Begierden des Menschen. Es wurde das Bild einer noch weitgehend intakten aristokratischen Ordnung entworfen, die freilich – und davon handelt ja die Oper erste Risse zeigt. So entstand eine Rokoko-Spielerei mit tragikomischen Zügen, bei der die idyllische Natur-

kulisse des Bühnenbildes sinnfällig auf das Thema von der Natur des Menschen verweist. Was Zivilisation und Kultur daran zu glätten, zu bilden versuchen, bringt nur um so kompliziertere Menschen hervor, was sich im artifiziellen Bühnenraum widerzuspiegeln schien.

Es waren wieder Rolf und Marianne Glittenberg, die die Inszenierung der Schreker-Oper »Der ferne Klang« ausstatteten. Sie sind ja bekannt für die Entfaltung optischen Glanzes, der Zitate wie Symbole überzieht und hochedle Poesiebilder schafft. Flimm setzte auf die Künstlerparabel der Oper, auf das Verhältnis von Kunst und Leben, und er zeigte, wie dem Künstler Fritz bei seiner Suche nach dem fernen Klang als künstlerisches Ideal und zugleich fixe Idee das Leben mißlingt. Die Obsessionen des Künstlers bewirken seine Abkehr von der Liebe, und am Ende gelingt ihm nichts. Erst als er die von ihm verstoßene Grete unverhofft nach Jahren der Trennung wiederfindet, vernimmt er den fernen Klang und stirbt: Mit der Liebe erreicht der Künstler sein Ziel, gelingt ihm das Wunder. Der optische Rahmen versetzte das Werk in die Entstehungszeit der zwanziger Jahre mit vielfältigen kunstgeschichtlichen Zitaten zwischen Art déco und Surrealismus.

Zu älteren Werken der Opernliteratur kehrte Flimm mit seinen Inszenierungen von Händels »Alcina« und Monteverdis »L'incoronazione di Poppea« zurück, denen jüngst in Wien Haydns »L'anima del filosofo ossia Orfeo ed Euridice« folgte. Mit der »Königlichen Musikfabel« über die Krönung der Poppea verließ Monteverdi den von der zeitgenössischen Oper bevorzugten mythischen Rahmen, um sich (wie Ulrich Schreiber bemerkt) auf Realgeschichte zu besinnen und auf diese Weise auf den Fundamenten der Wahrheit aufzubauen. Es entstand eine römische Intrigengeschichte, die dem heutigen Betrachter gar nicht so fremd und fern vorkommt, erzählt die Oper doch von den verhängnisvollen Zusammenhängen von Hybris, Ehebruch, Eitelkeit und dergleichen mehr, die die nur allzu bekannten Konstanten menschlichen (Fehl-)Verhaltens bilden. Der Regisseur und sein Ausstatter Rolf Glittenberg übertrugen Monteverdis Neigung, Szenen zu überblenden, in ein Nebeneinander zweier Handlungsorte. Da ließ sich auf der breiten Bühne des Festspielhauses gleichermaßen nahtlos von der einen zu anderen Szene hinübergleiten. Wiederum fiel an Flimms Personenführung die Feinabstimmung mit den musikalischen Vorgaben auf, wobei er nicht scheute, die Kontraste von ernsten und komischen Momenten kräftig zu zeichnen. Vorstellbar wäre allerdings ein durchaus schärferer Zugriff auf diesen römisch-kaiserlichen Vanity fair, einer näm-

lich, der auch den Zynismus der Macht ins Spiel brächte und ihm die Unverbindlichkeit einer nur bösen Maskerade nehmen würde. Auch wenn Monteverdi selbst kein moralisches Fazit zog, so hätte doch zumindest der lakonisch behauptete Realismus auf der Bühne sichtbar werden sollen, der doppelte Boden menschlicher Existenz.

Hier läßt sich noch einmal Bernd Sucher zitieren, der am Beispiel von Flimms Schauspielinszenierungen fragte: »Aber vielleicht interessiert es ihn ja auch irgendwann einmal, zu unterhalten und zu verstören, zu animieren und zu provozieren. Dann

»Alcina« (Zürich 1994) – Regie: Jürgen Flimm
Foto: Peter Schlegel

müssen seine Interpretationen außerordentlich werden.«

Daß es immer wieder psychologische Konstellationen in den Stücken sind, die beim Regisseur Flimm auf ein besonderes Interesse stoßen, wurde nicht zuletzt an seiner Inszenierung von Händels »Alcina« deutlich. Auf der Bühne exemplifizierte der Regisseur eine Art Fallstudie über Liebesblindheit und falsches Bewußtsein. Zur Opernhandlung: Die Zauberin Alcina bannt um sich herum Menschen durch einen Zustand der Erinnerungslosigkeit, um sie schließlich auf ihrer Insel in Steine, Pflanzen und Tiere zu verwandeln. Zu ihrem neuesten Liebhaber hat sie Ruggiero auserkoren, verliebt sich jedoch dabei selbst, wird dadurch angreifbar und gerät im wahrsten Sinne des Wortes außer sich; ihre Zauberkraft und Macht schwinden. Zur gleichen Zeit bemühen sich andere (darunter Ruggieros Braut Bradamante), Ruggiero aus dem Bannkreis Alcinas zu befreien, indem sie ihm die Augen öffnen über seinen wahren Zustand der Gefangenschaft. Der (Befreiungs-)Kampf wird auf beiden Seiten mit äußerster Konsequenz geführt, und endet mit der Zerstörung der Zauberinsel durch Ruggiero: die Verzauberten werden wieder zu Menschen. Alcina, all ihrer Macht beraubt, endet in Verzweiflung.

In der Tat wurde hier Barockoper zum »psychologischen Kammerspiel« verflüssigt, in dem Arien inszeniert wurden, »als seien sie Ensembles« (Jungheinrich). Flimms Plädoyer für ein psychologisches Operntheater galt diesmal einer radikalen Liebesgeschichte, bei der es um nichts anderes gehen konnte, weil sie eben »bis an die Grenzen der Psyche geht«. Gerade in Ruggieros Schwierigkeit, sich für die eine oder andere Liebe zu entscheiden, sah Flimm einen aktuellen Konflikt des Alles-haben-Wollens, auch wenn es sich dabei um ein barockes Märchen handelt, das im übrigen vom Regieteam optisch ins Biedermeier verlegt wurde. Der Bühnenbildner Erich Wonder betonte vor allem: »Das Ganze ist ein Spiel mit Mitteln. Wenn man eine Oper wie Händels ›Alcina‹ macht, muß man sie auch so machen, wie sie gedacht war. Und diese Oper ist ein Spiel.« Ein gut Teil davon war der erfindungsreichen Personenführung vorbehalten, Begegnungen als Kommentare zur Musik und den Arien. Einen spielerischen Aspekt bedeutete bühnenästhetisch das »gemalte Licht«. Pyramide und Würfel als Laserprojektion. Diese Lichträume sollten Realität verlängern, indem der Ausstatter die Figuren in einen immer größeren Raum hineindachte und projizierte. »Ich kann den Bühnenraum als Verlängerung des Kostüms deuten, genauso das Licht.« Als ein solches interpretierendes, kommentierendes Ausbreiten war die Bühne zu Händels »Alcina« zu verstehen.

ACHIM FREYER

Was Ulrich Weinzierl anläßlich des durch Achim Freyer am Wiener Burgtheater inszenierten »Phaeton« äußerte, ist eigentlich auf jede Inszenierung des Künstlers übertragbar: »Freyer redet in Zeichen, aber die Zuschauer, sofern sie bereit zu hören und zu sehen waren, verlassen den Saal alphabetisierter, als sie ihn zwei Stunden zuvor betreten haben. Aus der Geheimsprache der Kunst, ›das Nicht-Zeigbare sichtbar zu machen‹, haben sie einige Vokabeln und sogar ein bißchen Grammatik gelernt.« Den »lesenden« Betrachter wünscht sich Achim Freyer als ideales Publikum. Blickt man auf seine inzwischen umfangreiche Arbeit der letzten zwanzig Jahre, so gehörte das Ideal des »lesenden« Betrachters von Anfang an dazu.

Mit seiner Art des Inszenierens verbindet sich der Begriff des Bildertheaters, der jedoch insofern unzureichend ist, als wir es mit mehr als nur Bildern zu tun haben. Es bedeutet ein eklatantes Mißverständnis, wenn ein Rezensent von Freyers »Iphigenie«-Inszenierung behauptete, die Stärke des Regisseurs liege »in der zum Tableau erstarrten Geste, im schönen toten Bild« und daß eine solche Bilderwelt beliebig verwendbar sei, »gleichviel zu welcher Oper, zu welchem Theaterstück auch immer«. Kritiker sollten naturgemäß die genaueren Beobachter sein. Dann würden sie entdecken, wie werktreu und werkspezifisch Freyer Stücke zu erzählen weiß, auch wenn sie sich optisch ähnlich sind, wobei seine Erzählweise eben alles andere als naturalistisch ist. Theater bedeutet für ihn nicht Nachahmung oder Interpretation von Wirklichkeit, sondern Erzählung auf der Fläche, wobei das durch das Bühnenportal eingerahmte Bild wie die Seiten eines Buches lesbar

ist. Freyers Inszenierungen nehmen ihren Ausgang stets bei der genauen Lektüre und beim genauen Hören der Musik. Die Bilderfindungen müssen sich in der Vorlage bestätigen, »Stückfremdes« bleibt ausgeschlossen.

Ein weiteres Merkmal seiner Arbeit formulierte Freyer folgendermaßen: »Ich bin auf dem Theater auf den Punkt gekommen, daß die Bewegung, das Kostüm, die Fläche, auf der sich der Spieler bewegt, die Sprache, die Laute alles ganz isolierte, getrennte Angelegenheiten sind, die der Zuschauer sich zu einer Geschichte und zu einer Figur zusammensetzt.« Das erinnert an die Trennung der Elemente, wie sie das Theater der Ruth Berghaus prägt. Eine andere Parallelität: Freyer versteht sich wie Robert Wilson auf die Langsamkeit, mit der die Imaginationen sich szenisch entfalten und verwandeln. Das erfordert wiederum Konzentration beim Betrachten. In unserer schnellebigen, reizüberfluteten Zeit mag das vielleicht als die größte Provokation empfunden werden. Publikumsproteste entstehen nicht selten aus der mangelnden Bereitschaft, sich dem Tempo des Adagios anzupassen. Dabei stehen die Inszenierungen ja nur zum Schein still, in Wahrheit verändert sich die Szene unablässig.

Freyer dekoriert nicht die Bühne, sondern er betreibt Raumkunst: »Raum ist Gefäß für Gedanken; Dekoration ist Illustration der Gedanken. Raum ist Gleichnis für Welt; Dekoration ist Imitation der Welt.« Zugleich bilden diese Räume die Behausung für das Stück. Der Kunstwissenschaftler Wieland Schmied hat sie als Innenlandschaften beschrieben: »Achim Freyer verlegt die Bühne nach innen, das heißt, er erfindet ihr Bilder, die keine Kulisse sind, sondern Zeichen und Formel des Stückes selbst, ihr Bewußtsein und ihre verborgene Vorstellung, Inbild und Gegenbild zugleich. Die Erfüllung seiner Arbeit liegt im Theater, aber die Quellen seiner Vision finden wir in der Malerei. Zu den Bildern Achim Freyers gehen, heißt: zu den Quellen gehen. Der Verwundung direkt und metaphernlos konfrontiert sein.« Das Malen und das Theater hat er eigentlich schon immer zusammen betrieben, kann es gar nicht trennen. »Wichtig ist natürlich, daß ich in dem Stoff bleibe, der mich jetzt gesellschaftlich und menschlich interessiert, und vieles kann ich nur über Bilder, anderes über Szenen ausdrücken.« Wie auch immer, szenische wie bildnerische Phantasie hat ihren Ausgangspunkt stets bei der Musik. Der Künstler nannte in diesem Zusammenhang zwei Dinge wichtig: »Auf der einen Seite dränge ich das Wissen weg, um unbewußte Räume zu öffnen, denn immer, wenn ein Gedanke dazwischenkommt, der schon gedacht wurde, ist das Kunstwerk verloren. Auf der anderen Seite versuche ich das Unbewußte zu benennen, seiner habhaft zu werden. Die Namen müssen nicht verbal sein: sie können auch Bilder werden oder Musik.«

Seine Künstlerlaufbahn begann er als Bühnenbildner, nachdem er zuvor Gebrauchsgrafik in Berlin studiert hatte. Noch heute befindet sich im Repertoire der Berliner Staatsoper der 1968 von Ruth Berghaus in Bühnenbildern Achim Freyers inszenierte »Barbier von Sevilla« – eine Inszenierung, die damals als »perfide Haltung« gegenüber Rossini diffamiert wurde, aber als intelligentes Commedia-dell'arte-Spiel stets ihr Publikum fand.

Daß seine Bildphantasien kaum im Einklang mit der offiziellen Kunstauffassung der DDR standen, wurde an den Reaktionen auf Adolf Dresens »Clavigo«-Inszenierung am Deutschen Theater 1970 allzu deutlich. Sie wurde kurzerhand nach der Premiere verboten. Man kritisierte daran die »konvergierende Bildsprache«. Freyer setzte sich daraufhin in den Westen ab, wo er die erste Zeit unter anderem mit dem Regisseur Hans Neugebauer zusam-

menarbeitete. Es entstanden die Ausstattungen für »Cardillac«, »Pelléas und Mélisande«, »Wozzeck« und »Moses und Aron«. In Frankfurt kamen unter Christoph von Dohnányi Mozarts »Hochzeit des Figaro« und der »Fidelio« hinzu.

Am Beispiel der »Pelléas«-Inszenierung erläuterte Freyer seine Arbeitsweise. Er betonte vor allem die starke Subjektivität in der konzeptionellen Haltung. Die Auseinandersetzung mit dem Werk finde als Prozeß statt, in dessen Verlauf sich allmählich das Bild »verdichtet«. Das »Setzen von Zeichen« faßt er darin als assoziativen Vorgang auf. Schließlich aber sei das Resultat die schöpferische Aktion eines unwiederholbaren Augenblicks. Hans Neugebauer äußerte über den Anteil des Bühnenbildes an der Inszenierung: »Daß diese Arbeit in engstem Einklang mit Achim Freyer entstand, daß das ›was stammt von wem‹ nicht mehr genau feststellbar und letztlich bedeutungslos ist, daß aber das ganze Konzept nur mit ihm und durch ihn funktionieren konnte, das muß hier sehr deutlich hervorgehoben werden.« Der Schritt vom Bühnenbildner zum Regisseur erscheint nur konsequent und vor allem auch, daß er beide Funktionen in Personalunion ausübt. Seine erste Regiearbeit galt Glucks »Iphigenie auf Tauris« an der Bayerischen Staatsoper in München, die bis 1994 von weiteren vier Bühnen übernommen wurde (Stuttgart, Basel, Wien, Berlin). An Glucks Oper reizte Freyer das politische Moment in der Figur der Iphigenie, »die die Menschwerdung durch ihre Kraft, Widerstand zu leisten, vollzieht und uns Mut gibt«. Er entwarf dazu eine Bühne als »Zwangsraum«, und zwar durch starke perspektivische Verkürzungen und optische Täuschungen. Ein ähnliches szenisches Äquivalent fand Freyer in seiner Version von Glucks »Orfeo ed Euridice«, denn wie Gluck in der Musik Dichtung »nachzumalen« versuchte, verstand der Regisseur, Orpheus' Klagemonolog als ein in Kunsträumen sich widerspiegelndes Seelendrama zu malen. Er setzte auf die inneren Vorgänge der »Azione teatrale per musica«, auf die Empfindungen und Gefühle des Orpheus. Erst durch die Besinnung auf sich selbst, losgelöst von den Äußerlichkeiten eines falschen Lebens, gewinnt Orpheus neue Hoffnung, gewinnt er schließlich die Liebe zurück. Nicht besser könnte sein Schmerz dargestellt werden als mit diesem düsteren, in kalten Farben gleichwohl expressiv ausgemalten Raum; rot aufleuchtende Adern durchziehen die Wände und signalisieren Orpheus' Ausnahmezustand. »Was mich am Theater in den letzten Jahren interessiert hat«, äußerte Freyer während der Arbeit am »Orpheus«, »sind Themen der Menschwerdung«. Er verglich Orpheus dabei mit Tamino aus der »Zauberflöte« (die

er im gleichen Jahr an der Hamburgischen Staatsoper inszenierte). Beide haben Prüfungen zu bestehen, bei beiden werden uns innere Prozesse bewußt gemacht und der Liebesschmerz größer als alle Leiden der Menschheit gezeigt. Die Leiden der Menschen führte Freyer zugleich als ein mythologisches »tema con variazione« vor, indem er Atlas, Sisyphos, Tantalos oder Tityos ins Spiel brachte. Auf diese Weise werden »Zauberflöte« und »Orpheus« zu »Modellen für Lebensalternativen«, sie zeigen uns »Möglichkeiten einer menschlichen Besinnung oder Menschwerdung«.

Immer wieder gibt es dieses überdeutliche

»Iphigenie auf Tauris« (Basel 1991) – Regie: Achim Freyer
Foto: Claude Giger

Vorzeigen, die szenischen Ausrufungszeichen. Weil Orpheus ganz auf seine Künstlerkarriere bedacht ist, verliert er Eurydike aus dem Blick. Für Aristaios ist es darum ein leichtes, sie zu sich in die Unterwelt zu holen. Erst durch den Verlust Eurydikes begreift Orpheus, daß er die Liebe verloren hat, ohne die kein Mensch leben kann. Amor, bei Freyer ein buntleuchtender Rauschgoldengel wie aus Kindheitserinnerungen, kommt Orpheus zu Hilfe. Ein rotes Band gibt ihm wie ein Ariadne-Faden die Orientierung auf seinem Weg durch die Unterwelt. »Der Raum, in dem das Ganze stattfindet«, erklärte der Regisseur, »könnte eine reale Landschaft sein mit

Mauern, mit Meer. Gemeint aber ist eine Art Innenraum, ein seelischer Raum des Orpheus selbst.« Und ebendies wurde auf der Bühne sichtbar.

Trug einst Iphigenie, kahlköpfig, weil sie sich vor Verzweiflung die Haare ausriß, in langem weißen Gewand und auf Kothurnen schreitend, alle Merkmale einer übermenschlichen Heroinengestalt, so stellte uns der Regisseur Alceste aus Glucks gleichnamiger Oper als durchaus menschliche Figur vor. Im Unterschied zu vorangegangenen Inszenierungen war hier die sonst barocke Bilderfülle minimalistisch zurückgenommen – ein Eindruck, der nicht zuletzt durch den gänzlich schwarzen Büh-

»Alceste« (Berlin 1994) – Regie: Achim Freyer
Foto: Marion Schöne

nenraum verstärkt wurde. Der Chor blieb darin fast unsichtbar, weil ebenso schwarz gekleidet und im Hintergrund wie ein Oratorienchor aufgestellt. Und auch das bizarr-groteske Personal, das wie wandelnde Symbole die Fläche bevölkerte, schien einem Kinderspielkasten zu entstammen. Zu den wenigen Requisiten gehörten die Opfersäule als klassisches Zitat schlechthin, das Klavier und ein großer Sessel, in dem allerdings niemandem Ruhe vergönnt war. Obschon als Gestalt mit menschlichen Zügen ausgestattet, trug Alcestes Jammer wiederum übermenschliche Dimensionen. Glucks Oper ist ein einziges Lamento, ihr Thema die bis in den Tod hinein während Gattenliebe. Rousseaus Beobachtung, hier herrschten nur zwei Gefühlslagen vor, nämlich Kummer und Entsetzen, trifft also durchaus zu. Zur Geschichte gehört, daß Alceste beschließt, für ihren kranken Ehemann Admetos ihr Leben zu opfern, damit dieser gerettet werde. Auch wenn der Komponist nichts anderes als musikalisch geformten natürlichen Ausdruck beabsichtigte, geriet die Alceste zur klassischen Skulptur – ganz edle Einfalt und stille Größe. Und ohne das Werk in seiner Substanz zu verraten, setzte der Regisseur immer wieder auf ironisches Pathos und zuweilen auch auf handfeste Karikatur. Gab es in der »Iphigenie« noch weitaus mehr optische Täuschungen, szenische Überraschungscoups, so herrschte doch auch dort die Konzentration vor. Hier nun war es vor allem ein Spiel mit einem imaginierten Spiegel, der die Bühne diagonal zu teilen schien. Man sah darin Alcestes Spiegelbild wie ein zweites Ich, das den Weg der inneren Wandlung beschrieb und gestisch etwas von den inneren Regungen der Figur verriet.

Neben den Operninszenierungen entstanden mittlerweile eine Reihe von Produktionen, die die Grenzen traditioneller Genres überschritten, wie etwa die »Metamorphosen des Ovid«, »Lichtknall – eine apokalyptische Odyssee« oder die »Sprachzeitkomposition« mit dem Titel »So wie eine Art Fisch, dessen Kopf herzzerreißend dem einer Heuschrecke gleicht« (Dali). Über die damit verbundene Absicht erfuhr man folgendes: »Mein Theater der zusammengesetzten, sich ständig verwandelnden Figuren erzählt jenseits von Logik, Interpretation und Imitation der Welt in eigenen, immer neuen Regeln. Es ist kein Spiel des Scheins, es stellt nicht etwas dar, es ist, was es ist. Aber es ist nur, weil es jenseits des Postulats lebt und durch das Portal ein Bild ist, sozusagen auf der Bildfläche erscheint. Eine Bildwelt, offen dem Betrachter für das Abenteuer einer sinnenhaften Entdeckungsreise.«

Ein wesentlicher Aspekt dieser Auffassung von Theater ist die schon erwähnte antinaturalistische Haltung. Um dem Betrachter beispielsweise zu erzählen, was ein Tisch ist – so der Künstler –, helfe kein Tisch. Eine solche Sicht begreift den Bühnenraum als Reflexionsfläche und den Spieler darin als Figur, da »Figuren bildgewordene Spieler« seien. Das trifft sich im übrigen mit dem, was Paul Klee einmal äußerte: »Die Kunst gibt nicht das Sichtbare wieder, sondern macht sichtbar.« Mit optischen Zeichen und zu Raum gewordenen Stimmungen und Befindlichkeiten hat der Künstler auf seine Weise den Blick für Wesentliches in den Werken geschärft: »Die Bühne ist ein großer Spiegel uns gegenüber, in dem wir über uns lesen. Gleichnis, Spiegelung der Welt, Bei-Spiel. Nicht Interpretation, nicht Illustration, nicht Illusion, nicht Imitation der Welt, nicht Welt, sondern höchstens Theater. Gutes Theater aber ist eine Welt, kein Ausschnitt von Welt. Wir begreifen uns nicht mehr im Abbild von uns.« (Freyer) Seine Bühnenräume müssen dabei keineswegs aufwendig im Material sein. Zuweilen sind es sehr einfache Bilder auf nahezu leerer Bühne, animiert von pantomimischem Figurenspiel und dem Spiel der Symbole, die die Dramaturgie des Stückes zu etwas leicht Erfaßbarem macht, verstehbar durchaus im Sinne einer elementaren Sprache.

Klaus Michael Grüber

Man nannte ihn den Seher, den Mystiker und Skeptiker, den Mythologen. Und selbst einer der sonst nur schwer zufriedenzustellenden Großkritiker gestand: »Wer aus einer Grüber-Inszenierung kommt, der hat das herrliche Gefühl, wieder einmal mit großer, strenger Kunst in Berührung gekommen zu sein.« Das können seit 1971 Opernbesucher behaupten, sofern sie bereit waren, sich auf die verrätselt magische, die leise und oft in einem buchstäblichen Sinne verzweifelte Kunst des Gurus unter den Regisseuren einzulassen. Sehr oft jedenfalls gab es dazu keine Gelegenheit, verteilt auf Deutschland, Frankreich und Italien inszenierte er in mehr als zwanzig Jahren lediglich (oder vielleicht immerhin) zehn Opern unterschiedlichster Thematik zwischen Händel und Maderna. Aber was er auch immer angeht, stets gilt für ihn die Devise: »Realität ist unsere Aufgabe, die reiche, bizarre, widersprüchliche Wirklichkeit.« Die Resultate freilich liefern alles andere als platte Erklärungen, denn bei ihm spricht die Wirklichkeit mit dem Vokabular der Metaphysik. Seine Inszenierungen geben darum eher ein Beispiel für das ab, was Adorno als das eigentliche Klima der Kunst beschrieb, nämlich die Spannung zwischen dem Nicht-sich-verstehen-Lassen und dem Verstanden-werden-Wollen.

Grüber bevorzugt die kryptischen Pfade und trifft sich darin mit den von ihm verehrten Friedrich Hölderlin und seinem Wort: »Ein Zeichen sind wir, deutungslos.« Für ihn ist der Regisseur aber gleichermaßen jemand, der von der Schönheit erzählt. Luc Bondy hatte vor mehr als zehn Jahren schon erkannt, daß es Grüber auch um das Theaterspiel an sich geht, um die Kunstform, die auch eine höchst komplizierte Lebensform darstelle. Der Anlaß war damals Pirandellos Stück »Sechs Personen suchen einen Autor«, das die Grenzen der Wahrheit auf der Bühne thematisiert, aber eben auch den Umgang mit Fiktion. In wohl jeder Grüber-Inszenierung ist dieses Bewußtsein mitinszeniert; jede Aufführung wird so zur Reflexion über das Entstehen der Illusion. Und auch dies: »Mein Traum von Theater ist wahrhaftig die Ergriffenheit. Man darf Brecht nicht vergessen, er hatte recht. Aber gleichzeitig die Ergriffenheit erreichen ... Wir brauchen eine bewegende Einfachheit ... sich nicht mehr mit den schönen Inszenierungen zufriedengeben ... im Theater müssen Träume vergossen werden ... Wir brauchen diese Hingabe.« Der Dirigent Claudio Abbado betonte vor allem den heute noch spürbaren Einfluß Giorgio Strehlers auf Grübers Regiearbeit. Als Gemeinsamkeiten nannte er die Subtilität der Lichtführung und die daraus entstehenden Lichtstimmungen auf der Bühne. Gemeinsam sei beiden außerdem der »Sinn für Beschränkung, für alles, was zuviel ist und immer mehr reduziert werden muß ... alles Überflüssige muß sofort verschwinden. Manchmal ist das dann fast gar nichts, was noch übrigbleibt – nur Ruhe, Stille. Aber das ist gar nicht einfach, diese Reduktion auf das Essentielle«.

Hat er in früheren Jahren Inszenierungen noch kommentiert, so verwehrt er heute diese Aussagen. Und Bernd Sucher hält sie ohnedies für Interpretationen, »die wohl niemals ganz verstanden, also mit einem analytischen Intellekt erhellt oder gar gewertet werden können«. Das mag auf viele verwirrend, verstörend wirken, vor allem auf jene, die vom Theater so etwas wie Instantlösungen, griffige Parolen erwarten, die Rezepte und schlüssige Antworten verlangen. Lange Zeit galt für die Oper das sogenannte Lieto fine, weshalb tragische Stoffe weder mit dem Unheil noch mit einer Frage enden durften. Grübers Inszenierungen sind insofern modern, als sie eben nicht versöhnen, sie lassen bei aller Schönheit und Ergriffenheit das Harmoniebedürfnis unbefriedigt, schenken nicht das Lieto fine als höheren Gnadenakt.

Grübers Sicht auf die Welt ist Sucher zufolge nicht skeptisch, sondern verzweifelt. Auch beruhen seine Inszenierungen nicht auf Theorie, sondern der Regisseur setzt Texte mit »tierischem Instinkt« um. Und seinem Verständnis von Einfachheit entspricht, wie er sich auf nur wenige Zeichen von immenser Ausdruckskraft beschränkt. Schauspieler wie Sänger befremdet nicht selten dies scheinbar konzeptionslose, instinktive Arbeiten, denn üblicherweise sind sie gewohnt, die Vorstellungen des Regisseurs umzusetzen, mit darstellerischem Leben zu erfüllen. Sie kommen sich zunächst alleingelassen vor, weil er sie lediglich beobachtet, ohne sogleich ins Spiel einzugreifen oder ein Konzept als Rettungsring zu präsentieren. In diesem Sinne äußerte sich die Sängerin Anja Silja, eine bekanntermaßen großartige Sängerdarstellerin, die unter Grübers Regie als Frau in Schönbergs Monodram »Erwartung« auftrat: »Es hat sehr lang gedauert«, äußerte sie rückblickend, »bis er verstanden hat, daß ich mit seiner Methode nicht zurechtkam. Aber schließlich haben wir uns gefunden.« Am Ende sei es dann doch seine Inszenierung geworden, obschon Anja Silja nicht mehr sagen konnte, wie das genau entstanden ist. Ähnlich äußerte sich der Wagner-Tenor Peter Hofmann, der die Rolle des Siegmund in der Pariser »Walküre« übernommen hatte, ohne daß Sänger und Regisseur schließlich zusammenkamen: »Die Fronten waren von Anfang an verhärtet. Vielleicht hat Grüber es psychologisch falsch angefangen, sonst wären wir zu einem besseren Ergebnis gekommen. Er wirkte auf mich sehr naiv, fast kindlich, was ja auch eine Qualität haben kann.«

Grüber hat Wagner inzwischen dreimal inszeniert. Dazu gehörte die »Walküre« aus der »Ring«-Tetralogie. Rolf Liebermann, damals Intendant an der Pariser Grand Opéra, hatte ihn und Peter Stein für dieses Projekt gewonnen. Doch fand es schon nach Steins »Rheingold« und Grübers »Walküre« sein Ende, wofür Liebermann finanzielle Gründe angab, Sparmaßnahmen, die ihm durch die Regierung aufgezwungen wurden. Eines der beiden anderen Werke Richard Wagners war das Bühnenweihfestspiel »Parsifal« – ganz ein Werk des Stillstands, in dem es so gut wie keine Handlung gibt, und davon hatte Grüber bei seiner Inszenierung das meiste noch weggelassen. Das rief zu Recht Wagners launige Bemerkung über die Unzulänglichkeiten einer szenischen Umsetzung in Erinnerung, die doch nur auf Oper mit ihrem ganzen Kostüm- und Schminke-Wesen hinauslaufe. Er wünschte sich damals, nachdem er das unsichtbare Orchester geschaffen hatte, auch noch das unsichtbare Theater zu erfinden. Heinz Josef Herborts Feststellung, Grüber habe nun dem Komponisten geschenkt, was ihm eigentlich verwehrt war, diese Feststellung traf den Kern der Sache. Denn Grüber hatte (wie übrigens ein halbes Jahr später in Hamburg Robert Wilson in ähnlich kongenialer Weise, wenn auch mit ganz anderer Optik) den Nerv des Werkes aufgespürt. Die von Gilles Aillaud entworfenen Bühnenräume abstrahierten Natur zu einem Spiel aus Farbe, Formen und Licht und lud sie auf diese Weise mit Zeichen auf, die anstelle der Handlung gesetzt waren. In den Bühnenverwandlungen erfüllte sich Gurnemanz' Wort vom Raum, der zur Zeit wird. Rätsel wie Ratlosigkeit bis hin zur völligen Apathie und Einsamkeit dominierten. Grüber inszenierte den »Parsifal« als Traumbild, das Lösungen und Erklärungen vorenthielt und dafür um so mehr das Denkvermögen des Publikums ansprach. Zu sehen waren isolierte Figuren, die sich mehr auf inneren Monolog verstanden denn auf Kommunikation. Das Mitleidsklischee spielte keine Rolle mehr, es war den fragenden Blicken, der skeptischen Haltung gewichen. Gerhard Koch resümierte: Grübers »Parsifal« erweise sich »als schöne, leise, unspektakuläre, unendlich traurige Geschichte, ganz ohne grelle Effekte oder forcierte Umdeutungen. In der Art, wie sie Konventionen und Klischees unterläuft, hat diese Inszenierung in ihrer Sublimität mehr Schub für Wagners Intentionen, als es Buchstabengläubigkeit gegenüber Regieanweisungen zuwege brächte.«

Auf völlig andere Weise irritierte Grübers erste Wagner-Inszenierung. Sein »Tannhäuser« war mit den rekonstruierten Originaldekorationen des vorigen Jahrhunderts bebildert und führte so direktenwegs ins Theatermuseum: »Wieviel radikaler, aufregender ist dieser ›Tannhäuser‹«, lautete das Urteil in »Theater heute«, »man erlebt die Wirksamkeit einer ›Methode‹, die sich in souveräner Zuspitzung selbst aufhebt und auflöst in reine Kunst. So verwunderlich es ist: totale Rekonstruktion und Vision gehen hier zusammen« – eine Inszenierung als Metapher für die Sehnsucht nach Verlorenem. Ein Kunstprodukt, das deren artifiziellen Zustand in

den Haltungen der Sänger reflektiert und kommentiert. Daß man dies auch gründlich verkennen konnte, wurde in anderen Kritikermeinungen deutlich, die beispielsweise von Mißverständnissen des Regisseurs sprachen und dabei im Grunde nur die eigenen Verwechslungen formulierten, indem sie die Intentionen der Regie hartnäckig übersahen.

Was Realismus und was Wirklichkeit bei Grüber bedeuten, wurde an Janáčeks »Aus einem Totenhaus« sichtbar, worüber in der FAZ zu lesen stand: »Das Fehlen jeglicher Larmoyanz ist es, was die Inszenierung ... so bewunderungswürdig macht und gleichzeitig so in die Nähe zu Janáčeks Intentionen rückt.« Lethargie als Grundstimmung, keine Ketten, nur apathische Gefangene in kreideweißer Kleidung, Schuhe und Kleidungsstücke auf der Bühne aufgehäuft, alles ist auf mechanische Bewegungen reduziert. Die Handlung wurde vereinfacht durch Weglassen; es fehlten die arbeitenden Sträflinge, das Spital, die Feindseligkeit gegen den politischen Gefangenen und allzu große Gefühlsausbrüche. Rolf

»Parsifal« (Amsterdam 1993) – Regie: Klaus Michael Grüber
Foto: Deen van Meer

Michaelis ging auf die Reaktionen der österreichischen Presse ein, die dieses »Totenhaus« als »Erholungsheim« sahen und monierten, wie wenig Grausamkeit und Drastik zu sehen sei. Als ob sich das auch nur annähernd angemessen auf der Bühne durch theaterbluttriefenden Naturalismus zeigen ließe!

Gerade die aktuelle Diskussion um Spielbergs Film »Schindlers Liste« ließ die ganze Fragwürdigkeit vermeintlich realistischer, dokumentarischer Beschreibung erkennen, die sich den Anschein von Authentizität gibt. Claude Lanzmann bezweifelte, sich vom Holocaust ein Bild machen zu können, und er hat deshalb Einspruch gegen die authentische Rekonstruktion von Grauen erhoben,

die sich stets der Wahrheit entzieht, weil sie allenfalls die halbe Wahrheit, nur eine Verkürzung sein kann. Jede realistische Bühnendarstellung, mit wieviel Fingerspitzengefühl sie auch immer in Szene gesetzt wird (von den drastischen, bloß auf Sensation gehenden Darstellungen ganz zu schweigen), offenbart nur allzu deutlich, wie wenig das Gezeigte mit dem Leben zu tun hat. Im schlimmsten Fall macht sich Peinlichkeit breit, und auch der unverblümte Voyeurismus geht auf dieses Konto. Denn wie ließen sich, so fragte Lanzmann im Blick auf Spielbergs Film, Deportierte, die »nach Monaten, nach Jahren des Unglücks, der Erniedrigung, des Elends vor Angst nicht mehr ein noch aus wußten«, von Schauspielern verkörpern? Ein zaristisches

»Aus einem Totenhaus« (Salzburg 1993) – Regie: Klaus Michael Grüber
Foto: Ruth Walz

Straflager ist nicht dasselbe wie Holocaust, aber der Regisseur hielt sich an den Komponisten, der ja ebenfalls mit seiner Musik nicht das Elend illustrierte. Zu zeigen wäre also nicht das Grauen, sondern allenfalls der Skandal des Grauens. Und ebendies erreichte Grübers Inszenierung durch kritische Katharsis. Erst dadurch, daß er die vollkommene Lesbarkeit der Szene vorenthält, werden wir zur Auseinandersetzung animiert, sind wir genötigt, das Bestürzende, das Schockhafte wahrzunehmen – die Bereitschaft des Publikums natürlich vorausgesetzt. Im anderen Fall verwechselt man eben die Gefangenen auf der Bühne mit den Insassen eines »Erholungsheimes«.

Schon früh erkannte Günther Rühle das Spezifische an Grübers Regiestil, als er davon sprach, in dessen Inszenierungen gebe es »nichts Abgeschlossenes, sondern immer neue Anstöße mitzudenken, mitzuhören, Minutiöses wahrzunehmen ... Das Grübersche Verfahren schließt eines aus, was auf dem Theater sonst üblich ist: daß eine Inszenierung mit ihrem Ende auch zu Ende ist. Alle Inszenierungen Grübers haben eine große Nachbrennkraft. Je länger man von ihnen weg ist, um so deutlicher werden sie, Bilder erhalten sich und fügen sich so zusammen, daß in ihnen das ganze Stück wie in einem Tableau anwesend ist.«

KARL-ERNST UND URSEL HERRMANN

Man sprach mittlerweile schon von einem Brüsseler Mozartstil. Kreiert hatte ihn der Bühnenbildner und Regisseur Karl-Ernst Herrmann, entstanden war er während der zehn Jahre dauernden Ära Gérard Mortiers am Brüsseler Opernhaus. Als Regisseure kamen noch Patrice Chéreau und Luc Bondy hinzu. Man sprach auch von der »Schaubühne der Oper«, und zwar in Anspielung auf Herrmanns ebenfalls stilbildendes Ausstattungwesen an der von Peter Stein geleiteten Schaubühne in Berlin. Da verband sich höchster Kunstanspruch mit handwerklicher Perfektion und einer intellektuell auf hohem Niveau arbeitenden Dramaturgie. Aber nichts währt ewig, zumal im Theater. Herrmann weiß natürlich nur zu gut, wovon er spricht, wenn er Ewigkeitswerte für das Theater ablehnt. Er würde selbst die Konfrontation mit seinen älteren Arbeiten eher als Belastung empfinden. Und Theater ist ja in der Tat eine Sache des Augenblicks und widersetzt sich der Konservierung. Der Brüsseler Mozartstil gehört deshalb heute bereits zur jüngsten Operngeschichte, denn die Inszenierungen von einst existieren nicht mehr. Wohl aber ist derjenige, der ihn maßgeblich mit beeinflußte, der Oper treu geblieben.

Da Herrmann nicht zur Gruppe der Vielinszenierer gehört, blieb es bislang bei fünf Mozartopern, darunter jedoch das bis dahin weit unterschätzte Frühwerk »La finta giardiniera« sowie die gleichermaßen vernachlässigte Opera seria »La clemenza di Tito«. »Don Giovanni«, »Die Entführung aus dem Serail« und »Die Zauberflöte« kamen noch hinzu und als Ausnahme Verdis »La Traviata«. Jüngst erst folgte ein Mozart-Pasticcio: »Ombra felice«. Versammelt sind darin Konzertarien und Nachkompo-

niertes, wie etwa die titelgebende Arie »Ombra felice«, ursprünglich als Einlage für eine fremde Oper («Arsace« von Michele Mortellari) komponiert, und vieles andere mehr. Schönheit war hier mit vielfältigsten Empfindungen gepaart und vermittelte etwas von dem Kosmos Mozart, in den einzudringen Herrmann schon einige Male auf virtuose und gleichwohl unspektakuläre Weise gelang. Die Absichten bei der Inszenierung von »Ombra felice« formulierte Ursel Herrmann: »Wir wollten natürlich ein ›Libretto‹, also eine in sich vollkommen logische Geschichte vorlegen. Man könnte es eher eine Collage nennen, die natürlich trotzdem einen Zusammenhang hat. Es gibt Zeitsprünge. Es gibt einen ganzen Teil, der besteht nur aus dramatischen Arien – wir haben sie als Alpträume der Figuren inszeniert. Im ersten Teil treiben die Darsteller also ihre Liebesspiele und gehen damit ein bißchen zu weit. Sie spielen zu sehr mit den Gefühlen und geraten dadurch in Konflikte. Geführt werden sie von einer kleinen Schauspielerin, die wir zusätzlich zu den sechs Sängern eingeführt haben. Eine Moderation, die das Ganze zusammenfügt und zusammenhält.« Die kleinwüchsige Mireille Mossé war es, die als eine Art Elf, aber auch als Dompteur, Clown oder melancholischer Wanderer das »Spiel« mit Dichterworten kommentierte und zugleich vorantrieb. Das waren komische, zirkushafte Nummern, wie etwa die mit einem Kontrabassisten, aber auch sehr poetische und in einem unverkrampften Sinne sentimentale Auftritte. Wie ja im übrigen durch die Auswahl der Arien, Szenen und Ensembles das ewige Thema der Liebe in seiner ganzen Vielfältigkeit behandelt wird: Vom heiteren Schäferspiel, der Tändelei, bis

zur Raserei und zu einer Liebe, die sich in Todessehnsucht verkehrt. Deutlich wurde, wie theatralisch solche Arien angelegt sind, wieviel szenische
Kraft in ihnen steckt. Ebendies hatten die Herrmanns in eine sinnfällige, gleichwohl unprätentiöse
Dramaturgie (bei aller Neigung zu verspielten Details) eingefügt. Das zunächst offene Spielpodest,
umgeben von den Musikern, die von Fall zu Fall in
das Geschehen einbezogen waren, verwandelte sich
in eine Arena, einen Kampfring, die Farbe des Un-
tergrunds wechselte von Weiß zu Schwarz und
zeigte so an, wie aus dem unschuldigen Spiel Ernst
wird. Das Wort »Addio« wurde so bis in seine tragische, herzzerreißende Wendung zum Schlüsselbe-
griff in der Oper, in der ständig jemand Abschied
nimmt.

Bei der Regie teilt sich Karl-Ernst Herrmann
die Arbeit regelmäßig mit seiner Frau Ursel. Er
selbst kam von der Bühnenbildnerei und arbeitete
zunächst für die Oper unter anderem in Ulm, Bremen und Braunschweig, um dann an die
Schaubühne in Berlin zu wechseln, wo legendäre
Bühnenausstattungen entstanden, oft mit erhebli-
chem Aufwand, aber ohne je das zu sein, was man
gemeinhin »Materialschlacht« nennt. Es fand sich
dafür rasch der Begriff des inszenierten Raums, in
dem nicht selten Natur eine Rolle spielt, und dies
keineswegs als dekorative Zutat. Sie soll auf der
Bühne ein Spiegel der Seele und der Empfindung
sein. Herrmann entwirft auf diese Weise und in
einem geradezu buchstäblichen Sinne Landschaften
der Stimmungen. Jedes Stück verlangt nach einem
neuen Raum. Und mehr als eine feste Bühne bevorzugt er die variablen Bühnensituationen, wie sie
sich mit dem neuen Haus der Schaubühne boten;
mehr als die großen liebt er die kleinen Häuser, weil
dort auf der Bühne mehr gesehen wird, die mimi-
schen, gestischen Nuancen nicht verlorengehen. Er
schätzt gleichwohl die historische Distanz in Inszenierungen, fügt die Perspektive einer Zeit in den
Bühnenraum ein, in der alles einen dramaturgischen Sinn zu erfüllen hat, damit der Zuschauer

nicht erst über den Spielort rätselt. Insofern ist Herrmann kein Regisseur und Bühnenbildner der Aktualisierung, und aktuelle Zitate bleiben äußerst rar.
Um so mehr scheint er das Verspielt-Spielerische zu
schätzen, und zwar mit einem deutlichen Hang zum
Surrealistischen. Theater, Oper wird hier in ihrem
artistischen Zustand begriffen, gelegentlich jedoch
hart an der Grenze zur Kunstgewerblichkeit. Zuweilen glaubt man in ein allzu selbstverliebtes Poe-
siealbum zu schauen oder einen hübsch skurrilen
Kramladen zu besuchen, angefüllt mit Firlefanz und
sentimentalen Fitzelsachen.

Den Sinn für die historische Perspektive von
Stücken hat er wohl von seinem Lehrer Willi
Schmidt vererbt bekommen, den bekanntlich ebensowenig Aktualisierungen historischer Stoffe inter-
essierten und der um so akribischer Texte und die
dazugehörigen Epochen rekonstruierte, dabei stets
auf der Suche nach dem »Geist der Zeit«. Und gelernt hatte Herrmann von seinem Lehrer, daß Bühnenbildnerei keine Sache von Bildern als flüchtige
Dekoration sei. Sie bedeutete für diesen vielmehr
Raumerfindung als Auftritts- und Spielraum. Darum findet man heute auch so viele sinnfällige szenische Akzente, so viele korrespondierende szenische
Einfälle in Herrmanns Konzeptionen.

Überrascht zeigte er sich von der darstelleri-
schen Mühelosigkeit der heutigen Opernsänger.
Denn das Klischee will ja von den Sängern nur als
schlechten Schauspielern etwas wissen. Nur Vorur-
teil sei das. Außerdem gebe es in der Oper nicht
diese psychologische Spielweise, bei der der Schauspieler auf bloße Identifikation setzt: »Die Oper tut
nie so, als wäre sie nicht Theater.« Die Opernregie
habe ihn wegen ihrer Andersartigkeit gegenüber
dem Schauspiel gereizt und weil in der Oper konzentrierter gearbeitet werde, denn die Sänger kennen bereits bei Probenbeginn ihre Rollen.

Die Arbeitsweise der Herrmanns findet gerade auch bei den Sängern Lob: Der Tenor Laurence
Dale äußerte sich beispielsweise über seine Zusammenarbeit mit ihnen: »An den beiden mag ich, daß

sie immer wieder anders sind. Natürlich hat Karl-Ernst Herrmann so seine bildnerischen Arabesken, doch das ist kein Aufführungsstil, nur eine sehr konzise visuelle Ästhetik, eben seine Fingerabdrücke. Aber ihre Kenntnis, ihre theatralischen Visionen, ihre Sensibilität – die faszinieren mich. Karl-Ernst Herrmann ist immer sehr ruhig in sich versunken, aber dafür gleicht Ursel Herrmann das kommunikativ aus.«

Bezeichnend mag man es nennen, daß die beiden mit »La finta giardiniera« sich einem als zweitrangig eingestuften Werk Mozarts widmeten und am Ende das Gegenteil bewiesen. Der kompositorische Erfindungsreichtum ließ nichts zu wünschen übrig, und die inszenatorische Lösung bestätigte einmal mehr den Kosmos Mozart. Dabei hatte man diesen Ausblick schon einmal gesehen, nämlich bei Maxim Gorkis »Sommergästen« an der Schaubühne. War es damals die Veranda eines russischen Holzhauses, so blickte man jetzt über eine Terrasse hinweg in jenes legendäre Birkenwäldchen. Hier nun war es der Ort eines Mozartschen Sommernachtstraums voller Wirrnis, leiser Verzweiflung, Komik, Witz und Anflügen von Wahnsinn. Zwischen Arkadien und Labyrinth hatten sich die Figuren häuslich eingerichtet, den Wald mit Gartenstühlen möbliert. Im Bühnenvordergrund ein kleines Bassin für sanfteste Stürme im Wasser-

»Die Zauberflöte« (Salzburg 1991) – Regie: Ursel und Karl-Ernst Herrmann
Foto: Herbert Huber

glas, lichte Atmosphäre, eine heitere Taghelle. Aber nirgendwo ist das Glück perfekt, wie immer trügt der schöne Schein der Idylle. Zunächst vernimmt man vom Chor der versammelten Herrschaften, mit welch heiterem Tag, welcher Zufriedenheit man es zu tun hat: »Hier atmet alles Fröhlichkeit, hier jubiliert die Liebe, glänzt allenthalben.« Aber schon im nächsten Moment klagt jeder sein Leid: Der eine ist glücklos mit hundert Schmerzen, die andere hadert mit ihrem Schicksal, und der nächste fühlt sich verschmäht. Nur einem will das Herz vor Vergnügen hüpfen, denn der ist siegesgewiß und hat, wie man am Schluß erfährt, am wenigsten Grund dazu. Zwar sind dann die Karten des Schicksals neu gemischt,

aber wieder gibt es Glück und Unglück nebeneinander – so ist das mit dem Leben und in Mozarts frühem Dramma giocoso. Wir werden aufs schönste darüber belehrt: Wo Licht ist, da ist auch Schatten – des einen Glück, des anderen Leid.

Karl-Ernst Herrmann hatte das verwirrende Libretto ernstgenommen und legte in den szenischen Abläufen eine solche spielerische Leichtigkeit an den Tag, daß auf der Bühne das Zeitalter der Empfindsamkeit auferstanden war, bei aller schon vom Komponisten beabsichtigten ironischen Brechung. Fast schien es, als sei hier die Oper gleichsam Illustration eines philosophischen Programms: die Welt als Bühne, die Bühne als Welt, jeder zugleich

»La clemenza di Tito« (Salzburg 1992) – Regie: Ursel und Karl-Ernst Herrmann
Foto: Oliver Herrmann

Schauspieler und Zuschauer. Ging es Rousseau einst um die Transparenz in den menschlichen Beziehungen, dann war diese Inszenierung ein Stück dieser idealisierten Offenheit und Klarheit der Gefühle und Empfindungen. Das Wechselbad der Gefühle vollzog sich mit äußerster Turbulenz, wobei sie nicht nur eine immer tiefere Dimension erhielten, sondern eine geradezu rasante Dynamik, wie man sie bereits aus den wirren Träumen der Shakespeareschen Sankt Johannisnacht kennt. Der Regisseur hatte für Mozarts Oper eigens eine zusätzliche Figur erfunden, einen Kobold, dem Puck nicht unähnlich. Es ist Amor im Federkleid, eine zwar stumme, aber äußerst lebendige, beredte Gestalt, die nicht nur beobachtet, sondern auch kräftig mitmischt.

Herrmanns Inszenierung des Singspiels »Die Entführung aus dem Serail« kam in der Bühnenarchitektur ohne jeden exotischen Orient aus, sie blieb ein klarer und strenger Entwurf, in den die Figuren wie bewegliche Ornamente sich einfügten, gleichsam individualisiert mit schier überbordender Detailbesessenheit. Ein solcher Phantasiereichtum herrschte auch in den mit Symbolen ausgestatteten Bühnenräumen der »Zauberflöte«. Ihre Leitmotive waren von einem schwarzglänzenden Gehäuse eingerahmt: Sonne und Mond, ein Felsbrocken (als Zeichen der Natur) und ein Stuhl (als Zeichen der Kultur). Herrmann begriff die »Zauberflöte« als Collage, die zu Mozarts Zeiten problemlos funktionierte, weil das Nebeneinander disparater Elemente akzeptiert wurde. Und dafür habe der Regisseur heute Entsprechungen zu finden: »Ich glaube auch«, äußerte Herrmann, »daß die Maschinerie, der Theaterzauber im Stück eine ganz große Rolle spielt. Es scheint mir sehr wichtig, es ins Theater richtig zurückzuholen und der erhabenen Oper zu entziehen.« Gerade durch die intensive Beschäfti-

gung mit dem Werk wurden die Qualitäten auch des Textes offenbar. »Aus jeder Regieanweisung von Schikaneder wird eine Theaterszene«, bestimmte Herrmann und gab als Beispiel Papagenos Selbstmordversuch: »Papageno nimmt einen Strick von seiner Mitte«, heißt es lapidar im Libretto. Da er also seine Hose mit einem Strick zusammengebunden hatte, kann man sich lebhaft die dazu passende tragikomische Clownerie vorstellen, wie ein Mann nämlich die Hose verliert und sich gleichzeitig erhängen will.

Großer Wert wurde wie schon bei der »Entführung« auch bei der »Zauberflöte« auf den gesprochenen Text gelegt. Überhaupt fällt immer wieder auf, daß es nirgendwo die sonst üblichen Striche gibt. Man will alles spielen, alles singen, sprechen. Auch dramaturgisch denkbare Kürzungen gibt es nicht, stets wird Vollständigkeit angestrebt, was durch die spannungsvollen Inszenierungen allemal gerechtfertigt erscheint. Im Fall der »Zauberflöte« war in der Premierenkritik der FAZ zu lesen: »Auf die Frage, was ›Die Zauberflöte‹ eigentlich bedeute, gibt diese Aufführung eine eindeutige Antwort: ein Kunstwerk der höchsten Art.« Das mochte bisher noch auf jede Inszenierung der Herrmanns passen. Darum gab es bisher fast nur Lob und Zustimmung und selbst Skeptiker, die auf avanciertes Musiktheater nicht gut zu sprechen sind, müssen eingestehen, daß das Theater von Karl-Ernst und Ursel Herrmann letzten Endes »funktioniert«. So etwa, wenn »La clemenza di Tito« nicht als formstrenge Seria aufgefaßt wird, sondern als ein realistisch-psychologisches Gesellschaftsspiel, um es zu einem »Kunstwerk von schöner Menschlichkeit und erschreckender Wahrheit« (Rolf Michaelis) zu machen. Dann gesteht auch ein Joachim Kaiser: »Doch in der Kunst wie im Leben gilt: Erlaubt ist, was gelingt.«

HANSGÜNTHER HEYME

Er sieht sich als Theatermann und Politiker zugleich. Für ihn haben die politischen Aussagen eines Stückes Vorrang, und sie begründen gleichzeitig sein Interesse; er ist kein Entertainer, keiner, der ästhetisches Theater braucht, sondern er ist im wahrsten Sinne des Wortes ein Schwerarbeiter der politischen Bühne. Dabei scheut er weder den Exzeß noch die irrationalen Strudel und explosiven Emotionen, wie es Günther Rühle an den Inszenierungen des jungen Heyme bereits registrierte. Und es gab und gibt dieses oft genug als schmerzhaft empfundene Chaos auf der Bühne. Das wundert um so weniger, als er die Provokation einmal die »Grundvokabel für Theaterarbeit« nannte. Nicht anders erfährt man es in seinem Umgang mit der Oper, wenn er »das Alte in Reibung zum Heute« zu bringen sucht. Wer sich derart berserkerhaft gibt und derart kompromißlos auf die szenische Formulierung politischer Thesen versteht, der kalkuliert das provozierte, um nicht zu sagen skandalisierte Publikum ein. In diesem Sinne äußerte er: »Theater ist Agitation gegen die Masse. Wir versuchen mit unserer Berserkerarbeit, ein Publikum in Individuen aufzulösen. Das ist für die Zuschauer ungewohnt. Daher sind sie oft so erschrocken oder schockiert, wenn wir alles daransetzen, den einzelnen zu erwischen und von seinem Nachbarn zu trennen.« Wenn dann allerdings das Publikum ausbleibt, bliebe hier einzuwenden, hat man ja auch nicht viel erreicht, allenfalls ein Theater, das der Selbstbestätigung des Apparates dient oder »Oppositionsplatz« um seiner selbst willen ist.

Aber Heyme hat natürlich Recht, wenn er sagt, ohne Regie funktioniert nichts. Und so wenig man Theater ohne Regie machen kann, so wenig ist es ohne Schauspieler möglich, die gewissermaßen ihr Verhältnis zum Text öffentlich machen. Heyme sieht sich bei diesem Vorgang in einer helfenden, vermittelnden Funktion. Die Arbeit des Regisseurs definierte er so: »Mehr als Beobachter und das beobachtete Unbewußte dem Schauspieler bewußtmachen, mehr ist das nicht.« Dabei kommt dem Theater nicht nur die Rolle einer moralischen Anstalt zu, indem es politisch wirkt, es enthält gleichsam ein sehr subjektives Moment: »Ich meine schon, daß Theaterspielen eine Erlösung ist, ein Abarbeiten von eigenen Schwierigkeiten, auch im Verhältnis zur Gesellschaft.« Das hört sich fast nach einem Theater als eine mit öffentlichen Geldern subventionierte Selbsterfahrungsgruppe an. Daß Heyme lediglich Hilfestellung gibt, kann man sich kaum vorstellen. Tatsache jedoch ist, daß er seine Gruppe braucht, auf deren Erfahrungen er in erster Linie baut, fast schon autark, wenn es um Anregungen und Einflüsse von außen geht. Darüber hinaus erscheint das Bild vom Regisseur als Geburtshelfer fragwürdig, weil er als ein stark konzeptionell arbeitender Regisseur gilt, und sein von monomanischen Zügen geprägtes Berserkertum scheint sich da nur schlecht mit den scheinbar offenen Spielräumen des Darstellers zu vertragen.

Im Vordergrund stehen doch eher die konzeptionellen Entscheidungen, die Theater zu einem Instrument machen, »das alte Texte zum Anlaß nimmt, heutig zu sein« Oder anders formuliert, Stücke werden danach ausgewählt, »ob hinreichend provokante Momente darin sind, die direkt oder in übertragenem Sinne auf unsere heutige Gesellschaft zielen«. Das klingt nicht nur nach Instrumentalisierung, Heymes Inszenierungen beherrschen sie auch virtuos. Er betrachtet Erwin Piscator als seinen wichtigsten Lehrer. Mit ihm gemein hat er die Abgrenzung zur Kulinarik und die Ablehnung eines allzu sinnlichen Theaters. Dafür setzt er um so mehr auf das Wort und eben auf politisches Bewußtsein. Von Piscator habe er das Lesen von Stücken gelernt. Er hat ihn als peniblen Arbeiter am Text kennengelernt und nennt ihn gar »Fetischist des Kommas«. Gewiß ist es kein Zufall, wenn bei Heyme so oft vom Arbeiten und Abarbeiten die Rede ist, denn nicht selten vermitteln seine Inszenierungen, mit wieviel Schweiß politische Botschaften erkauft sind: Da wird Theater buchstäblich zur Knochenmühle und Regie zum Fleischwolf.

In der Oper sind solchen Exzessen naturgemäß Grenzen gesetzt, denn immerhin muß das Singen noch möglich sein, und auch die Musik wirkt mit ihrem Tempo bestimmend auf eine Aufführung ein. Daß Heyme es 1975 mit der Opernregie versuchte, hatte beinahe etwas Zwangsläufiges. Obschon er keinen Hehl daraus machte, daß ihn die Oper bis dahin nicht interessiert hatte. Durch seine Schauspielinszenierungen jedoch war er bereits als Spezialist für chorische Rituale, wie sie die antike Tragödie kennt, ausgewiesen; er zeigte sich erfahren an Wortopern Schillers und den Reigentänzen der Strindberg- und Ibsengeneration, wie damals der Rezensent der FAZ feststellte. Texte erhielten bei ihm gestischen, musikalischen Sinn. Allerdings wurde ihm von anderer Seite gerade dieses Spezialistentum bei seiner ersten Operninszenierung abgesprochen. Denn seine rigide Konzeptkunst besitze keinen Sinn für Musik. Der Szeniker gehe über sie recht hemmungslos hinweg. Wie stark Heyme auch in der Oper konzeptionell arbeitet, wurde mit diesem in Nürnberg inszenierten »Wozzeck« deutlich. Mit der erklärten Absicht indes, auf das »Historische« sich konzentrieren zu wollen, indem er den »Abstand zwischen der Zeit der Entstehung des Werkes und dem Heute deutlich zu machen« versu-

che, hielt er es wohl nicht so genau, zumindest was das Historische angeht. Denn nach Herborts Beobachtung entbehrten gravierende Details gerade historischer Wahrheit.

Richtig ist jedoch, daß Heyme inszenatorisch auf die Psychoanalyse rekurrierte, die zu Alban Bergs Zeiten als »Neuentdeckung« hoch im Kurs stand. Die Bühne stellt dementsprechend eine Mischung aus Laboratorium und Treibhaus dar, wo die Neurosen und Zwänge untersucht und zugleich produziert werden. Die Bühne sollte die Atmosphäre bei einem Psychotherapeuten wiedergeben. Und obwohl Heyme keinen Expressionismus beabsichtigte, gab sich seine Inszenierung ganz expressionistisch, vor allem durch eine ausdrucksstarke stilisierte Gebärdensprache, mit der die Deformationen und Zwänge der Figuren und der ganze Unterdrückungsapparat, dem sie ausgesetzt sind, sichtbar werden. Das Premierenpublikum reagierte darauf mit enthusiastischem Beifall. Kein Zufallstreffer, sondern »ein Gelingen aus nachtwandlerischer Hingezogenheit«. Manch einem aber erschien diese grelle Gebärdensprache als bloß überzogene Gesten, die von historischer Wahrheit ebensowenig künden wie von einer Sensibilität für die Musik: »Heyme führt ... gewaltige Energien auf, lädt mit viel überzogener Gestik und wilden Verrenkungen eine doppelte Schicht Expressionismus auf die Ausdrucksmusik Alban Bergs, so daß die fast erstickt, schiebt bedeutungsschwere Bilder nach, immer in der trüben Strenge des szenischen Grau, und verharrt am Ende in geradezu andächtiger Ehrfurcht vor der Symbolik seines Schlußarrangements: Wie leblose Puppen werden die Kinder zum Ringelreihen hineingetragen.« (Heinz Josef Herbort) Anderen freilich erschien die Körpersprache als Chiffre für Entfremdung und erfüllte so ihren Sinn.

Das alles liegt inzwischen fast zwanzig Jahre zurück. An Heymes »Stil« hat sich allerdings kaum etwas geändert. Und daß Heyme in der Oper sehr wohl Überzeugendes zu leisten vermag, bewies beispielsweise seine für Düsseldorf erarbeitete Inszenierung der Barockoper »Julius Cäsar«, über die Ulrich Schreiber bemerkte, sie wirke in ihrer Strenge wie ein Labsal. Natürlich war Heyme auch in diesem Falle bemüht, »in alter Kunst Bausteine für das Morgen zu finden«. Er visualisierte diese Suche gleich zu Beginn. Noch während die Ouvertüre erklang, betraten die Sänger die Bühne, um ihre festliche Abendkleidung aus unseren Tagen gegen prächtige Barockkostüme zu tauschen. »Die Spannung zwischen einer heutigen Rahmensituation und den Beispielen eines barocken Stoffes auf der Bühne ist ein wesentlicher Punkt der Interpretation«, bemerkte hierzu der Regisseur. Sowohl dieses Theater-auf-dem-Theater-Spiel als auch die als Theaterruine ausgestattete Bühne, in der Symbole und Emblematisches dominierten (eine römische Wolfsstatue und ein ägyptischer Horusfalke), setzen bewußt auf die ästhetische Distanz zur barocken Seria. Auch werden die in der Theaterruine herumliegenden Schwerter, Helme und Rüstungen zur Metapher für eine Geschichte als Schlachtfeld, als eine Kette von Machtkämpfen und Kriegen. Und noch in der statuarischen Personenregie wird der Mensch als historische Marionette sichtbar mit ganz bestimmten Verhaltensmustern – die Welt als Bühne.

Heyme hatte vor Händels »Julius Cäsar« be-

»La Bohème« (Bremen 1993) – Regie: Hansgünther Heyme
Foto: Jörg Landsberg

113

reits für das Sprechtheater Lohensteins »Cleopatra« und Shakespeares »Antonius und Cleopatra« erarbeitet. Anders jedoch als in diesen Stücken ging es bei Händel weniger um den Historienstoff als vielmehr um den Mythos. Und anders als Peter Sellars, der eine direkte Übersetzung in die politische Gegenwart des Nahen Ostens vornahm, konzentrierte sich Heyme auf die in Händels Oper behandelten Gefühlswelten wie Haß, Liebe, Eifersucht, Verzweiflung, Freude, Rache, Schmerz, die für uns heute weitgehend verdrängte Dimensionen darstellen. Zudem erklärte er: »Die Zeit der Entstehung eines Werkes darf in der Produktion als wichtige Komponente nicht verlorengehen«, auch wenn sie offenbar nur zitathaft eingefügt ist. Er spricht hier gerne von Stücken, die sozusagen in »historischen Anführungszeichen« in Szene gesetzt werden.

Die Theater-auf-dem-Theater-Metapher hat Heyme auch noch in anderen Operninszenierungen verwandt – beispielsweise in »Andrea Chénier«, wo er die Bühne hochfahren und den so entstandenen Sockel mit einer Spiegelblende versehen ließ, so daß die Musiker im Orchestergraben für das Publikum sichtbar wurden. Auf der Bühne herrschte drangvolle Enge. Desinteressiert zeigt sich der Chor an den in opernhaften Gesten agierenden Solisten. Hier wird demonstriert, wie unterschiedlich die Interessenlagen sind, wie wenig Gemeinsamkeiten es zwischen den gesellschaftlichen Schichten gibt. Heyme hat die Bühne streng hierarchisch arrangiert und mit einer wahren Bilderflut überzogen. Die Enge darin wird zum Zeichen einer Unfreiheit, die der Regisseur in Giordanos Oper thematisiert sah. Auch in seiner vorerst letzten Operninszenierung, »La Bohème« in Bremen, benutzt Heyme die Theatermetapher. Das von ihm entworfene Einheitsbühnenbild zeigt einen Bretterverschlag als Bühne, möbliert mit Sitzmöbeln aus dem vorigen Jahrhundert. Davor sind drei Sitzreihen aufgebaut. Kein genrehafter Illusionismus, sondern lehrstückhafte Nüchternheit, die der schwelgerisch-leidenschaftlichen Musik aus dem Weg zu gehen scheint und das Künstlerelend als nichtiges Bühnenleben übersetzt. Einmal mehr wird hier das Wort des Regisseurs, man müsse ein Stück mit »Anführungszeichen« spielen, zum wesentlichen Element des Regiekonzepts und bezeichnet im Grunde Heymes Verhältnis zur Oper: Abstraktion zwischen historischem Reflex und dem Aufspüren aktueller Inhalte.

HANS HOLLMANN

»Hinter ihm liegt ein dickes Album großer Themen, übersteigerter Gesten, universaler Metaphern, ein forensisches Spiel voller Künstlichkeiten, die Hollmann zur ersten Natur geworden sind«, so resümierte Georg Hensel in seinem kurzen Porträt des Regisseurs anläßlich dessen sechzigsten Geburtstages. Und weiter: »Seine Neugier, Pointenlust und Tollkühnheit machen unsere Bühnen provokanter, farbiger und witziger, nun schon dreißig Jahre lang.« Hollmann inszeniert nicht ganz so lange auch Opern. Daß die Stückauswahl dabei etwas wie ein Programm verrät, läßt sich nicht sagen. Auch hier haben wir es mit einem »Album großer Themen« zu tun. Es belegt zudem des Regisseurs Vorliebe für stilistische Vielfalt, für die Abwechslung. »Stil-Bewußtsein« ist ihm grundsätzlich fremd. Daß es endgültige, ideale Inszenierungen geben könne, bestreitet er entschieden. Naturgemäß sei jede Interpretation nicht nur eine Meinungsfrage, sondern es gebe ebensowenig absolute Anhaltspunkte für Interpretationen – »sonst könnte jeder jedes Stück optimal interpretieren«. Darum auch fallen seine Inszenierungen immer grundverschieden aus, keine gleicht der anderen.

Es sind vor allem die »Aktualisierer« unter den Regisseuren, die von der Regiearbeit vornehmlich als einer »Wegwerfkunst« sprechen, denn Theater sei temporär begrenzte Kunst – »es hat keine Aufbewahrungseigenschaften«. Wenn denn Stücke etwas wie Aktualität besitzen, eine Inszenierung diese sichtbar zu machen versteht, dann muß es wohl etwas mit unserer Realität und auf diese Weise auch etwas mit der Person des Regisseurs zu tun haben. Insofern müssen seine Eingriffe, diese sogenannten Einfälle, erlaubt sein. Wenn Hollmann beispielsweise in seiner »Lulu«-Inszenierung die Zirkuswelt eliminiert, dann deshalb, weil Zirkus heute nicht mehr die gleiche Bedeutung besitze wie zu Alban Bergs Zeit. Und dafür eben müsse ein Äquivalent gefunden werden. Und »ohne das Einbringen großer Teile von einem selbst, ohne das Einbringen von Meinung zu einem Stoff, zu einem Vorgang, kann man gewiß kein bemerkenswertes Theater machen«. »Ich bin letztes Endes ja doch ein formalisierender Realist«, erklärte Hollmann, und »alle Beziehungen beginnen zunächst einmal klein«, was heißt, daß der ganze »menschheitliche Kram« szenisch auf Individualpsychologie gebracht wird. In der Person Hollmanns gehen nämlich sehr häufig Psychoanalytiker und Regisseur zusammen. Nicht jede Diagnose freilich trifft den Kern. Gelegentlich entfernen die »Einfälle« zu sehr vom Stück, verliert sich die Suche nach szenischen Äquivalenten im allzu Kleinen, obsiegt die »dirigistische Regie« (Hensel). In seiner so gänzlich antiillusionistisch angelegten »Zauberflöten«-Version sollte der Mechanismus der Zauberei sichtbar werden, sicherlich auch ein Bewußtsein dafür wecken, wie wesentlich am Illusionismus um uns herum der Anteil des Gemachten ist. Unsere alltäglichen Einbildungen funktionieren auf der Bühne auch nur durch Hilfskonstruktionen. Wenn es dabei um Ideologien geht, wird die Sache vollends verhängnisvoll. Darum zeigt Hollmann gleich das Verhängnis als Warnung, wenn Tamino sich am Schluß von Pamina abwendet, um sendungsbewußt die Stufen der Priesterpyramide zu erklimmen. Weniger deutlich wurde in diesem Zusammenhang die eigentliche Inszenierungsidee: In beiden Paaren

(Tamino/Pamina und Papageno/Papagena) sollte sich lediglich eine Gestalt in vier Ausprägungen widerspiegeln. Ein gewiß bemerkenswerter Ansatz, da ja der wirkliche Mensch längst nicht in die oft allzu engen Schubladen paßt, in die Opernfiguren der bequemen Denkgewohnheiten wegen gesteckt werden. Und Opernfiguren sind ja auch nur Menschen, die sich in die Kunst »verirrt« haben. Mussorgskis »Boris Godunow« zeigte Hollmann als ein Spiel um die Macht in einer gänzlich geschichtspessimistischen Perspektive, die im Bühnenbild noch unterstrichen wurde: Ein leerer Raum, in dessen Mitte ein neongesäumter Laufsteg, im Hintergrund eine Projektionswand, die der Bühnenbildner Hans Hoffer eine »Psychogrammwand« nannte, während die la-

boratoriumshafte Bühne als »Untersuchungsraum der Macht« aufgefaßt war.

»Dirigistisch« mögen Regiekonzepte vielleicht auch dadurch wirken, daß Ausstattungsentwürfe zur reinen Abstraktion führen. Gerade aber dadurch, daß Ideen in einem unmittelbaren Sinn sichtbar werden, wirken sie zugleich einleuchtend. So wurde in der Premierenkritik der FAZ an Hollmanns Inszenierung von »Tristan und Isolde« eine selten erlebte spannende Plausibilität gerühmt, die sich in den geometrisierten, abstrakten Bühnenräumen Hans Hoffers entfaltete. Ästhetische Klarheit herrschte darin, wobei Requisiten wie Symbole ausgestellt wurden: Schiff, Schwert und Bild aus Isoldes Erzählung oder die rote und die blaue Farbkugel

»Tristan und Isolde« (Basel 1990) – Regie: Hans Hollmann
Foto: Claude Giger

des Liebes- und Todestranks, die sich im zweiten
Akt farblich überlagern und ins Violette wechseln.
Dafür fand der Rezensent die Formel von einem
»Bildertheater mit Bilderverbot«: Hoffer und Hollmann greifen Wagners Metaphysik auf, indem sie
jeden Versuch realistischer Materialisierung unter-
lassen.

Hollmann beklagte, daß die großen Gebärden
abhanden gekommen seien; in seiner »Tristan«-In-
szenierung fand man sie als raumgreifende Gesten
wieder, die die Funktion einer stilisierten Sprache
der Gefühle erfüllten: »In emotionellen Extremsi-
tuationen widerfahren den Menschen gewaltige Ex-
plosionen ihrer Körper«, heißt es dazu bei Hollmann. »Die Wurzeln großer Gesten sind große Ge-

fühle«, daran mangelt es in Wagners »Tristan«-Welt
keineswegs. Die vielgeschmähte »opernhafte Geste« war nun mit neuem Sinn und Leben erfüllt.
Hollmann nehme dabei »die unnatürlichste und
künstlichste Kunstform ganz natürlich und künstlich beim Wort«. Daß dabei für das Opernpublikum
noch manches verborgene Detail zusätzlich auf ein-
leuchtende Weise sichtbar wird, zeigte beispielsweise das Finale des ersten Aktes, wo König Marke
ein Paar-Double entgegentritt. Den »wahren« Tristan und die »wahre« Isolde wird er erst nach der
Aufdeckung des Verrats zu Gesicht bekommen.

Ähnlich mit Bedeutung aufgeladene Räume
entwarf Hans Hoffer für Giordanos Oper »Andrea
Chénier«, in der ein Individualdrama nach der klas-

»Andrea Chénier« (Zürich 1994) – Regie: Hans Hollmann
Foto: Peter Schlegel

117

sischen Dreier-Konstellation der Oper auf einer als Folie verstandenen geschichtlichen Wirklichkeit sich entwickelt. Ebendiesen Umstand trug Hollmanns Regie Rechnung, indem sie Individual- und Massenszenen rhythmisierend eng verzahnte. Der historische Rahmen wird durch die Kostüme aus dem Ancien régime gesetzt, darin werden zwei soziale Welten durch Stilisierung und zugleich verschiedene geschichtliche Ereignisse durch Zitathaftes, Symbolisches ins Bild gebracht. Marionettenhaft bewegt sich die Adelsgesellschaft, mit natürlichem Bewegungsrepertoire sind die Revolutionäre Andrea und Gérard ausgestattet, die späteren Rivalen, Jakobiner gegen Royalist.

Die Erklärung der Menschenrechte ist dazu als Projektion präsent: Liberté, égalité, fraternité. Wenn die Adligen später aufs Schafott gefahren werden, läßt Hollmann das Volk im wahrsten Sinne des Wortes in die Speichen der Geschichte greifen, denn sie bewegen die riesigen Räder eines auf Schienen fahrenden Karrens. Die Blutopfer der Französischen Revolution werden so zum Sinnbild für die vielen Opfer, die ihnen seither folgten – Geschichte als ein Schienenstrang in immer neue Katastrophen.

Wie schwierig es geworden ist, Märchen auf der Bühne als bloße Illusion zu inszenieren, war an Hollmanns Interpretation der Janáček-Oper »Das schlaue Füchslein« zu beobachten. Schon das Bühnenbild brachte ins Bewußtsein, wie entfremdet unser Verhältnis zur Natur sich darstellt. Herbert Kapplmüller entwarf anstatt eines imaginären böhmischen Waldes eine wüste, vornehmlich düstere Landschaft aus Treppen, Leitern und schiefen Ebenen. Einmal mehr setzte der Regisseur auf Künstlichkeit. Die wurde durch die von Günter Brus entworfenen Kostüme noch potenziert. Die Waldbewohner waren ausstaffiert, als kämen sie direktenwegs aus einem zoologischen Kuriositätenkabinett. Aber auch die Menschen in dieser Oper

waren so skurril kostümiert, daß sie wie Karikaturen wirkten – das Ganze ein episches Puppenspiel. Der Förster erschien derart mit dem Wald verwachsen, daß er als dessen wandelndes Zitat herumspazierte: mit einem Hut aus grünem Laub, mit einer großen Haselnuß obenauf, die Stiefel wie Birkenstämme. Ansonsten glich das Opernpersonal Figuren aus Wilhelm Buschs Bildergeschichten – wohlvertraute Typen also. Auf einer solchen Bühne will natürlich keine Idylle entstehen. Intimität bleibt da ebenso ausgespart, die episodischen Szenen werden aneinandergereiht, als hätten wir es mit einem kunstvollen Mobile zu tun. Mit tänzelnden Bewegungen und stummen Gebärden spielten die Waldbewohner das Spiel des Lebens, diesen ewigen Kreislauf, der auch in dieser denaturierten Umgebung noch übriggeblieben ist: das Werden und Vergehen. Hollmann erklärte, das den Szenen innewohnende Geheimnis inszenieren zu wollen. In der Tat hatte man es mit rätselhaftem Geschehen zu tun, zuweilen witzig und vorwiegend grotesk.

Man nimmt dem »Allesmacher« und »Alleskönner« Hollmann dies Bekenntnis ab: »Mein Sinnen und Trachten ist es, nicht in einen Zustand zu gelangen, in dem ich einen definitiven Stil gefunden habe. Ich möchte weiterhin suchen, experimentieren, auch auf ein Chaos hin ausufern, aus dem wieder Neues kommen kann.« Solcherart Risikobereitschaft schließt nicht immer den sicheren Sieg mit ein. Darum muß freilich das Theater nicht gleich ein Glücksspiel sein, sondern hier wird die Problematik und Komplexität der Kunst bezeugt. Einer Kunst im übrigen, die im Fall der Oper wesentlich durch die Musik wirkt. Imaginationen nehmen von dorther ihren Weg in die Regiearbeit: »Bei der Beschäftigung mit der Oper ist für mich die Musik das primäre Erlebnis. Sie läßt in mir die Vision eines Theaterabends entstehen – oder auch nicht.«

ANDREAS HOMOKI

Das soll, wie zu erfahren war, keine Liebe auf den ersten Blick gewesen sein. Homokis »Opernehe« kam nur allmählich zustande. Die Idee, Opernregisseur werden zu wollen, reifte erst spät. Da hatte er bereits ein Schulmusikstudium absolviert. Während einiger Assistenzen und einiger Jahre als Spielleiter hat er sich zunächst Handwerk und auch Routine angeeignet. Mit den ersten größeren Inszenierungen jedoch wurde man auf ihn aufmerksam. Die Zeitschrift »Opernwelt« hatte seine für Genf erarbeitete Deutung der »Frau ohne Schatten« zur Operninszenierung des Jahres 1993 erkoren. Insofern darf man ihn schon einen Senkrechtstarter nennen. Und man darf Homoki in der Tat zu den verheißungsvollen Nachwuchsregisseuren zählen. Da meint es einer mit der Oper ernst und betreibt sie entschieden als Kunst. Daß allerdings seine Opernkunst bereits den artistischen Schwebezustand erreicht hätte, läßt sich noch nicht uneingeschränkt behaupten. Die Ideen sind wohl richtig, aber noch dominiert das Handwerk vor der Kunst, und manche Idee scheint auf halbem Wege steckengeblieben zu sein.

Ein Hauptbegriff seiner Opernregie ist die Stilisierung, und die erreicht er durch äußerste Reduktion – am überzeugendsten gelang dies bisher in Verbindung mit den abstrahierenden, zuweilen fast leeren und nichtsdestoweniger symbolisch aufgeladenen Bühnenräumen. Stilisiert werden auch die Bewegungen der Sängerdarsteller, und zwar durch die Vorgaben der Musik: »So müssen auch Bewegungen der Musik umgesetzt werden auf die Bühne, was aber keineswegs heißt, daß jedes Sechzehntel an der Rampe entlanggetrippelt werden muß. Ich denke an musikalische Bögen, die in Raum-Bewegungs-Linien umgewandelt sind.« Neu ist diese Idee freilich nicht, doch hat sie in ihren gelungenen Umsetzungen immer noch bezwingende, hochästhetische Resultate zutage befördert. In Homokis Inszenierung von Reimanns »Schloß« waren allerdings nur ansatzweise Raum-Bewegungs-Linien in der Personenführung zu erkennen. Da mangelte es allenthalben an Konzentration. Haltungen, Gesten und Mimik der Sänger erschienen allzu aktionistisch und zufällig, da fehlte es an Reduktion auf eine wirklich signifikante Gebärdensprache. Als ob der Regisseur, verfolgt vom Horror vacui der Szene, diese mit Aktionen überfüllte. Seine Bedenken, »den Raum auch füllen zu können«, scheinen eher unbegründet. Denn beim Thema Raumspannung ist er gedanklich auf dem richtigen Weg: »Wenn ich also ein leeres Bild habe, empfinde ich eine größere Spannung, wenn eine Person am Rande des Raumes steht.« Nur sollte er den Mut aufbringen, es auch einmal bei dieser Konstellation zu belassen – eben aus Gründen der Spannung. Für Homokis »Schloß«-Inszenierung hatte der Bühnenbildner Hartmut Meyer, durch seine Zusammenarbeit mit Ruth Berghaus und Frank Castorf längst kein Unbekannter mehr, wieder einen dieser von Geometrie und extremen Blickwinkeln geprägten Einheitsräume entworfen, die der Regisseur erklärtermaßen vom Bühnenbildner erwartet und nach denen er bewußt sucht. Denn zusammen mit dem Ausstatter muß die Konzeption exakt ausgearbeitet sein. Für das »Schloß« galt folgender Entwurf: Ein Halbrund faßt die Spielfläche ein, nach oben hin durch eine leicht gewölbte Decke geschlossen, bis auf einen kleinen, farblich abgesetzten Ausschnitt in der linken oberen Ecke. Dorthin führt eine als Wand mit aufsteigender Zackenlinie stilisierte steile Treppe. In dem Raum befindet sich ein elliptisch geschwungenes und in die Schräge gestelltes Podium, das nach hinten abfällt und einen Graben bildet – eine Bühne auf der Bühne. Rechts ragt zusätzlich ein schmaler Steg auf das Podium. Dahinter, in der halbrunden Einfassung, befindet sich ein weiterer Ausschnitt, in dem sich die Treppe durch eine

zweite, perspektivisch verkleinerte zu spiegeln scheint. In diesem klar strukturierten Raum mit seinen scharfen Konturen, farblich nahezu monochrom gehalten, sind faszinierende Lichteffekte zu erzielen. In Ensembleszenen beispielsweise werden Gruppen optisch geteilt und damit akzentuiert: Jene, die durch die Beleuchtung sichtbar, und andere, die nur als Schatten erkennbar sind. Auch dies ein Beispiel für gelungene Raumspannung.

»Das Schloß« (Hannover 1994) – Regie: Andreas Homoki
Foto: Thilo Nass

Der Regisseur setzte nicht auf die eigentlich naheliegende Bürokratie-Parabel, sondern auf ein religiöses Gleichnis, für das er den schwankenden, unsicheren Boden der Zirkuswelt als Handlungsort wählte. Doch so abwegig ist das nicht. Beim Autor selbst fand er dafür den entsprechenden Hinweis: »Kafka verwendet das Zirzensische für Menschen, die dem Wesen dessen, was das Schloß symbolisiert, schon sehr nahe sind. Dieses literarische Prin-

zip versuchen wir sichtbar zu machen.« Nach der Welt als Bühne nun die Welt als Zirkus, als Dressur-Akt mit clownesker Umrahmung und unsicherem Ausgang. Kafka erscheint hier als Vorläufer des absurden Theaters, das bekanntlich den Narren zum tragischen Helden erhob und die Welt als tragische Posse demonstrierte. Das Personal der Oper ist bei Homoki darum auch entsprechend zirzensisch grotesk ausstaffiert. Barnabas, der Vermittler und Bote

»Die Frau ohne Schatten« (Genf 1992) – Regie: Andreas Homoki
Foto: Marc van Appelghem

121

zwischen dem Schloß und K., erscheint als Melancholiker mit der Narrenkrone, Frieda, die zu K. zeitweilig eine Liaison unterhält, tritt als Zirkusreiterin auf, die Gehilfen, die K. als Quälgeister verflucht, geben die umherpurzelnden, ständig mit einem großen Ball spielenden Clowns ab, die nur Verwirrung bringen, und zwar auf durchaus abgründige Weise. Bürgel, dieser obskure Untersekretär, steckt im Clownskostüm mit roter Knollennase, Glatze, Halskrause, viel zu großen Handschuhen und den ewig langen Schuhen.

»Immerfort hat man das Schloß vor Augen«, heißt es bei Kafka, »ein leichtes Ziel, so scheint es, aber man kommt nicht heran.« Das erfährt K. immer deutlicher, und selbst die Telefonschnur führt ins Nichts. »Das Schloß repräsentiert den Bereich des göttlich Unnahbaren«, kommentierte der Regisseur, »Kafka chiffriert das göttliche Prinzip durch das Bild einer grotesken, hierarchischen Gesellschaft von Schloßbeamten und Dorfbewohnern«. Damit beschreibe das Schloß »all das, was jenseits der Grenzen unserer Existenz liegt«. Die räumliche Situation berücksichtigt diese Überlegungen und ermöglicht das metaphorische Spiel. Die Manege, in der alles seine Funktion erfüllt und kalkuliert erscheint, verschließt nur eben demjenigen den Sinn, der wie K. von außen hinzukommt und nirgendwo seinen Platz findet. Metaphorisch gelöst waren auch die Auftritte und Abgänge über diese zur Treppe mutierte Himmelsleiter. Denn wer über die Treppe oben links verschwand, der tauchte kurz darauf im »Spiegel« unten rechts wieder auf und erreichte also nur zum Schein einen anderen Ort. Regisseur und Bühnenbildner zeigten unmißverständlich, wie sehr K. auf der Stelle tritt. Darum ist die Beschreibung des Bühnenraumes so zutreffend: »... ein Raum, wo man gar nicht weiß, was es ist. Man verliert permanent den Boden unter den Füßen.«

Das läßt im übrigen an Walter Benjamins Bemerkung denken: »Denn so wie K. im Dorf am Schloßberg lebt der heutige Mensch in seinem Körper; er entgleitet ihm, ist ihm feindlich.« Auch eine andere Beobachtung Benjamins will auf Homokis Inszenierung zumindest annäherungsweise passen, wenn nämlich die Zirkusmanege sich unversehens in etwas Theatralisches verwandelt: »Kafkas Welt ist ein Welttheater. Ihm steht der Mensch von Haus aus auf der Bühne.«

Lange Zeit schien es, als würden Regisseure des avancierten Musiktheaters einen Bogen um die Werke Giacomo Puccinis machen, als lohnten sie nicht die Auseinandersetzung, besäßen keine Aktualität mehr, wie der ehemalige Direktor der Brüsseler Oper, Gerard Mortier, voreilig bestimmte. Inzwischen hat man Inszenierungen von Robert Wilson, Ruth Berghaus, Peter Konwitschny oder Hansgünther Heyme erlebt, die im vermeintlich Veralteten interessante, weil zeitgemäße Perspektiven entdeckten. Auch Andreas Homoki befand die Geschichte der Japanerin Cio-Cio-San, bekannt als »Madame Butterfly«, für erzählenswert. Freilich nicht, um das naturalistische Kolorit der Musik, ihre illustrative Neigung mit folkloristischem Interieur zu möblieren. Als Ziel seiner Inszenierung nannte er vielmehr, »den dramatischen, den tragischen Kern der Geschichte herauszuschälen. Dazu – und das wäre der Idealzustand einer Inszenierung – braucht man sozusagen nichts. Das heißt: Nichts, außer den beteiligten Menschen.« Die Arbeit des Ausstatters Wolfgang Gussmann bestand dementsprechend in der Minimalisierung der Bühne. Er hat es bei zwei hintereinanderliegenden und verschiebbaren Papierwänden belassen.

Als Grundkonflikt beschreibt Homoki das Zusammentreffen zweier unterschiedlicher Kulturen, ein zeitloses Problem. Tradition und Traditionslosigkeit stoßen unversöhnlich aufeinander: »Die japanische Seite lebt in unserer Produktion noch ganz in der alten Welt, gewissermaßen im Bewegungskanon des Kabuki-Theaters aus dem 18. Jahrhundert; die Kostüme, die Bewegungen erscheinen ritualisiert, wodurch das japanische Traditionsbewußtsein unterstrichen wird. Und während hier die rote Farbe vorherrscht, treten die Amerikaner in Weiß auf – Kolonialmächte kleiden sich ja gerne hell. Es sind die Amerikaner der Zeit kurz nach dem Zweiten Weltkrieg, die Amerikaner der Endvierziger. Denn während wir Japan als Archetypus ausweisen, gewissermaßen mit ›Zen-Strenge‹ (jedenfalls für unsere Augen), charakterisieren wir die andere Seite als ein ›Amerika pur‹, als das Amerika auf der Höhe seiner globalen Führungsrolle, ein sauberes, keimfreies, strahlendes Amerika.« Mit Pinkerton betritt der Repräsentant einer Konsumgesellschaft die Opernbühne, schon Puccini hat ihn von Anfang an als unsympathisch empfunden, als unsensibel, selbstgerecht-egoistisch, mit imperialer Geste. Ulrich Schreiber beurteilte Homokis Regie so: »Das beste Zeugnis, das man der Inszenierung ausstellen kann, ist ihre selbstbewußte Unterwerfung unter die Musik.« Mehr war nicht beabsichtigt: Stilisierung, um den Grundkonflikt herauszustellen und die Geschichte zu erzählen – den Rest besorgte eine (wie in der Oper so oft) auch szenisch »sprechende« Musik.

ALFRED KIRCHNER

In den zehn Jahren der Gielen-Ära an Frankfurts Opernhaus entwickelte sich Alfred Kirchner zu einem »maßgebenden interpretatorischen Erneuerer«, wie es rückblickend in einer Dokumentation dieser Ära heißt. Schon der Auftakt mit Janáčeks »Jenufa« war ein großer Erfolg – eine ebenso genaue wie eindringliche Inszenierung, bei der es in erster Linie um die Spannung zwischen Personen ging. Ein Plus, das noch stets Kirchners Opernregie auszeichnete: die plausible Dramaturgie, die psychologische Charakterisierung der Figuren, das Sichtbarmachen der vielfältigen zwischenmenschlichen Beziehungen: »Die Hauptkraft des Theaters geht eindeutig von den Menschen auf der Bühne aus, ist und bleibt das Erlebnis der Personenführung.« Sie schärft den Blick für Abhängigkeiten, Sehnsüchte, Zwänge und Zuneigungen und erzielt im gleichen Maße Lebendigkeit. Hans-Klaus Jungheinrich zufolge bedeutet Kirchners Personenregie zunächst Stilistik, die dem Theater als Kunstraum Rechnung trägt. Darum resultiert Lebendigkeit als das »plastische Gefüge« der Figuren nicht aus szenischem Naturalismus. Theater soll zu seinem Recht kommen. Kirchner hat immer wieder mit Bühnenbildnern zusammengearbeitet, die den Kunstcharakter alles Theatralischen als Bedingung ihrer Arbeit betrachten – sei es der magische Realismus eines Marco Arturo Marelli, Zeichenhaftigkeit und Abstraktion wie im Falle von Rosalie oder jene artifiziellen Bühnenräume einer Nina Ritter für Tschaikowskis »Eugen Onegin«, die wie die Bilder einer Ausstellung Stimmungen der Protagonisten in Raum übersetzen, und nicht zuletzt gehören Erich Wonder oder Axel Manthey in diese Reihe von Bühnenbildnern.

Die Maßstäbe der Theaterkritiker mögen andere sein als die der Opernkritiker. Im Schauspiel hat Kirchner zumindest in der letzten Zeit längst nicht so viel Zustimmung zu seiner Regiearbeit erhalten, ganz abgesehen von seinem Scheitern als quasi »Viertel-Staatstheaterintendant« in Berlin. Aber da sind bekanntlich auch schon ganz andere gescheitert, deren künstlerischer Rang unangefochtener gilt. So hat ihn jedenfalls Gerhard Stadelmaier anläßlich der »Faust«-Inszenierung einen nur soliden, »schaffigen« Regisseur genannt, der geniale Kunst vermissen lasse. Deshalb entspreche Kirchners »Faust«-Inszenierung genau dem, was sie zeige: »öde brave Welt, öde brave Bühne«. So effektvoll solche Verrisse sich auch geben, sie neigen allzu gern zu Pauschalisierungen. Alfred Kirchners Regiearbeit wird man damit allerdings kaum gerecht, auch wenn seiner Kunst die Aufhebung der Schwerkraft auf der Bühne gelegentlich mißrät. Die Opernbühne indes hat durch ihn einige höchst anregende, geistreiche und handwerklich perfekte Aufführungen erlebt.

Kirchner hatte in seiner Anfangszeit als Regisseur neben dem Schauspiel auch etliche Operetten inszeniert. Diese frühen Inszenierungen eines musikalischen Theaters bedeuteten aber zugleich seinen Einstieg in die Oper. Damals gab es ein »Verlangen nach totalem Theater«, nach etwas anderem neben dem ernsten Schauspiel. Außerdem verstand er diese Ausflüge in das Gebiet der vermeintlich leichten Muse als ein Gegenmittel gegen Routine und Glätte, an dem das Theater leide (heute noch mehr als vor Jahren, beklagt Kirchner). An der Oper schätzt er, und dies begreift er zugleich als Vorteil gegenüber dem Schauspiel, daß sie mit der Fremdheit bewußt umgeht, während Schauspielinszenierungen meistens zu viel erklären wollen. »Wir sind im Sprechtheater zu differenziert und verlieren manchmal die großen Fragestellungen. Ich glaube, das Schauspiel hätte von diesem Theatralischen, diesem Fremdartigen in der Oper – wenn sie gut gemacht ist – manches lernen können, hat es aber nicht getan.«

Wichtig, aber eben auch schwierig sei es, für jede Inszenierung ein Konzept zu finden, etwas Originelles, was den Kern des Stückes trifft – eine Binsenweisheit, gewiß. Vielleicht liegt hier aber gleichzeitig ein Schwachpunkt seiner Regie, und zwar nicht etwa, weil er die originelle Idee, den konzeptionellen »Aufhänger« einer Inszenierung nicht gefunden hätte, sondern weil er sich dann allzusehr auf dessen Wirksamkeit verläßt. Je genauer, plastischer die psychologischen Beziehungsgeflechte herausgearbeitet sind, die Bühne also mit Differenzierung arbeitet, um so größer ist der Gewinn. Nicht immer gelingt diese bewußte Naivität im Umgang mit dem Genre und seinen Themen, mitunter verliert sich die große Fragestellung im Unverbindlich-Universellen. Und gelegentlich verhindert tatsächlich sein Hang zur Solidität den kühnen Entwurf, was seine »Ring«-Inszenierung in Bayreuth auf eklatante Weise demonstrierte.

Je mehr der Bühnenbildner im Sinne abstrahierender Distanz wagt, desto mehr wagt der Regisseur, wenn es um die Visualisierung von Abhängigkeiten geht – eine Formel, die auf Kirchners Opernregie durchaus anwendbar ist, da die Zustände der Personen die Räume bedingen. Einen solchen gewagten, weil gänzlich abstrahierten, mit vielfältigsten symbolischen Bedeutungen befrachteten Rahmen setzte die Stuttgarter Künstlerin und Rose-Schülerin Rosalie für Kirchners Inszenierung des »Idomeneo«. Und es gelang beiden mehr als nur ästhetisches Theater, obschon Heinz-Josef Herbort an diesem Beispiel in Erinnerung brachte, wie sehr Opernhäuser heute Museen seien und Aufführungen den Charakter von Ausstellungen besäßen. Für

ihn stellte der »Idomeneo« des Teams Kirchner/Rosalie im übrigen eine »mustergültige Präsentation« dar, denn die phantasievollen wie intelligenten Bilder besaßen gleichzeitig Unterhaltungswert.

Die »Opern-Ausstellung« begann schon, bevor überhaupt die ersten Takte der Musik erklangen. Ein athletischer junger Mann postierte sich am Bühnenrand, die Arme hinter dem Kopf verschränkt, mit dem Gesicht zur Wand – unklar freilich blieb, ob da jemand hingerichtet werden sollte, oder ob jemand in unbequemer Position über die Not des Menschen brütete. Dazu blickte man auf einen Bühnenvorhang, der mit Gleichheitszeichen aus der Computersprache übersät war – ein Zeichen, das signalhaft in späteren Bildern wiederkehrte. Kaum hatte sich der Vorhang gehoben, der junge Mann sich entfernt, sah man ein neues Zeichen, das die gefangene Prinzessin Ilia abgab. Wie eine Mumie war sie bis über den Kopf in weißes Tuch gehüllt. Während sie zur furiosen Arie über ihre Gefangenschaft ansetzte, löste sie sich aus den leinernen Fesseln, brach den Kokon auf. In dieser Art fuhr Kirchners Inszenierung fort: Zeichen, Symbole, Metaphern. Der kretische Palast bestand nur noch andeutungsweise aus Stümpfen von Rundsäulen. Idomeneo, sein schweres Los beklagend, erschien wie der Gekreuzigte selbst, als er ein rotes Kreuz umfaßte; das Erschrecken Idamantes über die Entdeckung seiner Liebe zu Ilia wurde sinnfällig als Überschreiten eines Bannkreises gezeigt. Die kretischen Krieger erhielten ein besonders martialisches Aussehen. Der Sturm wurde als furchteinflößende, bedrohliche Technik erlebt. Die formstrenge Opera seria erschien hier in ein nicht minder hochartifizielles und gleichwohl phantasievolles Gewand gehüllt, das durch die Art, wie Blicke gelenkt wurden, nachhaltige Ein- und Ansichten vermittelte. Am Finale erwies sich noch einmal der klug interpretierende Theatermann Kirchner. Das »Licto fine«, zu dem die Abdankung Idomeneos gehört, verstand Kirchner ganz unmittelbar als Absage an die Macht, denn Idamantes entsagt der Krone, wirft sie interesselos weg, sucht das Glück an der Seite Ilias. Während riesige Pappkameraden den Bühnenhimmel bevölkern, kauert das junge Paar ängstlich in einer Ecke. Doch der Spuk hat ein Ende, und so mag auf der Erde und im Leben der beiden das kleine Glück mehr zählen. Macht und Blindheit, so Idamantes Erfahrung, gehören eng zusammen. An den klugen und weisen König glaubte der Regisseur ebensowenig, darum verweigerte er im Finale das Huldigungszeremoniell. Immerhin veranschaulichten die überdimensionalen Figuren, die sich aus der Dekoration lösten und über den Köpfen der Sänger schwebten, auch, daß der Mensch zur Grenzüberschreitung fähig ist, daß er sich aus dem Rahmen der Konventionen zu

lösen vermag, wie jene Schatten, die sich aus ihren Passepartouts herauslösten.

Alles glich in dieser Inszenierung einer allegorischen Gratwanderung, ganz wie Rosalies Bühnenentwürfe sich auf einem Grat bewegten: »Alle Dechiffrierungen und Interpretationen geraten notwendigerweise ambivalent, denn die Bilder lassen ›positive‹ Deutungen zu, haben aber stets auch einen ›bösen‹ Kern. Sie erfüllen die Forderung nach einem phantasievollen Bühnenspektakel – und genügen doch nie nur sich selber. Sie sind herrlich anzuschauen und reizen doch immer zu hintergründigen Fragen.« (Herbort)

Auch mit einer anderen Mozartoper bewies

»Das Rheingold« (Bayreuth 1994) – Regie: Alfred Kirchner
Foto: Bayreuther Festspiele/Rauh

Kirchner szenischen Erfindungsreichtum: Wiederum stimmte er beim »Don Giovanni« auf das Geschehen durch eine Chiffre ein, die stets signalhaft wiederkehrte und sich wie ein roter Faden durch die Inszenierung zog. Es handelte sich dabei um das aus der erotischen Ikonografie entliehene Pferd. Mit dieser Chiffre ließ sich das Wesen des unbotmäßigen Cavaliere bühnenwirksam beschreiben. Auf dem Zwischenvorhang sah man Goyas Zeichnung »El caballo raptor« – den Hengst, der eine Frau entführt. Dazu passend steckt Giovanni in einer weißen Caballero-Kluft und nähert sich dann den Frauen tatsächlich stampfend und scharrend wie ein Pferd. Diesmal hatte Götz Loepelmann das Bühnenbild

entworfen, wiederum abstrahierend: mobile Wände, durch die szenische Variabilität erreicht wird. Neben unkonventionellen Figurenzeichnungen wurde vor allem die musikalische Intelligenz der Inszenierung allenthalben gelobt. Manchem indes schien das Theatralische allzu vordergründig angelegt, nur für das Auge konzipiert. Bemerkenswert blieb jedoch Kirchners Personenregie, beispielsweise wenn Don Ottavio eine ungewohnte Aufwertung erfuhr und einmal nicht den anämischen Tugendritter vorstellte, sondern als Adliger ebenbürtig mit Don Giovanni auftrat und damit zum durchaus gefährlichen Gegenspieler wurde, der freilich in ebenjenen Grenzen gefangen bleibt, die Don Giovanni

»Don Giovanni« (Amsterdam 1988) – Regie: Alfred Kirchner
Foto: Bert Nienhuis

ständig überschreitet . Leporello war ebenfalls nicht der sonst übliche dumme August, sondern nahm sein »Voglio far il gentiluomo« wörtlich und kopiert die Haltung des Herren. »Mein Zugang zu ›Don Giovanni‹«, kommentierte Kirchner, »eröffnete sich, als mir klar wurde, daß auch dieses Stück von der Commedia dell'arte beeinflußt ist. Dadurch bekamen die Dialoge letztlich eine ganz außerordentliche Brisanz, dadurch wurde es auch für die Zuschauer leicht, die Unwahrscheinlichkeiten des Stücks anzunehmen und mitzuleben.«

Bei Mozarts »Schauspieldirektor« griff Kirchners Regiekonzept jedoch entschieden zu kurz. Ursprünglich sollte das Werk mit Tschechows »Schwanengesang«, dem tragikomischen Monolog eines gealterten Schauspielers über den Betrug des Theaters, kombiniert werden. »Zuerst habe ich gemeint«, erläuterte Kirchner, »man könnte diesem Mozart durch den Tschechow noch eine Adelung geben, oder das noch ernster, gewichtiger machen, weil eben auch ›Schwanengesang‹ ein sehr schönes Theaterthema ist. Doch bei näherem Studium des ›Schauspieldirektors‹ bin ich der Meinung, daß das Stück derartig stark ist. Wenn man es das erste Mal liest, meint man, das sei irgendwie Schwachsinn, aber wenn man dahintersteigt, erinnert es mich stark an Texte von Ionesco.« Was nutzen freilich Einsichten, wenn sie für die Bühne Absichtserklärung bleiben und dort allenfalls eine Ahnung vom absurden Theater à la Ionesco vermitteln. Auch hätte die Sache Aktualität besessen, denn an den Nöten eines Mozartschen Impresarios dürfte sich bis heute nicht allzu viel geändert haben: chronischer Geldmangel und Akteure, deren Kunst aus einer Anhäufung von Allüren und Platitüden besteht. Selbstdarsteller versammeln sich, um sich selbst zu spielen. Im wahrsten Sinne des Wortes Leidtragender ist der Impresario, der in der Theaterhölle von allen Seiten bedrängt wird. Das erinnerte an Thomas Bernhards Wort, wonach das Theater eine perfide Ungezogenheit sei beziehungsweise eine ungezogene Perfidie. Bei Kirchner blieb das Stück grelle Posse, deren an-

archistische Tendenz jegliche Subversion vermissen ließ. Daß er außerdem aktuelle Anspielungen ausklammerte, nahm dem Stück den satirischen Stachel. So blieb es vor allem lauer, chargierender Klamauk. Dabei hätte man die literarische Qualität dieser Komödie mit Musik nur ernst genug nehmen müssen, um kindischen Größenwahn als Geniestreich in Szene zu setzen. Hier war der Opernregisseur Kirchner letzten Endes nur solide – die Ausnahme bestätigt also die Regel. Denn Kirchner ist in seinen gelungenen Regiearbeiten niemals bloß Illustrator, Arrangeur der Szene, der lediglich in die »Theaterfalle« eines trickreichen Apparats lockt. »Es kommt nicht darauf an, übergeordnete Theaterbilder zu finden und das Publikum mit renommierenden Bildern wie Fernseh-Reklame zu bedienen«, kommentierte er, »das Theater sollte sich da auch einmal heraushalten und auf den Kern einer Sache kommen. ... Wir wollen nicht mit tollen Bildern, die immer wieder Erklärungen brauchen, die Muskeln spielen lassen.« Da es um den Menschen geht, müsse er das Zentrum des Interesses bleiben. »Das geht natürlich nur, wenn man auch den Schauspieler oder Sänger in seiner Persönlichkeit nicht verbaut, sondern seine Persönlichkeit herauswachsen läßt.« Das trifft sich mit der als Maxime seiner Theaterarbeit formulierten Absicht, »die Sinne zu schärfen, zu lehren politisch zu denken, besser: menschlich zu denken«. Und sicherlich mag man ihm zustimmen, daß man Stücke nicht ständig mit »ideologischer Soße« überziehen soll. Welche Folgen allerdings die Angst vor irgendeiner »Message« haben kann, demonstrierte seine jüngste Opernarbeit an dem Großunternehmen »Ring« in Bayreuth, der durch die verhängnisvolle Weigerung des Regisseurs zu interpretieren zur szenischen Nullösung geriet. Wenn »Besinnung« und »Verfeinerung« in der Kunst so verstanden werden wie bei seiner »Ring«-Interpretation, dann wird das Publikum zum Verlierer, weil nur noch eine modisch bunt und minimalistisch bebilderte »Lindenstraßen«-Version, auf Monumentalformat projiziert, geboten wird.

PETER KONWITSCHNY

In Fellinis Film »Ginger und Fred«, jener poetischen wie bittersatirischen Geschichte um ein altes Tanzduo, das für eine Fernsehshow noch einmal zusammenkommt und einen Auftritt wagt, in diesem Film äußert Fred, umgeben von der irrwitzigen Atmosphäre eines Fernsehstudios: »Man kommt sich vor wie im Traum, weit weg von allem. Du weißt nicht, wo du bist und wie du hergekommen bist ...« Diesen Eindruck konnte man auch angesichts der Eröffnungsszene von Konwitschnys »Bohème«-Inszenierung gewinnen, zu der Johannes Leiacker das Bühnenbild entwarf. Poetisches und Satirisches vermischen sich auch dort, obschon das Traumhaft-Unwirkliche eine ausgesprochen düstere, ärmliche Szenerie beschreibt: In der Mitte einer gänzlich offenen, in Dunkelheit getauchten Bühne sieht man ein metallenes Bettgestell, eine Tonne als Ofen, einen improvisierten Tisch. Dahinter ist das Lichtermeer einer Stadt erkennbar, von der die eigentliche Szene weit entfernt und wie abgehoben erscheint. In Fellinis Film heißt es: »Wir sind Gespenster, die aus dem Dunkel auftauchen und wieder ins Dunkel verschwinden.« Natürlich haben Film und Operninszenierung allenfalls diese Assoziation als eher zufällige Ähnlichkeit gemein. Und doch ist nicht nur Zufall im Spiel. Denn von der ursprünglichen Absicht des Regisseurs, die Opernrollen mit älteren Sängern zu besetzen, so als ob man über dem ewigen Hoffen schließlich alt geworden sei, ist gewissermaßen der Rahmen geblieben. Tatsächlich wurden dann jüngere Sänger engagiert. Diese Idee hätte vermutlich weitaus mehr mit den Intentionen des Films korrespondiert. Lediglich Fellini wäre in der Schlußperspektive »freundlicher« geblieben, denn er gestand

der Kunst immerhin etwas Versöhnliches zu, auch wenn es für Ginger und Fred keine Zukunft als »Schlupfloch« mehr gibt. Denn in Konwitschnys Inszenierung der Pariser Bohème verschluckt die pessimistische Sicht jedwedes utopische Moment, wird unerbittliche Realität statt poetisierender Sentimentalität gezeigt.

Puccini selbst äußerte, er wolle nur Musik der »kleinen Dinge« machen, »wenn sie wahr, leidenschaftlich und menschlich sind«. Und: »Man sagt, Sentimentalität sei ein Zeichen von Schwäche. Aber ich finde es so schön, schwach zu sein.« Die kleinen menschlichen Dinge und Schwächen – »das ist die Welt des Rührenden und des Zärtlichen«, heißt es bei Siegfried Melchinger – man kommt in der Oper »La Bohème« nicht darum herum. Dabei wird der Regisseur keineswegs zum »Spielverderber«, wenn er mit härterem Licht beleuchtet, wenn er davon spricht, es gehe um mehr als nur um Psychologie – »psychologische Genauigkeit kann nur eine der Vorbedingungen sein«. Denn da gibt es auch gesellschaftliche Einsichten, die zwar durch den genrehaften Kitsch einer bloß illustrativen Aufführungstradition verdeckt wurden, aber Konwitschny setzt nun auf ein vorwiegend ernstes Spiel, dem Süße und Albernheit abhanden gekommen sind. Nicht zuletzt berühren sich in der Musik jene Extreme, die der Regisseur an der Existenz der Figuren sichtbar machen wollte – also keine verharmlosend tränenselige Lesart mehr: »Dieser Widerspruch von geworfener und bewußt angenommener Existenz macht den Reichtum, den Charme, die Unzulänglichkeit und die Menschlichkeit der Figuren aus.« (Konwitschny)

Das zweite Bild der Oper strebte eine Balance

zwischen bizarrer Poesie mit metaphorischen An-spielungen und handfester Satire an, die das Leben der Bohemiens quasi als Drahtseilakt, als Spagat über dem Abgrund in Szene setzte. Das vorweih-nachtliche Treiben persifliert der Regisseur als Kon-sumrausch, zu dem eine Kapelle von Weihnachts-männern den Marschrhythmus liefert. Angeführt wird sie von einem riesigen Nußknacker, um den sich ein Tanz wie um das goldene Kalb formiert. Über den Köpfen aller erblickt man eine Seiltänze-rin, die sich mit grazilen Schritten zwischen Himmel und Erde vorwärtstastet. Die ganze Szene, musika-lisch plaziert zwischen Marsch und Musette-Wal-zer, ist für sich schon ein Balanceakt. Für das dritte Bild, das Lokal vor den Toren von Enfer, ist die Büh-ne wieder in ein horizontloses Dunkel getaucht. Links am Rand deutet eine bunte Lichterkette das Lokal an, ansonsten schneit es unablässig, weshalb im letzten Bild die vier Lebenskünstler sich zunächst mit einer Schneeballschlacht abreagieren. Dabei ent-wickelt sich die Schlußszene zur bedrückenden Konfrontation mit dem Tod: Mimi stirbt auf der Straße, deren Lichter vom Zuschauersaal über den Orchestergraben hinweg perspektivisch bis in die Tiefe der Bühne hineinreichen. Der Zuschauersaal ist dazu hell erleuchtet – als stünde das Publikum

»La Bohème« (Leipzig 1991) – Regie: Peter Konwitschny
Foto: Andreas Birkigt

selbst am Straßenrand, um von dort aus Zeuge des Geschehens zu werden. Und als würden die Sänger wirkliches Leben spielen, wenden sich Marcello, Schaunard und Collin von der Toten ab, setzen ihren Weg auf der Straße des Lebens fort, ohne noch auf Rodolfos stumme Gebärden der Verzweiflung und Ratlosigkeit zu achten. Hilfloser und damit wirklichkeitsnäher hatte man Rodolfo auf der Bühne wohl noch nicht erlebt. In dieser Inszenierung wurde spürbar, wie fröhlich und schrecklich das Leben in seiner Alltäglichkeit sein kann, und sie stellte die Frage, ob nicht vielleicht die Fröhlichkeit vor dem Abgrund letzten Endes nur eine abwehrende Form von Sarkasmus bedeutet.

In Konwitschnys kritischer Inszenierung des Repertoireschlagers »La Bohème« erkennt man zugleich das Verhältnis des Regisseurs zur Oper: Werktreue, die sich zumeist mit Illustration begnügt, hält er für eine »ungesicherte Kategorie«. Er setzt ganz auf Subjektivität, was eine gewissenhafte Wort-Ton-Analyse keinesfalls ausschließt: »Viel wichtiger scheint mir zu ermitteln, welche Bereiche unserer heutigen Empfindungs- und Gedankenwelt im musikalischen und textlichen Material vorhanden sind, und diese theatralisch zu verdeutlichen.«

Der Regisseur Konwitschny stand mit seiner Art des Umgangs mit sogenanntem Erbe (einem Lieblingsbegriff der DDR-Kulturpolitik) unter ständigem Legitimationsdruck. Zwar hat es im Westen immer wieder ähnliche Publikumsproteste auf avanciertes Musiktheater gegeben, doch anders als in der DDR hätte hier keiner ernstlich eine Rechtfertigung für Subjektivität verlangt. »Freilich, für geschlossene Systeme ist Subjektivität schwer zu verkraften«, kommentierte Konwitschny die damalige Situation. Aber es ging ja keineswegs nur um das Recht auf eine eigene Meinung, Konwitschny verlangt die Aktualität, die Zeitgenossenschaft von Oper. Er will mit der Inszenierung den Nerv unserer Zeit treffen, und zwar konzessionslos, auch wenn am Ende der unversöhnliche Bruch stünde. Beim Inszenieren könne es weder um bloße Abbil-

dung von Wirklichkeit noch um deren Vortäuschung gehen, sondern um »die vielfach gebrochene Vermittlung von Wirklichkeit auf einer Kunstebene, die mit Mitteln verfremdender Zeichensprache arbeitet«. Hier ist gleichermaßen wieder der Bühnenbildner gefordert, der die optischen Äquivalente eines Regiekonzeptes erfindet. Sehr oft war dies Helmut Brade. »Der war nahezu ein Coregisseur«, bekannte Konwitschny. »Dafür war ich gleichsam auch Bühnenbildner. So wurden Raum und Requisiten integraler Bestandteil des szenischen Spiels. Es entstanden unglaublich konzentrierte Abläufe. Durch Reduktion. Der Mut zur Armut gekoppelt mit hoher künstlerischer Sensibilität und Erfahrung.« Und es ist nicht zuletzt der Bühnenbildner, dessen Arbeit immer wieder in Rezensionen lobend hervorgehoben wird. Das war auch bei Glucks »Orpheus und Eurydike« der Fall. Bühnenbild und Regie waren eng miteinander verzahnt. Mehr als bei Händel, mit dessen Werk Konwitschny durch seine Tätigkeit in Halle besonders vertraut war, sah er in Glucks Opern die neuen bürgerlichen Wertvorstellungen durchgesetzt, mehr als bei Händel sei die Moral der Geschichte von Bedeutung, die mit inhaltlicher Konzentration, durch die Beschränkung von Handlungsvarianten innerhalb eines Werkes erreicht wird (die bei Händel oft überbordende Ausmaße annehmen und nachgerade barocke Fülle wiedergeben). Ebenso wichtig wie das Aufspüren der Aktualität in alten Opernstoffen nimmt der Regisseur die Aufgabe, »eine Struktur der Musik in Szene zu setzen«, zugleich aber einen Kontrapunkt zu finden. Dabei erschien ihm das erste und letzte Bild, wo Orpheus jeweils unmittelbar mit der Gesellschaft und deren Bedingungen konfrontiert und auch die im Werk angelegte Idolisierung thematisiert wird, als besonders brutal, und zwar gerade »im Sinne von Zeitnahheit«. Da wäre das leere Begräbnisritual als bloße Zeremonie, die nichts mit Orpheus' Trauer zu tun habe, oder Orpheus' Prüfung, die Konwitschny eine Unterwerfung nennt, Orpheus verweigert sie und wird zum Aussteiger. Darum bedarf es eines zweiten »Gnadenaktes«, der die Ordnung wiederherstellt, die Anpassung erreicht.

Ruth Berghaus beschrieb Konwitschnys Regiearbeit folgendermaßen: »Mit traumwandlerischer Sicherheit findet er in Note und Text der Figuren den ihnen innewohnenden Trieb, er findet das Fremde zwischen den Figuren, das sie einander nicht erkennen läßt, das Befremdliche zwischen ihnen, das sie blind macht gegen sich selbst und den anderen, blind ihrer Bestimmung gegenüber: nämlich zu den Zwecken der Zeit abgerichtet zu werden. Gegen das, was sie fernsteuert und voneinander entfernt, geht er an.«

Zwar nennt Konwitschny seine Opernarbeit politisch, allerdings »nicht auf dieser direkten Ebene«. Mit dem Theater näher an die Realität heranzuwollen, hält er nämlich für ein Mißverständnis. Die Bühne bleibe eine eigene, unabhängige Welt. »Das eigentliche Ziel ist doch immer, die Zuschauer zu berühren. Das bedeutet Kopf und Herz. Es geht nicht mit reiner Intellektualität.« Dazu sei es überhaupt nicht erforderlich, ständig und immer wieder die erste Dimension einer Fabel mitzuerzählen. Daß das Gemeinte sichtbar wird und dennoch in einer metaphorischen Schwebe bleibt, dafür sorgt das Bühnenbild mit seinen optischen Reizen: »Die Büh-

»Un ballo in maschera« (Dresden 1994) – Regie: Peter Konwitschny
Foto: Erwin Döring

nenausstattung schafft Bilder«, erklärt Helmut Brade, »die aus unserer Gegenwart heraus verstanden werden können und den Mythos als unserem Leben ganz und gar verbunden und innewohnend zeigen. Diese Absicht war in Übereinstimmung mit Glucks Musik realisierbar.« Brade konnte sich hier auf den Komponisten selbst stützen, der ja ebenfalls auf das Menschliche und somit auf das Gesellschaftliche in seiner Oper setzte: nämlich durch das antike Vorbild »zu uns selbst zu kommen, nach unseren eigenen Gesetzen« (Gluck).

Gerade Konwitschnys Inszenierungen zeigen, daß eine »naive« Annäherung an die Werke eigentlich nicht möglich ist, stets tritt unser Wissen und unsere Erfahrung hinzu, mischen sie sich ein bei der Interpretation alter Werke. Naiv im Sinne von unvorbelastet und unvoreingenommen sollte allenfalls der Umgang mit den solcherart gewonnenen aktualisierten Lesarten sein, was freilich nur Appell an das Publikum sein kann. Den Regisseur führen die zuweilen heftigen Publikumsproteste allerdings oft zu starken Selbstzweifeln. Er gesteht das Bedürfnis nach Anerkennung und Bestätigung. Gottlob ist der Antrieb, einen neuen Versuch zu unternehmen, bei ihm größer als die Resignation. Konwitschnys Theater ist der Mitteilung verpflichtet, der Hoffnung auf Kommunikation (wie es bei Frank Kämpfer heißt). Doch Oper soll auch berühren, und deshalb verlangt der Regisseur Direktheit. Die Art, wie dies versucht wird, ist konzessionslos, und ihr haftet darum nicht selten Sensationelles an, der Schock alles Neuen, das so noch nicht gesehen wurde. Aber darum ist Konwitschny noch lange kein Skandal-Regisseur, auch wenn sich das Publikum provoziert fühlt und mit heftiger Ablehnung reagiert. Eher schon lehrt uns Konwitschny sehen, indem er uns zumutet, »Musik als Sprache zu begreifen zur Verständigung«, wie es in Ruth Berghaus' Laudatio anläßlich der Verleihung des Konrad-Wolf-Preises an ihren Kollegen heißt.

GÜNTER KRÄMER

«Ich möchte mich ja nicht einer Interpretation verweigern«, erklärte Krämer anläßlich seiner »Ring«-Inszenierung in Hamburg, »ich bin nur der bestehenden Konzepte überdrüssig. Ich langweile mich, wenn ich schon von vornherein durch einen Raum oder ein Kostüm weiß, welches der herrschenden Konzepte mir vorgeführt wird. Ich möchte die größtmögliche Freiheit haben, an der Oper entlang zu inszenieren, mit den Möglichkeiten, die mir zur Verfügung stehen und den Sehmöglichkeiten – all die Konzepte kennend. Natürlich ist dies ein gefährliches Unterfangen, weil man mir Konzeptionslosigkeit vorwerfen könnte ..., aber das darf mich nicht beeindrucken. Denn die Angst des Regisseurs, nicht intelligent zu wirken, führt dazu, daß mancher eng und zuweilen unsinnig sich hinter bestehenden ästhetischen Positionen versteckt ...« Der Regisseur beschreibt hier ziemlich genau seine »Arbeitsmethode«. Natürlich inszeniert er nicht vom Blatt weg, um letzten Endes nur Dekoration der Texte zu betreiben, aber für Krämers Regie gilt stets dieses »Am-Werk-entlang-Inszenieren«. Wichtig ist ihm die Balance von Klärung und Verschleierung, denn nichts sei langweiliger, als wenn alles eindeutig ist, man alles sofort weiß. Seine größte Skepsis gilt den sogenannten Regiekonzepten, die von Literaturhistorikern entliehen sind. Er polemisiert wie etwa Dresen entschieden gegen inszenierte Sekundärliteratur. Dabei kommt er genausowenig wie Dresen um die Analyse der Stücke herum und um die Übersetzung in mehr oder weniger zeitgemäße ästhetische Positionen. Deshalb gleichen die Diskussionen um das Pro und Contra von Regiekonzepten gelegentlich Spiegelfechtereien. Naturgemäß interpre-

tiert auch Krämer, indem er ganz bestimmte Vorstellungen vom Stück und seinen Personen auf der Bühne sichtbar macht. Denn dies ist ja der Irrtum vermeintlicher Werktreue, wonach Stücke für sich sprechen können. Wobei Krämer durchaus recht hat, wenn er die Stücke selbst als reicher denn irgendwelche vorgegebenen Konzepte ansieht. Die tägliche Opernerfahrung lehrt jedoch, daß die Lesarten und szenischen Lösungen so vielfältig und geradezu unerschöpflich sind, daß man durch das »Am-Werk-entlang-Inszenieren« zwar frappierende Details erkennt, aber sich zuweilen darin verliert.

Im übrigen demonstrierte beispielsweise Krämers »Freischütz«-Inszenierung, wie gut er sich auf Regiekonzepte versteht und wie spannungsvoll sich diese auf der Bühne ausnehmen. Richard Wagner beklagte einst, daß uns zwar Maxens Lied »Durch die Wälder, durch die Auen« aus Webers »Freischütz« zu Tränen rührt, jedoch blicke man »trockenen Auges statt auf ein gemeinsames Vaterland auf 34 Fürstentümer«. Das war längst schon Geschichte geworden. Und aus dem später entstandenen Reich wurden wiederum zwei deutsche Staaten (aber auch dies ist inzwischen Geschichte). Als Günter Krämer den »Freischütz« an der Komischer Oper Berlin inszenierte, wußte man noch nicht, wie nahe man dem »einig Vaterland« in Wirklichkeit schon war, doch es schien, als hätte Andreas Reinhardt diese Bemerkung über die sonderbaren Deutschen im Sinn gehabt, als er sich für die Eröffnungsszene einen Wald aus Fahnen der deutschen Lande als Bühnenbild ausdachte – wie eine historische Replik mit durchaus aktuellen Bezügen. Was Weber irgendwo in einem imaginären Böhmerwald ansiedelte, sah man nun als »gesamtdeutsche« Geschichte. Und als ob diese überaus politisch verstandene »Freischütz«-Inszenierung von der Gegenwart eingeholt wurde, rückte nun unversehens der vorweggenommene gesamtdeutsche Traum mit seinen durchaus alptraumhaften Abgründen in greifbare Nähe. Noch während aus dem Orchestergraben die Ouvertüre erklang, setzte der Regisseur auf der Bühne unübersehbare Zeichen: Zweimal hebt sich der Vorhang. Zuerst sind es Pappkameraden als Zielscheiben, das Herz markiert ein rotes Licht. Danach wandelt Agathe traumversunken zwischen Reihen von Grabkreuzen. Hier sollte offenbar werden: In dieser Oper geht es, nicht bloß als individuelle Schicksalsfrage, um Leben und Tod. Wie politisch das gedacht war, zeigte sich an der Brisanz der »Wolfsschluchtszene«. Nicht nur verzichtete der Bühnenbildner auf jegliche Natursymbolik, auch von all der grausigen Waldromantik, zu der Weber selbst im Libretto detaillierte Vorgaben lieferte, war nichts übriggeblieben. Ein leerer, dunkler Raum sollte es vielmehr sein, beleuchtet von fahlem Licht, so daß eine in schwarze Gewänder gehüllte Geisterschar im Halbkreis nur schemenhaft sichtbar wurde. Wie ein Femegericht hatte sie sich um Kaspar aufgestellt, der im magischen Rund die Freikugeln goß. Mit jeder gegossenen Kugel lösten sich einzelne Gestalten aus der Menge: Gewaltszenen wurden wie Tableaus des Schreckens um Kaspar gruppiert. Hier wurde unmißverständlich vorgeführt, daß die finsteren Mächte nichts anderes als der Ausdruck von Gewalt sind. Wäre es nach dem Libretto gegangen, senkte sich der Vorhang nach der siebten Kugel, der Spuk hätte ein Ende. Doch um jeden Zweifel über die wahren Zusammenhänge aus dem Weg zu räumen, ließ der Regisseur – die Musik ist inzwischen verstummt – die Geistergestalten die Gewänder ablegen, und es zeigten sich an der Rampe nach und nach die Jäger, die man schon anfangs sah.

Die Irritation im Publikum war komplett, als die Jäger den berühmten Chor »Was gleicht wohl auf Erden dem Jägervergnügen« intonierten. In dieser Verwandlung lag der Schlüssel für die gesellschaftlichen Dimensionen subjektiver Angst. Hier lieferte der Regisseur den szenischen Beweis für die These, wonach die Wolfsschlucht eben kein geografischer Ort, sondern Symbol für Gewalt sei – Hans Mayer nennt sie »Landschaft eines Albtraumes«.

Die Inszenierung lieferte das Exempel, wie aus einer von unmenschlichen Gesetzen reglementierten Gesellschaft Gewaltpotentiale entstehen. Sie erschienen in einem solchen sozialen Reglement zugleich ritualisiert wie kanalisiert: etwa beim Spottlied Kilians, wo verbale in tätliche Aggression des Bauern gegen den Jäger übergeht. Das hat nichts Klassenkämpferisches, sondern entpuppt sich als Mechanismus des gesellschaftlichen Reglements. Insofern hatte Krämer die deutscheste der deutschen Opern ohne Ausflüchte inszeniert. Das Nebeneinander von Parodie und Alptraum blieb nicht allein eine musikalische Angelegenheit. Man fand es nun in suggestiven Bildern wieder. »Ein ernstgenommener ›Freischütz‹ ist nichts zum Lachen«, heißt es bei Hans Mayer. Und Krämer inszenierte Ironie und Komik mit bitterem Beigeschmack etwa im Auftritt der Brautjungfern. Schon Heine mokierte sich über den grünen Jungfernkranz mit veilchenblauer Seide, einen Chor, den angeblich die »Hunde auf der Straße bellen« würden. Auch Krämer setzt zunächst auf die Komik. Nur entschied er sich für die makabre Wendung und leitete in eine Traumszene über, nachdem mit Entsetzen statt des Jungfern- der Totenkranz entdeckt wird. Die Brautjungfern wenden sich verstört von Agathe ab, gehen langsam auseinander, und allmählich kommen Grabkreuze ins Blickfeld. Die Szene erstarrt zu einem bildlich gesprochenen Memento mori.

»Ist's recht, auf einer Kugel Lauf zwei edler Herzen Glück zu setzen?«, so steht es am Ende in großer roter Schrift auf einem Gazevorhang zu lesen. Natürlich nicht! Nur, der fürstliche Popanz denkt nicht daran, das Unrecht abzuschaffen. Erst des Eremiten Einspruch, der im Pastorengewand die Bühne betritt, bewegt den Fürsten zur Mei-

nungsänderung. Besiegelt wird das mit dem sozialistischen Bruderkuß (die Premiere fiel in die Zeit
kurz vor der verordneten Jubelfeier »Vierzig Jahre
DDR«). Mit Jägerromantik und schauriger Natursymbolik hatte Krämers Inszenierung also nichts zu
tun, eher mit der deutschen Misere, von der diese
Oper »giftig und komisch zugleich« handelt (Hans
Mayer).

Der Regisseur und derzeitige Schauspiel-In-
tendant in Köln, Günter Krämer, verglich seine Nei-

gung für Schauspiel und Oper mit dem Verhältnis
zu Ehefrau und Geliebter: »Die Oper ist als Geliebte
eine Herausforderung, denn der Opernregisseur
wird durch die Musik gezwungen, mehr als beim
Schauspiel auf das Werk einzugehen.« Weil das Me-
tronom unbarmherzig schlage, sei die Anstrengung
um so größer. Das richtige Timing zu finden, sei das
Aufregende an der Arbeit des Regisseurs. Krämer
hat zumeist das richtige Timing gefunden, und zwar
fast so perfekt, wie es Alfred Hitchcock in seinen Fil-

»Der Freischütz« (Berlin 1989) – Regie: Günter Krämer
Foto: Arwid Lagenpusch

men vermochte. Das ist keineswegs zufällig, denn das Genre des Kriminalfilms und im besonderen Hitchcocks Psycho-Thriller haben es Krämer angetan. So manche Inszenierung profitierte von der Psychologie und den Überraschungscoups der Filme mit ihren dramatischen Zuspitzungen. Das war der Fall bei Korngolds Oper »Die tote Stadt«. Der Handlungsort ist im Libretto zwar mit der belgischen Stadt Brügge sehr konkret gefaßt, doch der Regisseur interpretierte das Opern-Brügge als Symbol für Stillstand, Kälte und Tod, wo ein unheimlicher Mann und eine unheimliche Frau leben und Unheimliches in einem unheimlichen Haus geschieht: »Und fast möchte ich Hitchcock diese Inszenierung widmen«, gestand Krämer, »da er für mich der moderne Erzähler altmodischer Neurosen und der altmodische Erzähler neumodischer Neurosen war.« Krämer adaptierte filmische Mittel des Psycho-Thrillers als Leitmotive seiner Inszenierung: Etwa die bewußte Dramatisierung (Suspense), in der

»Die Entführung aus dem Serail« (Berlin 1991) – Regie: Günter Krämer
Foto: Kranichphoto

durch eine gewisse, in ihrer Unwahrscheinlichkeit durchaus akzeptierte Willkür Spannung erzeugt wird. Oder es wird die Handlung als Logik der Träume in Szene gesetzt – was in der Oper sicherlich nicht schwerfällt, haben wir es ohnehin bei ihren unrealistischen Zeitmaßen und Situationen mit Traumzeit zu tun. Auch wird der Betrachter zwangsläufig in die Rolle des Voyeurs gedrängt.

Eine besondere Vorliebe des Regisseurs gilt der Oper des 20. Jahrhunderts, mit ihr begann er seine Karriere als Opernregisseur. Vielleicht, so seine Mutmaßung, dachten die Opernintendanten, würde er als vermeintlich unmusikalischer Schauspielregisseur weniger »verbrechen«, wenn er sich an der Moderne auslasse. Aber dann bewies er doch musikalischen Verstand: Neben dem soeben erwähnten Werk Korngolds kamen bislang Opern von Schreker, Janáček und Schostakowitsch hinzu. Dabei erregten seine Inszenierungen an der Deutschen Oper Berlin besondere Aufmerksamkeit. Dort entstand unter dem keineswegs seminaristisch verstandenen Thema »Die Frau in der Oper des 20. Jahrhunderts« ein Zyklus von beispielhaftem Musiktheater. Dieser begann 1986 mit der Aufführung von »Katja Kabanowa«, für die Hans Heinz Stuckenschmidt in seiner Rezension die Formel »Poetischer Realismus voller Härte und Schönheit« fand. Bewegender dürfte das Schicksal der Katja, ihr Ausbruch aus einer engherzigen Welt und das kurze Glück eines Liebesabenteuers nicht darstellbar sein. Krämer fand immer wieder bezwingende Bilder, in denen sich sowohl Katjas traumverlorenes Wesen widerspiegelte als auch eine von Rückständigkeit und Bigotterie geprägte Gesellschaft in ihrer ganzen Feindseligkeit. Was Ostrowskis literarische Vorlage (»Gewitter«) vornehmlich als Karikatur zeigt, wurde bei Janáček zum Seelendrama, für das Krämer die richtigen Dimensionen und die passende szenische Poesie erfand.

Auch in Schostakowitschs »Lady Macbeth von Mzensk« setzte Krämer auf eine optische Kriminaldramaturgie, wobei er den musikalischen Illu-

strationen szenisch bewußt aus dem Weg ging, indem er beispielsweise die heikle Beischlafszene von Katharina und Sergej hinter der verschlossenen Kammertür stattfinden läßt. Die Musik ist in dieser Szene ohnehin eindeutig, was nicht zuletzt die Publikumsreaktionen demonstrierten. Die Einheitsdekoration aus dem ersten Teil der Oper führt eine Welt der Gefangenschaft vor: Hohe schwarze Wände, Enge ringsum, ausschnitthaft die Blicke ins Innere. Danach weitet sich der Raum immer mehr, bis zur leeren Bühne des Sibirienbildes. Der Regisseur verweigerte also auch hier konsequent jeglichen Naturalismus. Denn Natur, so seine Erklärung, lasse sich nicht abbilden, man brauche Zeichen dafür: »In der ›Lady Macbeth von Mzensk‹ ist für mich ›Natur‹ im Gegensatz zum Haus die leere Bühne. Nachdem es am Anfang so eng war, hat man plötzlich das Gefühl, durchatmen zu können.« Dazu paßt auch folgende Bemerkung: »Meine Phantasie ist am stärksten, wenn ich leere Räume habe.« Was er nämlich bei seiner »Ring«-Inszenierung versuchte, sah man zuvor schon in den obenerwähnten Interpretationen. Er suchte also nicht über Kostüme und Bühnenbild den inszenatorischen Einstieg: »Ich wollte den umgekehrten Weg gehen und über die Definition der Sänger ein Konzept entwickeln, dem sich der Raum und die paar Dinge, die drinnen sind, unterordnen.« Tatsächlich wurde die größte Wirkung immer wieder über sängerdarstellerische Präsenz erzielt.

Im Fall der Schostakowitsch-Oper war es jedoch keineswegs erforderlich, die Szene zu radikalisieren, da die Oper in der Erstfassung von 1934 ohnehin mit einer Radikalität von Musik und Text aufwartet: »Der Geist muß radikal sein. In der Spannung und im Wechselspiel zwischen Musik und Szene liegt für mich das Faszinosum der Oper.« Krämer gelang die Konzentration auf das Wesentliche, indem er durch Reduktion die Szene ins richtige Verhältnis zur Musik brachte. Das geschah bisher in den meisten Fällen in Zusammenarbeit mit dem Bühnenbildner Andreas Reinhardt, der vorzugsweise zeichenhaft-abstrahierte Bühnenräume entwirft und dabei die Szene stets sehr effektvoll »klimatisiert«. Und weil es dennoch oft genug nüchterne, nahezu leere, allenfalls karg möblierte Räume sind, erfährt die Personenregie um so mehr Aufmerksamkeit. Krämer weiß, wie man Personen führt. So urteilte Werner Burkhardt über die als Großstadtballade inszenierte Schreker-Oper »Der Schatzgräber«: »Auch gelingt ihm das Allerschwerste: Das Interesse an den Figuren erlahmt auch dann nicht, wenn sie schweigen. Sie werfen einander Blicke zu, wenden sich voneinander ab, und immer denkt man ›Gleich singen sie‹, und dann spielt das Orchester allein weiter.«

Ein Indiz dafür, daß Krämer ebenfalls der Konzepte bedarf, auch wenn er scheinbar nur an den Werken entlang inszeniert, sind die Orts- und Zeitverschiebungen, die er zur besseren Deutlichkeit der beabsichtigten Aussage vornimmt. Etwa in der »Entführung aus dem Serail«, wo er die übliche Turban- und Pluderhosen-Folklore ersatzlos strich, um aus dem Orient weiter in Richtung Fernost zu ziehen (Papierschiebetüren, japanische Kiefer als optische Hinweise). In die orientalische Heiterkeit mischte Krämer unmißverständliche Zeichen des Todes, der Trauer und Angst. Er deckte damit tiefere Schichten singspielerischer Oberfläche auf, brachte Ernst ins Spiel, in der Zeichnung der Figuren vor allem Schärfe. Der Spanier Belmonte kommt in Gewand und Haltung eines routinierten Eroberers daher, der sofort skrupellos Waffen einsetzt (»ein Rambo der damaligen Zeit«). Aber auch Bassa Selim wird zum körperverliebten Narziß, der am Ende nicht aus humanistischer Neigung, sondern aus Laune entsagt und Konstanze die Freiheit schenkt. Solcherart Radikalisierung machte freilich den Witz nicht überflüssig – sowohl Mittel ironischer Distanz wie szenischer Vielfalt. Krämer verstand es, daraus komische Glanznummern zu entwickeln (etwa Osmins vergeblicher Kampf mit einem klappbaren Liegestuhl). Krämers zeichenhafter Realismus überzeugt durch zumeist klare inszenatorische Linien und erhält Vitalität durch die Begabung des Regisseurs, aus Opernfiguren handelnde, glaubhafte Personen zu machen.

HARRY KUPFER

Ganz ohne Frage, Harry Kupfer ist ein sehr produktiver Regisseur. Mit durchschnittlich fünf Inszenierungen pro Jahr gehört er zu den vielbeschäftigten Opernregisseuren unserer Tage. Man sieht in ihm vorzugsweise den Vertreter eines realistischen Musiktheaters in der Tradition Walter Felsensteins, was er selbst differenzierter beurteilt und mit Einschränkungen versieht. Er gibt gerne auch über seine Regiearbeit, sein Verständnis von Oper Auskunft. Das fordert natürlich zum Vergleich und zur Überprüfung heraus. Dabei fallen, neben Divergenzen zwischen Theorie und Praxis, auch ein idealistischer Grundzug in der Auffassung über die moralische Anstalt Theater auf. Kupfer spricht von der »unglaublichen Verantwortung im Vermitteln der Inhalte«: »Ich möchte alle Fragen der Welt in dieser schönen, totalen Kunstform, der Oper, durchspielen, um dabei Vorschläge zu machen für das Zusammenleben der Menschen. Es ist mein unmittelbares Bedürfnis, mich in dieser Kunstgattung zu äußern, eigentlich meine Lebensform.« Der humane Aspekt der Aufklärung wurde so zu einem wichtigen Agens in seinen Inszenierungen. Doch führte so viel Idealismus offenkundig zu einer Überbewertung der gesellschaftlichen Wirkungsmöglichkeiten von Oper. Auf die Frage etwa, welche Macht denn die Musik in einem Prozeß hin zu mehr Demokratie und einer Gesellschaftsordnung habe, in der Freiheit nicht auf Kosten anderer verwirklicht werde, antwortete Kupfer: »Eine unglaublich emotionale Kraft in der Beeinflussung der Menschen. Das aber ist so gefährlich in unserem Metier, daß wir damit verantwortlich umgehen müssen. Ich habe mit der Musik die Möglichkeit, künstlerische Prozesse unmittelbar emotional dem Publikum mitzuteilen und es damit sogar zu manipulieren.«

Gewiß mag es in jedem einzelnen Opernbesucher mehr oder weniger faßbare emotionale Wirkungen geben, daß allerdings Oper, auch wenn sie sich noch so politisch und analysierend, noch so aufklärerisch und im Hinblick auf propagierten Humanismus utopisch gibt, eine konkrete gesellschaftliche Wirkung besitzt, bleibt allein Glaubenssache. Ob ein Opernregisseur, zumindest außerhalb der Proben, wirklich Macht besitzt, mag man nach allen Erfahrungen eher bezweifeln. Obschon die politische Wirksamkeit des Theaters sich in kaum meßbaren Relationen bewegt und wohl eher ein Klischee aus der linken Kitschecke, schlechterdings Wunschdenken darstellt, so erhält das avancierte Musiktheater seine Impulse nachgerade von der kritischen Haltung des Regisseurs und aller an der Oper Beteiligten, gerade weil hier Inhalt ernstgenommen wird. Es ist immer wieder das gleiche: Die Bühne hat sicherlich etwas mit dem Leben zu tun, gibt sich als dessen Spiegel, aber sie ist eben nicht das Leben selbst. Als Kunst ist Oper mehr Antithese zur empirischen Welt, die diese unbehelligt läßt.

Kupfers Hoffnung auf die gesellschaftliche Wirkung von Oper besaß unter den Bedingungen eines Zwangssystems eine durchaus konkrete Dimension, denn tatsächlich wurde jede noch so kleine Anspielung und satirische Pointe vom Publikum verstanden und applaudiert. Theater war hier Ventil und politischer Ersatz. Richtig ist auch, daß gerade deshalb manche Inszenierung rasch wieder vom Spielplan verschwand. Aber den Untergang der DDR haben zuallerletzt die Theater bewirkt.

Überspitzt formuliert, betreibt Harry Kupfer Opernregie als Plakatkunst, da er in seinen inszenierten Plädoyers vorzugsweise auf unmittelbar verständliche Argumente setzt. Das befördert zuweilen die Gefahr, daß die Komplexität menschlicher Existenz in Schwarzweiß-Malerei übersetzt wird. Kupfers szenische Lösungen zielen in ihrer oft drastischen Wirkung auf rasches Einverständnis. Nichts bleibt unbeantwortet, jeder soll alles verstehen – das Theater als Schule des Lebens, mit Merksätzen und den richtigen Formeln dazu. Als sei die moralische Anstalt Theater eine Art Sonntagsschule mit nichts als Bösewichten und Musterknaben. Verständlichkeit ist ein Hauptziel seiner Inszenierungen. Oper sei schließlich immer mit einer »großen Verallgemeinerungskraft« verbunden: »Fast alles wird gleichnishaft, es wird jeweils ein Beispiel gegeben in der Verallgemeinerung; es handelt sich nie um eine Sache pur, um eine irgendwie gearbeitete Geschichte zwischen bestimmten Menschen, sondern um eine Geschichte, deren Bedeutung gleichzeitig eine Beziehung zu größeren, weltanschaulichen Zusammenhängen aufscheinen läßt.«

Neben der Verständlichkeit einer Inszenierung ist ihre Lebendigkeit das zweite Leitmotiv für Kupfers Regiearbeit. Diese versucht er durch die für ihn spezifische Personenführung zu erreichen, die nicht selten zu Aktionismus neigt. »Das Entscheidende an einer Operninszenierung ist die Arbeit mit den Menschen. Der Sänger muß mit seinem Können die Idee realisieren. Die Idee des Bildes kann noch so genial sein, ohne den Menschen bleibt sie wertlos.« Die Art der Bewegungsabläufe läßt in ihrer Überspitzung an Überrealismus denken. Das oft aggressive Vokabular der Gebärden hat nämlich wenig mit einem natürlichen Bewegungsablauf zu tun. Wir haben es vielmehr mit theatralischer Gestik zu tun, einer emotional gesteigerten Motorik, die sich zum musikalischen Ablauf wie ein asynchroner Prozeß verhält. Rupert Lummer betonte dabei das Moment der Improvisation: »Der Sänger singt und handelt auf der Bühne ganz aus dem Bewußtsein der Situation und des Augenblicks heraus, er wiederholt nicht Einstudiertes und Angelerntes, sondern zeigt einen Vorgang, den er gedanklich reproduziert.« Problematisch erscheint zuweilen die »Zeige-Wut« des Regisseurs. Während Günter Krämer etwa die Beischlafszene aus der Oper »Lady Macbeth von Mzensk« von Schostakowitsch hinter der Tür stattfinden läßt, weil die Musik eindeutig illustriert, kommt es bei Kupfer bezeichnenderweise zu den erwarteten »Nahkampfübungen«.

Bereits 1984 inszenierte er »Idomeneo« in Stuttgart. Die Oper handelt von der Absetzung eines Königs, dessen egoistisches Verhalten ebenso moralisch falsch wie verhängnisvoll für das Volk ist. Der Regisseur setzte dabei auf Assoziationen mit der Nachkriegszeit von 1945. Das dazu passende Bühnenbild von Wolfgang Gussmann faßte den Bühnenraum mit Betonwänden ein, dazwischen Spuren der Zerstörung. Die Protagonisten der Oper waren in Soldatenmäntel gekleidet. Später, nach der Giftkatastrophe, trat das »Entgiftungskommando« in Schutzanzügen und Gasmasken auf, Krankenschwestern bemühten sich um die Opfer der vom König durch dessen gebrochenen Schwur verschuldeten Umweltkatastrophe. Zur szenischen Düsternis paßten die Kriegsversehrten und Toten durchaus. Die Aktualisierung war allgemein gehalten, denn auf welche konkreten Erfahrungen und Konstellationen ließe sich denn auch die Geschichte des kretischen Königs direkt übertragen? Auf die Abdankung folgte der verordnete Jubel mit offiziösem Pomp. Das pessimistisch eingefärbte Finale brachte so die Skepsis des Regisseurs über die Ordnung der Welt zum Ausdruck.

Daß Regisseure Mozarts Oper »Idomeneo« bevorzugt politisch deuten, liegt auf der Hand. Denn immerhin gibt der kretische König ein Beispiel dafür, in welche Konflikte die mit privaten Interessen kollidierende Macht verwickelt und welche gesellschaftliche Wirkung damit verbunden sein kann. Im Jahre 1989 hieß das aktuelle Stichwort hierfür »Machtmißbrauch«. Der real nicht mehr existie-

---

rende Sozialismus lieferte ausreichend Stoff, um Mozarts Oper auf geradezu beklemmende Weise Brisanz zu verleihen. Aber was ist letzten Endes schon eine Opernbühne gegen die krude Realität? Dennoch entschied Kupfer: »Kein Stück paßt jetzt besser!« und inszenierte die Oper noch einmal im November 1989 an seinem Stammhaus. So entstand erneut ein zum Politthriller aufgepulvertes Dramma per musica. Die Komische Oper sei dafür der richtige Platz: »Wir müssen unser Konzept unter den veränderten politischen Bedingungen nicht ändern, denn es war ja schon immer darauf ausgerichtet, die komplizierten Geschichten individueller Verwirklichung von Menschen unter bestimmten gesellschaftlichen Verhältnissen zu zeigen. Das ist das Thema der Kunst, dem wir uns politisch engagiert widmen.«

Die Szenarien der beiden Inszenierungen waren einander sehr ähnlich, auch wenn jetzt Hans Schavernoch als Bühnenbildner verantwortlich zeichnete: Wiederum rahmten Betonwände die Bühne ein, doch jetzt sah man in eine Art Fabrikhof, den ein riesiges, mit Wellblech beschlagenes Tor in zwei Hälften teilte. Das Volk war proletarisch gekleidet, während der Königssohn Idamantes in Jeans und Lederjacke nervös über die Bühne fegte. Der Vertraute des Königs besaß frappierende Ähnlichkeit mit dem alerten Gregor Gysi. Und die trojanischen Gefangenen erinnerten mit ihren Dreieckszeichen am Mantelkragen an die im Dritten Reich

»Idomeneo« (Berlin 1990) – Regie: Harry Kupfer
Foto: Arwid Lagenpusch

verfolgten Juden. Mit den Zeiten ging es also ein wenig durcheinander. Hier war ein Menschheitsdrama buchstäblich aus Schweiß, (Theater-)Blut und Qualm geboren. Gehetzt und gepeinigt schoben und krochen Gefangene und Sieger gleichermaßen über die Bühne. Es schien, als absolvierten die Sänger mit ihrem unentwegten motorischen Drang ein Fitneßprogramm, das Oper im wahrsten Sinne des Wortes als Überlebenstraining darstellt.

Schon in Stuttgart mißtraute Kupfer dem Happy-End. So einfach sei es denn doch nicht: Der König hat zwar auf Göttergeheiß (die Stimme kommt über Megaphon, das ein Knabe spazierenträgt), seiner schweren Verfehlung wegen, die Königskrone an Idamantes abzutreten. Der Jubel des »erlösten« Volkes indes war verordnet – der Schlußchor wurde wie im Konzert vom Blatt gesungen. An der Komischen Oper sah man Idamantes, kaum daß er die Krone trug, sogleich in der Herrscherpose. Die Liebe, die er der Sklavin Ilia zuvor noch geschworen hat, ist mit einem Male vergessen, als er sie mit herrischer Geste zu ihresgleichen weist. Der so gewendete Opernschluß bedient das Bild von der schmutzigen Politik und der Korrumpierbarkeit durch Macht allzu gefällig.

Die Ablehnung der Rezensenten war nahezu einhellig, da man diesen um einige drastische Zeichen aktualisierten »Idomeneo« als Spiel um die jüngste deutsche Geschichte, das zudem nicht recht aufgehen wollte, für unnötig hielt. Die Interpreta-

»Hoffmanns Erzählungen« (Berlin 1993) – Regie: Harry Kupfer
Foto: Arwid Lagenpusch

143

tion wurde als zu schematisch kritisiert, die die Aufführung zur »matten Stadttheaterprovokation« mache. Wiederholt wurde auch auf die erhebliche Differenz zwischen Musik und Szene hingewiesen oder auf die szenische Einebnung der musikalischen Feingliedrigkeit.

Harry Kupfer hat in der Vergangenheit wiederholt mit seinen Inszenierungen zugleich die musikalische Struktur der Werke verändert. Hier sei an die »Carmen«-Version erinnert oder an Offenbachs »Hoffmanns Erzählungen«. Das ist von Fall zu Fall durchaus ein legitimes Mittel, das immer wieder überzeugende Ergebnisse zutage förderte. Was darüber hinaus interpretatorisch umgedeutet wird, steht aber, so aufschlußreich und faszinierend Details auch ausfallen, offensichtlich im Widerspruch zum Vorwurf des Regisseurs, der einmal von Überintellektualisierung und Unsinnlichkeit im Schauspiel sprach: »Ich kriege da zuviel an Diskussionen und Didaktischem vermittelt. Ich habe nichts dagegen, daß man die Texte knacken will. Ich habe aber etwas dagegen, daß man dabei die Form verletzt.« Denn Kupfer erweist sich gerade dann als faszinierender Opernregisseur, wenn er Werke dramaturgisch gegen den Strich bürstet und beispielsweise Wagners »Fliegenden Holländer« in Sentas Traum umfunktioniert.

Aufschlußreich für das Bild vom Opernregisseur Kupfer sind Josef Oehrleins Schilderungen einer Probensituation: Der Regisseur thront über der Szene, sieht alles, dirigiert alles, beherrscht die Szene, wirft spontan Anweisungen in das wilde Treiben, setzt die ganze Bühnenmaschinerie in Gang, der Theaterapparat faucht und dampft, alles dreht sich, alles bewegt sich. Das Bild vermittelt auch etwas Lächerliches. Es faßt zugleich das Anmaßende der idealisierenden Theaterfalle ein, etwas Absurdes wie Zirkus, und zeigt den Regisseur als Gaukler und Dompteur in einem. Die Katastrophenplanspiele der Mächtigen, die Kupfer so gerne in Szene setzt, werden auf der Probebühne zum schweißtreibenden Klamauk einer Pappmaché- und Trockeneisschlacht. »Ein jegliches Kunstwerk beschwört durch seine bloße Existenz, als dem Entfremdeten fremdes Kunstwerk, den Zirkus und ist doch verloren, sobald es ihm nacheifert«, liest man bei Adorno, und es sei dahingestellt, ob dies auch für unbewußten Eifer gilt.

Thomas Langhoff

Auf die Frage, was einen Schauspielregisseur an der Oper reize, antwortete Langhoff: »Oper ist ein Korrektiv, man geht danach mit einem anderen Blick an die eigene Arbeit zurück ... Mir jedenfalls eröffnet die Oper immer mehr Möglichkeiten. Ich habe entdeckt, wie spannend das sein kann, wie unverbraucht hier noch vieles ist, gemessen an bestimmten x- und x-mal ausgedeuteten Stücken.« Es ist ja schon der andere, nicht routinierte Blick des Schauspielregisseurs, mit dem er sich der Oper widmet, was für dieses Genre wie ein Korrektiv wirken kann. Bei seiner Arbeit in der Oper hält Langhoff die Übereinstimmung mit dem Dirigenten als Voraussetzung für den Erfolg. Das heißt auch, er muß kompromißfähig sein, freilich nicht um jeden Preis. Er bemerkte gleichfalls, daß es Schauspielregisseure gibt, deren »Marktwert« im Sinken begriffen ist und die die Oper als Ausweg sehen und entsprechend oft dort anzutreffen sind. Ein wenig Ressentiment mag da durchaus mitschwingen. Andererseits bekennt er, ein Regisseur zu sein, der gern das Genre wechselt und sich Kraft und Anregung in einem verwandten Gebiet sucht. »Ebensogerne mache ich Filme und Fernseharbeiten. All diese künstlerischen Ressorts haben ja eines gemeinsam, den agierenden Menschen. Das ist das Zentrum meiner Arbeit. Diesen Menschen findet man ebenso bei der Kunstform Oper wie bei der Kunstform Theater oder beim Film. So ist es eigentlich zwangsläufig und logisch gewesen, daß ich diese Lüste mir einmal erfülle.« Und so wenig er auf ein Genre fixiert ist, so wenig ist er es in musikalischen Dingen, weshalb er die Frage nach dem Lieblingskomponisten mit Claudio Amadeus Offenbach beantwortete.

Eigentlich hätte Thomas Langhoff schon vier Opern inszenieren sollen, tatsächlich sind es bis jetzt erst zwei geworden, deren Rang es jedoch geboten erscheinen läßt, ihn hier als Regisseur des avancierten Musiktheaters vorzustellen. Die beiden Werke, über die man sich in Frankfurt schon einig war, hießen »La Traviata« und »Die Zauberflöte«. Kam in dem einen Fall der Opernbrand dazwischen, war es im anderen seine Übernahme des Intendantenpostens am Deutschen Theater. Der musikbegeisterte Regisseur fand aber dann doch noch den Weg nach Frankfurt, nämlich mit Benjamin Brittens »Sommernachtstraum«. Inzwischen kam in München Hector Berlioz' »La damnation de Faust« hinzu, denen jeweils entsprechende Schauspielinszenierungen vorausgingen.

Für Langhoff bedeutet die Oper ein »Theater in extremster Form«, »weil hier Gefühle durch das Mittel der Musik auf einen ganz hohen Punkt geführt werden«. Im übrigen sieht er in diesem Genre keineswegs eine verunglückte Mischform, denn dessen Elemente sind theatralische Mittel, die eigentlich erst in der Mitte des vorigen Jahrhunderts auf einzelne Sparten festgelegt wurden. Er hält diese Entwicklung für fatal und wünscht sich die Aufhebung der Grenzen. Denn wenn es Aufgabe der Regie sei, »die Wahrheit einer Situation zu finden«, dann ließe sich diese in und mit den verschiedenen Ebenen finden – also durch Musik, Sprache und Bewegung. Wer jedoch die Entwicklung der Künste in unserem Jahrhundert betrachtet, dem muß die Tendenz einer »permanenten Grenzüberschreitung und Ausfransung der Künste« auffallen, vielleicht mehr an den avantgardistischen Rändern; aber auch das

Theater wird interdisziplinärer. Adorno sprach gar von einer »ästhetischen Signatur des Zeitalters« und meinte damit die Auflösung gattungsspezifischer Kriterien in der Kunst, die immer deutlicher in Erscheinung tritt. Man ist also von Langhoffs Wunschvorstellungen tatsächlich gar nicht mehr so weit entfernt.

Über Methodisches zu sprechen, fällt ihm schwer. Ganz ohne Frage entspricht er nicht dem Typ des brillanten Theoretikers. Da gibt es bezeichnende Urteile, wie das der Schauspielerin Cornelia Froboess: »Ich halte ihn auch wirklich vor allem für einen Praktiker. Er ist kein Theoretiker. Früher sagte man von einem solchen Typus Regisseur: Der ist ein Bauchregisseur.« Sibylle Canonica umschrieb es auf diese Weise: Er sei der Gärtner unter den Regisseuren, kein Perfektionist und Einpeitscher, sondern jemand, der lebendige Gebilde zu gestalten verstehe, die in sich weiterarbeiteten. Er selbst formulierte das, was ihn als Regisseur anregt, folgendermaßen: »Jedes Stück zwingt mir sein Gesetz auf, ich finde etwas, dem ich eine sinnliche Form geben möchte, die Kopf, Herz und Körper gleichermaßen trifft. Was ich erzähle, möchte ich in der größtmöglichen Totalität erzählen – und dazu bietet die Oper besonders viele Möglichkeiten. Das Visuelle ist mir sehr wichtig.«

Diese Totalität schließt ein, daß das Werk etwas mit dem Hier und Jetzt zu tun haben muß. Gegenwärtigkeit ist dabei nichts, was dem Stück von außen übergestülpt wird, obschon bestimmte Assoziationen nicht ausbleiben. Aber Langhoff ist kein Eins-zu-Eins-Aktualisierer. Eher schon sieht er sich als eine Art Höhlenforscher, wenn es um die Erarbeitung eines Stückes geht: »Für mich hat dieser Vorgang etwas mit Höhlenforscherei zu tun. Man steigt in eine dunkle Höhle hinein, entdeckt langsam Schicht für Schicht etwas, bringt Licht in diese Höhle, muß darin herumarbeiten.« Dies sei seine eigentliche Lust. Und was die Aktualität der Werke angeht, äußerte er: »Man klopft ja ein Stück immer ab in Beziehung auf die Zeit, in der man lebt, um für

das Publikum, das dringend etwas vom Theater braucht, Probleme freizusetzen. Das kann auf direkte oder indirekte Weise geschehen, wobei die indirekte Art mir mehr zusagt, weil sie nach der ›Lektion‹ die zusätzliche Reflexion des Betrachters impliziert.«

Seine Mittel sind dabei nie von spektakulärer Art, ganz offenkundig tritt er weder als Exzentriker noch als ein Anhänger theatralischer Exzesse auf. Da mag Glätte durchaus zur Gefahr für seine Inszenierungen werden, also sein Hang zum allzu Gediegenen. Und auf manche wirkt seine Fähigkeit, zum rechten Zeitpunkt das gerade »Angesagte« zu liefern, eher beängstigend. Gleichviel, die Resultate zählen. Seine beiden Operninszenierungen jedenfalls dürfen Glücksfälle des avancierten Musiktheaters genannt werden. Hier war Oper alles andere als in Glätte erstarrt; vielmehr verbanden sich mit ihr unbequeme Fragen. Hier war Oper diskutierbar geworden.

Obschon gerade im Fall des »Sommernachtstraums« von einigen Rezensenten die Tendenz zum Gediegenen moniert wurde und der zu dezent gebliebene, zu sehr an Brittens musikalischer Wohlproportioniertheit orientierte Entwurf, gelang Langhoff mit dieser Inszenierung ein bemerkenswertes Debüt. Doch wurde bei allem Lob für die Sorgfalt und Klarheit der Personenführung insbesondere deren fehlende Tiefenschärfe reklamiert. Zunächst einmal brach Langhoff mit jeglicher Romantik. In seiner Inszenierung gab es keinen Wald mehr. Nur noch kahle Baumstämme lagen umher. Mehr als um Wald und Heide ging es ihm um die Kraft der Phantasie: »Keinesfalls ist dieser Wald nur Bild für Natur, sondern er ist auch das Bild des Innenlebens, des Traumerlebens. Er ist das Reich des Unterbewußten und nicht ein naturaler, realer Wald.« In ihm ereignet sich der »Riß durch die physikalische Zeit«, er wird zum Ort eines grenzüberschreitenden Bewußtseins: »Schon bei den ersten Portamento-Klängen steht man inmitten des Traumgeschehens, wo nichts mehr als sicher gelten kann. Da passiert bei Britten etwas, was ihm vielleicht gar nicht bewußt war. Man erkennt als Zuschauer im ersten Moment nicht die Differenz von Märchen-, Elfenwelt und Realwelt, sondern die Figuren verhalten sich eigentlich alle gleich. Es sind Menschen, normale Menschen und damit auch zu uns heute deutlich hinweisend.« Die sommernächtliche »Liebesunordnung« wirkt als Bruch in der am Ende wieder hergestellten gesellschaftlichen Konvention fort, Bild geworden durch eine übernächtigte Partygesellschaft, die Puck unmißverständlich belehrt, daß das Fest vorüber sei. Er stellt nämlich die Stühle hoch und verabschiedet sie mit Putzeimer und Besen. Die Katerstimmung folgt

auf das nächtliche Treiben, die Heiterkeit wechselt in Nachdenklichkeit. Anläßlich seiner Inszenierung von »La damnation de Faust« äußerte Langhoff: »Das Gegenwärtige im Fauststoff ist so deutlich, daß wir die Inszenierung nicht in irgendeinem Mittelalter ansiedeln. Wir schlagen den Bogen zum Heute, ohne grob modernisierend zu sein.« Schon im Hinblick auf den »Sommernachtstraum« betonte der Regisseur, wie sehr jede Aufführung Interpretation bedeute, einen Ausschnitt zeige und gleichzeitig die unerschöpfliche Verwendbarkeit des Stoffes unter Beweis stelle, die sich zwischen Rätselhaftigkeit und Universalität bewegt. Wenn es denn als legitim gilt,

»La damnation de Faust« (München 1993) – Regie: Thomas Langhoff
Foto: Wilfried Hösel

daß der Komponist mit seiner Version einen bestimmten Aspekt hervorhebt und sich interpretierend des Stoffes bemächtigt, dann muß es auch legitim sein, wenn der Regisseur das Werk unter dem Blickwinkel heutiger Erfahrungen in Szene setzt. Langhoff äußerte sich indes skeptisch über eine Regie, die die Intentionen des Komponisten zu treffen versucht, da man diese ja allenfalls bruchstückhaft kennt und sie sich als zeitgebunden erweisen. Man kann also heute nicht mehr Berlioz' Intentionen zu rekonstruieren versuchen, obschon Aussagen ihre Gültigkeit behalten, wie man in München zu sehen bekam.

Langhoff ging es darum, das Scheitern derjenigen zu zeigen, die sich mit den Kräften des Bösen einlassen, die wiederum sehr konkret zu benennen sind: »Es gab viele Künstler im Dritten Reich, die solche Pakte eingegangen sind, sie glaubten, vielleicht jemandem helfen zu können, haben mit den Nazis ... kollaboriert. Doch es hat nichts genutzt, sie sind hereingefallen, wie viele andere auch – in der Stalinzeit. Mein Leben ist voll von solchen Paktunterschreibern.«

In den Bühnenbildern Jürgen Roses entfaltete sich ein Faust-Pandämonium und damit ein Opernabend provozierender Maskeraden und ironischer

»La damnation de Faust« (München 1993) – Regie: Thomas Langhoff
Foto: Wilfried Hösel

Brechungen. Zu dem Theater-auf-dem-Theater-Spiel kam die Variante vom Publikum auf der Bühne hinzu. Jenseits des Orchestergrabens glaubte man den Zuschauersaal gespiegelt: Der Chor war, gekleidet als Theaterbesucher, in Parkettreihen und in Ranglogen plaziert. Zugleich konnte man hier raffiniert den Voyeurismus ins Spiel bringen, und Publikumsreaktionen ließen sich ironisch kommentieren. Als eigentliche Bühne fungierte eine perspektivisch verengte Gasse, die hellgrauen Wände entlang befand sich eine Reihe von Türen. Dies wurde für Faust auf recht sinnfällige Weise zur unentrinnbaren Straße des Lebens, die er halluzinierend und taumelnd durchschritt, angeführt vom Verführer par excellence, dem stets präsenten Mephistopheles. Es ist ein Weg des Untergangs, mit Zeichen der Entfremdung und Denaturierung ringsum. Was etwa in der Bauernchorszene zunächst wie eine folkloristische Brautschau aussieht, verwandelt sich in einen brutalen Unterwerfungsritus: Die Frau sei dem Manne untertan. Darin vorweggenommen ist die ganze Fatalität der Begegnung zwischen Faust und Margarete, da die Frau zum Opfer einer Moral wird, die den Mann begünstigt. Die Bauernszene wechselt, und aus Bauernburschen werden Maschinengewehre schwingende Rambo-Kopien, eine wilde Meute in Siegerposen – »wie stolz und fröhlich tragen sie ihre Rüstung«, heißt es konterkarierend im Libretto. Die folgenden Szenen kalkulierten mit ähnlich effektsicherer Schärfe: In Auerbachs Keller trifft man auf gutbetuchte Herren im Smoking, deren Katerstimmung zum Ausdruck ihrer mentalen Leere wird. Wenig später erweist sich die vom Rosenduft erfüllte Naturidylle als Lug und Trug. Unter Mephistopheles' Regie verwandelt sich Sinnlichkeit in fetischisierte Erotik. Eine geile Schar in Strapsen und Korsagen sorgt für eine Menge faulen Zauber. Margarete, die sich mit Faust eingelassen hat, ohne daß sie sich dabei auf der Bühne sichtbar nähergekommen wären, bezahlt einen hohen Preis. Sie avanciert zwar zum »Engel in Menschengestalt«,

doch die herbeieilenden Nachbarn, bigott und fanatisiert, eröffnen die Treibjagd und zerstören in Margaretes Umgebung alles in blindem, haßerfülltem Eifer. Mephistopheles wird am Ende von den ominösen Fürsten der Finsternis (hier eine Versammlung knöcherner Gestalten wie aus dem Politbüro) mit einem Orden für seine Verdienste um die Hölle ausgezeichnet. Darauf folgt Margaretes Apotheose, mit angestimmt vom Kinderchor – alles artige kleine Erwachsene, aufgeputzt wie zur Kommunion. Die da Margarete in den Himmel rufen, sind offenbar blind, denn sie scheinen keine Augen mehr im Kopf zu haben. Langhoff gelang eine überzeugende Revitalisierung dieses zwischen Oratorium und Oper schwankenden Werkes, das nicht zuletzt in seinen kaleidoskopartigen Tableaus sich als ausgesprochen modern erwies.

Wenn Langhoff in seiner Regiearbeit ebenso intuitiv wie spontan arbeitet, so ist er darum kein konzeptionsloser Regisseur. Absichten sind stets deutlich und verraten die vorangegangene analytische Arbeit am Stück. Doch setzt er dann im Probenprozeß gewissermaßen auf das »Laut-Denken« oder, wie es Kleist nannte, auf das allmähliche »Verfertigen der Gedanken beim Reden«. In diesem Prozeß spielt die Individualität der Darsteller eine wichtige Rolle, woraus wiederum plausible, keineswegs restlos durchschaubare Individuen werden. Auf der Bühne hat die brillanteste Theorie noch nichts vermocht, wenn sie nicht mindestens mit der handwerklichen Fertigkeit gepaart ist, die aus unendlich vielen Zufälligkeiten ein Ganzes formt. Und es gehört zur Magie des Theaters, daß daraus für den Augenblick etwas vollkommen Lebendiges entsteht. Und mehr noch. Was Bernd Sucher anläßlich von Langhoffs Inszenierung von »Kriemhilds Rache« (Hebbel) formulierte, paßt auch auf seine Opernarbeit: Da rufe ein Regisseur das Theater wieder zur Pflicht, mit der Kunst Stellung zu beziehen. »Langhoff palavert nicht von der moralischen Anstalt, er etabliert sie.«

JORGE LAVELLI

Lavelli verglich das Inszenieren mit dem Schreiben von Büchern, freilich nicht ohne festzustellen, daß die szenische Sprache kurzlebig, eine Sache des Augenblicks ist und nicht erhalten bleibt. Aber wie der Autor bedient sich der Regisseur eines bestimmten Vokabulars. Er betätigt sich auf der Bühne als Erzähler. Bei aller Tendenz zum Artifiziellen gilt hier das narrative Prinzip – das In-Szene-Setzen als metaphorischer Vorgang. Dementsprechend verglich Lavelli eine Aufführung mit einem Roman. Einerseits schaffen die theatralischen Mittel und deren Zeichenhaftigkeit Distanz zum »lesenden« Betrachter, aber die Fabel soll ihn zugleich etwas angehen, soll ihn betroffen machen. Und schließlich sollen Inszenierung und Bühnenbild das Publikum in die Lage versetzen, die Fabel weiterzuspinnen. Da nimmt es nicht wunder, wenn Lavelli immer wieder aktualisiert. Anders als Peter Sellars oder John Dew übersetzt er allerdings nicht unmittelbar in unsere Gegenwart, rückt aber die Opernstoffe näher an unsere Zeit heran, versetzt sie mit Hinweisen auf die jüngste Geschichte – wie etwa in der »Norma«, in der das Milieu der Resistance rekonstruiert wird. Aber Lavelli wagt zuweilen auch den Sprung in die Fiktion, die sich wie in »Salome« als eine nachzivilisatorische Zukunft präsentiert. Seine Interpretation zeigte das Danach einer in Chaos versunkenen Endzeit, ein Blick, geboren aus Katastrophenangst. Wenn den Regiekonzepten sozusagen eine szenische »Schrift« zugrunde liegt, dann eben nicht eine direkte, sondern eine chiffrierte. Und wie andere einen »lesenden« Betrachter sich als ideales Publikum wünschen, setzt Lavelli auf den erwachsenen Zuschauer, den mündigen gewissermaßen,

der wachen Blicks die inszenierte Parabel versteht. Bisher begegnete Lavelli allerdings mehr der regressive Opernbesucher, der sich um sein »infantiles« Opernvergnügen gebracht sah und deshalb mit lautstarken Protesten reagierte. Premierenskandale begleiten Lavellis Opernarbeit nun schon seit zwanzig Jahren. Die Plausibilität der neu erzählten Fabel ändert oft nichts an der ablehnenden Haltung des Publikums. Verständlich wie auch naheliegend mochte es beispielsweise sein, die Geschichte der keltischen Priesterin Norma und des Gallieraufstands gegen die römische Besatzungsmacht in die dreißiger und vierziger Jahre unseres Jahrhunderts zu transponieren und den Widerstand unter der Diktatur auf die Bühne zu bringen, die im übrigen einer ausgedienten Fabrikhalle glich. Der Regisseur argumentierte, daß, wenn der Blick des Opernpublikums schon zur Entstehungszeit nicht »unschuldig« für die in Opern verarbeiteten Themen sein konnte, auch heute die »volle Dynamik« eines Werkes zu zeigen wäre. Bei einem musikalisch dominierten Werk wie der »Norma« sah er Bildchiffren unserer Zeit als hilfreich an. Im übrigen sei ja der vermeintlich historische Stoff der Oper selbst kolportiert, stelle eine Imagination dar, an der sich die Phantasie eines heutigen Regisseurs mit seinen interpretierenden Absichten erneut entzündet. Darum war es ihm wichtig, alles Folkloristisch-Anekdotische auszusparen, um das Opernthema auf Begriffe wie Politik, Religion, Hierarchie, Glaube und Freiheitswille zu konzentrieren.

Den Methoden und Argumenten seiner Regiearbeit ist er bis heute treu geblieben. Vor allem in Frankreich, wo er auch häufig als Schauspielregisseur arbeitete, hat er immer wieder entscheidende Impulse für das zeitgenössische Theater gegeben. An einer Inszenierung wie der von Gounods »Faust« von 1975 zeigt sich, wie viel das realistische, auf Aktualität setzende Musiktheater von seinen Bilderfindungen und Regiekonzepten profitierte. Manches davon erlangte eine nachgerade ikonografische Ausstrahlung – etwa die Vorliebe für »tableaux vivants« – lebende Bilder. Der Bühnen- und Kostümbildner Max Bignens hat daran keinen geringen Anteil. Beide arbeiten seit mehr als zwanzig Jahren eng zusammen, und sie entwickelten in dieser Zeit ihre unverkennbare szenische Zeichensprache. Eine ihrer Vorlieben sind Einheitsbühnenräume. Freilich gelten auch für Lavellis Theater die gleichen Einschränkungen, von denen hier im Fall aktualisierender Regiekonzepte bereits die Rede war – die Gefahr etwa, sich zu sehr in zeitgeschichtlichen Details zu verlieren, den Blickwinkel zu sehr einzuengen, auch die, Rätsel durch allzu platte und überdeutliche Wiedererkennungseffekte zu verhindern, indem alles erklärt wird, oder jene Gefahr, politische Plakatkunst auf der Bühne zu betreiben.

Bei seiner »Faust«-Inszenierung ging Lavelli von dem Grundgedanken aus, daß es in jedem menschlichen Wesen einen Dämon gibt, Gutes und Böses sich zu einer einzigen Substanz vermischt. Und so zeigte der Regisseur Faust und Mephistopheles als die zwei Seiten eines Menschen: »Ich denke nicht, daß es dem Sinn der Musik widerspricht, wenn ich Faust und Mephisto immer zusammen zeige, in der körperlichen Erscheinung sich ähnlich wie zwei Aspekte ein und derselben Person. Mephisto ist der Suchende, der es wagt, Grenzen zu überschreiten und das Interdikt zu übertreten. Faust ist der Nachdenkliche, Sittsame. Dieser Einfall der Persönlichkeitsspaltung in zwei Doppelgänger macht das Auftreten eines verkleideten Dämons völlig überflüssig.« Das Spiel von Projektion und Persönlichkeitsspaltung fand statt in einer Art riesigem Treibhaus, das wiederum Max Bignens entworfen hatte – ein Glashaus wie aus dem vorigen Jahrhun-

dert. Überhaupt war die Oper optisch in ihrer Entstehungszeit angesiedelt.

Lavelli betonte, wie sehr Margarethe eine völlig isolierte Gestalt sei und daß das Libretto nur mit Anekdotischem aufwarte: »Die Beziehungen Margarethens zu den anderen Personen wurden unterschlagen. Von Anfang an spricht man von ihr wie von einem Bollwerk der Reinheit, aber keiner hat versucht zu verstehen, was das bedeutet. Sie ist die Gefangene einer sehr strengen Moral und viel mehr Opfer einer sozialen Gegebenheit als Opfer von Betrug und Verführung.« Der Regisseur begleitete darum in seiner Inszenierung diese Figur mit besonderer Aufmerksamkeit, richtete das Interesse auf den Konflikt zwischen Intoleranz und Leidenschaft. »Die Intoleranz ihrer Umwelt hat Margarethe in die Einsamkeit getrieben und schließlich in den Wahnsinn«, kommentierte Lavelli, »das übersteigerte Ende ist lediglich eine Projektion Margarethens: Wir betreten ihre Traumwelt. Eingesperrt, von der Gesellschaft zum Tode verurteilt, hat sie sich an ein Bild der Reinheit geklammert, das ihrem ersten wahren Kontakt entspricht, den sie mit der Gefühlswelt gehabt hat.«

Mit seiner »Salome«-Inszenierung präsentierte Lavelli alles andere als ein jugendstilhaft-orientalisches Prunkstück, allerdings ebensowenig einen szenischen Steinbruch, wie erboste Kritiker ihm vorwarfen. Gleichwohl führte sie die Grenzen seiner Regiearbeit vor. Bei seiner Wahrheitssuche verfing sich das Konzept in eher eindimensionalen Bildern. Lavelli beschrieb die Ausgangssituation folgendermaßen: »Wir sind in einem Niemandsland, in einer zeitlosen Endzeit. Eingeschlossen in einem letzten Refugium der Angst. Ausweglos. Nicht vor, sondern nach einer großen Katastrophe. Noch hält der Beton die Wüste auf, die schon verschiedene Zivilisationen verschlungen hat.« Es herrscht »kollektiver Gedächtnisverlust«, ein »totaler Verlust der Werte«. – Es ist alles erlaubt, alles möglich.

Für Lavelli ist Salome zugleich Produkt und Konsequenz aus dieser Krise – ihr Anspruchsdenken bis hin zur Zerstörung ist Resultat des ererbten Gedächtnisverlustes. In ihrem einfachen schwarzen, knielangen Kleid verkörpert sie auch nicht mehr die orientalische Prinzessin, sie gleicht in ihrer Erscheinung eher einer jungen Durchschnittsfrau vielleicht aus Beirut, Bagdad oder Jerusalem. Allein ihr Auftreten rückt sie von diesem allzu realistischen Frauentyp ab. Sie bewegt sich vorzugsweise tänzerisch, lauert, beobachtet ständig, zeigt deutlich ihre Begierde bis hin zum Vulgären. Mehrmals erklimmt sie die Betonmauer, hinter der die Wüste als Sinnbild zivilisatorischen Verfalls beginnt und aus deren Sand ein Auto, ein Kruzifix und die Tragfläche eines Flugzeuges herausragen. Auf ihr balancierend, verfolgt sie von dort oben neugierig und zugleich emo-

tionslos das Geschehen auf dem Hinterhof dieses riesenhaften Bunkers. Die Personenführung wirkt stark überzeichnet. Leidenschaft, Ehrgeiz, Macht sind maßlos geworden. Jeder auf diesem Hof erscheint wie der klinische Fall eines psychoanalytischen Exerzitiums: »›Salome‹ ist einer Zeitung vergleichbar, die wir aufschlagen, und es rieselt uns kalt den Rücken hinunter angesichts all der grauenhaften Katastrophen«, äußerte der Regisseur. Mit der Monstrosität der Wirklichkeit kann die Bühne freilich kaum konkurrieren. Die beabsichtigte Wirkung verkehrt sich wie so oft in ihr Gegenteil und wird Karikatur. Lavellis Regiekonzept stand sich mit seiner didaktischen Überbetonung nur selbst im Weg. Aufklärerische Desillusionierung verfertigt

»Salome« (Zürich1994) – Regie: Jorge Lavelli
Foto: Peter Schlegel

gängige Klischees und Schlagworte, und es rächt sich allenthalben, mit der Vernunft kurzen Prozeß zu machen. Der Regisseur entdeckte, was man eigentlich schon wußte, daß nämlich Angst die Krankheit der Moderne ist.

Gewiß, wenn Lavelli sich als »Romancier« der Bühne betätigt, dann gehören zur szenischen Erzählweise die Momente der Wiedererkennbarkeit. Er überzeugte stets dort am meisten, wo er neben der Aktualisierung (mit ihrer Gefahr szenischen »Jargons«) auch entschieden die Theatralisierung betreibt, und zwar so, als entstünde eine »Meta-Oper«, eine Oper, die zugleich von sich selbst handelt. Dann wird seine Bühne zu einer Art gläsernem Kasten, der unter unerbittlichem Licht die Welt im einzelnen wie im ganzen sichtbar macht wie unter einem Vergrößerungsglas. In diesem Sinne wird Theater zum Instrument des Bewußtseins, wie Alain Satgé in seiner Studie über Lavellis Opernarbeit ausführte, eines hellwachen Bewußtseins.

NIKOLAUS LEHNHOFF

Er gehört zu den wenigen Regisseuren des avancierten Musiktheaters, die regelmäßig auch in den wohl nicht grundlos in Sachen Oper als ausgesprochen konservativ geltenden USA inszenieren. Wie der Vergleich seiner sehr unterschiedlich konzipierten »Ring«-Inszenierungen für San Francisco und München verdeutlicht, geht dies offenbar nicht konzessionslos. Denn während er an der Pazifikküste den »romantischen« Ring präsentierte (was den Erwartungen des Durchschnittsopernpublikums entsprechen dürfte), »beeinflußt von der Sehnsucht der utopischen Einsamkeit der Welt von Caspar David Friedrich«, wagte er es, auf der Bühne des Münchner Nationaltheaters gewissermaßen »Fragen zu inszenieren«, und setzte damit auf eine kritische Auseinandersetzung mit dem Stoff. Er aktualisierte, weil das Thema auch heute noch Brisanz besitze (warum aber nicht jenseits des Atlantiks?) – nämlich die »politische Macht mit all ihrer Unmoral und Perversion« zu zeigen, »die zur Auflösung aller Wertvorstellungen des Menschen führen«. Der »Ring« erzähle auch von uns. Gemeinsam mit dem Bühnenbildner Erich Wonder wollte Lehnhoff »das Lebensgefühl der Menschen von heute ansprechen«. Gewiß, auch in den USA gibt es einige ambitionierte Opernhäuser, die sich auf szenische und musikalische Wagnisse einlassen. Da wäre beispielsweise Santa Fé zu nennen, wo Lehnhoff den »Fliegenden Holländer« herausbrachte. Im großen und ganzen und gemessen an Produktionen in Chicago und New York bleibt der Wagemut aber die Ausnahme.

Auch Lehnhoff gehört zu den Regisseuren, die das Experiment Krolloper als Leitbild ihrer Arbeit benennen: »Denn sie bewahrte die musikalischen Proportionen fast einer jeden Aufführung auf hohem Niveau, nahm ihr Publikum musikpädagogisch behutsamer an die Hand und schaffte dadurch eine Ausgangssituation, die mit dem Wort Szenenneugier vielleicht am eindringlichsten zu beschreiben wäre.« Freilich spiegelt sich hier mehr verklärendes Wunschdenken des Regisseurs wider, denn wie bereits erwähnt, sah die Realität Ende der zwanziger Jahre an der »Republik-Oper« anders aus, und deren Situation gestaltete sich nicht zuletzt im Hinblick auf die Akzeptanz des Publikums als äußerst problematisch. Szenenneugier kannten nur diejenigen, die schon zuvor Aufgeschlossenheit besaßen. Aber Lehnhoff kalkuliert natürlich ebenso mit der Szenenneugier des heutigen Publikums.

Das Spektrum der von ihm inszenierten Opern ist breitgefächert, obschon besondere Vorlieben deutlich werden. Vor allem Mozart taucht immer wieder auf, ebenso Werke von Richard Strauss und etliches aus dem Repertoire des 20. Jahrhunderts (von Janáček, Debussy über Fortner bis hin zu Henzes »Der Prinz von Homburg«). Und dann gibt es, wie könnte dies bei einem Schüler von Wieland Wagner anders sein, eine offenkundige Affinität zu Richard Wagner. Wiederholt hat sich Lehnhoff der schlicht als »Handlung in drei Aufzügen« bezeichneten Oper »Tristan und Isolde« gewidmet. Ähnlich wie sein Lehrer, der mit der für Neu-Bayreuth sprichwörtlich gewordenen Entrümpelung der Szene die bühnenästhetische Minimalisierung betrieb, setzte auch Lehnhoff auf ähnliche Experimente, nämlich auf Reduktion und Abstraktion, die nur noch Farbe, Licht und Form in ihren elementaren Erscheinungen übrigließen. Einmal war es Heinz

Mack, das andere Mal Adolf Luther, mit dem er die »Licht-Bühne« erprobte, um das Kosmologische in dieser Liebesgeschichte anzusprechen, die von nichts anderem als Todessehnsucht weiß – »in des Welt-Atems wehendem All – ertrinken, versinken – unbewußt – höchste Lust«, sind die letzten Worte in Isoldes großem Abgesang. Eben davon vermittelte die Bühne eine Ahnung. »Macks silberkühle Flügel-Reliefs haben einen schwebenden, sphärischen Charakter«, kommentierte Lehnhoff, »und treffen in meinen Vorstellungen ein Grundklima zu diesem entrückten Endspiel Wagners.«

Kennzeichnend für beide Künstler war die vorangegangene Bewegung weg vom Bild, hin zum Raum, zum Environment und weiter zur Architektur. Da kam der Schritt hin zur Bühne kaum überraschend. Heinz Mack hat dabei immer auch den Ereignis- und Prozeßcharakter seiner lichtästhetischen

Erfindungen betont, dieser optischen Sensationen, die so etwas wie Naturcharakter erhielten. »Allein die Natur des Lichts, die ja bekannt ist, bleibt unerschöpflich als Material des Künstlers«, formulierte er, »um so rätselhafter bleibt mir dadurch die Physik des Lichts.« Nicht erst mit dem Bühnenraum zu »Tristan und Isolde« überwand Adolf Luther die Fläche, denn Reduktion und Entgrenzung waren schon zuvor die Komponenten seiner Versuchsanordnungen. Die »Tristan«-Bühne wurde von ihm als gänzlich unwirklicher Ort kreiert, Plexiglasflächen ergaben zusammen mit einem wohlkalkulierten Lichteinfall die Illusion des Immateriellen – Luthers Devise, »der Raum ist nicht leer, sondern voller Licht«, erhielt auf diese Weise eine Theatralik, die ganz auf Transzendenz zielte, nicht unähnlich dieser tragischen Liebe, die erst in der Entmaterialisierung Erfüllung findet.

»Don Carlo« (Zürich 1993) – Regie: Nikolaus Lehnhoff
Foto: Peter Schlegel

Das Bühnenbild wurde zum wesentlichen Faktor der Interpretation, war dramaturgisch gelenkt, bezeichnete die Signatur des Regiekonzepts. Lehnhoff betonte, wieviel beziehungsreicher und ausgewogener seine Inszenierungen waren, wenn er mit hervorragenden Bühnenbildner zusammenarbeiten konnte. Die Begegnung mit den soeben genannten Künstlern blieb zwar einmalig, lediglich der Künstler und Skulpteur Günther Uecker kam später noch hinzu, doch setzte Lehnhoff auch sonst vorzugsweise auf Bühnenbildner mit klaren ästhetischen Konzeptionen. Die Erfahrungen mit Heinz Mack brachten ihn dazu, auch für den »Fidelio« »den Raum mit Licht-Bewegungen zu füllen«. Es kam zur Zusammenarbeit mit Günther Uecker. Wiederum war der Einheits-Raum Ausgangspunkt, wiederum waren mit der szenischen Abstraktion allgemeinere Begriffe des Opernstoffes angesprochen: Nacht- und Tagwelt von Gefängnis und Utopie mit Schwarzweiß-Effekten, Leonore darin als Lichtgestalt. »Der sphärischen Flügel-Umarmung von ›Tristan und Isolde‹ durch Mack entspreche in dem ›Fidelio‹ die Härte, die Klarheit, der Geist des Ueckerschen Nagels.« Solchen Einheits-Räumen begegnete man seither in Lehnhoffs Inszenierungen immer wieder. Gedanklich gibt es gleichlaufend mit der Abstrahierung des Raums und der signalhaften Bühnensprache die Verallgemeinerungstendenz im Inhaltlichen – Oper mit universellen Ansprüchen. Lehnhoff stilisiert, minimalisiert also die Bühne. In »Katja Kabanowa« beispielsweise war es ein Spiel der Farben, die nach Meinung des Regisseurs allesamt in der Partitur (als Klangfarben) zu finden waren und ins Optische übersetzte Signale der Befindlichkeit darstellten. Als ein Beispiel für die bildszenische Beschränkung auf das Wesentliche soll hier seine »Lohengrin«-Inszenierung skizziert werden.

Auch Lehnhoff nutzte das Orchestervorspiel für eine Pantomime. Sie galt als szenische Metapher für Elsas Sehnsucht, ihren »träumerischen Mut«. Dies sollte das Bild begreifbar machen, wenn sie traumwandlerisch, einem Lichtstrahl folgend (der

Spur Lohengrins), quer über die Bühne schritt, um auf einem im Vordergrund stehenden Stuhl Platz zu nehmen, gedankenversunken, die Arme gekreuzt auf der Rückenlehne ruhend – in der Inszenierung gleichsam ein leitmotivisches Bild, das entfernt an Feuerbachs nicht minder sehnsuchtsvolle »Iphigenie« erinnerte. Ihr Sehnen ist es ja schließlich, das Lohengrin nach Brabant führen wird. »In der Unbedingtheit ihres Glaubens macht Elsa das Wunder möglich«, hieß es dazu in Wolfgang Willascheks dramaturgischem Kommentar. Die Drehbühne verwandelte die Szene im Nu in eine Arena – halb Kampfring, halb Parlament. In einer solchen, von uniformierten Männern dominierten Szenerie muß Elsa um so hilfloser erscheinen. Telramund betritt als versierter Debattenredner die Arena und erhebt Anklage gegen Elsa. Doch diese schafft zunächst durch ihre Vision und das Erscheinen Lohengrins eine neue Gegenwart. Der vorher mächtig auftrumpfende Telramund unterliegt. Als Verlierer zeigt er indes, wie sehr Macht und Berechnung zusammengehören und wie schnell man sich verrechnet. Dem zum Bettler Gewordenen werfen Ballgäste zum Hohn Münzen hinterher. Lehnhoff präsentierte König Heinrich als den jovialen Übervater, der mit Zylinder und Stock auftrat, als sei er Hindenburg persönlich. Für Lehnhoff bedeutete Aktualisierung zuallererst Sichtbarmachung von Bewußtsein und Politik. Da redete Körpersprache ein wichtiges Wort mit.

Lohengrin erschien auf Lehnhoffs Bühne nicht als Zeuge eines silbrig glänzenden Mittelalters. Der Regisseur hielt sich vielmehr an Wagner, der davon sprach, »Lohengrin« behandle das Tragische in der Situation des wahren Künstlers – »das notwendigste und natürlichste Verlangen dieses Künstlers ist, durch das Gefühl rückhaltlos aufgenommen und verstanden zu werden«. Und gerade das sollte sich als unmöglich erweisen. Die Figur des Schwanenritters allegorisierte den Künstler als einen unverstandenen Avantgardisten, dabei hielt Lehnhoff die Figur geschickt in der Schwebe zwischen Kunst und Politik.

Auch Lehnhoff rebellierte wie schon andere Regisseure vor ihm gegen das Fabeltier des Schwans und setzte dafür ein Symbol, hier ein rotes Dreieck. Seine Interpretation reflektierte zugleich ein Stück der »Lohengrin«-Rezeption, inszenierte also auch den mythologischen Mißbrauch in unserem Jahrhundert. Gegen den Phantasiehorizont der Oper argumentierte er mit historischem Bewußtsein und machte die Brüche und Verdrängungen faßbar. Der dritte Aufzug verwies am deutlichsten auf den Künstler Lohengrin: Kein Brautgemach, sondern ein Flügel stand auf der Bühne, an dem Lohengrin das »Brautlied« spielte, während Elsa wie abwesend zuhörte. Der Schwarzweiß-Kontrast der Bühnenbilder korrespondierte mit einem Foto aus dem Programmheft, das Horowitz' Hände beim Klavierspiel zeigt. Sinnfällig ist daran zweierlei: Einmal stellt es

sehr direkt den Bezug zum Künstlerdrama her, wenn wir Lohengrin am Flügel sitzend erleben, und zum anderen erscheint die Bühne selbst wie ein riesiger Flügel, von dem nur noch die Klaviatur sichtbar ist. Und fast scheint es, als ob die bösen Lieder auf den schwarzen Tasten gespielt werden. Im Leben zwar nicht, aber auf der Bühne trägt das Böse allemal unverwechselbare Zeichen. So etwa Ortrud als »ein Weib, das die Liebe nicht kennt«, wie Wagner in einem Brief an Liszt äußerte. »Ihr Wesen ist Politik, ein politisches Weib ist grauenhaft.« Wäre Ortrud eine stumme Rolle (die sie im ersten Aufzug beinahe geworden ist), dann hätte sie Anja Silja allein durch ihre Erscheinung zu einem Mittelpunkt der Oper gemacht: eine große, schlanke Frau mit blonden Haaren, umhüllt von einem eleganten Pelzmantel. Haltung und Gestik dabei von äußerster

»Lohengrin« (Frankfurt 1991) – Regie: Nikolaus Lehnhoff
Foto: Andreas Pohlmann

Signifikanz, so sparsam wie präzis verwandt. Hier wurde begreiflich, warum Elsa auf das falsche Spiel hereinfallen muß. Zugleich wurde mit ihrem Zusammentreffen das romantische Zaubertheater verabschiedet zugunsten eines modernes Psychodramas – was Wagners Musik im übrigen mit psychoanalytischer Tiefenschärfe zeichnet.

Eine ganz eigene Spannung entwickelten die Bühnenbilder von Gottfried Pilz, der sich einmal mehr auf das ästhetisch Wesentliche beschränkte: eine Arena im ersten Aufzug, dann im zweiten eine schräg angeschnittene Treppe, die seitlich an zwei riesige Blöcke reicht (eine Burg ebenso wie das Münster andeutend), und zuletzt das »Brautgemach«, ein Podest mit Flügel und Chaiselongue, wo Lohengrins »Zauberwesen« mit einem Mal so wirkungslos bleibt – »endlich allein«, werden die Masken fallen. Willaschek äußerte über die Rolle Lohengrins im Brautgemach, sie sei die »Studie eines um Selbstbehauptung ringenden Mannes« – »eines Künstlers/Sängers, der entweder Elsas Melodien ›nachsingt‹ oder eigene Arien ›produziert‹. Letztlich aber unfähig ist, seine Äußerungen auf Elsas Ton abzustimmen«. Das Desaster ist unausweichlich. Unversehens finden sich Elsa und Lohengrin wieder inmitten der Arena, die schon am Anfang zentraler Ort der Auseinandersetzung war. Wenn man so will, haben sich, durch die optische Verklammerung deutlich gemacht, die Protagonisten kein Stück von der Stelle bewegt. Das Musikdrama endet »im Chaos einer absoluten Leere«.

Einen anderen Schwerpunkt in der Arbeit von Nikolaus Lehnhoff bilden Werke von Richard Strauss. Das Grundthema in Strauss' »Elektra« gleiche, so äußerte er, einem monolithischen Block. Einen solchen, begehbar, die Innenflächen verspiegelt und das Ganze in die Schräge gekippt, einen solchen Block hatte Gottfried Pilz auf die Leipziger Opernbühne stellen lassen. Für Auf- und Abtritte gab es davor eine ebenso schräg angeschnittene Treppe, die aus dem Bühnenuntergrund aufstieg. Wenn Klytämnestra, gefolgt von ihrem Hofstaat, die Treppe zu Elektra emporsteigt, die sich vorzugsweise in dem riesigen Würfel aufhält, dann wird etwas von der traumatischen Situation ins Optische übersetzt: Klytämnestra, die aus dem Unterbewußten Elektras aufsteigt und Gegenwart gewinnt. »Der Raum gleicht einem Raster, auf dem die Personen zunächst lediglich die Funktion verrückbarer und manipulierbarer Koordinaten übernehmen, gesteuert von Elektras Allgegenwart.« So beschrieben Lehnhoff und Willaschek die szenische Konzeption, die einen Bühnenraum ohne jegliche realistische Orientierung vorsah, also weder »Antikenprojekt« noch veristischer Psychothriller. Sichtbar sollte vielmehr werden, daß Elektra allein in Verbindung mit ihrer idée fixe existiert, denn »in der Analyse dessen, was geschieht, wenn ein Mensch sich hartnäckig jedem Realitätsbezug verweigert, liegt bis heute die Aktualität dieses Dramas«. Nicht ein realer Ort war entscheidend, sondern etwas, das der Zwangssituation szenisch entsprach. Gefragt war ein alptraumartig verdichteter »Seelen-Raum« aus Ängsten und Träumen, für den Gottfried Pilz' monolithischer Block zum Sinnbild wurde. Aktualisierung in einem unmittelbaren Sinn bedeutete bei dieser Inszenierung der Gegenwartshinweis in den Kostümen: Elektra und Orest als Vertreter der Turnschuhgeneration, Klytämnestra im modischen Partykleid, Chrysothemis im duftigen Sommerkleid.

Lehnhoff ist in seinen Inszenierungen stets auf der Suche nach Aktualität, nach szenischen Äquivalenten, die das Lebensgefühl der Menschen von heute ansprechen. Dabei gehe es nicht um Antworten, sondern vor allem um Fragen. Anläßlich seiner Münchner »Ring«-Inszenierung sprach er die Hoffnung aus: »Wenn eine Inszenierung keine Betroffenheit auslöst, hat sie vor dem Anspruch dieses Werkes versagt. Wir versuchen, die Endstation der Welt und des Menschen zu zeigen, daß am Ende Betroffenheit und Provokation im besten Sinne der entscheidende Eindruck bleibt. Der Idealfall in der Reaktion des Publikums wäre einfach Stille, wortlose Betroffenheit.«

CESARE LIEVI

Die Entdeckung des Häßlichen und die Krankheit Angst – beides ist unlösbar mit der Moderne verknüpft. Und beides datiert mit den Katastrophen dieses Jahrhunderts, ist Antwort auf das Prinzip der Gewalt und der Zerstörung. Da mag eine Kunst, die allein mit dem Schönen identifiziert wird, als trügerisches Bild oder gar als Lüge erscheinen. Aber Ästhetizismus ist auch als Gegenbewegung denkbar, als eine Kunst der reinen Artistik, die die Häßlichkeit und die Angst ausschließt und für sich ein Reservat, ein künstliches Paradies schafft. In der Kunst des 20. Jahrhunderts gibt es für die eine wie die andere Tendenz genügend Beispiele. Inszenierungen von Cesare Lievi huldigen purem Ästhetizismus. Bis zum November 1990, als überraschend Daniele Lievi starb, der Bühnen- und Kostümbildner, sprach man stets vom Theater der Brüder Lievi, so eng war ihre Zusammenarbeit. Seither gibt es nur noch den Regisseur Cesare Lievi, der freilich dem Schönheitsideal ihres Theaters treu blieb, auch wenn er jetzt auf wechselnde Ausstatter angewiesen ist.

Peter Iden hatte die Brüder Lievi in seinem Aufsatz »Die Szene ist ein Schauplatz der Sehnsucht« vom Vorwurf des bloß geschmackvollen Illusionismus freigesprochen, weil sie Gegenbilder beabsichtigten, und zwar aus dem »Verlangen nach (wie sehr auch immer utopischem, unerreichbarem) Ausgleich der Widersprüche, nach Versöhnung«. Darüber hinaus blieben Brüche – und sei es nur geborstenes und gespaltenes Mauerwerk – nicht ausgespart. Im schönen Bild werde der Schmerz über die gebrechliche Einrichtung der Welt nicht geleugnet. Ihre Interpretationen entstanden aus einem Prozeß intensiver Durchdringung. Perfektion in der »wechselseitigen Komplementierung von dramatischer Struktur, Personenführung, Organisation der Auftritte einerseits und der zugehörigen Bildräume andererseits« war das Ergebnis. Peter Iden verwies zudem auf ein wichtiges biografisches Detail und betonte, wie sehr die Naturkulisse des Gardasees vor dem elterlichen Haus zum Signum all ihrer erfundenen Bühnenwelten wurde, in denen es »Enge und Weite, realistische Nähe und utopischer Fernblick, Wirklichkeitssinn und poetisches Pathos« gibt. Auf der Bühne vermischt sich schließlich die verführerische Natur mit dem Traumhaften und läßt szenischen Surrealismus entstehen.

Die Vorwürfe indes verstummen nicht und lauten »kunstgewerbliche Regie«, die nichts von Menschen verstünde. Es gehe nur um Arrangements in einem »reizenden mediterranen Bildertheater«, das allenfalls anzeige, wie sehr sich der Regisseur auf der Höhe des Theaterzeitgeistes befinde. Wenn Cesare Lievi der »schönheitstrunkene Maler« unter den Regisseuren genannt wird, dann trifft das durchaus zu und kann eigentlich im gleichen Maße als Kompliment verstanden werden. Wie so oft, liegt die Wahrheit auch hier eher in der Mitte, denn es ist wohl nicht zu leugnen, daß wir den Brüdern Lievi erregende Einsichten in Stücke verdanken und eben nicht nur deren spiegelglatte, harmonisierte Ansicht erlebten. Form erreicht bei ihnen nicht selten jenen abgehobenen Schwebezustand, der als ästhetische Qualität auch eine geistige Dimension besitzt. Bernd Sucher wies zu Recht auf den bewußten Umgang mit der Künstlichkeit der Bühne hin, in der sich das Theater selbst reflektiert. Das konnte in der Oper nicht anders funktionieren, was die erste Inszenierung der Brüder mit »La clemenza di Tito« bestätigte. Ihr Kunst-Theater vermittelte am Beispiel von Mozarts Krönungsoper, wie genau die am Text orientierte Regie das Thema erfaßt und mit wieviel Sinnlichkeit sich dies in poetischen Bildern zeigen läßt: Die Bilder berichten vom Verfall der Autorität, der Marmor wird brüchig, erhält Risse und bröckelt ab, die Fassade zerfällt. Dahinter taucht allmählich die Schwärze der Arena auf. Schwarz war auch die Kleidung des Volkes und stellte derart die kommentierende Beziehung zu den Vorgängen in dieser Arena her, die man als Löwengrube der Leidenschaften erlebte. In ihr wird

schließlich die Milde des Herrschers nicht als freiwillige Gunst, sondern als letzter Ausweg des Souveräns gezeigt. Die Inszenierung erfaßte die Geste dieser Oper und beschrieb sie als ihre eigentliche Dynamik: »wie sich ein Herrscher selbst die Krone vom Kopf hebt, wie er sich rückverwandelt in einen Menschen und dann, es ist ein Bild zum Mitleiden, in einen Bürger der Mozartzeit« (Thomas Delekat).

Fand das Operndebüt der Brüder Lievi allenthalben Zustimmung, so wurde ihre nächste Operninszenierung als nur postmodern-schick abgetan. Die Entwurfsarbeiten für das dritte Opernprojekt wurden noch gemeinsam begonnen, die Ausfüh-

»Ariadne auf Naxos« (Zürich1993) – Regie: Cesare Lievi
Foto: Peter Schlegel

rung der Bühnenbilder zu Wagners »Parsifal« lag dann jedoch in der Verantwortung von Peter Laher. Die Meinungen über diesen »Parsifal« waren geteilt. Schon daß wir es mit einem »Bühnenweihfestspiel« zu tun haben, mochte sich auf die inszenatorischen Optionen eher erschwerend auswirken. Doch eine launige Bemerkung Wagners gibt zu verstehen, daß der »Parsifal« letztendlich bleiben muß, was er ist: Oper. Wagner hatte nämlich davon gesprochen, wie sehr es ihm vor Kostüm und Schminke-Wesen graue: »Wenn ich daran denke, daß diese Gestalten wie Kundry nun sollen gemummt werden, fallen mir gleich die ekelhaften Künstlerfeste ein, und nachdem

ich das unsichtbare Orchester geschaffen, möchte ich auch das unsichtbare Theater erfinden.« Mit einem »Parsifal« als Oper und als naturgemäß sichtbarem Theater ließe sich durchaus leben, wenn Schminke-Wesen und Künstlerfest in eine so bezwingende Form gebracht werden, wie es beispielsweise Robert Wilson in Hamburg vermochte. Aber Wagner hatte bei seinem Bühnenweihfestspiel durchaus die Religion im Sinn gehabt, denn in seinem Aufsatz »Religion und Kunst« von 1880 liest man sozusagen die interpretatorische Direktive: »Man könnte sagen, daß da, wo die Religion künstlich wird, der Kunst es vorbehalten sei, den Kern der Religion zu retten,

»Ariadne auf Naxos« (Zürich 1993) – Regie: Cesare Lievi
Foto: Peter Schlegel

161

indem sie mythische Symbole, welche die ersterc im eigentlichen Sinne als wahr geglaubt wissen will, ihrem sinnbildlichen Werte nach erfaßt, um durch ideale Darstellung derselben die in ihnen verborgene tiefe Wahrheit erkennen zu lassen.«

Lievis Inszenierung schien eine solche Perspektive keineswegs fremd. Zum zentralen ikonografischen Verweis wurde das Abendmahlszitat der Gralsgesellschaft; Kontemplation und Anbetung waren dominierende Haltungen. Nicht zuletzt war in seiner Inszenierung Schönheit zum Programm geworden. Ein nur schön verpackter Bühnenrealismus mußte freilich am Weihevollen scheitern. Wenn das Laub auf dem Bühnenboden dezent raschelte, die ganze Szenerie in sanftes Licht getauchte Herbststimmung vermittelte, so mochte das kunstvoll erscheinen, blieb aber stimmungsvolle Draperie und kleidete »Parsifal« als ein leuchtendes und edles Ritterstück ein, das so maniert daherkam wie präraffaelitisches Mittelalter. Damit war keinesfalls beantwortet, was eigentlich sichtbar werden sollte. Lievi befolgte Wagners Regieanweisungen, als wären sie selbst das heilige Gesetz, das die Gralsritter in ihrem Ritual zelebrieren. Was aber, wenn darstellerische Unzulänglichkeiten der Sänger das Konzept eines ästhetisierenden Perfektionismus desavouieren? Wie unerträglich wird mit einmal eine Figur wie Amfortas, wenn der Sänger in allzu aufgesetzt klischeehaften Gesten einen Schmerzensmann mimt, gramgebeugt und schmerzverzerrt, um das Bild von Golgatha zu beschwören. Oder die Abendmahlsszene der Gralsgemeinschaft, die an Hans Mayers Wort vom »theatralischen Gottesdienstersatz« erinnerte. Interpretatorisch unterbelichtet auch die Szene in Klingsors Zaubergarten. Realismus ließ auch hier das Ganze eher fragwürdig erscheinen. Abstraktion rettete immerhin, was am würdevollen Schreiten, an Amfortas Wunde, am mildglänzenden Licht des Karfreitagszaubers, den blonden Locken Parsifals und dessen Entsagung im Zaubergarten obsolet und suspekt wirkt. Abstraktion rettete den Gral vor dem Kitsch des mythologisch verklärten Herz-Jesu-Blutes. Doch Lievis stimmungsvoller Realismus brachte die Inszenierung zum Scheitern. Man muß nicht erst Nietzsche gelesen haben, um den opernhaften Weihrauch als faulen Zauber zu erkennen.

An der Zaubergartenszene befremdete, daß die Blumenmädchen so artig wie höhere Töchter beim Debütantinnenball auftraten, gekleidet, wie es eine vom Jugendstil beeinflußte Mode um die Jahrhundertwende vorschrieb. Kundry im giftgrünen Gewand dagegen wirkte so matronenhaft, daß man es Parsifal kaum verdenken konnte, daß ihm eher Amfortas Wunde einfällt, als sich Kundrys Umarmung und Kuß hinzugeben. Vielleicht hatten die Lievis Mathilde Wesendonck bei ihrer leidenschaftlichen Begegnung mit Richard Wagner im Fin-desiècle-Salon im Sinn, der sich unversehens in ein Treibhaus der Gefühle und Leidenschaften verwandelte, wie es Madame Wesendonck in einem ihrer von Wagner vertonten Gedichte beschrieb. Zwar kein Treibhaus, aber eine mediterrane Gartenidylle mit üppig wuchernder Natur war auf der Bühne zu sehen. Zurück blieb das Gefühl szenischer Unentschiedenheit und daß das Zusammentreffen von Verführung und Prüderie zugunsten letzterer entschieden wurde. Auch daß Klingsor wie eine Comic-Figur, wie ein Zauberer aus der Phantasiefabrik Walt Disneys wirkte, mochte keinen rechten Sinn ergeben. Denn schließlich ist er ja nicht der schwarze Mann als Kinderschreck, sondern die psychoanalytisch bedeutungsvolle Antithese zum Gral und dessen Moralkodex.

Lievi beschränkte sich auf die brave Nacherzählung der wunderlichen und fragwürdigen Fabel, monierte Peter Wapnewski, mit Rittern in »taumelndem Marodentanz«. Gewiß, die Räume entbehrten als lichter, marmorner Tempel oder als Naturkulisse nicht der Atmosphäre, und die Ritter in glänzenden Rüstungen waren edel und teuer ausstaffiert, aber hier sei Wagners Erlösungsritual zu schönem Theater säkularisiert, werde ein ästhetisiertes Endspiel gegeben.

Reinhart Baumgart indes verteidigte die Inszenierung. Er führt als Beleg vor allem die kleinen Reste »einer kühner entworfenen Inszenierung«, jene Details eines großen Fragments an, die einen exzeptionellen Entwurf erkennbar machten. Zum Ende des ersten Aufzuges verläßt Parsifal nicht den Gral (also entgegen Wagners Anweisung im Text): »Immer noch Zuschauer, allein im leeren, öden Theater sitzen geblieben, betrachtet Parsifal den nackten Stein, die Eisenmasken, die marmornen Umhänge, ein trostloses Stilleben. Es denkt also weiter in ihm, seine Zukunft beginnt, genau wie in Wagners Musik.« Baumgart hält solche »stillen, vielsagenden Momente« für Höhepunkte der Inszenierung, »die eher schlicht und naiv erzählend die Geschichte zurücklegt«. Doch wage der Regisseur zum Ende »unverhofft einen kühnen Doppelpunkt zu den letzten Worten [›Erlösung dem Erlöser‹]«: Alle verlassen den Gral, auch Parsifal, er blickt aber noch einmal zurück: »Da sind wie Überreste, Reliquien einer nun aufgegebenen Religion und Leidenskultur nur noch zu sehen: der schwarze Sarg Titurels, die heilige Lanze und der Gral, Andenken also an Christi Blut.«

Ein solch artifizielles Theater ist gewiß seine Verteidigung wert, gerade weil es einen utopischen Gegenentwurf darstellt, weil es die Kunstwirklichkeit der Bühne mit in seine Überlegungen einbezieht. Man wird es vor allem gegen jene verteidigen müssen, denen mehr nach »Handfestem«, nach Dampftheater ist, die griffige Formeln bei einer Inszenierung erwarten. Lievi widersteht alldem. Er ist als Regisseur ein Mann der leisen Töne, der sich vielleicht ein Publikum wünscht, das sich wie er an Bildern voller Poesie nicht sattsehen kann. Die Gefahr im Falle Cesare Lievis besteht darin, sich tatsächlich allein auf die optische Abgrenzung von der schreienden, grellbunten Wirklichkeit zu verlassen und damit gelegentlich auf »höhere Tapezierkunst« hereinzufallen.

In Zürich entstand mittlerweile ein bemerkenswerter Strauss-Zyklus unter Lievis Regieanleitung: »Ariadne auf Naxos«, »Capriccio« und »Die Frau ohne Schatten«. Die ersten beiden Werke sind Beispiele für das Theater-auf-dem-Theater-Spiel und somit auch ein Spiel mit der Künstlichkeit. Während ihm die »Ariadne« zur »Stilübung in Sachen Theatersprache« wurde, zeitlich angesiedelt um die Jahrhundertwende und bevölkert von einer Komödientruppe, die aus der Welt des dadaistischen Nonsens ebenso zu stammen schien wie aus dem Cabaret-Milieu, so rückte er »Capriccio« in die Nähe Pirandellos und dessen dramatisierten Diskussionen über das Wechselspiel von Bühne und Wirklichkeit. Darüber hätte Alfred Polgars Definition des Theaters als Scharlatan, der wirklich zaubert, als Motto stehen können. Geradewegs in die Künstlichkeit der Märchenwelt führte Lievi mit der »Frau ohne Schatten«, die in der wandelbaren, ästhetisch klar gegliederten Bühne eines Davide Pizzigoni tatsächlich einem aufgeschlagenen Märchenbuch glich. Aus Opernfiguren wurden Charaktere, die in ihren Haltungen und in ihrem Verhalten gleichsam individualisiert wirkten. Hier fühlte sich der Regisseur, der viel lieber Dichter ist, spürbar in der poetischen Fabel zu Hause. Wie die Literatur betrachtet er das Theater als eine »hermeneutische Aufgabe«, denn immerzu muß der Regisseur erklären, was er anhand der Vorlage erzählen will.

Jurij Ljubimow

Der heute 78jährige russische Regisseur Ljubimow gilt als einer der Großen seines Fachs. Bekannt wurde er durch aufsehenerregende Schauspielinszenierungen am Moskauer Taganka-Theater. Der einstige Stanislawski-Schüler stand mit seiner Regiearbeit indes wohl eher in der Meyerhold-Nachfolge, und das hieß, im pathetischen Tonfall der damaligen Avantgarde, mit den Mitteln des Theaters zur theaterlosen Wirklichkeit zu schreiten, diese in der künstlerischen Auseinandersetzung gleichsam als Leitbild stets im Blick zu behalten. Entsprechend hatte Ljubimow das Meyerhold-Motto sich zu eigen gemacht: »Ich bin Realist, aber in der schärfsten Form.« Wenn er gleichzeitig davon sprach, daß er realistisches Theater für sinnlos halte, zumindest dasjenige, das Wirklichkeit »vorkaut«, so sieht das auf den ersten Blick nach einem Widerspruch aus. Aber Realismus in Meyerholds Sinne bedeutete ja zunächst Antinaturalismus und Antiillusionismus. Ureigene theatralische Mittel, nämlich die der Stilisierung, der Überzeichnung wie der Zeichenhaftigkeit waren gefragt. In den Inszenierungen Ljubimows findet man dieses »zeichenartige Theater« wieder und zugleich Elemente des epischen Theaters, die aber an Gewicht zu verlieren scheinen. Nach eigenem Bekunden führte ihn nämlich die künstlerische Entwicklung mittlerweile weg von Brecht und hin zu Dostojewski – nach dem politischen Theater interessiere ihn heute mehr die »Ausleuchtung der menschlichen Seele«, von der politischen Aufklärung führt ihn der Weg zur christlichen Metaphysik. Dabei bleibt er der Realist, der dennoch bewußt mit der Kunstwirklichkeit der Bühne arbeitet, um etwas über die sie umgebende

Realität außerhalb des Theaters, über das Leben auszusagen. Er selbst charakterisierte seinen Regiestil folgendermaßen: »realistisch in den Einzelheiten, aber phantastisch nach Form und Aufbau«. »Man braucht eine Metapher und keine Imitation, ein Bild und keine Kopie ... Im Theater muß man – um die Wahrheit zu sagen – die Fähigkeit besitzen zu erfinden.«

Seit nunmehr fast zwanzig Jahren inszeniert Ljubimow regelmäßig auch Opern. Den Anfang machte 1975 die Uraufführung von Luigi Nonos »Al gran sole carico d'amore« an der Mailänder Scala. Die Reaktionen auf seine Operninterpretationen waren in der Folgezeit nicht selten ablehnend oder doch zumindest umstritten. Da wurden zuweilen die Prinzipien des epischen Theaters als obsolet kritisiert, in dessen Nachhut man Ljubimow einreihte. Opernstoffe erschienen manchen Kritikern moritatenhaft vergröbert, allzu holzschnitthaft und in der Perspektive verkürzt.

Ljubimow sah sich bisher aber nicht allein unterschiedlichen Publikumsreaktionen und extremen Kritikermeinungen ausgesetzt und dadurch von Fall zu Fall mißverstanden, gravierender waren die politischen Schwierigkeiten, mit denen er in der Sowjetunion konfrontiert war. Denn die spätstalinistische Kulturbürokratie erwies sich in ihrem Verhalten ihm gegenüber als ausgesprochen rigide. Da gab es beispielsweise die Affäre um Alfred Schnittkes Bearbeitung der Tschaikowski-Oper »Pique Dame«, die 1978 unter der musikalischen Leitung von Gennadi Roshdestwenski und in der Inszenierung Ljubimows im Pariser Palais Garnier uraufgeführt werden sollte. Dem machten jedoch die Kulturoberen in

Moskau, angezettelt durch eine Intrige des Dirigenten Algis Juraitis in der »Prawda« (nach inzwischen hinlänglich bekanntem Muster), einen Strich durch die Rechnung. Die Arbeit des Regisseurs an seinem Taganka-Theater gestaltete sich zunehmend schwieriger. 1982 wurde dort Puschkins »Boris Godunow« nach der Generalprobe verboten. Im Jahr darauf wurde Ljubimow die Leitung des Hauses entzogen, und kurz danach folgte seine Ausbürgerung. Erst 1989 konnte er wieder an sein Theater zurückkehren.

Schon bei seinen früheren Arbeiten im Westen – er hatte in den späten siebziger Jahren mehrmals an italienischen Opernbühnen inszeniert – fiel ihm der Unterschied in der Publikumshaltung zwischen Ost und West auf. Dort wollte es die Botschaft in einer Theateraufführung, die moralische Anstalt Theater, hier den ästhetischen Genuß, die Unterhaltung. Vor allem in der Oper sei das so. Eine sicherlich etwas ungenaue Beobachtung, denn während der Westen das avancierte Musiktheater als Antwort auf bloße Opernkulinarik kennt, hat es eine solche Entwicklung an den sowjetischen Opernbühnen allenfalls ansatzweise gegeben. Es herrschte der Ausstattungspomp im Stil des Bolschoi, das Vorbildfunktion besaß. Darum mochte Ljubimows Äußerung aus dem Jahre 1986, ihm fehle die »Gespanntheit« in der Haltung des westlichen Publikums, eher etwas von der Befindlichkeit eines Künstlers verraten, dem man kurzerhand den Stuhl vor die Tür gestellt und so den Kontakt zu »seinem« Publikum genommen hatte. Unter den Bedingungen eines politischen Zwangssystems hatten Kunst und Theater schon seit jeher Ersatzfunktion übernommen, indem sie politische Diskussionen anzuzetteln versuchten, die eigentlich anderswo geführt werden sollten. Gleichwohl mag man Ljubimows Bekenntnis zustimmen, wonach Kunst in apokalyptischen Situationen eine »Lackmus-Funktion« ausübe: »Ein Künstler fühlt diese Dinge im voraus. Er kann die Menschen warnen. Die Kunst kann die Menschen stärken, kardinale Veränderungen kann

sie nicht herbeiführen.« Die Bühne wird auf diese Weise im wahrsten Sinne des Wortes zum politischen Resonanzraum.

Sein Stuttgarter »Fidelio« war sicherlich eine Interpretation, wie man sie von ihm erwartete. Mit Beethovens Oper verband er »die Idee eines ewigen Gefängnisses«. »Der Zuschauer soll mit einigen Gedanken die Oper verlassen«, formulierte er, »denn diese Oper hat mit der Tragödie des modernen Lebens zu tun.« Wichtig sei darum der direkte Kontakt zum Zuschauer: »In meiner ›Fidelio‹-Inszenierung sind die Brücken von der Bühne ins Parkett dazu da, daß wir nicht vergessen. Auch wir können einmal in dem GULag landen, in dem Millionen von Menschen noch heute leben.« Dabei setzte er auf die Intelligenz des Zuschauers, dem nicht alles bis ins letzte erklärt werden muß. Denn bei aller Deutlichkeit dürfe die Regie nicht primitiv darstellen. Die Hoffnungsperspektive war nun auf ein realistisches Maß zurückgeschraubt, Revolutionsutopie und humanistisches Pathos hatte sich der Regisseur mit Blick auf politische Wirklichkeiten versagt. Doch war es von Ljubimow nicht anders zu erwarten: Bei ihm ist das In-Szene-Setzen von Werken kaum ohne Bekenntnischarakter denkbar. Jungheinrich urteilte folgendermaßen über den Stuttgarter »Fidelio«: »Irritierend und fruchtbar schienen vielerlei Unstimmigkeiten, ein labiles Verhältnis von interpretatorischem Raffinement und spröder Effektverweigerung, die Nähe von Fiktion und Wirklichkeit. Bei Pizarros Auftritt im ersten Akt werden die Türen zum Publikumsraum aufgerissen, an jeder postieren sich Fieslinge in Trenchcoats, Statisten einer politischen Polizei in Zivil, die plötzlich auftauchen und auch wieder verschwinden und auch den ersten Aktschluß bei klingelnd niedergehendem Eisernen Vorhang provozierend und beklemmend bis hart an die Grenze bedrohlicher Nonfiction herauskommen lassen. Die opernhafte Gefahrlosigkeit und Gemütlichkeit der Dialoge wird konterkariert von der lautlosen Maschinerie, die die Gefangenen aus der Tiefe an die Oberfläche befördert.«

Ljubimows Umgang mit etablierten Werken des Opernrepertoires ist alles andere als respektlos. Wenn er zuweilen mit ungewöhnlicher optischer Härte und sehr persönlichen Deutungen diese Werke in Szene setzt, dann mit allem Respekt für die Ernsthaftigkeit und Diskutierbarkeit von Opernstoffen. Keine andere Inszenierung als gerade »Fidelio« mochte dabei mit so viel persönlichem Engagement realisiert worden sein. Der Ausgebürgerte und zuvor Gegängelte besaß als Regisseur hinreichende Erfahrungen mit einem totalitären Zwangssystem. Mit der Formel »GULag ist überall« erschien der Pessimismus in dieser Inszenierung nur folgerichtig, ein Pessimismus, der dem Jubel des Opernfinales mißtraute und ins Bewußtsein brachte, daß da schließlich nur einer befreit wurde. Es gehört zu Ljubimows Selbstverständnis, daß sein Theater »Botschaften« vermittelt, nicht zuletzt, um auf diese Weise zur theaterlosen Wirklichkeit zu schreiten (und weil sie unter den Bedingungen der Diktatur vom Publikum verlangt wurden).

Wie im wirklichen Leben, das immer weitergeht, wird auch das Spiel auf der Bühne fortgesetzt, indem es immer neu beginnt, und so mochte ein letzter Hoffnungsschimmer auch im »Fidelio« spürbar werden, der das Phantom der Freiheit zumindest als Ahnung behält. Gerhard Koch formulierte deshalb: »Zu diesem deprimierenden, gleichwohl das Lichtlein der Hoffnung nicht löschenden Nachspiel erklingt die dritte ›Leonore‹-Ouvertüre – aber nur der lastende Adagio-Teil, der genau auf dem Leitton H, der zum Allegro führt, abbricht. Der (auch symphonische) Prozeß der Befreiung bleibt Fragment; aber die Spannung treibt innerlich weiter: der errettende Heilsplan als offene Form.«

Die Rigorosität in der Darstellung war Hinweis auf die Aktualität von Willkür und Gewalt überall auf der Welt, eine traurige Aktualität, die im »Fidelio« kaum je karger und finsterer inszeniert wurde, wie Koch urteilte. Zwar zielt Ljubimow auf Eindringlichkeit, doch ist er alles andere als ein detailbesessener Perfektionist. Auch wenn er auf emblematische Bilder und Gesten setzt, inszeniert er keine Schlagworte und spekuliert nicht auf plattes Einverständnis. Eher schon wirken seine Arbeiten irritierend – wie beispielsweise sein »Tannhäuser« in Stuttgart, der den Eindruck des interpretatorisch Skizzenhaften erweckte. Was leichthin als ein Zuwenig an Werkanalyse mißverstanden werden konnte, besitzt bei Ljubimow Methode – wichtig ist ihm das Ganze, die Idee als theatralische Klammer, ohne daß damit alles sogleich beantwortet wird, wichtig ist ihm der Gestus einer Fabel. Bezeichnend mochte da auch der Umgang mit Tschaikowskis »Pique Dame« erscheinen, die Ljubimow 1990 in Karlsruhe herausbrachte. Der musikdramaturgische »Rettungsversuch« lag hier quasi in einer Engführung der Oper mit Puschkins literarischer Vorlage; das Werk erhielt mehr Stringenz und konzentrierte sich auf einen Handlungsstrang. Ljubimow hielt sich auch hier an eine strikt antinaturalistische Szene – er inszenierte einen Alptraum, der mit Hermanns Wahnsinn endet, diesem Hasardeur aus dem Petersburger Offiziersmilieu. Die ganze Szenerie war auf diese Perspektive ausgerichtet – noch das Mobiliar wurde symbolhaft umfunktioniert, wenn beispielsweise Spieltische durch Kippen sich in Spiegel verwandelten. Tschaikowskis mit allerlei pomphaften Zutaten garnierte Oper wurde in Schnittkes/Ljubimows Version zur Innenschau und Pathogenese eines Spielers. David Borowskis Bühnenbild ließ keinen Zweifel, daß die Oper dort spielt, wo sie endet – nämlich im Irrenhaus.

Auch wenn Ljubimov eine Vorliebe für diese unbequemen, sperrigen Stücke besitzt, so versteht er sich gleichermaßen virtuos auf die theatralische Leichtigkeit, auf das behende Commedia-dell'arte-Spiel. Sein »Don Giovanni« war dafür schlagender Beweis, der bezeichnenderweise mit dem gellenden Ruf »Das Theater fängt an!« eröffnet wurde. Das Orchester hatte zuvor auf der Bühne Platz genommen, der Dirigent saß am Cembalo, die Szene war kärglich mit einem Bretterverschlag eingerichtet, Leporello erwies sich als Diener gleich im doppelten

Sinne – nämlich als Handlanger für den unbotmäßigen Weiberhelden Don Giovanni und als Geiger im kleinen Orchester, wohin er stets zurückkehrte, wenn das Libretto seinen Abgang vorsah. Hier stand ganz der heitere Lustspielcharakter im Vordergrund, wurden die burlesken Wurzeln des Stoffes wiederbelebt, während den tragischen Rest die Musik erledigte. Einen ähnlichen Eindruck vermittelte »Die Liebe zu den drei Orangen«, bei der wiederum auf Commedia-Agilität gesetzt wurde und rudimentär auf Meyerholds »Bio-Mechanik«. Der freudlose Prinz aus Prokofjews Oper, der nicht lachen kann, betrat die Bühne als Zwillingsbruder von Buster Keaton. Wie dieser trug er stets einen Strohhut, der zum optischen Grundelement der Inszenierung wurde. Entsprechend bestanden alle Wände aus Strohgeflecht, waren leicht veränderbar und gaben der Inszenierung zusätzlich Mobilität.

»Die Liebe zu den drei Orangen« (München 1991) – Regie: Jurij Ljubimow
Foto: Anne Kirchbach

167

Wichtig bei der Suche nach der Bildhaftigkeit schien Ljubimow immer schon die Form – Form als das artistische Konzept einer Aufführung. Das Opernpersonal bewegte sich in choreografischer Strenge marionettenhaft, verwandelte sich in Stummfilmfiguren mit groteskem Anstrich, passend dazu die Zwanziger-Jahre-Kostüme. Die heitere, schwerelose Inszenierung beurteilte Gerhard Koch so: »Es bleibt beim turbulent-virtuosen Spiel im Spiel, das trotz aller Effekte stets Seriosität wahrt.« Das Ganze habe nichts mit burlesker Possenreißerei und Grimassenschneiderei zu tun, sondern erinnere eher an Alexander Tairows Forderung nach einem »entfesselten Theater«. Selbst ein Werk wie »Lulu« unter Ljubimows Regie wurde als kurzweiligste, lustigste und spannendste Inszenierung gefeiert. Die Tragödie trug nun das Gewand der Salonkomödie, war ein Konversationsstück mit Witz, angereichert mit Zirkusambiente und Slapstick-Momenten.

»Jenufa« (Bonn 1993) – Regie: Jurij Ljubimow
Foto: Stefan Odry

Stanislawskis Künstlertheater hat keine Spuren in der Regiearbeit Ljubimows hinterlassen, nichts von »produktiver Einfühlung« der Darsteller in ihre Rollen, und genausowenig findet man darin etwas vom späten Stanislawski, der unter Stalin zum Wegbereiter des sozialistischen Realismus auf der Bühne avancierte. Dafür prägten Ljubimow um so mehr die Avantgardisten aus der Frühzeit der Sowjetunion; Meyerhold wurde eingangs schon genannt. Auch wenn Ljubimow beispielsweise die Vorliebe für eine äußerst konzentrierte Gestik und Mimik mit Meyerhold teilt, für eine gewisse Rhythmik in den Bewegungen und choreografierten Gängen, so macht er dennoch kein Dogma aus der einstmals geforderten Taylorisierung des Theaters, die Meyerhold zu irrwitzigen Verstiegenheiten veranlaßte, wie jener, wonach die Taylorisierung es möglich machen werde, »in einer Stunde so viel zu spielen, wie wir heute in vier Stunden bieten können«. Eine weitere Gemeinsamkeit – und hier trifft Ljubimow sich mit einem anderen Antipoden Stanislawskis, nämlich mit Alexander Tairow – ist die Vorliebe für volkstümliche Theaterformen, für den Karneval und die Schaubude. So stand damals die Commedia dell'arte hoch im Kurs. Ihre Anwendung in den erwähnten Inszenierungen des »Don Giovanni« und der »Liebe zu den drei Orangen« belegt diese Gemeinsamkeit nachdrücklich. Auch die teilweise Aufhebung der räumlichen Trennung zwischen Bühne und Zuschauer wäre hier zu nennen, ebenso wie die Forderung nach einem mitdenkenden Zuschauer, der »schöpferisch beendet, was die Szene nur andeutet«. Und schließlich darf die andere Komponente in Ljubimows Regiearbeit nicht außer acht bleiben – Brechts episches Theater, auch wenn er heute erklärtermaßen eine Distanzierung vollzieht. Übrig blieb bislang die kritische Haltung, der politische Anspruch in der Theaterarbeit, die bewußte Anwendung theatralischer Mittel als Mittel der Kunst. Brecht formulierte: »Wenn die Kunst das Leben abspiegelt, tut sie es mit besonderen Spiegeln. Die Kunst wird nicht unrealistisch, wenn sie die Proportionen ändert, sondern wenn sie diese so ändert, daß das Publikum die Abbildungen praktisch für Einblicke und Impulse verwendend, in der Wirklichkeit scheitern würde.« Und Brecht sprach auch davon, daß die kritische Haltung, in die das epische Theater sein Publikum zu bringen trachtet, nicht leidenschaftlich genug sein könne. Wohl die meisten von Ljubimows Inszenierungen vermochten solche Leidenschaftlichkeit zu wecken.

PETER MUSSBACH

»Wir können das Verhalten anderer Menschen, aber nicht ihre Erfahrung sehen«, heißt es gleichsam programmatisch in Ronald D. Laings »Phänomenologie der Erfahrung«. Der englische Psychiater Laing avancierte Ende der sechziger Jahre zum Wortführer einer vermeintlichen Anti-Psychiatrie. Er selbst fand dieses Etikett im höchsten Maße unpassend, denn er war ja nicht gegen, sondern für eine neue Psychiatrie. Diese schloß eine radikale Neubewertung des gesellschaftlich reglementierten Verhältnisses von krank/gesund ein. Wenn nämlich Zerrissenheit, Entfremdung und innere Spaltung die Merkmale einer sozialen Wirklichkeit sind, so seine provozierende Frage, warum soll dann nicht der Wahnsinn eine nachgerade gesunde Reaktion auf diese Verhältnisse darstellen? Schließlich würden wir auch Erfahrung mystifizieren, indem wir uns zu Narren der Selbsttäuschung machen – eben möglich durch das gesellschaftliche Reglement moralischer und anderer Wertvorstellungen. Wir machen uns selbst zu Narren, und darüber gewinnt unsere Verrücktheit etwas wie Normalität. – Was das mit Opernregie zu tun hat? Nun, Peter Mussbach hat, bevor er Regisseur wurde, ein Psychologiestudium absolviert, und seine Inszenierungen verstecken das nicht, sondern sie werden stets zum psychologischen Laboratorium mit einer szenischen Formensprache von verstörender Radikalität. Dabei begegnet er uns keineswegs als Therapeut, vielmehr interessiert ihn die Diagnose. Der analytische Weg dorthin besitzt wiederum Ähnlichkeit mit jener »Phänomenologie der Erfahrung«, von der soeben die Rede war. Sein von der Psychologie beeinflußtes Musiktheaterideal versucht im Grunde das Schwie-rigste, nämlich »ein menschliches Verstehen des Menschen in menschlichen Begriffen zu erreichen« (Laing). Zwar sprach Mussbach einmal davon, daß in der Oper als einem »artifiziellen Medium« die psychologische Auslegung nicht funktioniere, doch exemplifiziert er vorzugsweise in Bildfolgen menschliche Verhaltensmuster. Der Regisseur begibt sich auf die Gratwanderung, indem er zum sichtbaren Verhalten der Opernfiguren gewissermaßen den unsichtbaren Teil hinzufügt, also die Erfahrung in szenische Zeichen übersetzt, um so auf den Kern der Beziehungen zu stoßen. Der inszenierte Raum rekonstruiert also »soziale Wirklichkeit« mit all ihren Symptomen unheilvoller gesellschaftlicher Übereinkunft und daraus resultierender Deformation. Vielleicht wirken ja deshalb seine Bühnenräume oftmals so verstörend traumatisch. Mussbach erreicht damit Regionen, die weiter gehen, tiefer wirken als die Vorgaben der jeweiligen Libretti.

Bei Wagners »Parsifal« haben wir es ohnedies mit einer Musik zu tun, die wie kaum eine andere ans Unterbewußte rührt. Tilman Moser schreibt es gar der Wirkung jener »Zaubermusik« zu, daß wir diesen von »verrückten« Figuren bevölkerten »Parsifal« ganz und gar nicht als verrückt empfinden. »Es vermischt sich bei Wagner«, bemerkt Moser ferner, »immer eine universelle, allgemeinmenschliche Tendenz, die im Grunde den tiefenpsychologischen Gehalt des ›Parsifal‹ ausmacht, mit einer elitären, uns ausschließenden Tendenz zu Ausnahmemenschen, die den Übergang zum Personen-, wenn nicht gar zum Führerkult als ständige Bedrohung erscheinen lassen.« Eben davon handelte Mussbachs »Parsifal«-Inszenierung. Zu erleben war am Beispiel der

170

Gralsgesellschaft, wie verhängnisvoll Gruppenloyalität sein kann. Die Gralsritter waren in weiße lange Mäntel gekleidet, hatten kalkige Gesichter und hochaufragende verkrustete Kronenfassaden aus Papier. In ihrer bösartig-skurrilen Erscheinung waren sie für Gerhard Koch die »Sünder der Selbstgerechtigkeit und des Egoismus«. Hier illustrierte der Regisseur Laings gruppendynamische Formel von der Gruppe, die zur Maschine wird. »Machen wir uns keine Illusionen über die Brüderlichkeit des Menschen«, gab Laing zu bedenken, »mein Bruder, den ich liebe wie mich selbst – mag er mein Gefährte beim Lynchen oder im Leiden sein, so kann er doch leicht aus meiner Hand den Tod empfangen, wenn er anderer Meinung sein sollte.« Man sah ferner einen Amfortas, der an ein Brett gefesselt war und dieses wie das Kreuz auf dem Rücken über die Bühne trug, während der Gral nur aus der Zeichnung einer Schale bestand. Nichts anderes beinhaltet Glauben, nämlich das Vertrauen in ein Phantom, zumindest in eine nicht evidente Realität. In Klingsors Zaubergarten waren die Blumenmädchen als Gesellschaftsdamen des 19. Jahrhunderts versammelt, während Kundry sich Parsifal in mütterlicher Fürsorge zuwandte. Dem »unbehausten Wanderer« wurde, wie Gerhard Koch treffend bemerkte, »nachzuholende Kinderseligkeit suggeriert, eine eher seriöse als laszive Umgarnung«. Dabei wurde auf besonders dringliche Weise auf das inzestuöse Fehlverhalten angespielt, das in Wagners Oper als einzige Form des Zusammenlebens von Mann und Frau präsentiert wird. Darum ja auch Kundrys Tod am Ende der Oper. Aber Tilman Moser schiebt den Ausschluß des Weiblichen eher auf Wagners »versiegende Phantasie«. Anderes wäre denkbar, und deshalb ist Kundrys Ausschluß nicht zwangsläufig (was andere Inszenierungen im Schlußbild bereits zeigten). Wenn Mussbach am Ende das Rätsel und die Ratlosigkeit inszeniert, dann zeigt er den Weg, den der Komponist Wagner selbst vorzeichnete: »Denkt man sich die Schlußminuten des ›Parsifal‹ nämlich zeitlich weiter, dann droht Erstarrung und

Langeweile.« (Moser) Parsifals Individuation wäre unter diesem Blickwinkel überflüssig und unnötig, weil vergeblich. Der Regisseur zeigte im dritten Aufzug außerdem eine Chorprozession mit der Leiche Titurels und der Bahre Amfortas auf verschlungenen Irrwegen. Die Erlösungsszene schließlich mobilisierte noch einmal die ganze Endzeitstimmung. Auf der Bühne liegen die Toten (Titurel, Amfortas und Kundry), die Gralsgesellschaft zieht ab, Parsifal sitzt an der Rampe: »Ein Spuk scheint vorbei – was nun?«, kommentierte Koch. Übrig bleibt ein König ohne Land, ein Prophet ohne Volk, ein Priester ohne Gemeinde. Daß eine solche Sicht zutiefst irritierend wirkt, zeigte Heinz Josef Herborts Kommentar in der »Zeit«, der den philosophischen Obskurantismus des Komponisten gegen das Regiekonzept ins Feld führte und offenkundig übersah, daß der Regisseur ebendas visualisierte, was Wagner komponierte. Die Vorwürfe lauteten, die Regie habe Kunst nicht zum Sinnbild der Religion befördert, Parsifals Mitleiden sei nicht sichtbar geworden, und zwar ein Mitleid »als egozentrische Erkenntnis- und Verhaltens-Kategorie des welterlösenden Genies« (Herbort). Da wurde nach szenisch Greifbarem verlangt, nach deutlichen Hinweisen eines Konzeptes. Die Thesen für unsere Zeit wurden vermißt, auch Lösungen, Identifizierbares. Auf der Bühne müsse sichtbar werden, daß man von den Regieanweisungen des Komponisten etwas hält. Dabei wurde die Warnung des Regisseurs übersehen, wie wenig das Bühnenweihfestspiel zur Heilsbotschaft sich eigne, wie die klösterliche Burg der Gralsgesellschaft zur »Mutterburg soldatisch-ritterlichen Eingreifens« werden könne für den Fall der Rettung des Abendlandes.

Mussbach macht es dem Opernbesucher mit seinen szenischen Deutungen gewiß nicht leicht. Sie verhandeln die Stoffe auf intellektuell hohem Niveau, sind kein bloßes Abbild, sondern Transformation von Realität und erschließen große Abstraktionspotentiale. Sie nötigen Respekt ab für eine Oper der Fremdheit. Seine »Ariadne auf Naxos« soll dafür als weiteres Beispiel dienen. Das Thema selbst ist durch die literarische Vorlage von Hofmannsthal ein Stück Gedankenakrobatik, und als solche wurde es auf der Bühne sichtbar – als ein kurioses Spiel des Scheinhaften. Der Textdichter lieferte dafür auch den entsprechenden Hinweis: »Da sitzen sie in den Theatern, und schauen sich selber an.« Es werde Theater gespielt, wie gelebt wird – in wesenhaften Zeiten wesenhaft, in scheinhaften scheinhaft.

Die Geschichte der Oper »Ariadne« ist bekanntlich die: Nach dem Willen des Veranstalters sollen Tanzmaskerade und Trauerstück gleichzeitig zu seinem Fest gegeben werden, dessen Abschluß ein Feuerwerk bildet. Wir haben es mit einer Gegenwart zu tun, in der »alles zugleich da ist und nicht da ist« (Hofmannsthal), wofür das Feuerwerk zum Symbol wird: Man nimmt es im Moment des Entstehens wahr und zugleich in seinem Vergehen. Von solcherart Gegenwart ist die »Ariadne« geprägt, einer Gegenwart im Moment des Veschwindens. Sie ist etwas Metamorphoses, bezeichnet eine transitorische Existenz. Endzeitbewußtsein und höchste Betriebsamkeit treffen darin zusammen. Zugleich aber soll im Wandel etwas von der Tradition bewahrt werden, soll Altes mit dem Neuen zu einer Einheit verschmelzen. Das entsprach 1916, als in Wien die endgültige Fassung der »Ariadne« erklang, in einer durch den Weltkrieg gänzlich veränderten politischen Situation, allenfalls einem Wunschdenken. Im Nebeneinander von buffonesker Harlekinade und Opera seria blieb diese Oper eine merkwürdig künstliche Angelegenheit. Der sonst übliche Umgang mit dem Stück bezeichnet die Schwierigkeiten, aus denen die meisten Opernregisseure sich mit der Flucht in die Konvention zu retten versuchen. Sie belassen es dabei, eine von barockem Schnickschnack umgebene Operndiva als Heroine vorzuführen, die in ihrer Klage über den entschwundenen Geliebten mehr oder weniger unmotiviert von herumkaspernden Komödianten gestört wird. Zu allem Verdruß stiehlt ihr dann mit atemberaubender Stimmequilibristik die Gegenspielerin auch noch

die Schau. Mussbach ließ diese Begegnung auf der leeren Bühne stattfinden, deren einzige »Ausstattung« in Bewegung befindliche Vorhänge waren. Zugleich erinnert die Opernbühne ans Varieté, wenn die Harlekine in schwarzen Fräcken mit Zylindern auf dem Kopf über die Bühne steppen, und mit den Körperverrenkungen ist schließlich auch eine Akrobatik des Geistes gemeint, die mit dem nur schwer greifbaren Sinn des Bühnengeschehens jongliert. Die Protagonisten proben das Spiel und verlieren sich immer mehr. Dort oben auf der Bühne scheint nichts zu passen, alles entgleitet, zerfällt und löst sich auf. Und so bleibt das ständige Kommen und Gehen ziellos, grundlos. Mit der leeren Bühne und den ständig bewegten Vorhängen bringt der Regisseur uns die Leere des Theates ins Bewußtsein, die sich erst durch Imagination und Handwerk füllt (und wenn es nur die einstudierten synchronen Tanzschritte der Harlekine sind).

Das Mythische kommt bei Mussbach in Gestalt der Nymphen Najade, Dryade und Echo buchstäblich gesichtslos daher, indem ihre Köpfe schwarz verhüllt sind – Chimären gleich, aus dem Niemandsland unserer Phantasie. In der Figur der Ariadne ist der Unterschied zwischen einer Lebenden und der aus Marmor gefertigten Statue augenscheinlich aufgehoben. Als ob das Äußere ihre Todessehnsucht als Bild vervollständigen wolle («Wo war ich? tot? und leben, lebe wieder und lebe noch?«). Todesblässe wie die Blässe antiker Statuen macht die anziehende Schönheit dieser von der Diva zur Heroin gewandelten Ariadne aus, die ihr denkbares Vorbild in der Dame des bürgerlichen Salons hat. Dolf Sternberger liefert hierzu in seinem »Panorama des 19. Jahrhunderts« wichtige Hinweise auf solche ästhetischen Aspekte der bürgerlichen Glanzzeit. Strauss/Hofmannsthal mögen hier aber auch das Funktionieren von Oper im Sinn gehabt haben. Denn wenn die Sängerin der Ariadne traumversunken und wehklagend, wie vom Boden der Realität abgehoben, umherwandelt, so hat man sie zuvor noch als zänkische, eifersüchtige Primadonna erlebt. Hier wird die Illusion einer Kunst-Wirklichkeit thematisiert.

Der Regisseur hatte die Entstehungszeit der Oper im Blick. Interessant deshalb Hermann Brochs Bemerkung über die untergehende Donaumonarchie: Die Harlekinade der Oper würde dem Bedürfnis nach »dekorativem Amüsement« der Wiener Gesellschaft entsprechen. Eine solche Haltung zur Kunst entspringe dem provinziell gewordenen Charakter eines Volkes, das zwar in einer Barock-Metropole lebt, für die es aber keine Barock-Politik mehr gibt. In der Antike als Gegenpol zu so viel

sinnentleerter Oberflächlichkeit vermochte Mussbach auch kein Heil zu entdecken. Dieser Rückzug in die Geschichte sei letztlich nur Ungleichzeitigkeit, weshalb der Regisseur Ariadne und Bacchus nicht ins erlösende Happy-End führte. Zwar geben sie sich im Schlußduett emphatisch, singen aber eigentlich aneinander vorbei («Ich weiß nicht, was du redest«), was wiederum Zerbinetta und ihre Truppe peinlich betreten beobachten – eben ratlos. Das Feuerwerk entbrannter Liebe bleibt aus. Dafür läuft stellvertretend eine verblichene Feuerwerksaufnahme im Bühnenhintergrund als Film. Nur auf die

»Wozzeck« (Frankfurt 1993) – Regie: Peter Mussbach
Foto: Dominik Mentzos

173

»Wozzeck« (Frankfurt 1993) – Regie: Peter Mussbach
Foto: Dominik Mentzos

Zylindermännchen der Varieté-Truppe springt der Funke über und läßt sie nun unversehens und buchstäblich in Flammen stehen.

Mussbachs Theaterarbeit ist bestimmt vom Blick des Seelenforschers. Jungheinrich nannte dies die »klinische Optik«. Seine Vorliebe für Ausnahmesituationen und exzeptionelle Figuren ist offenkundig. Extreme berühren sich da: zu Parsifal kam Wozzeck, zur Ariadne Janáčeks »Aus einem Totenhaus«. Dabei versucht er stets, den Gestus eines Stoffes zum Gestus der Inszenierung zu machen. Haltungen und Bewegungsabläufe erlangen signalhaften Charakter, wirken choreografiert und lassen so eine Regie erkennen, die offen ist für Impulse des Tanztheaters. Musik übersetzt er in Aktionen. Ebenso wichtig nimmt er den jeweiligen optischen Rahmen – die Bühnenräume erlangen mindestens auch

Symbolkraft; sie rühren ans Unbewußte und stellen szenische Metaphern dar, die ganz wörtlich genommen werden wollen. Aber sie schaffen als abstrakte Form auch Distanz, und so gehört Mussbach zu den Regisseuren, die bewußt den Kunstcharakter der Oper ins Spiel bringen, wenn er beispielsweise in seiner »Don Giovanni«-Inszenierung mit der Bildfläche und Theatermetapher laborierte: Die Bühne ist weiß eingerahmt, der Vorhang leuchtet rot. Hier wird bewußt auf Distanz gesetzt. »Im Stück gibt es keinen Halt«, kommentierte Mussbach, »deshalb auch nicht im Bühnenbild«. Gewiß, einigen mag sein Regiestil entschieden zu kryptisch erscheinen, zumal er mit der Diagnose nicht zugleich das Rezept liefert. Er macht Oper im besten Sinne des Wortes zum Gedankenexperiment.

Vor zehn Jahren debütierte Nel als Regisseur an

CHRISTOF NEL

Frankfurts Opernbühne. Er inszenierte damals die deutsche Nationaloper par excellence – den »Freischütz«. Die Deutung war wohl mindestens so umstritten wie seine jüngste Inszenierung in Frankfurt, die Wagners »Meistersingern von Nürnberg« galt – ein Stück, dem er alle Butzenscheibenromantik gründlich ausgetrieben hatte und das vielleicht als ebenso heikel gilt wie der »Freischütz«, der bei Nel jedenfalls mehr hergab als schauerliche Waldromantik. In beiden Fällen wurde Romantik auf ihren politischen Kern hin untersucht. So genau und so radikal die Deutungen ausfielen, so frappierend mochte die Tatsache wirken, »daß sich der Opernneuling Nel als ein hochmusikalischer Szeniker erwies«, wie es in der Bilanz der Frankfurter Gielen-Ära heißt, die den treffenden Titel »Durchbrüche« trägt. Musikalität blieb ein Kennzeichen seiner Regiearbeit. In seiner »Wozzeck«-Inszenierung beispielsweise rückte er die Musik tatsächlich in den Mittelpunkt des Geschehens: Um den hochgefahrenen Orchestergraben herum befand sich ein Laufsteg, der ein großes Oval bildete, im Hintergrund von einer Wand eingefaßt. Als ob die Musik Regie führte, formierten sich die Figuren des Stücks zu einem Reigen. Sie kreisten beständig um das Orchester und vollführten auf diese Weise eine Art Totentanz. So manche Textstelle in der Oper klang wie ein Kommentar zu dieser szenischen Erfindung: »Da rollt abends ein Kopf«, heißt es in der zweiten Szene. Oder, nachdem Wozzeck, mit dem Ohr am Boden, feststellt, »Hohl! Alles hohl!« – »Hörst Du, es wandert was mit uns da unten.« Wozzeck singt in der vierten Szene von Ringen, die die Schwämme am Boden bilden, von Linienkreisen, Figuren. Die Geometrie der Bühne scheint die Geometrie der Musik zu reflektieren. Als sei die Musik zur Raumplastik geworden. Das Bild vom Totentanz kulminierte schließlich im Opernfinale: »Wenn Wozzeck so weit [gebracht] ist«, hieß es hierzu in der »Opernwelt«, »daß er sein Liebstes mordet, dann rafft er sich, statt zu ertrinken zum Leben verurteilt, noch einmal aus seinem stieren Dasein auf, zerrt Marie rund um die Bühne und tut, was er mit der Lebenden nicht vermochte. Er tanzt mit ihr ein paar schwere, lastende Schritte. Ein Bild, das sich so leicht nicht vergißt.«

Wie wichtig ihm die Musik als Inspirationsquelle ist, als Ausgangspunkt szenischer Phantasie, beschrieb Nel in einigen Erinnerungsnotizen zur »Wozzeck«-Inszenierung in Basel: »Der Beginn vieler Wozzeck-Arbeitsproben. Wir heben die strenge Teilung von musikalischer Probe und szenischer Probe auf. Die Probe beginnt immer mit dem Erforschen der Musik. Die Sänger stehen zu Beginn bei M. [d. i. der Dirigent Michael Boder] um den Flügel. Er arbeitet an Phrasierungen, Genauigkeiten, Plastizitäten. Ich höre zu. Vor meinen Augen entsteht die Szene.« Das Studium der Partituren vergleicht Nel mit dem Lesen von Landkarten und nennt sie »Topographien von Gefühl«. Und auch dieses Bekenntnis: »Daß ich manchmal, wenn ich szenisch nicht mehr weiter wußte, M. zugesehen habe, wie er dirigiert. Manchmal wußte ich dann wieder weiter.« Dazwischen immer wieder analysierende Gespräche »mit überraschenden Perspektivenwechseln«. Das paßt zu einer anderen Bemerkung Nels, der die Bühne als Illusionsmaschine entschieden ablehnt: »Ich mag es gerne, wenn mich das Theater auf Reisen schickt. Ich mag nichts vorgegaukelt bekommen.«

Wenn Hans-Klaus Jungheinrich das Operndebüt von Nel als eine Opernarbeit lobte, die »durch eine atemberaubend ausgefeilte Personenregie, feintönige Musikalität, eine magisch-suggestive Bildersprache, große Vieldeutigkeit und Offenheit« besticht, dann gilt das sicherlich für die meisten seiner Inszenierungen. Sie besitzen eine ganz eigene Poesie, setzen auf Reduktion und Abstraktion und sind von immenser Ausstrahlungskraft. Ihre Details treffen wie die an Sinn und Gefühl komprimierten Worte eines Gedichtes. Sie erweisen sich in ihrem neuen, unerwarteten Blick auf die Werke triftig, sie bringen eine Idee auf den Punkt. Bezeichnenderweise fällt Nel als Kommentar zu seinen Inszenierungen eher ein Gedicht ein, als daß er klug theoretisiert wie manch anderer Regisseur. Für seine »Wozzeck«-Inszenierung verfaßte er ein solches Gedicht, überschrieben mit »WozzeckTotentanz«. Er beschreibt darin die Todessehnsucht als Hoffnung auf Erlösung von Leibesqual – »das tote Leben zuende getanzt« – »die Zeit ist ertrunken«, und mit ihr haben sich die Sänger ausgesungen, ausgetanzt. Unversehens tritt der Theateralltag auf und schickt die Traummaschinerie in den Fundus, das Personal nach Hause, die Reise ist zu Ende.

Sowohl beim »Wozzeck« als auch bei Janáčeks »Katja Kabanowa« arbeitete er mit dem Bühnenbildner Michael Simon zusammen, dem man wohl kaum den Rose-Schüler anmerkt. Simon betätigt sich zunehmend auch als Regisseur. Dabei erklärte er, wie wenig er mit Interpretation etwas anfangen könne und wie sehr ihm Psychologie ein Graus sei. Er setzt auf seine subjektive Sicht, arbeitet intuitiv und in erster Linie beeinflußt von der Musik. Erst durch das Hören der Musik »entstehen Räume und füllen sich mit Menschen, die handeln«. Je mehr die Bühne sich auf Wesentliches beschränkt, um so deutlicher tritt der Mensch in den Vordergrund. Vor allem mißtraut er jeglicher Dekoration, die zu viel erzählt. Das Bühnenbild darf nicht »fotografierte Inneneinrichtung«

sein, sagt Michael Simon.

Mit ähnlicher Kargheit wie schon der »Wozzeck« war auch »Katja Kabanowa« inszeniert worden: Drei dunkle Wände begrenzten den Bühnenraum, darin befanden sich zwei gerundete Mauersegmente in ständiger Kreisbewegung. Frieder Reininghaus beschrieb dies folgendermaßen: »Christof Nels Inszenierung zeigt einen Bewegungsablauf in unterschiedlichen Intensitätsgraden, also variabler Geschwindigkeit: das Gehen im Kreis, das Angehen gegen die unaufhaltsam erscheinende Bewegungsrichtung, das Auf-der-Stelle-Treten, das Mitgespültwerden im Mahlstrom der Verhältnisse.« Eine durchaus einsichtige Chiffre, bedenkt man das unausweichliche Schicksal der alleingelassenen, nach Liebe sich sehnenden Katja. Allenfalls in Momenten des allzu kurzen Glücks, des selbstreflexiven Innehaltens, verbunden mit der bangen Frage »wohin treibt es mich?«, setzt die soghafte Bewegung aus, scheint die Zeit stillzustehen. Und es wiederholt sich auch folgendes: Die Figuren werden in diesen auf ein weniges reduzierten Bühneräumen mit solcher Deutlichkeit sichtbar, als würde man ihr Verhalten, ihre Gestik und Mimik wie unter dem Brennglas beobachten. Aber das setzt in jedem Fall eine präzise wie plausible Personenführung voraus. Ebendies gelingt Nel auf faszinierende Weise, und zwar nicht allein wenn es um die Protagonisten geht, sondern im gleichen Maße bei der Chorregie.

Nel wagt mit seinen kühnen Entwürfen viel, aber nie um der schnellen und sensationellen Lösungen willen. Natürlich wäre es ein leichtes, bei einem Werk wie Nonos »Intolleranza« auf Aktualität zu setzen. Aber Nel bestand bei seiner Inszenierung darauf, nicht den »aktuellen Müll« auf die Bühne zu kippen, nicht näherrücken, sondern die Ferne akzeptieren, lautete seine Devise. Wiederum setzte er auf Abstraktion bei dieser »azione scenica«, auf strikten Antinaturalismus, und erreichte wohl gerade durch die lakonisch inszenierten Tableaus Eindringlichkeit und Sinnfälligkeit gleichermaßen. Nicht zuletzt dadurch wurde der klassenkämpferi-

»Die Meistersinger von Nürnberg« (Frankfurt 1993) – Regie: Christof Nel
Foto: Gert Weigelt

»Die Meistersinger von Nürnberg« (Frankfurt 1993) – Regie: Christof Nel
Foto: Gert Weigelt

sche Impetus des Werkes, die Tendenz zur politischen Agitprop-Veranstaltung in Nonos »Ideen-Theater« erträglich. Zugleich wird mit der Assoziationsfähigkeit des Publikums gerechnet, so beispielsweise, wenn Disparates auf der Bühne zusammengeführt, wenn auf Kontraste gesetzt wird. »Das Aktuelle soll sich im Kopf des Zuschauers herstellen«, erklärte Nel seine Regieabsicht, »wir machen keinen Bühnen- und Klangraum, der dem Zuschauer das abnimmt.« Die Bühnenbildentwürfe stammten im übrigen von dem streitbaren Künstler Alfred Hrdlicka.

Einige Jahre bevor Nel in Frankfurt Wagners Festoper »Die Meistersinger von Nürnberg« inszenierte, war in Gelsenkirchen eine andere Version von ihm zu erleben, über die in der Zeitschrift »Die Deutsche Bühne« zu lesen stand: »Ohne Zweifel zählt diese Arbeit zu einer der geistreichsten, lebendigsten, funkelndsten Inszenierungen der vergangenen Saison und nebenbei: eine der witzigsten, trotz Wagner eben und fünfeinhalb Stunden.« Denn da verstand es einer, die ernsten, bedenkenswerten Aspekte des Werkes »spottlustig und ideologiebewußt« mit Komik zu vermählen. Das Opernpublikum bekam eine Meistersinger-Gesellschaft aus Vereinsmeiern und selbstgefälligen Spießbürgern zu sehen, die Stolzing, mit Eva an der Hand, am Ende ohne Lorbeer und Meisterkette die Flucht ergreifen läßt. Es vermischten sich Groteske und Satire, in die zitathaft Nürnberg als Handlungsort einbezogen wurde. Als grandios bewertete man insbesondere die Chorregie des Schlußbildes – eine Erfahrung, die sich mit Nels Frankfurter Version wiederholte. Bei seiner erneuten Beschäftigung mit dieser Oper interessierte ihn nun weit mehr der gesellschaftliche Sachverhalt, »wie sich ein Volk im Fremdenhaß eint«.

In Frankfurt gelang Nel eine dezidiert politische Deutung der »Meistersinger«. Und es schien, als habe er sich beim Inszenieren an eine Formel deutscher Mentalität gehalten, die kurz darauf Marcel Reich-Ranicki in seinen »Anmerkungen zu einer

deutschen Festoper« anläßlich des 125jährigen Uraufführungsjubiläums einleitend so formulierte: Die Oper »besteht aus drei Akten. In jedem läßt Richard Wagner das Volk auftreten, das deutsche Volk, versteht sich. Im ersten betet es brav, im zweiten prügelt es kräftig, wird jedoch vom Hornsignal eines einzigen Nachtwächters aufgescheucht und flieht nach allen Seiten, im dritten läßt es sich von einem Redner hinreißen und huldigt ihm lautstark mit dem Ruf ›Heil!‹.« Das sei in der Tat eine deutsche Oper, ein Lustspiel-Versuch, dessen kritische Hinterfragung nur berechtigt erscheint, zumal, wenn man die Rezeption bedenkt, den chauvinistischen Eifer im Blick hat, den die Oper schon in den zwanziger Jahren als Reaktion auf den Versailler Vertrag weckte. Da geriet manche Aufführung zur patriotischen Kundgebung, bei der man anschließend das Deutschlandlied intonierte. Im Dritten Reich wurde eine solche Rezeption von Staats wegen gewissermaßen institutionalisiert. Das läßt zugleich an Carl Dahlhaus' Hinweis denken, die »Meistersinger« seien das Werk eines Humors, dem nicht zu trauen ist. Bei Nel wurde daraus ein böses Spiel und der deutschen Mentalität wenigstens eine Teilschuld an der Katastrophe unseres Jahrhunderts zugewiesen. Gewiß, um beim Werk zu bleiben, das sind nicht alle Aspekte und nicht die einzige Perspektive. Denn Reich-Ranicki erklärt auch, was ihm am Werk doch noch sympathisch dünkt. Etwa Eva und Stolzing, die nun einmal ganz natürlich, ohne Todessehnsucht und damit ganz glücklich lieben dürfen, während bei Wagner ansonsten Eros und Thanatos immer im Verein daherkommen. Darüber hinaus behandelt Wagner in der Figur des Hans Sachs ein Stück autobiografisch eingefärbter Künstlerproblematik. Zu guter Letzt legt Sachs/Wagner ein schönes Bekenntnis für die Freiheit der Kunst ab, nachgerade für das Neue.

Das sind Aspekte, die in Nels Inszenierung fraglos zu kurz kamen. Aber muß nicht jede Inszenierung ausschnitthaft bleiben? Was allerdings gezeigt wurde, durfte eine souveräne, überzeugende szenische Lösung genannt werden. Es war zunächst eine Inszenierung ohne muffige Gemütlichkeit, und in ihrer politischen Perspektive war sie ebensowenig moderat wie dieser in seinen Schwarzweiß-Kontrasten mit Schärfe kalkulierende helle Bühnenraum. Erster und zweiter Akt kamen mit drei weißen Wänden aus, einziges und symbolträchtiges Requisit waren die zuerst fein säuberlich an einer Wand aufgereihten Schuhe, später zu einem Haufen aufgetürmt, wie man es von Fotografien aus Konzentrationslagern kennt. Das ist der inszenierte Horror vacui gegen die Geschichtslosigkeit. Der Regisseur arbeitete dabei vorzugsweise mit Symbolen, Metaphern und Zitaten. So sah man am Ende des ersten Aktes, wie der Gekreuzigte von der Wand herabsteigt und kopfschüttelnd die Flucht ergreift und die buchstäblich von Gott verlassene Meistersinger-Gesellschaft über ihren Streit um Regeln im Chaos zurückläßt. Es bedurfte in dieser Inszenierung auch keiner Schusterstube, einziges Requisit war ein weißer Pflock. Die folgende Prügelszene wurde zur Pogromnacht, riesige Judensterne wirbelten durch die Luft. Und auch die aufgetürmten Schuhe ließen keinen Zweifel daran, wohin man in dem kunstsinnigen Nürnberg gekommen war. Beckmesser, dies ist im dritten Aufzug überdeutlich, ist der Jude, der in der Nacht zuvor die Prügel bezog und jetzt noch einmal die Schmähung zu erdulden hat. Stolzing ist durch die massige Statur des Sängers zum grotesken Zitat einer deutschen Ritterromantik montiert: Metallener Brustpanzer und ein riesiges, ungemein unhandliches Schwert (als hätten wir Siegfried vor uns) gehörten zu seiner Ausstattung. Wohl keine Festwiese ist je so finster geraten wie in dem von

Christof Nel selbst entworfenen Bühnenbild – nur noch ein schwarzes Loch, worin sich ein Mummenschanz formiert wie in einem bedrückenden Alptraum, der die natürlichen Dimensionen außer Kraft setzt. Eine bizarre Szenerie aus Spuk, Kirmestrubel und anschließender Sportpalasthysterie. Auch hier zeigt sich wieder Nels Begabung, mit Menschen auf der Bühne umzugehen. Denn der Chor bleibt in seinen Bewegungen Masse und wirkt dennoch wie individualisiert. »Es wird immer so getan«, äußerte Nel, »als sei das Ende ein ganz heiteres Volksfest, und dabei ereignet sich was ganz anderes. Die Figur des Beckmesser wird total totgeschlagen und vorgeführt, bis aus seinem Mund die schiere, nackte Angst kommt.«

Vom Schlußbild prägt sich die beklemmende Aussage ein, die Skepsis und der Pessimismus einer Antisemitismus-Parabel, die keiner historischen Kulisse bedurfte, um die Katastrophe ins Bewußtsein zu bringen. In der Figur des Beckmesser löst sie sich aus der Anonymität und wird zum Schicksal eines Menschen, dem man zuerst die Würde in seinem Anderssein nahm und im wirklichen Leben dann noch dieses selbst. In Nels Inszenierung ist nichts überflüssig. Was darin behauptet wird, hat eine tragische Geschichte bewiesen. Allenfalls bliebe ihr didaktischer Zug zu beanstanden. Gleichwohl wirkt dies auf einer Opernbühne provozierend, weil es vermittelt, wie nahe lustiges Spiel und bitterböser Ernst beieinanderliegen. Der Regisseur erzwingt auf der Bühne Deutlichkeit: »Ich versuche das Risiko einzugehen, in die einzelnen Figuren und in deren Widersprüche einzusteigen. Proben heißt für mich, ganz präzise nachzufragen, was jeder Satz, den eine Figur singt, bedeutet.«

HANS NEUENFELS

Peter Iden fragte aus Anlaß von Neuenfels' Albee-Inszenierung »Wer hat Angst vor Virginia Woolf?«, die ihm entschieden zu ausgeglichen vorkam, was denn los sei mit unseren einst so dynamischen Regie-Heroen, ob denn »etwa postmoderne Müdigkeit ihnen die alte Lust an den extremen szenischen Erfindungen verdächtig gemacht« habe. Es zeigt sich, wie sehr Ruf verpflichtet und wie rasch Enttäuschung sich einstellt, wenn Erwartungen unerfüllt bleiben. Werden sie aber erfüllt, dann setzt eine andere Reaktion ein: Ja, so kennen wir den Theater-Berserker – dieses wilde Zerfleischen durfte man erwarten. – Nun also waren nur brave Leute in einer netten Schlacht zugange. In einer anderen Inszenierung, die Grillparzers heiklem Stück »Das goldene Vlies« galt, ging Neuenfels zwar wieder mit »vibrierender Energie« ans Werk, doch für Ulrich Weinzierl war es eine nur lautstarke, langweilige Produktion, der es zwar nicht an sogenannten Regieeinfällen mangelte, indes von einer Qualität, die noch der Dümmste verstünde. Wie auch immer, es ist nicht zu übersehen, daß es dem Regisseur Neuenfels in letzter Zeit an künstlerischer Fortune mangelt. Signalisiert dies eine Schaffenskrise? Ist ihm die Lust auf Theater vergangen? Daß ihm zumindest die Lust auf Oper vergangen war, mochte man fast schon annehmen. Doch nach einer Abstinenz von immerhin acht Jahren ist Hans Neuenfels, von dem man auch sagt, er würde Dramen inszenieren als seien sie Opern, mit einer Inszenierung der »Meistersinger von Nürnberg« zum Musiktheater zurückgekehrt. Und seine Rückkehr wurde mit heftigen Publikumsprotesten quittiert. Das Etikett »Skandalregisseur« zündete auf Anhieb.

Was war geschehen? Neuenfels hatte Wagners Festoper zur bundesrepublikanischen Revue umfunktioniert. Er hat die drei Akte der Oper mit Bildern aus der westlichen Republik illustriert. Der Kirchgang des ersten Aktes ist der Neubeginn in Ruinen 1945. In einer geborstenen Kirchturmglocke schläft ein Obdachloser, der Schwarzmarkt floriert bereits. Man übt wieder Normalität, besinnt sich auf Tradition, bald wird es die Heile-Welt-Heimatfilme geben und den politischen Aufruf »Keine Experimente!«. Mit dem zweiten Akt ist man im Wirtschaftswunder der sechziger Jahre gelandet: das messingglänzende Foyer mit schwungvoll geformter Balustrade als architektonisches Zitat jener Zeit. Nierentisch, Transistorradio, Bikini, Hulahoop sind angesagt. Die Prügelszene ist zur blutigen Schlägerei von Halbstarken à la Westsidestory geworden. Und wenn der dritte Akt zur Festwiese wechselt, sind wir im November 1989 angelangt: Freudentaumel über die gefallene Mauer vor dem Brandenburger Tor. Wenig später feiert man die deutsche Einheit und winkt dazu mit kleinen schwarz-rot-goldenen Fähnchen. Zuvor zeigte Neuenfels das Innere von Hans Sachsens Schusterstube als alternative Künstleridylle – denn Sachs hatte sich in einem ausrangierten Eisenbahnwaggon häuslich eingerichtet, mit Geranien vorm Fenster. Zu sehen bekam das Publikum viel. In der Tat mangelte es dem Regisseur nicht an Ideen, doch wurde man den Eindruck nicht los, als stünden die Einfälle dem Regiekonzept letzten Endes nur im Wege. Das immerhin ließe sich diskutieren: Der Regisseur fragte nämlich nur allzu berechtigt, was uns wirtschaftlich Erfolgreichen die Kunst wirklich bedeutet. Ist es nicht vielmehr so, daß die Geschichte im Grunde auch ohne sie auskommt und sie allenfalls für den abgehobenen Parnaß taugt, wenn nämlich Hans Sachs mit seinem Appell für die Freiheit der Kunst, auf dem Wagen der Quadriga stehend, in den Himmel gehoben wird, während drunten das Leben weitergeht?

Daß Neuenfels seine Sache nur der Sensation wegen betreibt, wird man ernstlich nicht behaupten können. Wenn also seine Operninszenierungen oftmals den Aufruhr im Parkett provozierten, dann hat das natürlich Ursachen, die sicherlich nicht allein in den Konzepten oder den provozierenden Details von Inszenierungen zu sehen sind. Denn bei all den Irritationen wird doch letztlich das »radikal beschädigte« Verhältnis der Oper zur Gesellschaft deutlich. Neuenfels begreift aber gerade den singenden Menschen als »gesellschaftliche Chance« und sucht mit Leidenschaft die Auseinandersetzung mit der Gesellschaft über den Umweg seiner Operninszenierungen. Was aber mag in einem Regisseur angesichts solch vehementer Publikumsreaktionen vor sich gehen? Neuenfels sprach von einer traurigen Angst, die ihm weh tue, »und zwar aus der Sorge heraus, daß meine Bemühungen und die Zeit nicht ausreichen, um dem Publikum meine Vorstellungen eines bestimmten Werkes verständlich zu vermitteln«. – Neuenfels in der Rolle eines neuen Tasso? Denn für beide scheint zu gelten, daß das problematische, weil sensible Verhältnis des Künstlers zur Außenwelt noch durch die Exaltationen zur Qual sich steigert. Neuenfels ist sicherlich kein einfacher, eher schon »ein berserkerhafter und ein gefährdeter Mensch« – wie ihn Helmut Schödel einmal beschrieb. Dem Künstler blieb in seiner »Tasso«-Inszenierung am Ende nur das Selbstmitleid. Dem Regisseur mag für sich selbst hoffentlich eine andere Antwort gefallen, denn ganz offensichtlich sind seine Operninszenierungen auf der Ertragsseite der Musiktheaterbilanz der letzten Jahrzehnte zu verbuchen. Unverkennbar favorisierte er dabei Werke von Giuseppe Verdi.

Seine ersten Regiearbeiten für das Sprechtheater waren beeinflußt vom Living Theatre und der Happening-Bewegung. Noch heute scheint in manchen seiner Inszenierungen etwas vom anarchischen, körperbetonten Gestus übriggeblieben zu sein, der für das Living Theatre zum Kennzeichen wurde. Nicht ohne Einfluß blieb zudem die frühe Bekanntschaft mit dem surrealistischen Maler Max Ernst. Das Collage-Prinzip und die Schocks surrealistischer Bilderwelten prägen seither seinen Stil, wie im übrigen das Klima der Übersteigerung. Von Zaghaftigkeit in der Wahl theatralischer Mittel kann da keine Rede sein, obschon dem in der Oper genrebedingte Grenzen gesetzt sind. Trotz eines rastlosen Espressivos des Neuenfelsschen Totaltheaters ist jedes Detail durchdacht. Einwände gegen die Fülle an Regieeinfällen, die aus einer intuitiven Arbeitsweise resultiert, mögen zuweilen nicht ganz unberechtigt sein. Andererseits entspringt die Bilderflut immer auch einer von überreicher Phantasie begleiteten peniblen Werkanalyse. Und man glaubt ihm, wenn er der Phantasie eine zentrale Rolle zuspricht. Die Frage, was für ihn das vollkommene irdische Glück sei, beantwortete er nämlich so: »Zu spüren, wie eine Phantasie faßbar wird.« Wenn auch Neuenfels in provozierender Absicht einmal äußerte, er besitze weder politisches noch gesellschaftliches Bewußtsein, so sind seine Inszenierungen ohne politisches Bewußtsein einfach nicht denkbar. Dabei setzt er sich lieber zwischen die Stühle, als daß er sich vereinnahmen ließe. Ein Publikum, das nicht recht einsehen will, warum bei der Opernunterhaltung auch das Gehirn funktionieren soll, wird freilich an einer Inszenierung von Neuenfels vor allem das Sensationspensum absolvieren.

Sein furioses Operndebüt mit Verdis »Troubadour« war sogleich eine effektvolle Attacke gegen den musealen Opernbetrieb. Seine von Politik und Psychologie beherrschte Interpretation ist mittlerweile Legende. Die »Künstlichkeit dieser Gattung«, aber auch ihre Naivität sei es, erklärte Neuenfels damals in einem Interview, die ihn an Opern reize. Ihr artifizieller Charakter zeige sich beispielsweise an der »Zeichenhaftigkeit«, weshalb Regie – ganz im

Gegensatz zum Sprechtheater – figuren- und nicht personenbezogen sein müsse. Verdis Exzeßwelt, in der immer wieder von Freiheit und Leidenschaft die Rede ist, näherte sich Neuenfels impulsiv. Mit dem sonst üblichen düsteren »Troubadour«-Szenarium hatte die »gleißende, grelle Szene« in Neuenfels' Version jedenfalls nichts zu tun. Extreme menschlicher Charaktere wurden bis zum Unerträglichen ausgereizt, wodurch Verdis Opernfiguren in einer provozierenden Schärfe hervortraten. Da sah man einen rassistischen Ferrando, dessen Erzählung aus dem Prolog zum Haß gegen die Zigeuner anstachelt. Mit den Zigeunern verknüpfte der Regisseur das allgegenwärtige Minderheitenproblem und führte sie als eine Art »Aussteiger« vor (was in den siebziger Jahren mit ihren vielfältigen Subkulturerscheinungen besondere Aktualität besaß) – kritisierte damit zugleich die Ausweglosigkeit selbstgewählter Isolation. Azucena war keine dämonische Alte mehr, und ihr Verhältnis zu Manrico war eher erotischer als mütterlicher Natur. Graf Luna als Manricos Gegenspieler glich Richard III., »ein Auswurf, hinkend und so schief gebaut«, der beschlossen hatte, in dem Stück »den Dreckskerl aufzuführen« (Shakespeare).

In seinen folgenden Inszenierungen setzte Neuenfels immer wieder auf Psychologisierung wie auf bewußte Künstlichkeit, und dies in einer scheinbar unbegrenzten Bilderflut. Zur Bewährungsprobe für das Frankfurter Opernhaus unter seiner künstlerisch ambitionierten Leitung wurde im Januar 1981 Neuenfels' »Aida«-Interpretation. Denn nicht nur

»Die Meistersinger von Nürnberg« (Stuttgart 1994) – Regie: Hans Neuenfels
Foto: Mara Eggert

der Konflikt mit dem Publikum war durch eine radikale Deutung vorprogrammiert, es galt auch, massive Widerstände im Chor und Orchester abzubauen. Letztendlich, so umstritten sie im wahrsten Sinne des Wortes geriet, avancierte die Inszenierung zum größten Publikumserfolg der Frankfurter Oper. Hier war unmittelbar die Frage nach der Gesellschaftlichkeit der Oper gestellt worden.

Das Unerhörte begann schon mit dem Bühnenbild Erich Wonders, das den sonst üblichen ägyptischen Monumentalstil ignorierte und auf das Maß bürgerlicher Wohnräume reduzierte. Zur räumlichen Enge paßte, wie die Auseinandersetzung der Antagonisten kammermusikalisch begleitet wurde. Musikkenner monieren ja oft genug den musikalisch falschen Aida-Bombast und fordern berechtigterweise, Dirigenten wie Sänger sollten endlich den lyrischen Charakter des Werkes erkennen. Mehr noch bedurfte es freilich der Überzeugungsarbeit beim Publikum, dem für gewöhnlich schon ein schön dekorierter Triumphmarsch zur Seligkeit genügt. Gerade in dieser Szene spielte sich dann das Provozierendste des Abends ab. Im Bühnenhintergrund war in Logen der Opernchor plaziert. Davor bot sich ein makabres Schauspiel: Die Gefangenen sollten eine Lektion in feinen Tischsitten absolvieren, was den elegant gekleideten Damen und Herren als siegreiche Ägypter Gelegenheit gab, ihre zivilisatorische Überlegenheit über die vermeintlichen Barbaren zu demonstrieren. Der »Schnellkurs« endete im Fiasko, auf das eine noch schärfere Unterdrückung folgte. Erst in einem solchen szenischen Zusammenhang schien dem Dirigenten Michael Gielen diese »Vergewaltigungsmuik« des Triumphmarsches spielbar.

Gleichermaßen umstritten waren Neuenfels' Inszenierungen an der Deutschen Oper Berlin. Im Fall von Verdis »Macht des Schicksals« war es das Verdienst des Regisseurs, aus dem zweifellos verworrenen Libretto eine schlüssige Erzählung gewonnen zu haben. Die Art, wie er sich den Themen der Oper näherte, wie er Krieg, Kirche, Traditionalismus, rassische Ressentiments und das Scheitern von Menschen inmitten dieser elenden, erstarrten, intoleranten Umwelt behandelte, diese Art verriet zugleich die Brisanz des Opernstoffs. Ebendies stellte Gerhard Koch heraus, denn die Deutung lasse »bei aller Befremdlichkeit mancher Einfälle dem thematischen Ernst und musikalischen Rang weitaus mehr Gerechtigkeit widerfahren als viele auf den ersten Blick ›werktreuere‹ Lesarten. Insofern ist die Aufführung ein Modell dafür, wie opulentes Startheater und experimentierende Regie auf einen Nenner gebracht werden können.«

Im Juni 1986 gab es noch einmal Verdi – diesmal »Rigoletto«, der von szenischer Stringenz gekennzeichnet war. Diese wurde zunächst durch eine nahezu leere Bühne mit sparsam verwendeten Requisiten erreicht. Der Regisseur konzentrierte sich bei dieser affektgeladenen Oper ganz auf Zeichensetzung. Wiederum analysierte Neuenfels die Beziehungen der Figuren psychologisch, visualisierte Seelenzustände. Er vermied es, das Libretto als bloß naturalistischen Horror, als grausige Kolportage in Szene zu setzen, ohne freilich die Folgen des aus Zwang, Hybris und blindwütiger Rache entstehenden Horrors auszuklammern. Im Gegenteil, die musikalische Psychoanalyse der Oper fand hier einprägsame Bilder. Rührseligkeiten begegnete Neuenfels mit ironischer Distanzierung.

Er ließ Verdis Oper auf dem Friedhof beginnen, wo sich der Herzog ebenso rücksichtslos und unbotmäßig wie sein Vorbild Don Juan präsentierte. Monterones Auftritt glich dem des steinernen Gastes, und mit dessen Fluch wird die Oper zur »Geschichte vom Wirken und der Wirksamkeit eines übergeordneten Prinzips«. Rigoletto als tragische Figur ist zwar als böswilliger Intrigant bei allen gefürchtet, aber in ihm existiert auch eine Sehnsucht nach bürgerlicher Idylle. Und die versucht er um seine Tochter Gilda herum zu bewahren, indem er sie vor der Außenwelt (vergeblich) abschirmt. Gildas Situation ist treffend mit einer Palmeninsel symbolisiert – ihr goldener Käfig. Im Gegensatz zu Rigoletto und dem Herzog ist sie die einzige, die eine Entwicklung erfährt. Die Verhaltensweisen der beiden anderen kennen aber nur das Insistieren, wobei der Herzog in seiner Ichbezogenheit nicht begreifen kann und Rigoletto in seiner Starrheit nicht begreifen will, was vor sich geht. Wenn Rigoletto bei den lemurenhaften Höflingen um seine entführte Tochter fleht, dann tritt er im pinkfarbenen Clownskostüm auf. Die Tragik wird in dieser Szene durch die Lächerlichkeit im Äußeren der Person noch gesteigert. Symbolisch auch die Farben: Das Mädchen Gilda zunächst im weißen Kleid, zur Frau geworden, tritt sie nun im schwarzen Samtkleid ihrem Vater gegenüber. Den roten Unterrock wird sie demonstrativ vor ihm anheben. Der Herzog ist alles andere als ein »wein- und frauenseliger« Tenorbeau, »der wie ein klassisches Zitat über die Bühne singt«. Seine Gefährlichkeit und sein Egoismus treten nun klar hervor, indem der Regisseur ihn zusätzlich mit Tänzern in Gestalt allegorischer Figuren umgibt – etwa den Ritter (= Stolz), den Athleten (= Kraft), den Doppelgänger mit dem Spiegel in der Hand (= Eigenliebe) usw.

Peter Iden nannte Neuenfels einst einen »kühnen Träumer von vehementer, anarchistischer Kraft«. Der Regisseur hat Oper damit gewiß auch zu etwas Anstrengendem gemacht, doch nur in dem Sinne, daß der Zuschauer »auf die äußerste Kante seines Sitzes rutscht und von dort aus, hellwach und mit kritischer Lust, seine private Auseinandersetzung mit dem Gebotenen riskiert« (Neuenfels). Er sprach auch davon, wie sehr das Opernerlebnis dem Sprung in eine andere Sphäre gleiche, worin die Chance enthalten sei, »sich einzupegeln auf eine Wirklichkeit, die wirklicher ist als die Wirklichkeit, … die so wirklich ist, wie sie ist, indem sie sich bereits in der Ouvertüre zu etwas verwandelt, was dahinter liegt, hinter der Wirklichkeit, die man gemeinhin wahrnimmt«. Und in diesem Sprung läge schließlich auch etwas Therapeutisches – als ob die Kluft zwischen Herz und Kopf überwunden wird.

»Rigoletto« (Berlin 1986) – Regie: Hans Neuenfels
Foto: Kranichphoto

LUCA RONCONI

Neben Giorgio Strehler ist Luca Ronconi gegenwärtig wohl der einzige italienische Regisseur von internationalem Rang. Nimmt man zu beiden Cesare Lievi hinzu, fällt als gemeinsamer Nenner ihr Hang zum Ästhetizismus auf. Es sind immer, zumindest fast immer, schöne, edle Räume, in denen sie die theatralischen Feuerwerke entzünden. Das hat sicherlich auch etwas mit Traditionen zu tun – wie etwa dieser: Das italienische Publikum beurteilt zuerst, ob etwas schön oder häßlich ist. Es ist vor allem an Kulinarik interessiert, bringt weniger Konzentration auf und ist dadurch leichter zu überfordern. Für gewöhnlich genügen ihm die Selbstdarsteller auf der Bühne, die in einem schönen Ambiente auftreten. Nicht umsonst ist die Theatersituation in Italien eher miserabel zu nennen, und entsprechend wenig feste Häuser mit Ensembles und Spielplänen, sogenannte teatri stabili, findet man vor. Gerade Ronconi, der als Theaterleiter die vielfältigen Schwierigkeiten genauestens kennt, hat immer wieder auf die prekäre Situation hingewiesen. »Das italienische Publikum, das zur Zeit ins Theater geht, hat nicht die solide kulturelle Bildung wie das Publikum in anderen Ländern mit einer längeren Sprachgeschichte als der unseren«, erklärte Ronconi und fuhr fort, »die Sprache aber ist der Punkt, wo sich der Zuschauer und der Schauspieler treffen ... Diese Beziehung gibt es bei uns nicht. Bei uns ist der Zuschauer nicht gewohnt, der Handlung zu folgen, und auch die Schauspieler sind nicht in der Lage, den Zuschauer dazu zu bringen, dem Gesprächsfaden zu folgen. Traditionellerweise ist in unserem Theater der Verhältnis zum Wort, zum Text schwierig.«

Diese Misere erklärt zugleich Ronconis Weg zur Oper. Es bedeutete für ihn ganz einfach eine Existenzfrage, mit Regiearbeiten gewissermaßen im Gespräch zu bleiben, die in der Oper häufiger und bislang einfacher zu bewerkstelligen waren. Gewiß wünschte er sich ein Publikum, dem es nicht reicht, nur unterhalten zu werden, das in der Lage ist zu unterscheiden, das sich auf Erlebnisse einläßt. Indes: »Für den italienischen Zuschauer ist alles eine Frage des feststehenden Geschmacks und nicht eine Frage der Erkenntnis.« Gleichwohl spricht sich Ronconi gegen den Manierismus und Ästhetizismus im Theater aus: »Ich bin gegen das exzessive Geschmäcklerische, die ästhetische Überfeinerung.« Wer allerdings seine Operninszenierungen kennt, der weiß wiederum, wie konzessionsbereit der Regisseur offenbar ist. Denn da gibt es immer wieder die ästhetisierende Geste zu beobachten, die wertvolle Draperie, eine Bühne voller Pomp. Seine »Aida« beispielsweise war mit schönen Kulissen überfrachtet und mit so viel Atmosphäre beleuchtet, daß auf der Bühne ein wahres Hollywood-Ägypten erstand, wie es ein Cecil B. DeMille nicht monumentaler hätte schaffen können. Der Materialaufwand ist meist erheblich und offenbart die Vorliebe des Regisseurs für perfekt und eindrucksvoll arbeitende Bühnenmaschinerien, rasante Verwandlungen, die die optische Seite der Inszenierung mit faszinierender Dynamik ausstatten und eine wahre Bilderfülle hervorbringen. Ronconi ist bekannt als Spezialist für Tricks aller Art. Noch jede Rezension spricht darum vom »entfesselten Kulissenzauber«, von der heftig bewegten Bühnenmaschinerie, die das barocke Vorbild mit Leichtigkeit überflügelt. Zuweilen mag man den Eindruck gewinnen, Regie bedeute für Ronconi vor allem optisches Arrangement, verflüchtige sich ins bloß Dekorative, Verspielte.

Zwischen der Arbeitsweise des Schauspiel- und der des Opernregisseurs Ronconi scheint es wohl einen Unterschied zu geben, zumindest werden seine Schauspielinszenierungen durchweg positiv beurteilt. Als Opernregisseur beschert Ronconi Wechselbäder, mal böse Schlappen, mal unerwartete Meisterleistungen. Da letztere (wenn auch selten) möglich sind, soll er hier nicht unberücksichtigt bleiben. Zwar äußerte Ronconi, der den Ruf hat, ein Regisseur der Millionenbudgets zu sein, in Italien sei es möglich, Oper zu interpretieren, denn sie sei ja die eigentliche traditionelle Theaterform, und demzufolge wisse der Zuschauer, wovon der Regisseur spreche, doch hält er sich zumeist mit allzu kühnen Entwürfen zurück. Häufig setzt er allein auf die technischen Effekte der Bühne, denen erklärtermaßen seine Liebe gilt. Oder anders formuliert: »Der Raum spielt für mich in der Tat eine große Rolle.« Jedes Werk verlange nach ganz spezifischen Räumen. Aus dem Geist eines Werkes ergebe sich schließlich die Inszenierung, ihre Dynamik, ihre Form. Ronconi definiert Opernregie als kritische und nicht kreative Tätigkeit, die auf vorhandenes Material reagiere. Sie sei also keine Erfindung von Materialien, sondern allein Interpretation. Wenn für eine Operninszenierung zudem der Kunstwerk-Charakter gilt, dann ist sie tatsächlich nicht nur Einkleidung von Gedanken, sondern deren notwendige Form. Doch Ronconi bietet mitunter allzu willfährig dem Publikum das erwartete Prunk-Spektakel. Sicherlich fiel an einer Inszenierung wie der »Viaggio a Reims« das ironisierende Beiwerk auf, doch es fehlte an Entschiedenheit, um aus Rossinis Oper tatsächlich so etwas wie absurdes Theater entstehen zu lassen. Ebendieses wäre denkbar bei all dem Überdrehten, Bizarren, zumindest klingt in der ganzen Buffa-Virtualität genug musikalischer Irrwitz an.

Eine Vorliebe Ronconis ist es, die Opernhandlung in ein Theater-auf-dem-Theater-Spiel zu verwandeln. Und gelegentlich entsteht aus dieser Di-

stanzierung ein produktives Moment: Oper wird im wahrsten Sinne des Wortes durchsichtig, Erkenntnis stellt sich ein. Webers »Oberon« hatte Ronconi bereits 1976 in Berlin inszeniert und dann noch einmal vor einigen Jahren in Mailand. Entstanden ist jeweils eine Zauberoper in Anführungszeichen, eine Parodie, über die Dietmar Polaczek folgendermaßen urteilte: »Ablenkung ist das geheime Prinzip auch der Inszenierung. Ein eklektisches Zeitalter, das sich im Zitieren genügt und sich stets das Schlupfloch offenläßt, es sei ja nicht ganz so ernst oder überhaupt anders gemeint gewesen. Es ist der Unernst, den wir an Ronconi zu kennen glauben, der bisweilen an den blanken Zynismus reicht, aber in seinen besten Momenten spielerisch zu sich selbst findet.«

Der Regisseur setzt ganz auf die Autonomie der Werke und ihrer imaginierten Welten, die nur für sich stehen. Sein Bekenntnis lautet: »Das Theater ist ein Kompaß, keine Fahne. Es ist ein Instrument, vielleicht ein winziges und ausschnitthaftes, sich in der Gegenwart zurechtzufinden, nicht aber ein Weg, sich ›zeitgenössisch‹ zu fühlen.« Zeitgenössisch sein bedeutet für ihn eine Frage der Sehweise und nicht das Thema einer Erzählung. Die Gefahr ist aber hier nicht allein der Selbstzweck in der bloßen Dekoration von Texten, wenn er allzusehr auf den Traditionalismus des Genres Oper setzt, eine andere besteht darin, daß der Regisseur die Stoffe verkleinert, verniedlicht, daß am Ende nur eine hübsche oder auch schauerliche Petitesse übrigbleibt. Zu fragen wäre, ob Interpretation nicht mehr leisten müßte, als beispielsweise Rossinis »Otello« in viktorianische Neugotik mit Butzenscheiben und präraffaelitischer Düsternis einzukleiden. Sicherlich rückt Ronconi Desdemona als zentrale Figur zu Recht in den Mittelpunkt – die Oper könnte genausogut Desdemona und ihre drei Liebhaber heißen. Schon das pantomimische Spiel während der Ouvertüre zeigt eine wachträumende Desdemona und betont so den romantischen Charakter dieser Figur. Sie heftet ihren Blick an einen Schwarzen, der im Kahn vorüberzieht. Für ihn schneidet sie eine Locke ihres blonden

»Otello« (Brüssel 1994) – Regie: Luca Ronconi
Foto: Johan Jacobs

Haares ab und wirft sie ins Wasser. Die sie umgebende Welt ist streng, wirkt erstarrt. Aus Desdemonas Sehnsucht entwickelt sich eine Gegenwelt, in die sie vermittels ihrer Traumvisionen flüchtet. Gewiß, Ronconi interpretiert die Oper aus dem romantischen Zeitgeist, doch bleibt die Traumwelt allenfalls Andeutung und wird nicht zur durchgehenden Idee. Zu fragen bliebe dennoch, warum ein solches Werk heute nur als museales Ausstellungsstück auf die Bühne gebracht wird, und ferner, ob die Autonomie der Werke nur dazu da ist, sie vor dem »Zeitgenössischen« des Hier und Heute abzuschirmen.

Ein anderes Beispiel, wie eine solche Auffassung von Interpretation Werke verkleinert, ist Ronconis »Macbeth«. Für Shakespeare bedeutete die Bühne durchaus Welt – so finster die Tragödie, so finster waren die Zeiten. Siegfried Melchinger nannte Macbeth einen Schlächter mit Phantasie. Daß er ein Schlächter ist, darüber ließ Shakespeare keinen Zweifel. Und doch zeigt Macbeth Skrupel auf dem Weg zur Macht, denn hier wird seine Phantasie wirksam. Er denkt politisch und erkennt, daß die eine Tat andere Taten bedingen wird. Seine Schlußfolgerung: Ein Schlächter zu sein, ist nicht das Problem, wohl aber, dabei selbst in Sicherheit zu leben: »So zu sein, ist nichts«, sagt Macbeth, »alles ist, sicher zu sein so.« Politik läßt ihn scheinbar das »Notwendige« tun. Shakespeares Tragödie handelt also von Macht und Mord. Verdis Oper weicht von der Vorlage erheblich ab, denn jetzt wird Lady Macbeth zur treibenden Kraft. Ihr Machtstreben läßt sie blind sein für die Folgen, sie sieht nur, wie dem Mann die Bosheit fehlt. Dennoch ist nicht sie der Tatmensch, sondern es bleibt der bei Verdi soviel schwächere Macbeth. Lady Macbeth befällt der Wahn, und sie entzieht sich so dem Netz der realen Welt, in dem Macbeth als Gefangener zurückbleibt.

Zunächst behauptete Ronconi, Verdis frühe Opern würden nichts »erzählen«, dafür sei ihre Struktur zu gewalttätig, obschon die Aufgabe des Regisseurs darin bestehe, sie zu »raffinieren«. Für falsch erachtete er es, die Oper als musikalisches Drama auszuweiten. Genau das aber ist der Punkt, denn mit »Macbeth« begann Verdi, Musiktheater zu komponieren. Ronconi wollte allein das »Skelett« freilegen, aus dem die Oper einzig bestehe. Die dramaturgische Struktur müsse man ganz trocken und offen darlegen. Ebendies erreichte Ronconi wohl auch dadurch, daß er die Ausstattung diesmal auf ein Minimum reduzierte. Eine mobile Wand bildete das wichtigste Element. Sie teilte die Bühne auf, um in der Bankettszene sichtbar zu machen, daß die Festgesellschaft und die Hexen buchstäblich Wand an Wand wohnen. Der Wahn gehört so zur Normalität und sitzt am anderen Ende des gleichen Tisches.

Gleichwohl, von Macht und Mord und ihrem Zusammenwirken wurde in Ronconis Inszenierung nichts erkennbar. Er spezialisierte sich vielmehr auf Szenen einer zunächst glücklichen Ehe. Aber die beiden tun etwas, was ihre Trennung bewirkt: »Er kann nicht mehr schlafen, und sie schläft immerzu«, kommentierte Ronconi. »Ich erfinde nichts, ich sage, was geschrieben ist. Sie ist Nachtwandlerin und hat kein Bewußtsein mehr. Sie lebt schlafend neben ihrem Mann, der nicht mehr schlafen kann. Das ist ein furchtbares Schicksal für ein Ehepaar.« – Woran nicht gezweifelt wird, wohl aber daran, daß dies zu zeigen Verdis Absicht war (bei allen Eingriffen und Veränderungen der Shakespeare-Vorlage). Ganz ohne Frage, Verdis »Macbeth« wirkte als Variation zum Thema »Szenen einer Ehe« gedanklich entschieden zu kurz gegriffen. Der Regisseur wollte zwar das dramaturgische Skelett freilegen, fand aber nur das Eheproblem im Hause Macbeth und hat damit am Stück vorbei inszeniert. Da wurde leider aus dem Regisseur eine Art Platzanweiser in einer verhinderten Ehekomödie.

Niels-Peter Rudolph

Der Schauspielregisseur Rudolph wurde nach seinem Musiktheaterdebüt mit Mozarts Singspiel »Die Entführung aus dem Serail« als »eine Hoffnung für die Opernszene« begrüßt. Zwei weitere Opernproduktionen schlossen sich an. Erst nach einer mehrjährigen Opernabstinenz fand Rudolph mit einer Inszenierung von »Moses und Aron« zur Oper zurück. Auch wenn bei seinem Debüt einige nicht unbedingt sängerfreundliche Details moniert wurden, so erwies sich Rudolph doch als ein bemerkenswert musikalischer, mit der Musik denkender Regisseur (wie es in der »Opernwelt« hieß). Die Personenführung überzeugte als »unopernhaft« ebenso wie seine »durchdachte Interpretation«, die auf Kommentar verzichtete.

Szenisch ganz und gar nicht unkommentiert blieb indes der von Rudolph inszenierte »Freischütz«. Aber auch Rossinis Buffa »La scala di seta« verwandelte der Regisseur in eine Art Salon-Farce, angesiedelt im Ambiente des frühen 20. Jahrhunderts. Und obschon eine durchaus tiefgründige Gesellschaftssatire mit unvermuteten Abgründen anvisiert wurde, funktionierte sie nach der altbekannten Komödien-Mechanik des Spiels mit Türen. Noch jedes Boulevardstück erlebt quasi seinen »höheren« Sinn in diesem Tür-auf-Tür-zu-Versteck- und Verwirrspiel. Doch Rudolph ging es bei Rossinis Konfektionsware auch um den tönenden Wahnwitz, den Siegeszug der Anarchie im bürgerlichen Salon, den sichtbar zu machen erklärtes Regieziel war.

Sein »Freischütz«-Kommentar blieb im besten Sinne des Wortes umstritten. Hier war ein Spiel mit intellektuell hohem Einsatz begonnen worden, nicht jeder Coup darin mochte freilich restlos überzeu-

gen. Webers romantische Oper begann zunächst gänzlich ungewohnt. Denn noch bevor die Ouvertüre erklang, wurde der vom Librettisten Friedrich Kind stammende Prolog gespielt, der vom Komponisten allerdings auf Anraten seiner Braut Caroline Brandt nicht vertont wurde. Recht effektvoll begann seither die Oper, indem sie »mittenhinein ins Volksleben« springt. Rudolph aber ließ von seinem Bühnenbildner Wolf Münzner einen Arbeitstisch auf der ansonsten schwarz verhängten Bühne aufstellen. Pläne liegen darauf, Bücher stapeln sich und allerlei Gerät. Ein biedermeierlich gekleideter Herr wie aus Vormärz-Tagen betritt nachdenklich die Szenerie und beginnt in »brünstiger Andacht« ein Gebet. Darin ist von Schreckensgesichten die Rede, von schlimmen Ahnungen. Es ist, wie sich viel später herausstellt, der Eremit, dem der Regisseur das Aussehen und die Haltung eines Gelehrten verlieh. Agathe tritt nun auf. Hier erhält sie die weißen Rosen, die später wieder eine Rolle spielen werden, nämlich als hilfreicher Ersatz für den vertauschten Jungfernkranz. Noch scheint die Welt zwischen bemoostem Grün, Fliegenpilz und Rosenstrauch in Ordnung, doch das Unheil steht bereits vor der Tür. Ist der Eremit schon durch seinen einmaligen Auftritt im Opernfinale sonst eine episodische Figur, deren Rolle an den barocken deus-ex-machina erinnert, so mißt Rudolph ihm nun eine zentrale Rolle bei, gewissermaßen als motivische Klammer dieser Oper. Andererseits markiert der Eremit mit seiner Vision die ganze Zerrissenheit im Denken und Fühlen der Protagonisten, und diese Befindlichkeit wird zu Recht symbolträchtig an den Anfang der Oper gestellt. Dabei steht der Eremit als Gelehrter auch für den Zwiespalt in Aufklärung und Wissenschaft. Im Bühnenbild finden wir Hinweise, in welche Katastrophen uns seither vermeintlicher Fortschritt führte, wie fragwürdig die Aufklärung als bloßer Rationalismus ist. So bringt es sinnfällig etwa die beginnende Industrialisierung im vorigen Jahrhundert ins Bild, die neben die dörfliche Idylle nun qualmende Schornsteine setzt. Zerrissenheit allenthalben – so auch in der Anbetung der Natur, wofür Webers Musik als Hymne auf den Wald ein klingendes Exempel liefert, und ihrer rücksichtslosen Ausbeutung und Zerstörung auf der anderen Seite.

Verschenkt indes wirkte bei Rudolph die so bedeutungsvolle Wolfsschluchtszene, die beispiels-weise Ruth Berghaus oder Günter Krämer in ihren Inszenierungen grandios zur szenischen Metapher umwerteten. Zwar war auch bei Rudolph die Wolfs-schlucht kein geografischer Ort, sondern durchaus Schreckenslandschaft: Man sah einen schwarzen Trichter, der Max ebenso wie Agathe zu verschluk-ken schien und quasi die Fallhöhe in diesem trau-matisch aufgewühlten Unbewußten bezeichnete. Doch schien die ironische Distanz, die mit einem ausgestopften Eber und ein paar schwarzen Vögeln am oberen Rand des Trichters entstand, eher fehl am Platz. Ein solcherart visualisiertes schwarzes Heer ist bestenfalls grotesk, wie Samiel als die Inkarna-tion des Bösen allenfalls bizarr wirkt, wenn er am

»Der Freischütz« (Berlin 1990) – Regie: Niels-Peter Rudolph
Foto: Sabine Toepffer

Ende der Szene über die Bühne schwebt, ausgestattet mit Köfferchen und Federhut. Bei Krämer rekrutierte sich das schwarze Heer aus dem nur scheinbar biederen Jägerchor, der zunächst unter schwarzen Kapuzenmänteln unerkannt blieb, während er sich zu einem Halbkreis formierte, in dessen Mitte sich ständig neue Gewaltszenen bildeten. Hier wurde klar, daß Gewalt gegen Menschen von Menschen gemacht wird. Was entfernt daran erinnerte, daß die mittelalterlichen Höllendarstellungen letztendlich realistisch waren, gespeist aus den Erfahrungswerten des Diesseits.

Sinnfällig dagegen wirkte das »Försterhaus«, bei dem die in die Schräge gekippten Wände den schiefhängenden häuslichen Segen widerspiegelten. Mit optischer Drastik führten dann im Finale Regisseur und Bühnenbildner das Jägerglück vor

Augen – ein höchst fragwürdiges Ritual: Das Töten als Sport mit Trophäen als Männlichkeitsbeweisen. So türmten sich auf der Bühne Unmengen von Wildschweinen, Hasen und Rehen, während auf einer Tribüne im Hintergrund die Jägerschaft Platz genommen hatte. Bei all den optisch mit magischem Realismus auftrumpfenden Szenen verlor sich nie Rudolphs akribische Personenregie, die ungemein von der Psychologisierung der Figuren profitierte. »Dazu paßt die Gravität und Behutsamkeit der Erzählweise«, merkte Hans-Klaus Jungheinrich an, »die auch dem Sprechtext ... sein Recht läßt.«

Im übrigen ist es, wie Gerhard Koch feststellte, durchaus bemerkenswert, daß zwei der populären deutschen Nationalopern, nämlich der »Freischütz« und Wagners »Meistersinger«, ein »konservativ-autoritäres Wettbewerbs- und Ausleseverfahren«

»Moses und Aron« (Nürnberg 1995) – Regie: Niels-Peter Rudolph
Foto: Robert Söllner

thematisieren, »von dessen siegreichem Bestehen es abhängt«, ob die Helden der Oper die passive Geliebte erringen. Rudolph wird man zugute halten können, daß er diese Problematik des Werkes ernst nahm und eben keine Ausflüchte inszenierte. Rudolph kommentierte, er sehe im »Freischütz« vor allem »die Geschichte von zwei neurotisierten Kindern. Ich kenne kein anderes Stück, in dem so viele Väter den Finger heben und sagen wie's gehen soll. Der Förster, der Eremit, der Fürst – jeder ein Vater.« Aber es ist ebenso wahr, daß es eine endgültige Inszenierung nicht geben wird und wir immer wieder neue Einsichten gewinnen werden.

Auch seine Version von »Moses und Aron« belegt, daß es immer wieder um das Auffinden neuer Aspekte einer Geschichte geht, die der Regisseur zur Diskussion stellt. Vielleicht ließe sich mit einer Inszenierung erreichen, das Publikum aktiv in das Theater einzubeziehen: »Wir liefern offene Fragen, offene Schlüsse, danach sollte die Auseinandersetzung unter den Zuschauern sein.« Indem er für die Offenheit plädiert, verzichtet er auf Aussagen, die man sich »ans Revers heften und getrost nach Hause tragen kann«. Gerade auch ein fragmentarisches Werk wie »Moses und Aron« gemahnt an die »offene Dramaturgie«: »Alle wollen wir immer wieder, schon aus Angst, es könne etwas Unklares in dieser Welt zurückbleiben, auf alles eine möglichst eindeutige Antwort. Aber produktiver ist dieses Offenlassen, die Kreativität ...« Natürlich müssen sich Regisseur und Bühnenbildner in einem gewissen Umfang szenisch festlegen, müssen sie szenisch kommentieren. Die Bühne verlangt nach solcher »Organisation«, setzt sich aus Bildern zusammen. Bei einer Oper, die den abstrakten Glauben, den Monotheismus und dessen religiöses Bilderverbot behandelt, mag der Regisseur sich verständlicherweise selbst in der Aron-Rolle des Vermittlers sehen: »Schönberg stellt mir die Aufgabe, die absolute Forderung nach der Abbildlosigkeit auf einer Opernbühne in einer Folge von Bildern zu erzählen, paradox aber lebendig.« Rudolph betonte zugleich den kommunikativen Charakter von Bildern; diese herzustellen bedeute, »sich einen Weg zu anderen zu suchen«.

Rudolphs Inszenierung bevorzugt Zeichen, optische Signale, Symbole, Assoziatives. Er bezieht in die Oper die Erfahrungen unseres Jahrhunderts ein, die Verfolgung und Vernichtung der Juden beispielsweise. Das wird szenisch allerdings nie plakatiert, doch wollte Rudolph unmißverständlich die dreißiger Jahre als Entstehungszeit des Werkes ins Bild bringen. Wir sehen die Brüder Moses und Aron, der eine Theoretiker, der andere Praktiker, als zusammengehörig (optisch sinnfällig durch die gleiche Kleidung). Betont wird immer wieder das Zwillingshafte der Protagonisten – eine Person, gespalten durch extremes Verhalten. Der Bühnenraum ist abstrahiert, geometrisierend teilt er die Spielfläche in hierarchisch deutbare Ebenen auf. Wenige Requisiten genügen: Stühle, Koffer (Flucht, Vertreibung), Stacheldrahtrollen (das Volk in der Wüste), Megaphone. Wo das Werk mit dem Tanz um das Goldene Kalb opernhafte Züge annimmt, wird auch die Szene konkret und zeigt eine bunt beleuchtete, bizarre Wirtshausszene, währenddessen sitzt Moses, verhüllt unter einem Tuch, im Parkett. Arons Gericht findet in der Privatheit einer häuslichen Szene statt. Und als sei am Ende ein streng religiös geprägter Staat entstanden, das Volk bekehrt, schließt die Inszenierung mit Moses' Sieg und Arons Tod. Rudolphs szenische Deutung stellt Fragen, und mit dem offenen Opernschluß ist der Zuschauer an der Reihe – bis zur nächsten Inszenierung.

Rudolphs Antwort auf die Frage, was ihn denn zur Oper brachte, gleicht den Antworten vieler Schauspielregisseure. So bekannte er: »Es ist erst mal die Lust an dem anderen Medium, das bestimmt ist von einem ganz anderen Verhältnis zwischen Vorgegebenem und Erweiterbarem. Man stößt da sehr schnell auf Grenzen, verglichen mit der grenzenlosen Interpretierbarkeit am Schauspiel.« Es sei das Spiel mit der Zeichenhaftigkeit, die »falsche Natürlichkeit«, die ihn an der Oper reize.

Johannes Schaaf

Er begann zunächst im Sprechtheater, arbeitete dann als Filmregisseur, wechselte wieder zum Schauspiel und inszeniert nun schon seit Jahren fast ausschließlich Oper. Obwohl seine Regiekonzepte alles andere als umstürzlerisch wirken, stand gerade auch Johannes Schaaf als Vertreter eines modernen Musiktheaters in den Schlagzeilen. Die sogenannte »Rigoletto«-Affäre ist im Bewußtsein geblieben als ein Beispiel dafür, zu welch harten Kollisionen es zwischen einer unkonventionellen Regie und dem glamourösen Startheater kommen kann. Auch war es keineswegs der erste Konflikt dieser Art. Wenn überhaupt böser Wille im Spiel war, dann von seiten der Sängerprominenz, die weder willens noch in der Lage ist, sich aufgeschlossen für neue Ideen der Rollengestaltung, für neue szenische Lösungen zu geben (Ausnahmen bestätigen natürlich auch hier die Regel). Aber Schaaf ist gewiß kein Bürgerschreck, und er entspricht, wie Gerhard Koch bemerkte, als Opernregisseur weder dem Typ des Provokateurs noch des Rätselmeisters. Auch ist er mehr dem Realismus verpflichtet denn der Abstraktion. Er ist ein Regisseur, der sich mit psychologisch einfühlsamem Blick der Opernfiguren und ihrer Beziehungen annimmt. Schaaf bezweifelt natürlich zu Recht, daß man Oper wie zu ihrer Entstehungszeit aufführen kann, und er liegt mit seiner Befürchtung, daß Tradition in diesem Genre mit Klischee und Erstarrung zu tun hat, genauso richtig. An dieser Tatsache hat sich seit Mahlers berühmtem Ausspruch nichts geändert, ein wacher Blick wie der Mut zu Neuem gehören seither zu einer verantwortungsvollen Opernarbeit.

Schaaf hält es für ausgeschlossen, daß man das gestische Vokabular vergangener Zeiten heute noch verstehen kann. »Also muß man sich eine Gestik einfallen lassen, die uns etwas vermittelt.« Er setzt deshalb auf den denkenden Sänger, der dies Neue zu erlernen in der Lage ist. Außerdem: »Sobald ein Sänger zu denken anfängt, singt er auch besser, denn Singen ist ja nicht losgelöst vom Szenischen.« Die Praxis bestätigt dies, sängerisches Bewußtsein wirkt auf die vokale Qualität. Doch was immer auf der Bühne geschieht, Ausgangspunkt müsse stets der Sänger mit seinen spezifischen Möglichkeiten sein. Der Regisseur habe darauf Rücksicht zu nehmen. »Dafür muß man Phantasie haben«, konstatierte Schaaf. Und wer seine Inszenierungen kennt, der weiß um den Ernst seiner Worte. Denn fraglos gehört er zu jener Kategorie von Regisseuren, die aus dem Geiste der Musik inszenieren. Seine Maxime lautet dementsprechend: »Essentiell für mich ist, daß man das szenische Konzept aus dem Musikalischen entwickelt. Libretti gehen häufig nicht so weit wie zum Beispiel der Komponist.« Probenprotokolle belegen, was Inszenierungen vorführen, wie akribisch nämlich die musikalisch-szenische Analyse betrieben wird und wie der Regisseur immer wieder Erkenntnisse über das Bühnengeschehen aus der Partitur bezieht. Wie eng Musik und Szene in der Oper verknüpft sind, wurde ihm nicht zuletzt aus der Beobachtung klar, daß Dirigenten auf die Frage nach ihren musikalischen Vorstellungen diese im Grunde immer aus dem Szenischen holen. Der Komponist hat sie ganz einfach mitkomponiert. Wenn Schaafs Inszenierungen auch in gewisser Weise das »Milieu« eines Werkes bewahren, so soll doch ihre Wirkung gleichsam »zeitgenössisch« sein. Und ohne die Werke in unsere Gegenwart zu transponieren, soll spürbar beziehungsweise erkennbar werden, daß die Menschen auf der Bühne von uns vertrauten Empfindungen und Gedanken angetrieben sind.

Schaaf hat sich dezidiert mit den Begriffen Werktreue und Regietheater auseinandergesetzt und dabei zweierlei Meinungen entschieden widersprochen. Zum einen gebe es keine Werktreue, die es ermögliche, eine Mozartoper wie vor zweihundert Jahren aufzuführen. Das sei schlechterdings unmöglich. Zum anderen sei Regietheater nicht gegen Werke gerichtet und als Begriff gänzlich überflüssig, weil es kein Theater ohne Regie gibt. Eine Formensprache des ausgehenden 18. Jahrhunderts kann man nicht für die heutige Bühne »werktreu« rekonstruieren, man müßte denn die Wahrnehmung, die Geisteswelt, das Bewußtsein, die Moden jener Zeit, in der das Publikum fest verwurzelt war, gleichermaßen im heutigen Publikum rekonstruieren – eine Unmöglichkeit.

Wie radikal die Veränderungen sind, exemplifizierte Schaaf an einem in der Oper häufigen Begriff – nämlich dem der Liebe. Orientierung über den Verständniswandel ergab ein Blick in verschiedene Wörterbücher der letzten zweihundert Jahre, was einen erstaunlichen inhaltlichen Wandel und damit verbunden teils konträre Wertungen offenbarte. Daraus ermißt man die unüberbrückbaren Differenzen in der Vorstellungswelt der Mozart-Zeitgenossen und der heutigen Opernbesucher.

Als eine weitere Falle erweist sich die durch die Traditionsliebe erweckte Vertrautheit, denn »indem diese Tradition Vertrautheit suggeriert, lähmt sie den Empfindungsreichtum des Zuschauers und verhindert so die Freisetzung von Phantasie, was schwerlich in der Absicht eines Autors oder eines Komponisten liegen kann.« Im Mut zu neuen Sichtweisen definiert sich deshalb die bessere Werktreue, indem der Regisseur ein Werk herüberholt »aus dem Dunstkreis längst vergangener Vorstellungen in die Bewährungsprobe unserer eigenen Empfindungs- und Ideenwelt«.

Wie wenig »exzentrisch« sein »Rigoletto«-Konzept ausfiel, ließ sich acht Jahre nach dem Hamburger Skandal überprüfen, als sich in Stuttgart für ihn erneut die Gelegenheit einer Inszenierung bot. Durch einen anderen Bühnenbildner war allerdings die optische Präsentation nicht mehr mit dem Hamburger Entwurf identisch. Damals wie heute dürfte jedoch die Einsicht entscheidend gewesen sein, daß Verdis Musik keinem äußeren Geschehen folgt, sondern vielmehr innere Handlung auslotet. »Verdeutlichung von Affekten dominiert über die Entwicklung von Situationen«, liest man dazu in der zusammen mit Wolfgang Willaschek formulierten dramaturgischen Konzeption des Regisseurs. Entsprechend beschrieben sie den Wesenskern der Oper als »Darstellung einer Schizophrenie, einer Zerrissenheit an Körper und Seele« in Gestalt des Hofnarren Rigoletto. Hier geschehe »musikalische Psychoanalyse«, die die Oper als »inneres Drama« festlegt: »Die Musik szenischer Abläufe (Fest, Fluch, Gewitter) ist zugleich Chiffre psychologischer Entwicklung.«

Daß Schaaf die Person des Herzogs genausowenig als einen harmlosen Tenorbeau auf die Bühne bringen würde, lag auf der Hand. Schon Verdi gab den Hinweis, daß Ausgangspunkt sowohl für Rigolettos Furcht wie für Gildas Leidenschaft der leichtfertige, zügellose Charakter des Herzogs sei. Die Inszenierung siedelte die Oper zeitlich im ersten Drittel unseres Jahrhunderts an, die Herzog-Welt glich einer »paramilitärisch-faschistischen High Society« mit einem Herzog als Narziß in Uniform, mit machohaftem Gebaren und offenkundig sadistischen Neigungen. Entfernt mochte man an Erich von Stroheims Filme denken, an diese militärischen Innenansichten deformierter Charaktere. Auch bei Stroheim gibt es jenen Verführertyp, dem das Verführen zum existentiellen Unternehmen gerät und der seine Entsprechung in der Figur des Herzogs findet.

Rigoletto ist auch nach außen hin gekennzeichnet von innerer Zerrissenheit: Hier der Narr als Zyniker, der sich über Moral lustig macht und in seinem Clownskostüm wie eine Kopie von Grock im Grunde eine traurige Gestalt abgibt, auf der anderen Seite seine Sehnsucht nach bürgerlicher Existenz und, wohlbehütet darin, wie ein persönlicher Besitz, seine Tochter Gilda. Der Balanceakt mißlingt bekanntlich. Wenn Gerhard Koch äußerte, die Geschichte sei zwar bündig erzählt, aber nicht wirklich erhellend, und andere von Überzeichnungen sprachen, dann liegt dies sicherlich zu einem gut Teil an Schaafs Neigung zur Veräußerlichung. Sowenig seine Inszenierungen Rätsel aufgeben, sowenig verstehen sie sich auf Transzendenz oder geben Antwort auf das Warum, denn wir haben es mit Inszenierungen zu tun, die allein konstatieren. Neben einer Vorliebe für Werke des slawischen Repertoires («Boris Godunow«, »Eugen Onegin«, »Die Nase«, »Lady Macbeth von Mzensk«) gilt Johannes Schaaf heute vor allem als Mozart-Regisseur. Zunächst versteht er Mozart als einen Vertreter der Aufklärung, der die radikalen Strömungen seiner Zeit kannte und um den geistigen Zündstoff in Beaumarchais' »Figaro« wußte: »Er hat einen brennend aktuellen Stoff komponiert und hat ihn auch nicht verändert. Es ist falsch zu meinen, daß aus einem politischen Stück

»Rigoletto« (Stuttgart 1994) – Regie: Johannes Schaaf
Foto: Andreas Pohlmann

197

ein genial erotisches entstanden ist.« Aspekte der Aufklärung findet man ebenso in dem Singspiel »Die Entführung aus dem Serial«, wobei in diesem Fall Schaaf das wesentlich Neue insbesondere in der Musik entdeckt, die einen »Kosmos von Natur« beschreibt: »Alle Menschen tragen die ganze Spannung extremer Möglichkeiten in sich, wie man es nur bei Shakespeare so findet.« Wenn Schaaf auf realistische Figurenzeichnung setzt, so sind die Protagonisten einer Oper nicht Träger von Ideen, sondern sie erfüllen die Natur in sich, von der die Musik »erzählt«. Wenn zum Beispiel in der »Entführung« zugleich der Widerstreit von Tragik und Komik angelegt ist, dann weist dies weit über bloße Situationskomik hinaus. Der Mozartspezialist Hermann Abert hatte diese innere Spannung in den Figuren sehr deutlich erkannt: »Keine steht für sich da, jede ist aus dem Licht und Schatten der übrigen heraus modelliert.« In den Bühnenbildern war der Orient nur durch wenige Zitate lokalisiert, aber weder in der Version für Salzburg noch in der für Hamburg von eigentlicher Bedeutung. In Hamburg dominierte ein von Palmen umstellter Riesenkasten, aus dem später ein veritables Karussell »hervorgezaubert« wurde – ein Gag, der inszenatorisch ohne Folgen blieb – also nicht die Fortsetzung eines anderen »Reigens« wurde.

Wiederum von realistischer Figurenzeichnung war sein »Figaro« in Hamburg geprägt. Dazu hatte Ezio Toffolutti eine Schloßinnenarchitektur entworfen, mit dezenten Spuren der Verwitterung – nicht zuletzt ein Indiz auch für politische Erosion. Die Wände tragen verblaßte Fresken: einmal sind es nur zart umhüllte Frauenkörper, wie sie das Barock in Überfülle liebte, ein andermal ist es die Silhouette eines Pferdes (ein durchaus erotisch besetztes Symbol wie auch eines für Freiheit). In die Wand sind am oberen Rand Gucklöcher eingelassen, dahinter befindet sich eine Art Geheimgang. Wo intrigiert wird, gibt es auch Intriganten. Basilio ist ein solcher und belauscht und beobachtet hinter den Gucklöchern das Treiben im Schloß. Der gräfliche

Haushalt kennt also auch das Spitzelwesen, und Basilio als Drahtzieher ist dafür der Richtige – ist er doch der Skeptiker mit zynischer wie opportunistischer Neigung. Dem Regisseur, so wird hier erkennbar, ging es um die satirische Gesellschaftskomödie, um die Sichtbarmachung eines politischen Kerns, den der »tolle Tag« bei Beaumarchais zweifellos besitzt. Absicht war es, in der Komödiensituation die Konflikte akribisch und als wären sie neu aufzudecken, wobei zwei Aspekte auffallen: Der Sozialneid, denn Figaro möchte nur allzu gerne den Parvenü abgeben und es dem Grafen gleichtun. Und dann gibt es den Liebesanspruch, dessen Erfüllung durch alle sozialen Schichten hindurch eingefordert wird. Die von Liebesleidenschaften inszenierten Verwirrungen finden ihr Pendant in den politischen Wirren, denn stets werden auch Statusfragen berührt und in Frage gestellt.

Bei der Umsetzung dieser Turbulenzen erwies sich Schaaf als Menschenkenner von großer Einfühlungskraft, der nicht nur eine Verlebendigung der Bühnenfiguren erreichte, sondern mit vielfältigen Anspielungen auf das Assoziationsvermögen des Publikums setzt. Die Absicht seiner Regie bestand in der Musikalisierung der Bühne: Formen, Strukturen und Farben seien in ihrem Verhältnis zueinander musikalisch benannt. Und so wurden zwar das milieugerechte Bühnenbild und die animierende, intelligente Personenführung hervorgehoben, doch auf der anderen Seite auch eine prosaische Geheimnislosigkeit moniert. Man vermißte das verstörende Moment, denn schließlich können »Umstürze« dieser Art nicht spurlos an den Beteiligten vorübergehen. Sicherlich bot das Finale im Pinienhain mit der ausrangierten Kutsche einen deutlichen Hinweis, daß des Grafen »Reise« schon längst aufgehalten ist. In der Zeitung »Die Welt« wurde jedoch bemerkt: »Daß man beim überlistigen Fallenstellen auch ins Bodenlose fallen kann, vermittelt er [der Regisseur] uns deutlicher freilich erst in allerletzter Sekunde, wenn der Schlußvorhang noch einmal hochgeht und die eben hoffnungsvoll Versöhnten wie im Spuk zur Flucht-Pose erstarrt scheinen. Happy End mit schwarzen Wolken. Solche Fingerzeige hätte man sich ein wenig mehr gewünscht.« Moniert wurde ebenfalls eine mit Überzeichnung arbeitende Regie, die mit der Eindeutigkeit der Szene eher glätte, zwar eine Schärfe des analytischen Blicks beweise, doch am Ende eher ernüchtere. Hier wünschte man sich, Schaafs Regiekonzepte würden tatsächlich umstürzlerischer sein, um auch etwas von der subversiven Energie in den Stoffen spürbar zu machen, oder auch, daß sie etwas von Metaphysik verstünden, um an tiefere Schichten zu gelangen. Gleichwohl virtuos und mit behender Leichtigkeit verstehen sich seine Inszenierungen in erster Linie auf das Konstatieren von Sachverhalten.

Wenn ein solcher Regiestil allerdings auf eine Groteske trifft, wie auf die von Schostakowitsch komponierte Oper »Die Nase«, dann kommen Sarkasmus und Surrealismus zu ihrem vollen Recht. Sicherlich wäre mehr Bösartigkeit denkbar, die diese Politsatire als Stachel in sich trägt. Überall dort, wo es um Burleske und Witz ging in dieser kaleidoskopartig angelegten musikalischen Handlung, fand Schaaf zu überzeugenden Szenen, und so wurde intelligenteste Unterhaltung nicht nur versprochen, sondern auch eingelöst.

»Le nozze di Figaro« (Hamburg 1990) – Regie: Johannes Schaaf
Foto: Helga Kneidl

WERNER SCHROETER

Bevor Werner Schroeter mit »Lohengrin« seine erste Oper inszenierte, hatte er sich auf der Bühne des Sprechtheaters ausschließlich mit Frauenschicksalen beschäftigt: Emilia Galotti, Salome, Lukrezia Borgia, Fräulein Julie, Miss Sara Sampson und das Käthchen von Heilbronn. Und auch in seinen Filmen wurde zuvor schon dieses Faible, oder besser gesagt diese Passion, offenkundig. Gleich mehrmals widmete er sich filmisch seinem Idol Maria Callas, Inspirationsquelle und Identifikationsfigur in einem, stilisiert zur surrealen Kunstfigur. Überhaupt hat sich Schroeter von Anfang an aus dem überreichen ikonografischen und mythologischen Fundus der Opernwelt bei seinen Filmen bedient, denen dabei immer auch Amateurcharakter anhaftete. Das hat sich in seiner Theaterarbeit fortgesetzt als eine von Intuition und Improvisation geleitete Regie.

Er selbst nannte die Begegnung mit dem Living Theatre eine prägende Erfahrung: »Wer das Living Theatre gesehen und mit Theater irgend etwas zu tun hatte, konnte das sicherlich nie vergessen, denn es war die extremste und klarste Ausprägung einer neuen theatralischen Form.« Entsprechend erklärt er Theater und Leben für identisch, wobei ihn gerade die menschliche Grenzüberschreitung in der Arbeit interessiert, nicht nur die künstlerische. »Ich bin ein Regisseur ohne jede Distanz zu den Menschen, mit denen ich zu tun habe«, bekennt Schroeter. Und deshalb fließe immer auch Privates in die Regiearbeit ein, wie übrigens zuvor schon in seinen Filmen, die in ihrer »Privatisierung« der filmischen Erzählung »mehr und mehr zu einem privaten Vergnügen des Regisseurs werden«, wie Birgit Hein zu Recht feststellte.

Offen bekannte Schroeter auch, wie sehr die Arbeit des Regisseurs aus einer narzistischen Haltung gespeist wird – als Regisseur möchte er alle in sich verliebt machen, kokettiert er, und die Schauspieler sollen ihm alle Leidenschaften, die in ihnen stecken, auf der Bühne geben. Seine Definition der Regiearbeit bringt dies auf den Punkt: »Es ist ein Liebesprozeß, eine vitale Auseinandersetzung – im optimalen Fall.« Dazu paßt, wie er Theater und Sexualität in Beziehung setzt, denn schließlich seien die Verhältnisse der Menschen untereinander von Sexualität bestimmt: »Ich glaube nicht, daß der Mensch von seinem Körper abstrahieren kann.« Schroeter setzt auf ein körperbetontes Theater, auf ein Theater leidenschaftlicher Exaltationen, das auf diese Weise zum Schauplatz übergroßer Gefühle wird. Stets tobt da ein Sturm der Obsessionen. Nicht selten enden sie im Wahnsinn, und so heißt die Endstation Irrenhaus für diejenigen Bühnenfiguren, die erfahren, wie schwer sich Sehnsucht lebt, und die darüber zerbrechen. Da gelingen Schroeter Bilder der Verzweiflung von suggestiver Kraft. Da bestätigt sich, daß Theater umgesetzte Bilder von Schmerz bedeutet.

Und ebensowenig nimmt es wunder, wenn bei solcherart »privatisiertem« Theater der Arbeitsprozeß selbst zu einem »Psycho-Drama« wird, weil eigene Stimmungen, Befindlichkeiten und Animositäten auf die Regiearbeit Wirkung ausüben. Wer nur auf die sogenannte innere Stimme setzt und darauf vertraut, daß Gefühle wahrhaftig sind, wer nichts anderes verlangt, als »die Intensität des Augenblicks in die Arbeit zu retten«, der läuft freilich Gefahr, am Ende die große theatralische Gebärde, das exhibitionistische Austoben tatsächlich für Leben zu halten. Da erscheint die Flucht in die Pose und in die kitschigen Tableaus wie eine szenische Kapitulation vor irgendwelchen Sinnfragen. Das Heil lockt im Spektakel, weil es ablenkt, und im Kitsch als Vortäuschung nicht vorhandener Gefühle. »Kitsch parodiert Katharsis«, heißt es in Adornos »Ästhetischer Theorie«. Gerade davor drückt sich der Regisseur nur allzu gern und spielt aus diesem Grund die Kitschkarte mit ihrer »sinnlichen Wohlgefälligkeit«. Parodie und Parteinahme sind nicht immer auseinanderzuhalten. Zwar erklärte er, nicht an »faulem Zauber« interessiert zu sein, für den er das sogenannte illusionistische Theater hält, er wünsche sich dagegen das »skelettierte Theater«, bei dem man sieht, was drinnen sitzt. Doch was ist an einem Theater aufgeheizter Emotionen weniger Theater? Wahrhaft ist es allein für den Moment, wenn es geschieht, aber deshalb braucht es noch lange nicht wahr zu sein.

In Zusammenarbeit mit dem Dirigenten Eberhard Kloke entstanden mittlerweile drei »szenische Konzerte«. Ein Abend mit Liedern aus Wagner-Opern, kombiniert mit Klaus Hubers musikalischem Anti-Wagner-Kommentar »spes contra spem«, ein weiterer mit Schönbergs Oratorium »Die Jakobsleiter« in Verbindung mit einem Werk Bernd Alois Zimmermanns und dann die Aufführung von Beethovens »Missa solemnis«. Der Vorwurf gegen konventionelle Operninszenierungen lautet nicht grundlos, man habe es mit kostümierten Konzerten zu tun. Schon seit längerer Zeit gibt es eine Variante aus der entgegengesetzten Richtung, wenn nämlich vorzugsweise Oratorien in bildmächtige Szenen übersetzt werden. Achim Freyer hat das ebenso wie Herbert Wernicke mit bisher grandiosen Resultaten unternommen. Bei Schroeters szenischen Versuchen fielen die Kritikermeinungen eher negativ aus. Ulrich Schreiber sprach gar im Fall von Beethovens Messe von einem »postmodernen Gemischtwarenladen« und einer »szenischen Mehrwertgrapscherei«. Gewiß reicht hier Musikliebe allein nicht für

die Regiearbeit. Auf dem Podium des Düsseldorfer Schauspielhauses hatte Schroeter ein Kornfeld errichten lassen, das im Laufe der Aufführung durch den Chor allmählich niedergetreten wurde. Während also zum »Credo« der Chor die Feldidylle niederrennt, verfolgt und jagt er gleichzeitig einen Menschen, der sich als ein zweiter Kaspar Hauser entpuppt – »und sinnigerweise sehen wir ihn zu den Klängen der Menschwerdung Gottes als Leiche auf dem Boden liegen« (Schreiber). Doch dieser Kaspar Hauser darf wieder auferstehen und sich verlieben. Als problematisch empfand man des Regisseurs unreflektierten und unkritischen Hang zum Pathos. Die Gefahr der Beliebigkeit war ebensowenig wie die Betulichkeit, mit der Musik gewissermaßen szenisch »zerredet« wurde, von der Hand zu weisen.

Obschon Schroeter mit Wagners »Lohengrin« debütierte, zog es ihn auch in der Oper zu den Frauenschicksalen: »La Wally«, »Salome«, »Lucia di Lammermoor«, »Médée«, »Parisina d'Este« und »Luisa Miller«. Im Fall von Donizettis »Parisina« haben wir es mit einem dieser schauerlich melodramatischen Sujets zu tun, die um Liebe, Eifersucht, Intrige und Mord sich ranken und an denen die italienische Opernromantik gewiß keinen Mangel hat. Eigentlich bedeutungslos mag man die historische Kulisse des herzoglichen Schlosses der d'Este in Ferrara um 1400 nennen. Schroeter transponierte die Handlung etwa in die Mitte des vorigen Jahrhunderts, sichtbar an den Uniformen der Herren und den feinen Roben der Damen. Die Oper handelt von dem eifersüchtigen Ferrareser Herzog, der seine Frau in einen frühen Tod trieb. Ihr Sohn Ugo wird vor dem Zugriff des Vaters versteckt und wächst unter falscher Identität im Schloß heran und mit ihm Parisina, die Gespielin seiner Kindheit. Beide sind nun erwachsen und haben sich ineinander verliebt. Aber da tritt der Herzog dazwischen, der Parisina zur Frau nimmt. Weil er von ihrem Verhältnis weiß, trennt er beide. Am Ende läßt er Ugo, seinen eigenen Sohn, hinrichten. Wiederum hatte Alberte Barsacq das Bühnenbild entworfen, die abstrakte Räume bevorzugt und von sich sagt: »Ich bin kein Architekt, ich denke Bilder. Es gibt für mich nur eine Dynamik zwischen ›durchsichtig‹ und ›farbig‹.« Lediglich die Kostüme werden stets detailgetreu von historischen Vorbildern kopiert.

Der Regisseur betonte einen Zustand der »Beziehungs- und Bewußtlosigkeit«. Er sah Parisina in einem Traumzustand, worauf die Bühne durch eine freie Raumkonstruktion einging. Die Figuren wirkten darin isoliert, die Oper wurde tatsächlich zu einer Art Traumspiel, wobei die Personen nach Ansicht des Regisseurs aus »mehr Emotion als Kontur« bestehen: »Das ist fast eine Wüstenei, eine riesige Bühne, auf der sich wie in einem Vakuum die Emotionen zu behaupten versuchen. Ein Raum mit wenig Verwandlungsmöglichkeiten, durch den die Figuren mit ihren stagnierenden, aber übergroßen Gefühlen laufen.« In eine ähnliche Surrealität war »Luisa Miller« szenisch übersetzt worden. Wieder gab es eine offene Raumkonstruktion, die jedoch in verschiedene Ebenen aufgeteilt war. Sollte in Schillers »Kabale und Liebe« an Rudolfs und Luisas unglücklicher Liebe die Unhaltbarkeit von Klassenschranken deutlich werden, so blieb das Opernlibretto ebendiesen sozialrevolutionären Elan schuldig, indem es ganz auf das Melodrama setzt, in das

»Luisa Miller« (Genf 1993) – Regie: Werner Schroeter
Foto: Marc van Appelghem

der soziale Aspekt kolportagehaft eingefügt wurde. Etwas von dem gesellschaftlichen Raum gibt die Installation von Alberte Barsacq wieder: Seitlich, auf verschiedenen Ebenen, geht der große Bühnenkasten in kleiner gegliederte Räume über, die vom Chor besetzt gehalten werden, gleichsam soziale Schichten – die Szene als gesellschaftlicher Panoramablick. In der Bühnenmitte ein gläserner Kasten, dahinter ein Wolkenhorizont – als ob auch hier das Geschehen einen von der Wirklichkeit abgehobenen Zustand bezeichnet. Die Transparenz darin signalisiert die prekäre Situation der Liebenden. Nirgendwo ein Ort, der Rückzug ermöglicht, alles findet quasi unter den Augen der Öffentlichkeit statt. In kleinen Gruppen formiert, und durch die historisch detailgetreuen Kostüme der Bürger und die folkloristischen der Bauern, wirken die Tableaus durchaus pittoresk, allerdings kaum erhellend für die Geschichte. Neben diesen marionettenhaften Arrangements durften die Protagonisten der Oper, vor allem das unglückliche Liebespaar, in drastischem Naturalismus herzzerreißend agieren, während die Kabale schmiedenden Bösewichte ganz finster schurkisch auftraten.

Nicht nur demonstrierte Schroeter, daß man in der Oper am schönsten und heftigsten leiden darf, sondern daß bei so viel sentimentalischem Pathos Plausibilität und Wahrheitsgehalt hintan stehen. Die Gleichung Theater und Leben geht schon deshalb nicht auf, weil sich auf der Bühne nie die Existenzfrage stellt, das Handeln nie die Konsequenz zu tragen hat, die es im wirklichen Leben fordert. Und noch jede theatralische Überzeichnung führte vermeintlich inszenierte Realität ad absurdum. Werner Schroeter ist als Regisseur ein Kind der wilden sechziger Jahre geblieben: Anarchie und Spontaneität, physisches Theater und Psychodrama. Das alles wirkt in seinen Regiekonzepten fort, ist zu Motiven seiner Stilisierung geworden. Die Experimente von damals sind zwar nicht ohne Folgen für das Theater geblieben, doch von so manchem optimistischen Aufbruch ist nur noch ein Mißverständnis übriggeblieben, wie etwa jenes, daß Theater und Leben identisch seien. Denn entweder läuft es auf die Aufhebung der Kunst hinaus oder nimmt dem Leben die Lebendigkeit, wie Paul Pörtner als Kenner der damaligen avantgardistischen Szene in seinem Bericht »Spontanes Theater« schlußfolgert.

PETER SELLARS

Dem konservativen Altmeister unter den Opernregisseuren, Sir Peter Hall, wurde es mit dem Auftritt des aus den USA stammenden und gern auch »Regie-Wunderkind« apostrophierten Regisseurs Peter Sellars zu ungemütlich in Glyndebourne, wo er als künstlerischer Leiter seit 1984 fungierte. Sellars »Zauberflöten«-Version erregte nicht nur bei ihm Ärgernis. Beleidigt zog sich der Traditionalist zurück, dem der eigenwillige Eingriff in Mozarts Oper (Sellars hatte nämlich sämtliche Dialoge kurzerhand gestrichen) als Sakrileg erscheinen mußte. Hier wurde die immer wieder gestellte Frage, was darf man mit Opernklassikern anstellen, mit einer anderen Frage konfrontiert: Was muß man mit solchen Werken tun, damit sie etwas mit uns zu tun haben?

Sellars gehört neben Robert Wilson derzeit wohl zu den bekanntesten Opernregisseuren aus den USA. Hat Wilson bisher jedoch fast ausnahmslos in Europa gearbeitet, so blieb Sellars der genuin amerikanische Regisseur, der in erster Linie für ein amerikanisches Publikum inszeniert. »Man muß ganz tief verwurzelt sein in seiner Umgebung und im Alltag der Gesellschaft, über die man etwas sagen will«, erklärte er. Allmählich aber faßt dieser Pionier des avancierten Musiktheaters auch bei uns Fuß. Gleichwohl scheuen ihn die alteingesessenen Operninstitute der USA. Der Skandal seiner »Tannhäuser«-Inszenierung in Chicago dürfte als Schock noch tief in den Gemütern nicht nur eines irritierten Publikums stecken. Und so waren die meisten seiner Produktionen im Rahmen von Festivals zu erleben, die sich naturgemäß dem Unkonventionellen und Avantgardistischen gegenüber aufgeschlossener zeigen (und sei es zuweilen nur als Alibi).

Schon sehr früh beschäftigte er sich mit Puppen- und Kindertheater; trat später mit opernähnlichen Projekten hervor, die er mit Sängern und Musikern in Boston herausbrachte. Darunter war auch die amerikanische Erstaufführung von Peter Maxwell Davies' Kammeroper »The Lighthouse«. Auch das Musical blieb nicht ausgeklammert: Gershwins »My one and only« sollte er am Broadway inszenieren, doch setzten ihm die Produzenten während der Proben den Stuhl vor die Tür. Und er ist seit diesen frühen Tagen das typische Beispiel eines workaholic geblieben, was die umfängliche Liste seiner Leitungsfunktionen neben seiner Arbeit als Regisseur nachdrücklich belegt.

Seine Beschäftigung mit der Oper läßt zwei Schwerpunkte erkennen: nämlich zeitgenössische Werke und Mozart. Sein Prinzip heißt Aktualisierung als »krasse Übermalung des Alten mit Neuem«, wie es bei Michael Merschmeier heißt. Dabei fallen seine Inszenierungen durch politische Pointierung und szenische Phantasie gleichermaßen auf. »Nichts aber ist mit purer Ideenwillkür herbeiinszeniert«, konstatierte Merschmeier am Beispiel von Sellars' »Ajax«-Inszenierung – eine Äußerung, die bisher noch stets zutraf. Für Sellars sind Regieanweisungen im Libretto nicht heiliggesprochenes Gesetz. Denn was dient einer Oper mehr, macht sie plausibler, lebendiger, als eine Inszenierung, die die Wahrheit eines Werkes aufspürt und in eine adäquate Formensprache überträgt. Warum er sie vorzugsweise in der (amerikanischen) Gegenwart sucht, beantwortete Sellars folgendermaßen: »In der Oper geht es und ging es immer um wirkliches Leben. Mozart schrieb über ungeheuer präzise Fragen und Ereignisse, deren Zeuge er in seinem Leben war. Ebendieses Gefühl von Zeugenschaft muß heutzutage vorherrschen.« Und die Konsequenz daraus: »Ich muß Opern nehmen und sie mit Bildern und Charakteren versehen, die ich kenne, für die ich mich verbürge und von denen ich sagen kann: ja, es gibt Leute, die so leben.« Und auch dies findet in seinen Inszenierungen eine Bestätigung: »All meine Aufführungen beruhen aber auch auf Detailkenntnis bei mir und beim Publikum. Sie beruhen völlig auf dem ›american life‹, das ich persönlich bestens kenne. Verständnis resultiert oft aus Kenntnis von Dingen, die niemand bewußt wahrnimmt. Nicht die großen Gesten sind wichtig, sondern die kleinen versteckten Augenblicke: wie wartet man auf einen Bus – zum Beispiel.« Ebendies wird zum Merkmal all seiner Regiearbeiten – diese Stimmigkeit der Erzählung bis ins Detail, diese Selbstverständlichkeit im wahrsten Sinne des Wortes, dieser Hyperrealismus (vergleichbar Bildern Edward Hoppers), der zugleich Kunst in Vollendung herstellt.

Der Vorwurf gegen Aktualisierungen lautet indes, Inhalte würden nur gestreift, sie gäben sich allzu eskapistisch. Es fehle der intellektuelle Anspruch. Seine Einfälle seien zwar interessant, verlören sich jedoch im Effekt, und es mangele ihnen an Kongruenz mit der Musik und den darin intendierten Absichten. Schon die zwanziger Jahre lieferten mit »Hamlet im Frack« das Stichwort in der Diskussion um die Legitimität von Aktualisierungen. Aber auch ein unbestritten geistreicher Kritiker wie Alfred Polgar fand gegen diesen modernen Hamlet eigentlich kein triftigeres Argument als ganz einfach die Erklärung, Hamlet und mit ihm alle alten Stücke auf ewig als Kostümveranstaltung zu betrachten, damit bloß keine Differenzen zwischen dem Wort und der Szene auftreten. Suspekt ist den Kritikern unserer Tage allemal die Mischung aus Unterhaltung und politischem Zeittheater. Wenn also Opern zweihundert Jahre und mehr auf unseren Bühnen überlebt haben, dann solle eine Inszenierung etwas vom Ewigkeitswert weitergeben. Eine solche Sicht begreift Oper als Denkmal. Daß Sellars gegen alle oberflächlichen Sensationen mit seinen Interpretationen den Nerv der Zeit trifft, ohne das Original zu verraten, wird geflissentlich übersehen. Freilich nicht immer, wie das Urteil Benjamin Henrichs zeigt. Sellars gelingt »die Aktualisierung einer alten Geschichte ohne Gedankenkrampf und ästhetische Protzerei«, schrieb Henrichs, »vielleicht weil er in den neuzeitlichen Kostümierungen und Szenerien mit Macht doch die alten Geschichten erzählt«. Gewiß, das Publikum konsumiert an Aktualisierungen allzu gerne das Sensationelle und sieht vielleicht nur die als Gags indentifizierten Momentaufnahmen der Gegenwart. Doch es werden durchaus tiefere Schichten unseres Unbewußten mobilisiert. Da gibt es einen gewissen »Nachwirk«-Effekt durch ein sozial definiertes Theater – die Bühne nicht als Kopfgeburt, sondern als ein Ort, wo Gesellschaft vorkommt. Denn in den oftmals revuehaft zusammengesetzten Momentaufnahmen des »american life« bleiben die Schattenseiten nicht ausgespart, inszeniert Sellars gewissermaßen die Widerhaken der Realität. So hatte er sich in »Così fan tutte« für den Schrecken und die Verstörung entschieden, die dieser scheinbar leichtfüßigen Buffa-Tändelei um Treue und Liebe als bitterer Beigeschmack bleibt. Die Geschichte war in Amerika nach dem Vietnam-Debakel angesiedelt. Die Bühne zeigte einen typisch amerikanischen Coffeeshop als neonbeleuchtete Plastikwelt. Don Alfonso ist Vietnam-Veteran und sitzt an der Registrierkasse, während Despina als Serviererin arbeitet; Fiordiligi und Dorabella sind wie Guglielmo und Ferrando Gäste bei »Despina's«. Die Geschichte endet in heilloser Panik, nachdem die Akteure erkennen mußten, daß sie in Alfonsos Intrige allesamt Verlierer sind – ein Bild des alltäglichen Wahnsinns.

Auch sein »Don Giovanni« war in einem sehr konkreten sozialen Milieu beheimatet. Da betrat ein machohafter und drogensüchtiger Bandenchef im New Yorker Stadtteil Spanish Harlem die Bühne. Wobei Leporello tatsächlich als Zwillingsbruder sich hinzugesellte, und freilich blieb er auch hier der Mann fürs Grobe. Und im Fall von »Le nozze di Figaro« bewohnten die Almavivas ein Luxus-Apartment im Trump Tower, während Figaro und Susanna mit der Waschküche dreißig Etagen tiefer Vorlieb nehmen müssen. Sellars' Darstellungsmittel sind ebenso drastisch wie direkt. Die erotischen Ambitionen des Grafen werden nicht als Flirt bagatellisiert, sondern hier präsentierte sich ein veritabler Sexmaniak. In der »Zauberflöte« schließlich absolvierte Tamino seine Prüfungen auf einer dieser typischen Highways in und um Los Angeles. Wieder konfrontierte der Regisseur den Opernbesucher mit amerikanischer Wirklichkeit: Sarastro als Sektenführer à la Bhagwan, die drei Damen im Outfit des Gesangstrios »The Surpremes«, Video, Skateboard, Hochhauskulisse und vieles andere kamen als Zitat hinzu. Die Streichung der Dialoge erklärte Sellars lakonisch damit, daß »es in einem Stück, das sich so sehr mit dem Gesetz des Schweigens befaßt, angemessen schien, Mozarts Musik für sich selber sprechen zu lassen«.

Gegen alle Vorwürfe der Oberflächlichkeit und eines szenischen Stils, der sich dem »Magazin-Denken« überläßt, verteidigte Ivan Nagel Sellars` Theater als kritische Unterhaltung, sah darin gar ein Stück idealen Theaters erfüllt. »Handelt Händel von uns?«, fragte er im »Spiegel«, um dann in einer wahren Lobrede Sellars als einen bedeutenden Theatermann unserer Tage zu feiern. Die Betrachtung nahm ihren Ausgang bei der Inszenierung von Händels »Giulio Cesare in Egitto«. Die Begegnung des römischen Kaisers mit der ägyptischen Prinzessin Cleopatra und dem Jungdiktator Ptolemäus führte Sellars als ein Stück Weltgeschichte des Jahres 1988 vor. Das dazu passende Personal hieß nun Ronald Reagan und Gaddafi. Vermeintliche »Regiewillkür« wurde so zum Glücksfall für Händels barocke Monumentaloper: »Da beginnt ein neues politisches Theater, dessen Leitfaden nicht Ideologie, sondern Beobachtung menschlicher Prägungen, Physiognomie ist. Wie verständlich wird Sellars' Angst davor,

außerhalb von Amerika zu inszenieren. Seine Römerin/Neuengländerin erkennt man mit einem einzigen, frappierten Blick – wie man einst Strehlers Fischerfrauen erkannte.« Händel handelt also durchaus von uns, denn der Komponist hat ja selbst Weltgeschichte des Jahres 48 v. Chr. gewählt, weil sie zu seiner Zeit nicht viel anders funktionierte als in vorchristlicher Zeit, und nicht anders tut sie das heute. Damit ist des Regisseurs Absicht, »die Handlungen der Figuren in ihren Folgen für uns meßbar, wertbar werden« zu lassen, durchaus nicht nur ein frommer Programmheft-Wunsch.

Sellars beschäftigte sich wiederholt auch mit der zeitgenössischen Oper – etwa Nigel Osbornes »The electrification of the Soviet Union« für die Glyndebourne Touring Opera. Auch wenn der Titel es vielleicht vermuten läßt, so handelt die Oper keineswegs von irgendeinem Fünfjahrplan, der dem Sowjetreich die Segnungen der Elektrizität bringen sollte. Die Geschichte geht vielmehr auf Boris Pasternaks autobiografisch gefärbte Novelle »Der letzte Sommer« und das Gedicht »Spectorsky« aus den zwanziger Jahren zurück. Im Mittelpunkt steht der Dichter Serezha Spectorsky, der sich weder für das Dienstmädchen und die spätere Parteifunktionärin Anna noch für die Prostituierte Sashka entscheiden kann. Ebenso hin- und hergerissen ist er in der Frage von Politik und Kunst, dem anfänglichen revolutionären Bekenntnis folgt die Verteidigung des Individualismus. Auch plagen ihn Schuldgefühle über sein »nutzloses Intellektuellendasein« wie später die Existenzangst, wegen seiner Verbindung zu bürgerlichen Kreisen ein Opfer der Revolution zu werden. Zerrissenheit allenthalben. Sellars fand für das Getriebensein des Dichters, für die Vermischung zynischer Wirklichkeit mit visionären Traumwelten faszinierende Bilder, surreale und bisweilen groteske Szenen, ermöglicht durch George Tsypins variables Bühnenbild. Mit Wänden, die sich wie eine Ziehharmonika bewegen ließen, wurden im Nu Szenenwechsel erreicht: enge, labyrinthische Durchgänge und dann wieder weit geöffnete Räume. Die

Akteure bewegten sich darin nach einem präzisen choreografischen Konzept – mit Aktionen, die an Slapstickfilme erinnerten.

Seit John Adams Oper »Nixon in China« steht fest, »Tagesthemen lassen sich singen«. Der amerikanische Komponist hatte den »Gipfel des Jahrhunderts«, wie die Begegnung Richard Nixons mit Mao Tse-tung im Jahre 1972 in Peking genannt wurde, zum Opernstoff verarbeitet. Sellars inszenierte die Uraufführung in Houston/Texas. Erneut trafen dort Tschou En-lai und Kissinger, Nixon und Mao zusammen, um Pekinger Staatstheater auf nachgerade komische Weise zu exerzieren. Das sei Boulevard auf hohem Niveau, bestimmte ein Rezensent, und

verfehle keineswegs seine Wirkung beim Publikum. Darauf folgte eine weitere Adams-Oper, die erneut ein zeitgeschichtliches Thema wählte, nämlich die Entführung des italienischen Kreuzfahrtschiffes »Achille Lauro« durch arabische Terroristen, bei der der amerikanisch-jüdische Passagier Leon Klinghoffer erschossen wurde. Interessierte an »Nixon in China« vor allem der satirische Effekt, so entstand im Fall von »The Death of Klinghoffer« eine Art Requiem – also kein »veristischer Thriller«, eher ein religiös gefärbtes Oratorium mit revuehaften Einsprengseln, wie Gerhard Koch charakterisierte. Das Unternehmen offenbarte allerdings auch, wie langwierig für das Publikum Good-will-Absichten sein

»Pelléas et Mélisande« (Amsterdam 1993) – Regie: Peter Sellars
Foto: Deen van Meer

können. Anerkennenswert bleibt indes, daß Oper unmittelbar auf unsere Gegenwart zu reagieren versucht und dabei eingespielte Parteilichkeit etwa hinsichtlich Schuldzuweisungen in Frage stellt. Sellars schwebte dabei gewiß kein politisches Theater als Mittel der Agitation vor: »Wenn man eine politische Bewegung starten will, ist das Theater nicht ganz der richtige Platz. Aber das Theater kann einen Blick hinter die Kulissen werfen, auf das, was Politik eigentlich bedeutet, worum es überhaupt geht: Egoismus und Ideologie oder einfach die Art und Weise, wie Macht funktioniert.«

Wenn Sellars im Zusammenhang mit dem von ihm konzipierten multikulturellen Los Angeles Festival einmal davon sprach, ihn würde »die Konfrontation, die Kollision der Kulturen« interessieren, so scheint es, als ob ihn beim Inszenieren von Opern gleichermaßen die Konfrontation und Kollision reizt, wenn er alte Stoffe und zu Musik gewordene Mythen in unsere Zeit überträgt. Der musikalischen Substanz hat das nicht geschadet, und von der Streichung der gesprochenen Texte in der »Zauberflöte« einmal abgesehen, wurde auch nie wirklich die Struktur der Werke verletzt. Gewonnen haben sie ihre Vitalisierung mit einem Wiedererkennungseffekt für ein heutiges Publikum. Und ohne je didaktisch zu wirken, zielen sie auf Selbsterkenntnis.

Sellars` Version von »Pelléas et Mélisande« bestätigte erneut seine Maxime, daß auf der Bühne alles aus Erfahrung kommen müsse. Erwartungsgemäß wurde man auf der Amsterdamer Opernbühne inszenierten amerikanischen Alltag gewahr. Maeterlincks mittelalterlich-düsteres Schloß Allemonde hatte sich in eine Villa an der amerikanischen Westküste des Jahres 1993 verwandelt. Sie ragt weit über einen Felsen hinaus, und zwar so, als könnte sie jeden Augenblick abstürzen. Das Modell wollte fast haargenau einem von Frank Lloyd Wright entworfenen Haus (»Falling Water«) gleichen. Die Familienmitglieder im Hause Allemonde geben sehr präzis, gewissermaßen fotografisch genau, ein Every-day-Life der Oberschicht wieder,

und das ist keineswegs ein sorgenfreies Leben. Denn man ahnt in dieser Wohlstandsidylle die Abgründe. Und aus der Eifersucht Golauds entsteht ja tatsächlich ein Brudermord. So kühn expressionistisch die zum Publikum hin offenen Räume dieser Villa über den Abgrund ragen, so sehr ging es Sellars darum, etwas von der Ausweglosigkeit des gesellschaftlichen Lebens ins Bild zu bringen. Das Sterben findet darin in nächster Nähe statt.

Wie schon bei »The Death of Klinghoffer« wich er auch bei Messiaens »Saint François d'Assise« von der »Generallinie« der Aktualisierung ab, denn diese Oper sei keine Unterhaltung, sondern Kontemplation. Hier war nicht die Erzählung gefragt, sondern eine »von Empfindung durchdrungene Landschaft, in der die Zeit stillsteht« – ebendies beschwöre Messiaens Musik. Den Begriff Landschaft hatte der Bühnenbildner George Tsypin in einem ebenso unmittelbaren wie abstrakten Sinne aufgefaßt. Auf der riesigen Bühne der Salzburger Felsenreitschule war das hölzerne Skelett einer Kirche aufgebaut worden, dazu wurde eine quadratische, großdimensionierte Lichtorgel installiert, die im ständigen Wechsel immer wieder das Kreuzmotiv aufleuchten ließ, auch ein Baum gehörte zur Szenerie wie eine gefährlich schräg ansteigende Ebene. Über die gesamte Bühnenbreite waren Monitore angebracht, die das minimalisierte Bühnengeschehen mit einer Bilderflut aus der Natur und »Einblendungen« eines Martyriums kommentierten und kontrastierten. Sellars hatte das religiöse Pathos des Komponisten als einen sehr pragmatischen Auftrag interpretiert: »Der Auftrag ist klar: den Armen helfen, Einfalt und Demut zu bewahren, der Arroganz und Aggression dieser Welt abschwören, nicht zu richten, sondern zu warten, zu beobachten und zu arbeiten, geduldig auf die Verheißung der Erlösung hin.« Sellars` Deutung nahm eine sehr dieseitige Erlösung in den Blick – nämlich den Auftrag hier und jetzt zu erfüllen. Und auch seine jüngste Opernproduktion, die Strawinskys »Oedipus Rex« galt, gekoppelt mit der »Psalmensymphonie«, bestätigte den virtuosen Umgang mit szenischen Abstraktionen. Die Künstlergruppe »COOP Himmelb(l)au« hatte eine Rauminstallation entworfen, die das gesamte Festspielhaus in die Inszenierung einbezog, indem bereits der Eingang mit Holzbalken eingerüstet und abgestützt wurde, als ginge es nicht um den drohenden Untergang Thebens, sondern als träfe es die Hochkultur unserer Zeit selbst – hier wurden gleichsam die kritischen Intentionen des Regisseurs zeichenhaft »installiert«. Denn Sellars ging es offenkundig um mehr als das psychoanalytisch deutbare Individualschicksal des vatermordenden und in-

»Oedipus Rex«/»Psalmensymphonie«
(Salzburg 1994) – Regie: Peter Sellars
Foto: Ruth Walz

zestuös verstrickten Oedipus. Er stellt eine gesellschaftliche Diagnose: Die Krankheit als Gemeinschaftsmerkmal. Die »Kommunikation« hebt Sellars im Gestischen auf eine choreografierte Zeichensprache (der Taubstummensprache nicht unähnlich). Alles wird zum Ritual. Der Vorwurf, religiösen Kitsch zu produzieren, Bühnenweihfestspiele zu inszenieren, blieb nicht aus. Übersehen wird dabei zweierlei, daß nämlich Aktualisierung in einem realistischen Sinne zwar bei Mozart-Opern möglich ist, andere Werke jedoch andere Methoden verlangen. Und man übersieht, wie reflektiert diese scheinbare Naivität des Regisseurs szenisch sich im wahrsten Sinne des Wortes gebärdet. Weder ist Sellars' Regiearbeit beliebig noch inhaltsleer. Missionarische Absichten und eine naive Haltung müssen legitim bleiben.

Sellars übte im Zusammenhang mit dem von ihm konzipierten Los Angeles Festival Kritik an der verwalteten, monolithischen Kultur der reichen Industriegesellschaften des Westens. Geradezu missionarisch mutet sein Eifer für die kulturellen Ränder an, da für ihn der »Mainstream der Kultur völlig farblos und ausgelaugt« ist. Die Devise müsse deshalb lauten: Altes neu zu machen, weil so den Veränderungen Rechnung getragen werden könne. Aber seine Bewunderung gilt insbesondere solchen Kulturen, die ohne »Meisterwerksyndrom« auskommen. Das mag man als Koketterie bewerten, schließlich sind seine Inszenierungen doch darum nicht weniger Kunstwerk, weil sie unseren Alltag bühnenreif machen. Es mag zutreffen, daß die Gesellschaft zu fragmentiert und komplex zugleich ist, »um mit einer zentralen Vision abgespeist zu werden«. Daß aber Kunst etwas Unverzichtbares für den Menschen ist oder werden kann, also keinen Luxusartikel bedeutet, sondern etwas, das seinen Alltag beherrscht, das ihm Identität vermittelt, mag letztendlich auch nur eine Vision bleiben, die der Regisseur als Ideal vor Augen hat. Sollte dieser Zustand einmal erreicht werden, daß jeder sein eigener Kulturproduzent ist, wäre der Regisseur überflüssig geworden.

PETER STEIN

Er fühlt sich schon lange unverstanden von den deutschen Kritikern und zieht es darum vor, nachdem er sich auch als Leiter der von ihm mitgegründeten Schaubühne verabschiedet hatte, nur noch im Ausland zu inszenieren. Daraus spricht Enttäuschung wie auch ein gut Teil Trotz. Letzterer vor allem, wenn es um die Verteidigung seines Regiestils geht. Man spricht von Musealität und Opernhaftigkeit, wirft ihm zunehmend Konventionalität vor, kritisiert die Opulenz und das Schönheitsideal seiner Inszenierungen, einen Hang fürs Gestern. Günther Rühle, der das Theater der achtziger Jahre als eines der »neuen Anschaulichkeit« charakterisierte, erscheinen Peter Steins Inszenierungen nachgerade als exemplarisch, da in ihnen vor allem dies zähle: »Der Sinn und die Lust an der Form, an der schönen Gruppierung, an Anmut und Schönheit, an der heiter-komischen Natur des Menschen, am Detail, an der Nuance, an Atmosphäre und geselligkeitsstarken Milieus, aber auch an historischem Sinn.« Gemessen an der Zerstörungswut vermeintlicher Avantgardisten, will man aber nichts Falsches daran erkennen, wenn das »anschauliche« Theater auf die Betrachtung, Erfahrung, Besinnung und den Einblick ins Leben des Menschen setzt.

Stein sagt von sich: »Ich bin kein Theater-Revolutionär und war nie einer.« Und besteht darauf: »Ich bin ja eine solche Antiquität, daß für mich Kunst ein spielerischer Gegenentwurf zum Leben ist, zur Realität, zur Notwendigkeit, zur Zwangslage.« Er grenzt sich bewußt von gegenwärtigen Strömungen ab und tut es wohl in den meisten Fällen ganz zu Recht: »Alles mögliche bezeichnet sich heute als Theater oder wird so bezeichnet, was mit

Theater oft nur eine gewisse Ähnlichkeit verbindet. Da fühle ich mich im antiquierten Abseits ganz wohl, wo ich versuchen kann, die Identität von Theater zu bewahren.« Genaugenommen war das auch schon zu Schaubühnenzeiten so. Seine Inszenierungen exponierten sich nie als etwas radikal Neues, Provokation war nicht seine Sache. Er habe Theater erklärtermaßen immer als eine Art Museum betrieben, denn er wolle »die Strukturen der Stücke nach Möglichkeit so lassen, wie sie sind«. Also kein Kommentar, keine Stellungnahme, kein experimentelles Theater, aber in seiner künstlerischen Reflexion eines auf höchstem Niveau und von höchstem Reifegrad. »Das Theater«, so Peter Stein, »vermittelt keine Botschaften, hat das nie getan, es vermittelt Erfahrungen, indem es dramatische Erfahrungen organisierend ermöglicht.« Er ist darum, wie Karina Niehoff einmal formulierte, ein »verwegener Konservativer«, der auch realistische Werke »mit der Schönheit des Pathos in das Pathos der Schönheit« treibt. Daran ist gewiß nicht zu zweifeln, nur werden sich gerade Steins Inszenierungen wohl kaum aus der Erinnerung derjenigen löschen lassen, die sich einmal diesem Sog der Schönheit, diesen Gesellschaftstableaus in Form »kolossaler Retrospektiven«, diesem »Wunder der Leichtigkeit« hingaben. Das wird unvergeßliche Theaterkunst bleiben. Benjamin Henrichs' Begeisterung wollte die Schaubühne nachgerade zum Wallfahrtsort deutscher Regisseure machen: »Ach, man möchte all unsere schwitzenden, schwerfüßigen deutschen Regiekünstler auf eine Wallfahrt nach Berlin schicken. ... Wie Stein mehr als zehn Schauspieler gleichzeitig führen kann. Wie er eine Szene vom Salon in das Nebenzimmer verlagert, wie er mit der Leere eines Raumes spielt und mit dem Menschengedränge. Wie jeder Vordergrund und Hintergrund immer dieselbe Schärfe haben, die Szenen nie auseinanderfallen in Solistik und Statistik, Drama und Nebensache.« Henrichs' Schilderung bezieht sich auf Steins Inszenierung von Tschechows »Drei Schwestern«. Er gibt darin auch den Hinweis auf die Musikalität des Regiestils, nennt ihn »die Schule der Polyphonie, die Kunst der Fuge, das Wohltemperierte Theater«. Da mag das Musiktheater dann wirklich nicht mehr weit sein, und nur Bosheit charakterisiert Steins Szenarien als etwas Opernhaftes. Da er alles andere als ein Vielinszenierer ist, hat er seit seinem fehlgeschlagenen Operndebüt 1976 erst viermal den Weg zur Opernbühne gefunden.

Als Aufgabe des Theaters begreift Stein, »die Leute zutiefst zu berühren und damit zu verwirren«. Das ist mindestens auch von seinen Operninszenierungen zu behaupten. Auf die Frage, was ihn an der Oper reize, antwortete er: »Die Musik, weil sie Wirkungen erzielen kann, die zwar im Theater gelegentlich auch erreichbar sind, aber auf einem völlig anderen Weg. In der Musik werden schlagartig, innerhalb einer fünftel Sekunde, ganz starke Emotionen aufgebaut, die außerhalb eines rationalen Zusammenhangs liegen. Allerdings gibt es auch in der Musik eine Ratio, ein konstruktives Element. Das wird vom Musikadepten immer wieder übersehen. Es gibt Rechenkunststücke in der Musik, nicht nur in der Moderne, sondern schon bei Mozart und erst recht bei Bach.« Das sei regelrecht auszubuchstabieren – zumindest die Struktur, die Textur. Als Regisseur fühlt er sich naturgemäß zuständig für die theatralische Prägnanz, aber mehr als ein »Coach«, als ein »Aushelfer« für theatralische Dinge, will er nicht sein. Die Voraussetzungen für ein solches Engagement sieht er jedoch nur bei wenigen Opern gegeben. Nach Inszenierungswünschen befragt, nannte Stein »Moses und Aron« (diese Oper wird er im Herbst 1995 in Amsterdam inszenieren), Janáčeks Werke und »Don Giovanni«. Als wichtig erklärt er

auch die Zusammenarbeit mit dem Dirigenten, die hundertprozentig klappen müsse. »Er muß an mir interessiert sein, wie ich an ihm. ... Ich akzeptiere zwar sein Primat, aber es darf nicht so sein, daß ich das Pünktchen dazu bin oder die interessante Quantité négligeable, die man einkauft.« An anderer Stelle sprach er davon, als Regisseur in der Oper »höchstens den drittwichtigsten« Platz einzunehmen. Weil aber das Genre szenische Beschränkungen auferlegt – man wird immer die Musik berücksichtigen müssen, die Tempo und Rhythmus vorgibt –, könnten keine wirklichen »physischen Kontraste in Zeit und Raum« hergestellt werden. Dennoch: »Durch die Reibung der musikalischen und theatralischen Partitur entsteht der Reiz des Zusammenwirkens der beiden in der Oper.« Bei seiner Neigung zu Perfektion versteht es sich fast von selbst, daß diese Reibungen von nuanciertester Natur sind.

Bei seinem Operndebüt führten zu viele außerkünstlerische Reibungen schließlich zur Aufgabe des ehrgeizigen »Ring«-Projekts für Paris. Schon in Bayreuth scheiterte dieser Plan. Was immer die Gründe im einzelnen in diesem oder jenem Fall auch waren (der damalige Pariser Opernintendant Rolf Liebermann nannte allein finanzielle Gründe für das Scheitern), Peter Stein wird, anders als sein damaliger Regiepartner Grüber, wohl keine Wagner-Oper mehr inszenieren wollen. Stein, der gerne auch apodiktische Urteile fällt, die kaum nachzuvollziehen sind und einen uneingeschränkten Subjektivismus verraten, bezeichnete im nachhinein Text und Dramaturgie bei Wagner als ekelhaft. »Damit kann ich nichts anfangen«, entschied er. Mit Verdis Spätwerken »Otello« und »Falstaff« indes vermochte er durchaus etwas anzufangen und zuletzt auch mit Debussys »Pelléas et Mélisande«.

Rolf Michaelis sprach in seiner zuweilen emphatisch gestimmten Rezension des »Otello« von »schönen, beklemmenden, unvergeßlichen Bildern« einer Opernaufführung, bei der man süchtig werde. Alles sei stimmig und spannend bis aufs äußerste. Stein habe ein Kammerspiel inszeniert und zugleich dem Chor zu seinem Recht verholfen. Denn Verdi hat zumindest im ersten Akt auch eine Chor-Oper geschrieben. Stein, ganz wie man es von seinen Schauspielinszenierungen kannte, hatte dabei aus dem Chor ein »Ensemble von Individuen« geformt. Eine Wirkung, die sicherlich auch durch die von Lucio Fanti entworfene bewegliche Szenerie im Stil barocker Vedutenmalerei ermöglicht wurde. Die Bühnenarchitektur arbeitete zugleich mit Schatteneffekten und Lichtschneisen, wie man sie aus der Pittura metafisica eines de Chirico kennt. In einer solchen Szene wurde die ausgefeilte Personenführung immer wieder auch im Bild akzentuiert durch Verweise und Zeichen. Schon mit der Anfangsszene, diesem orchestral furiosen Auftakt des Gewittersturms, stand für Rolf Michaelis fest, daß er eine exzeptionelle Aufführung erleben würde: Der Sturm »ist in dieser genau gearbeiteten Inszenierung nicht einfach ein schöner Schrecken, sondern eines der Todeszeichen, unter denen dieses Spiel von Liebe,

»Pelléas et Mélisande« (Cardiff 1992) – Regie: Peter Stein
Foto: Ruth Walz

Eifersucht, Mord und Selbstmord ... steht«. Gleichermaßen faszinierend, wie der Regisseur am Verhalten der Figuren auch neue Aspekte betont: Desdemona, die noch oder vielleicht gerade im Angesicht des Todes ungebändigten Lebenstrieb beweist – also keine opferbereite präraffelitische Madonna. Aufgewertet wurde durch Stein die Figur des Rodrigo, dem ja ebenfalls die Liebe das Tor zum Tod wird. Stein läßt ihn als ewig Ausgeschlossenen über lange Zeit auf der Bühne präsent sein.

Mit ähnlicher Perfektion brachte Stein in Cardiff einen Falstaff auf die Bühne, der in seine monströse Fleischlichkeit sichtlich verliebt ist und seinen riesigen Bauch als Zeichen seiner Virilität versteht, gleichsam ironisch damit spielend. Und auch mit der Apotheose des Schlußbildes kam eine deutliche Spur Ironie hinzu, denn nicht nur die Eiche, unter deren Blätterdach die Frauen von Windsor den Dickwanst seiner Selbstgefälligkeit überführen und ihn zum Narren halten, nein, auch Falstaff selbst entschwebt in den Bühnenhimmel und fügt sich dort oben in ein hübsches Gemälde ein. Der atemlose Parlandostil der Partitur verlangte nach immenser szenischer Präzision. Stein beschrieb das Problem so: »Man muß unglaublich akkurat und schnell sein« – beides löste die Inszenierung auf faszinierende Weise ein.

Peter Stein wird man kaum als Aktualisierer bezeichnen können, dennoch spürte er in Debussys »Pelléas et Mélisande« gerade mit unserer Zeit verwandte Stimmungen auf: Unsicherheit, Lethargie, Nervosität und Neurose. Dabei suchte der Regisseur, wie Gerhard Koch bemerkte, im gleichen Maße Härte und Realismus in der Darstellung. Und nicht zuletzt wurde mit den Bühnenbildern von Karl-Ernst Herrmann zugleich der Voyeurismus thematisiert, der in dem Stück eine unübersehbare Rolle spielt. Kulissenteile sind spaltbreit geöffnet und gewähren so Aus- und Einblicke. Jungheinrich merkte insbesondere Kritisches an – etwa die technisch unzureichend bewerkstelligten Szenenwechsel. Die Optik nannte er kühl und »letztlich auch konventionell in klassizistisch anmutender Erzählweise verhaftet«. Stein hatte in einem anderen Zusammenhang die Relativierungstendenz alles Szenischen angesprochen, – »alles erhält eine magische Vertauschbarkeit«. Denn was als grundlegende Erfahrung mit Interpretation hier bereits beschrieben wurde, wiederholt sich im Bühnengeschehen selbst – jedes Spiel beruht auf unendlicher Variabilität, in jedem neuen Spiel sind die vorangegangenen aufgehoben. Ebendies entspricht Steins Auffassung von Interpretation: »Die reine Gegenwärtigkeit ohne Rücksicht auf die geschichtliche Dimension ist banal, die bloße Präsentation des Musealen blind. Ein Stück allein sagt mir sehr wenig. Ich brauche alles Mögliche drumherum, und das ist zunächst die geschichtliche Dimension und darüber hinaus auch

die Arbeit der Generationen an diesem Text.« Entscheidend jedoch sei, daß wir uns die Spielfähigkeit erhalten, wir das Spielen nicht verlernen. Ausgangspunkt seiner Theaterarbeit bleibt der literarische Text, in der Oper ist das die literarische und musikalische Textur samt ihrem Beziehungsgeflecht. Hier liegen die Möglichkeiten des Theaters, die weit über das mimische Grundvokabular hinausreichen. Überhaupt nimmt Stein seit jeher die philologische Arbeit sehr wichtig, verhält sich dem Text gegenüber wie ein Archäologe: »Ich bin der Meinung, daß die Erforschung der geschichtlichen Dimension überhaupt erst die Voraussetzung schafft für den Spielraum der Regie.« Seine Operndeutungen haben nicht zuletzt davon profitiert, von philologischer Genauigkeit.

Herbert Wernicke

Er gehört zu jenen Regisseuren, die als Bühnenbildner begannen und deren Inszenierungen entsprechend stark von Bildern geprägt sind. Zweifellos ist er jemand, der in Bildern denkt. Sehr oft gestaltet er dabei einheitliche Bühnenräume, die zur szenischen Metapher werden, quasi zum ästhetischen Signum seines Interpretationsansatzes. Dabei versucht er im Grunde nichts anderes, als den im Werk liegenden Ton zu beschwören, also den Nerv der Oper zu treffen, und zwar derart, daß sie uns heute noch oder wieder etwas zu sagen hat. Oder anders formuliert, Wernicke benennt mit dem Bühnenbild im wahrsten Sinne des Wortes die Geometrie des Stückes.

Aber nicht allein die Bühnenräume zeichnen Wernickes Inszenierungen aus, obschon diese einen signifikanten Charakter besitzen, sie bedeuten immer auch Aktualisierung, und zwar durchaus im Sinne Adornos, der davon sprach: »Rechte Aktualisierung ist nicht Willkür am Werk, sondern bessere Treue.« Bei Wernicke meint Aktualisierung nicht die direkte Übersetzung von Opernstoffen in unsere Gegenwart, sondern es geht um die Sichtbarmachung des unsichtbaren Teils am Inhalt einer Oper, um Psychologie und Politik etwa und um deren Wirkungsmechanismen wie auch um die Anknüpfung an unsere Erfahrungszusammenhänge. Also nicht die Vorlage eins zu eins ins Bühnenbild umsetzen, sondern den heutigen Kontext suchen, lautet die Devise. Und das können mitunter sehr einfache Lösungen sein, wie Wernicke selbst einmal erklärte.

Darüber hinaus erweist er sich als musikalisch denkender Regisseur. Der Vorwurf gegen avanciertes Musiktheater zielt ja nicht selten auf die vermeintliche oder tatsächliche Vernachlässigung des musikalischen Beziehungsgeflechtes. Bei Wernicke indes gehen Musik und Szene Hand in Hand. Die Musik soll den Blick für die Szene schärfen, während die Bühnenvorgänge das Ohr für die Musik öffnen.

Das schließt überraschende, weil unkonventionelle Neuansätze in der Interpretation, sozusagen Perspektivenwechsel, keineswegs aus. Von Anfang an erregte er damit Aufsehen. Aber weder ist es Sensationslust noch die Lust an der Provokation, die ihn antreibt. An den Stoffen soll vielmehr die Brisanz deutlich werden. Daß die Gestaltung des Bühnenraumes und die Handlungsdeutung so eng miteinander verbunden sind, hat zum einen natürlich mit seinem beruflichen Start als Ausstatter zu tun. Aber es hat in der Hauptsache etwas mit der Rolle zu tun, die er dem Bühnenentwurf beimißt: Aus dem Dekor wird ein Bedeutungsträger und somit ein integraler Bestandteil einer Inszenierung. Entscheidende Anregungen dürfte er dabei von Rudolf Heinrich erhalten haben, der für nahezu zehn Jahre Ausstattungsleiter an Welter Felsensteins Komischer Oper in Berlin war, bevor er 1964 Professor für Bühnenbildkunst in München wurde. Bezeichnenderweise hielt auch Heinrich die Kenntnis musikalischer Zusammenhänge für wichtig, um zum Gesamtkunstwerk Oper zu gelangen, zu einem lebendigen Theater: »Der Bühnenbildner«, äußerte er, »sollte an der Konzipierung einer Aufführung beteiligt sein. Dazu ist auch die Kenntnis der Musik nötig. Erst mit einer Vorstellung von ihr ist der Text richtig zu lesen.« Entsprechend wurde Heinrich immer wieder vom

Klang des Orchesters inspiriert, mehr vielleicht als von der Argumentation der Worte. Auf diese Weise entstanden »komplexe Ideen, geboren aus dem Hören der Musik«, wie es bei Joachim Herz rückblickend heißt. Heinrich bevorzugte eine am Realismus orientierte Ästhetik, geprägt von der erklärten Skepsis gegenüber der Moderne. Dagegen hat der Schüler Wernicke bei seiner Arbeit mehr auf den produktiven Zusammenhang von szenischer Abstraktion, wie sie die Moderne propagierte, und analytischer Regie gesetzt, auch wenn eine Vorliebe für das realistische Bild vorherrscht, freilich oft genug vermischt mit ironischen Brechungen ebenso wie mit surrealistischer Verfremdung. Wernicke bezieht die Kunstwirklichkeit der Oper, das Irreale und Artifizielle, in seine Inszenierungen bewußt ein.

Seine Regiearbeit der letzten fünfzehn Jahre zeigt deutliche Schwerpunkte: Da wäre zum einen sein Interesse an der Barockoper festzuhalten, andererseits seine Neigung für die sogenannte leichte Muse, die Operette, die er in erster Linie als Schauspiel behandelt. Dazwischen liegen Wagner und die deutsche Romantik und vor allem die klassische Moderne, die seinem psychologisierenden Regiestil sehr entgegenkommt.

Bühnenmaschinerie im besonderen Maße. Aus historischen Beschreibungen wissen wir, welcher Aufwand für barocke Opernspektakel entfaltet wurde, welcher Erfindungsreichtum herrschte, wenn es um bühnenwirksame Effekte ging. Die Barockbühne setzte auf Illusionismus, ein nachgerade krasser Widerspruch zur »gebändigten«, weil starren musikalischen Form dieser endlosen Aneinanderreihung von Rezitativen und Dacapo-Arien. Wernicke reizt an der Barockoper das Parabelhafte, Ausdeutbare, das Universelle. Als ein Beispiel für diesen spielerisch-intellektuellen Umgang mit dem Genre darf eine seiner letzten Arbeiten gelten. Begeisterte Rezensenten sprachen im Fall von Cavallis »La Calisto« von einer exemplarischen Aufführung. Da sei ein virtuoses Commedia-dell'arte-Spiel in schwebender Balance gehalten und biete trotzdem

deftiges Theater, Drastisches und Handfestes, und sei in allem stets genau kalkuliert. Gerhard Rohde wies aus diesem Anlaß zu Recht auf die Fülle inszenatorischer Perspektiven bei Wernickes Beschäftigung mit der Barockoper hin, aus der inzwischen ein »kleiner Kosmos barocken Musiktheaters« entstanden sei.

Opern des 17. und frühen 18. Jahrhunderts galten den Zeitgenossen als »galanteste Stücke der Poesie«, in denen Allegorie und Maschinerie dominierten und die Dekoration höher bewertet wurde als Musik und Text selbst. Handelten diese von der Macht der Götter, so vermittelte der prunkvolle szenische Rahmen und die darin entfalteten Zauberkünste etwas von der Macht des Menschen. Wernicke vermittelt stets zwischen Historischem und der Moderne. Es dominiert zweifellos der kritische Blick, der Perspektiven verrückt, Konventionen aufbricht. Mit einmal scheint eine Oper wie »La Calisto« in unsere Zeit zu passen. Die turbulenten Verwirrungen aus mythologischer Vorzeit, die in allen nur denkbaren Variationen das ewiggleiche Thema der Liebe behandeln, präsentiert er auf diese Weise als intelligente Unterhaltung. Zur kritischen Absicht gehört, dem Ernst im Spiel nachzuspüren. Nach den amourösen Verstrickungen zwischen der Nymphe Calisto und Jupiter sowie den ganzen Liebschaften und Eifersüchteleien drumherum bleiben am Ende Sieger und Verlierer, Besiegte und Alleingelassene zurück.

Wernicke übertrug das Stück in den venezianischen Karneval, in ein Masken- und Verkleidungsspiel. Er erzählte einen »Sommernachtstraum«, in dem Sein und Schein ineinandergleiten, stellte Gerhard Rohde fest. Und Hans-Klaus Jungheinrich beschrieb das Bühnenbild als ein »Weltbild in Balance: Himmelsmechanik als Sinnbild der auch im Menschlich-Göttlichen waltenden Ordnung. Rationalität der Dinge und der Beziehungen.«

Als man 1989 in Hannover an die dreihundertjährige Operntradition der Stadt erinnerte, inszenierte Wernicke Agostino Steffanis »Enrico Leone«

und präsentierte Oper als Gesamtkunstwerk »nicht nur für die Ohren und das Gemüt, sondern auch für die Augen und die Ratio, die düpiert, von Rätseln genarrt, mit Unwahrscheinlichkeiten überrascht, von Unmöglichem überzeugt werden wollen« (Heinz Josef Herbort). Das Kunststück des Regisseurs besteht also vorwiegend darin, mit dem im Werk liegenden Ton zugleich ein Stück Gegenwärtigkeit zu beschwören. Das Alte neu denken, so könnte die Formel hierfür lauten, also keine Rekonstruktion: »Eins zu eins die Vorlage in ein Bühnenbild umzusetzen – das ist meine Sache eigentlich nicht. Ich suche mehr den heutigen Kontext und

komme meist auf viel einfachere Lösungen, als sie sich die barocke Maschinerie jemals vorgestellt hat.«

Vielleicht ist eine »Ring«-Inszenierung in ihren monumentalen Dimensionen ein besonderer Prüfstein für Regiebegabung. Wenn dies zutrifft, dann hat Wernicke diese Prüfung mit Bravour bestanden. Denn wer glaubte, nach den »Ring«-Deutungen der letzten zwanzig Jahre ließe sich nichts grundlegend Neues zum Thema szenisch formulieren, der mußte nach Wernickes in Brüssel inszenierter Version seine Meinung korrigieren. Wie schon im Fall des »Fliegenden Holländers« nahm das Regiekonzept auch für den »Ring des Nibelungen« sei-

»Boris Godunow« (Salzburg 1994) – Regie: Herbert Wernicke
Foto: Klaus Lefebvre

nen Ausgangspunkt bei der von Ernst Bloch vorformulierten These, die da hieß »Rettung Wagners durch die surrealistische Kolportage«: »Wagner in Kolportage ist die Übertragung der genialsten Fragwürdigkeit auf die Ebene einer heutigen Frage.« Auch für den »Holländer« galt übrigens ein Einheitsbühnenbild, nämlich jenes im zweiten Akt beschriebene »geräumige Zimmer im Hause Dalands«. In die bürgerlich-biedermeierliche Wohnstube ließ Wernicke die Welt der Matrosen einbrechen, Seeleute durchzogen den Raum mit dicken Seilen und befestigten sie am Mobiliar. In diese surreale Szenerie setzte der Regisseur das Drama: mit einem Holländer als Outsider, der sich in die Bürgerlichkeit zurücksehnt, und einer Senta, die sich aus ebendieser Enge zu befreien versucht – Emanzipation wie Integration mißlingen. Bloch warnte mit seinem 1929 erschienenen Aufsatz, man dürfe es sich in der »Kitschmythologie der guten Stube«, zu der Wagners Musik als eine des vollendeten Scheins verführe, nicht bequem machen. Es gebe schließlich in dessen Musik auch Lebensnähe. Ziel müsse sein, um es mit Worten Adornos auszudrücken, den »Fond an Aktualität« zu mobilisieren, »der bei Wagner heute zum Greifen nahe liegt«. Wernicke setzte gleichermaßen auf Kolportage wie auf Aktualität. Brisanz leuchtet noch in der Parodie auf, als wäre über diesen politisch gedachten »Ring« ein Offenbachscher »Orpheus« projiziert. Der Zufall wollte es, daß Wernicke vor und nach seiner »Ring«-Arbeit Operetten inszenierte, nämlich Offenbachs »La belle Hélène« und »Die Fledermaus« von Johann Strauß, in denen es nicht weniger um Dekadenz und Endzeitstimmung, um Blasiertheit und Hybris geht. Nicht von ungefähr heißt es in der frivolen Farce von der »Schönen Helena«: »Tu comprends qu'ca n'peut pas durer plus longtemps«. Wagners »Ring« und die Operette sind Erfindungen des 19. Jahrhunderts und erlangten Signifikanz für die Epoche. Wernicke versuchte, die scheinbar getrennten Welten beider Genres ineins zu denken.

Er präsentierte den »Ring« als ein Panorama der unheilvollen deutschen Geschichte am Ende des 19. Jahrhunderts. Der Opernbesucher konnte gewissermaßen nachvollziehen, wie im wilhelminischen Deutschland nach der Reichsgründung Siegfried die Oberhand gewinnt und mit dem Zusammenbruch des Kaiserreiches 1918 Hagens Stunde schlägt. Man erlebte, was es mit dem deutschen Tugendideal der »Nibelungentreue« auf sich hat, die direktenwegs in die Katastrophe führt. Bei aller Parallelität von Opernhandlung und Geschichte konnte es natürlich nicht um konkrete Namen und Daten gehen, wohl aber um die Sichtbarmachung von Politik und Psychologie. Arrangiert war dies in einem Filmatelier, in dem es schon einmal bessere Tage gab. Scheinwerfer waren darin postiert, und ein großer Ausschnitt im Hintergrund gab den Blick auf ein Bergpanorama frei (die Assoziation mit Hitlers »Berghof« am Obersalzberg war beabsichtigt). Wernicke benutzte die Chiffre Film aber auch, indem er Szenenwechsel mit eingeblendeten Titeln auf Zwischenvorhängen kommentierte, und zwar als Zitate aus Wagners Textbüchern. Nicht nur kennen wir den Film als das zeitgemäße Medium unserer bildhaften Erinnerungen, sinnfällig wird mit dem Filmstudio zudem, wie Macht und Untergang auch eine Sache der Inszenierung sind – Adorno sprach vom »Ritual des permanenten Untergangs«. Der Regisseur setzt neben der Ästhetik der Macht und dem Inszenierungsbedürfnis der Mächtigen auch Zeichen des Machtverfalls. Da sieht man Hagen und Gunther als Militärs, wie sie in ihrer ganzen Deformiertheit in Filmen Erich von Stroheims nicht schärfer gezeichnet wurden. Das Filmatelier als Wotans »Machtzentrale« wurde zum Ort politischer Selbstdarstellung, wo Manipulation zur Illusionskunst wird, während gleichzeitig die Traummaschinerie den wirklichen Horror in Pappmache-Szenarien verwandelt.

Die an den Stummfilm erinnernden Zwischentitel konterkarierten zuweilen die Musik in überraschender Weise: Zum stürmisch-aufwühlenden d-Moll-Orchestervorspiel der »Walküre« will die Einblendung »Das Innere eines Wohnraumes«

kaum passen. Denkt man beides aber mit der psychologisierenden Dramatik des ausgehenden 19. Jahrhunderts zusammen, wo das Parkett bürgerlicher Salons zum Schlachtfeld für den Geschlechterkampf erklärt wurde, dann gewinnen nicht nur die nachfolgenden Szenen an Eindringlichkeit, sondern auch die Musik erlangt eine kaum gehörte Deutlichkeit. Der Ehestreit zwischen Fricka und Wotan um den Inzest von Siegmund und Sieglinde gerät zum

ideologischen Machtkampf, aus dem die konservativ-reaktionäre Sicht Frickas den Sieg davonträgt. Kennzeichnend war ebenfalls die Verwendung von Requisiten als optische Leitmotive, orientiert an der musikalischen Leitmotivik und ihrem ganzen »Beziehungszauber«. Da war dieser Flügel, an dem die schwarz verhüllte Erda (»der Welt weisestes Weib«) saß und sinnfällig machte, wie sehr sich das Ritual des Untergangs auch musikalisch begleiten läßt. So-

»Der Zigeunerbaron« (Hamburg 1993) – Regie: Herbert Wernicke
Foto: Matthias Horn

dann gab es das rote Seil, das wie eine Blutspur die Inszenierung durchzog. Und Siegmunds Bärenfell wurde zum symbolischen Erbstück, das auf Siegfried übergeht.

Ständiges Requisit war auch ein reichlich lädiertes Ledersofa, das ebenso zur Couch des Psychiaters taugte, wenn Wotan seiner Tochter Brünnhilde sein Innerstes offenbart, wie zum unerläßlichen Requisit für das repräsentative Familien- und Gruppenfoto. Die Toten des Stücks blieben auf der Bühne liegen und erinnerten an die Erfüllung des Fluches.

Als Geniestreich bewertete Peter Wapnewski folgende zwei Regietaten: Was vorangegangene Inszenierungen nur als Skulptur oder oft genug gar nicht ins Bild brachten, das war Brünnhildes Pferd Grane. Bei Wernicke tritt es in Gestalt eines mit schwarzem Anzug bekleideten Pantomimen auf, der einen Pferdekopf mit Einhorn trägt. Das Einhorn ist sowohl Reinheits-Emblem als auch ein Zeichen für magische Wunderkraft. »Man weiß nun, daß Grane ein Teil Brünnhildes ist, Träger von Gedanken, Gefühlen, Handlungen, Geste ihrer inneren Regungen und Zeuge ihres Geschickes.« Adorno lieferte den Hinweis, daß gerade Grane mythologische Echtheit verbürge als eine aus der Vorwelt versprengte Gestalt: »Denn das Pferd weiß mehr von Helden als diese selbst, Pferde sind die Überlebenden der Helden: sie erscheinen als habe ihnen das erste Wort gegolten, damit die Geopferten dem Stummen sich entrangen.« Und da wäre jene letzte Szene Mimes, in der dem heuchlerischen Zwerg die Verstellung vor Siegfried mißlingt. Um seine Gespaltenheit sichtbar zu machen, ersann der Regisseur ein Spiel mit dem Bowler. »Den setzt er auf, mit deutlicher Gebärde, und den nimmt er ab, mit deutlichem Schwung, wann immer er die eine seiner beiden Rollen spricht oder eben die andere.« Bemerkenswert bleibt die genaue Personenführung, dieses differenzierteste Rollenverhalten, manchmal auch als ein Spiel der Charaktermasken. Das alles war auf der Bühne in einer Fülle dargeboten, in einer Komplexität der Bühnenvorgänge, die hier naturgemäß nur angedeutet werden kann.

Ein anderes Beispiel für Wernickes Einheitsbühne als dramaturgischer Kulminationspunkt ist sein »Don Giovanni«, für den er einen Saal des Turiner Palazzo Castello di Rivoli auf Basels Bühne nachbauen ließ. Das mochte als einziger Handlungsort zunächst irritierend wirken, gibt das Libretto doch eine Vielzahl von Orten vor. Die Konzentration auf diesen einen Raum schärft aber den Blick für die Handlung, für das, was zwischen den Figuren sich ereignet, und bestätigt zugleich, daß wir es mit einem Gesellschaftsstück zu tun haben, in dem das soziale Verhalten wichtiger ist als die Handlungsorte. Hat man sich erst einmal in diese historische Kulisse »hineingesehen«, gewinnt das Geschehen eine zwingende Logik und illustriert zudem Baudelaires Satz aufs trefflichste: »In einem Palast gibt es keinen Winkel für die Intimität.« Raffiniert auch hier die schwebende Balance zwischen Historischem und Gegenwart. In dem Saal dominiert eine riesige Tafel, an der anfangs wortlos (wie als Zeichen, daß die vorangegangene Party ihren Tiefpunkt erreicht hat) zwei Paare gelangweilt sitzen. Während Don Ottavio noch immer mit dem Verzehr diverser Speisen beschäftigt ist, schickt sich der Libertin und erotische Rebell Giovanni an zu gehen, was wiederum Donna Anna auf den Plan ruft. Es kommt zum Handgemenge, in dessen Verlauf Annas Vater getötet wird. Der Rest ist bekannt, und doch wirkte die Geschichte wie neu, die der Regisseur als Gesellschaftssatire mit finalem Krimieffekt auf die Bühne brachte.

Spektakulär gaben sich szenische Einrichtungen sowohl in ihrer Einfachheit wie Genialität. Da wäre diese buchstäblich aus der Perspektive Jochanaans inszenierte »Salome«. Man glaubte, mit ihm auf dem Grund der Zisterne zu sitzen, um von dort aus, am schwindelerregend hohen Rand, die illustre Gesellschaft um Herodes zu beobachten, die sich ihrerseits voyeuristisch gibt. Ebenso unkonventionell bewertete Wernicke die Figur des Propheten selbst, denn seine Rolle erscheint nun tatsächlich gefährlich aufrührerisch und belegt dabei E. M. Ciorans These: »Kein Mann ist so gefährlich wie derjenige, der für seinen Glauben gelitten hat: die großen Menschheitsverfolger gehen aus den Reihen der nicht geköpften Märtyrer hervor.« Nicht minder überraschend fiel Wernickes für Amsterdam erarbeitete Version von Bartóks Operneinakter »Herzog Blaubarts Burg« aus. Gleich zweimal hintereinander ließ er das Werk spielen, wobei der zweite Durchlauf szenisch dort begann, wo der erste endete, nämlich mit Judiths Tod. Nur waren danach die Rollen vertauscht: Blaubarts machohafte Überlegenheit hat sich in Nervosität verwandelt, und aus der ängstlich fragenden Judith ist eine fordernde geworden. In der Zwischenzeit waren hinter riesenhaften Türen auf der Bühne Mauern emporgewachsen, die die Flucht der Protagonisten aus dem zwischenmenschlichen Gefängnis verhinderten. Die dramaturgische Struktur fand er in der Musik, sie suggeriere kreisförmige Bewegungen – das Ende ist zugleich der Anfang, doch dort finde eine Verschiebung statt, und aus dem Kreis wird eine Spirale. Beide inszenierte Perspektiven legt das Werk nahe, einmal aus der Judiths und das andere Mal aus der Blaubarts gesehen. »Das Leben ist einmalig, nur das Spiel ist wiederholbar«, kommentierte Wernicke. Gerade

diese jeweils andere Perspektive hat dem Regisseur mitunter heftige Kritik besserwisserischer Rezensenten eingebracht. Da sei Willkür am Werk, geboren aus Arroganz und Selbstüberschätzung, denn schließlich gebe der Regisseur vor, kreativer als Komponist und Librettist zu sein. Nur, was wäre, wenn der Regisseur sich tatsächlich als kreativer erweist? Es geht aber gar nicht um die Frage, wer letzten Endes kreativer ist, sondern hier zählt vor allem der Versuch, Werke in des Wortes eigentlichem Sinn aufzuschlüsseln, auf Aspekte aufmerksam zu machen, die man bisher nicht oder nur undeutlich wahrgenommen hat. Eben darin erweist sich Wernicke als Meister.

Bei aller Psychologisierung werden die Figuren bei ihm niemals zum Klischee, da Brechungen und Widersprüche an ihnen sichtbar werden. Daß nicht nur das Bühnenbild überrascht, sondern die oftmals unkonventionelle Auffassung von Opernfiguren, wird zur grundlegenden Erfahrung. Man spürt die Lust des Regisseurs an Entdeckungen. Ihn interessiert, was hinter Fassaden liegt. »Ich will in die Räume meiner Figuren schauen«, bekennt der Regisseur Wernicke. Und oft genug weiß er von wirklichen Entdeckungen auf der Bühne zu erzählen.

Robert Wilson

Alles scheint sich bei ihm um den Schlaf zu drehen. Die Frage nach vollkommenem irdischen Glück beantwortete er damit, lange schlafen zu können. Es sei seine Lieblingsbeschäftigung, sein Traum vom Glück, und das größte Unglück, dies nicht zu können. Auch vom Leben möchte er sich einmal schlafend verabschieden. Das führt direktenwegs zu einer Opernszene, und zwar zu jener zentralen Szene der Gerichtsverhandlung von »Einstein on the beach« (deren Uraufführung Robert Wilson inszenierte). Dominierendes Requisit darin war ein großes Bett, in dem der Physiker Einstein von der Wirklichkeit in den Traumzustand wechselt, gleichbedeutend mit einer Reise in die Phantasie. Sie wird zum Motor physikalischer Formelfindung. Das Bett als Medium, das am Ende selbst in den Kosmos aufsteigt, genauer gesagt: in den Schnürboden der New Yorker MET. Wer wollte leugnen, daß Wilsons Bühne samt ihren Bilderfindungen im besten Sinne Traumwelt bedeutet. Die Figuren wandeln vorzugsweise in somnambuler Abwesenheit durch diese imaginierten Welten. In Wilsons Auffassung von Einstein als einem Träumer und originellen Denker, der gerade deshalb vor Gericht steht, weil er es wagte zu träumen – darin darf wohl auch ein Stück eigenen psychischen Hintergrunds vermutet werden: der Vorwurf einer leistungsorientierten Gesellschaft gegen den Schläfer, also das Schuldgefühl des »Aussteigers« und das Verlangen nach der Phantasiedroge. Interessant in diesem Zusammenhang ist Klaus Kertess' Beobachtung, der mit Wilson an dem Gilgamesch-Projekt »Der Wald« zusammenarbeitete, daß nämlich Wilsons Schlafbedarf in dem Maße abnahm, in dem das Projekt immer deutlichere Züge annahm und seiner Verwirklichung näherrückte. Dazu paßt, wie er die Langsamkeit zum nahezu alles beherrschenden Zeitmaß macht und so zu einer Art Evolutionist der Bühne wird.

Traumwelt und Langsamkeit, das sind zwei Begriffe, die uns in der Beschreibung von Wilsons Theater immer wieder begegnen, sozusagen die Konstanten seines Regiestils bilden. Freilich sind sie nicht die einzigen. Und was den Kritikern als »seelenlose Zwangsanstalt« erscheint zwischen ästhetischer Abstraktion, raffiniertester Lichtregie, extremer Ruhe und Langsamkeit, streng choreografiertem Bewegungsrepertoire und scheinbar emotionslosen Akteuren, das nannte ein anderer, nämlich Louis Aragon, »Maschine der Freiheit«. In dieser Umschreibung ist zugleich ein Paradox angesprochen: das Maschinenhaft-Perfekte, ein Bühnengeschehen, das mit der Präzision eines Uhrwerkes abläuft und zugleich artistische Schwerelosigkeit erreicht. »Sein Theater zaubert mit hellem Schein und ist schwebend leicht«, beschrieb Andres Müry die Faszination.

Nicht selten wirkt das, was wir auf der Bühne sehen, rätselhaft und fremd. Das kommentierte der Regisseur so: »Ich mag es nicht, wenn ich alles verstehe. Wenn ich etwas begreife, mag ich es nicht tun. Es interessiert mich nicht.« Der übliche Kurzschluß besagt, da verweigere einer die Interpretation und gehe den Werken aus dem Weg. Wie so oft, schafft auch hier genaues Hinsehen und Begreifenwollen ein wenig mehr Klarheit. Wilsons Weigerung, Erklärungen abzuliefern, rührt zuallerletzt von einer mangelnden Auseinandersetzung mit den Werken her, eher schon ist dies Ausdruck von Koketterie und einer Lust an der Irreführung. Ihm liegt, wie er am Beispiel von Dorsts »Parzival« ausführte, mehr am Fragenstellen: »Parzival ist wie das Publikum, wie wir alle, wir sind Opfer von Ereignissen, die wir nicht verstehen. Wir machen Erfahrungen, können sie aber nicht analysieren. Wir können nur Fragen stellen.« Das trifft sich mit Heiner Müllers Beobachtung über die scheinbare Auswechselbarkeit von Texten, die für Wilson zunächst Material bedeuten, wie Choreografie und Licht, und die wiederum in scheinbar nicht-interpretierender Absicht geschichtet werden. »Aber das ist nicht ganz richtig«, wandte Müller ein, »er hat sich schon auseinandergesetzt mit dem Text bei der ›Hamletmaschine‹, aber er hat nie versucht, ihn zu interpretieren, hat auch nie versucht zu verstehen, was ihm fremd ist. Das Fremde läßt er als Fremdes gelten. Das ist ein Ausgangspunkt. Es bleibt ein Rest, der Text wird nicht aufgebrochen oder zerbrochen und neu zusammengesetzt in einem Probenprozeß.« Das paart sich in der Optik einer minimalisierten Bühne mit kindlicher Naivität. Die so entstandenen Arrangements wirken in ihrer Einfachheit zuweilen auch unheimlich und sind gleichermaßen von trivialer Schönheit. Einfach indes sind sie nur auf den ersten Blick. Rasch verbreiten sie wie alles Künstliche eine Aura größten Raffinements. Von Bedeutung sind also die Bühnenräume, und entsprechend bezeichnete Hans-Thies Lehmann den Regisseur Wilson in erster Linie als einen Szenografen, der eine surrealistische Kunst betreibe, die strengste Formalisierung, geometrische Konstruktion und Ästhetisches mitdenke. Das ist der reinste Antinaturalismus: »Ich bin überhaupt nicht an Naturalismus interessiert. Ich bin an Dingen interessiert, die künstlich sind. Ich denke, daß sie am natürlichsten sind. Wenn es um Kunst geht, die ja künstlich ist, und man versucht vorzugeben, sie sei natürlich, dann ist das eine Lüge.« Insofern versteht sich Wilson auf eine wahre Kunst, die es unterläßt, für etwas anderes als für sich selbst zu stehen.

Wie bei allen vorangegangenen Arbeiten galt auch für die Bühne seines ersten Opernprojekts »Einstein on the beach« ein architektonisches Prinzip. Der Bühnenraum ist mit Bildern versehen, die klar geometrisiert sind. Dabei geht Wilson intuitiv vor, ohne daß er begründen könnte, warum er etwas so und nicht anders gestaltet. Was immer er an Zeichen setzt, nie erscheinen sie ihm willkürlich. »Ich kann nicht genau erklären, warum ich bestimmte Dinge tue, aber sie besitzen immer einen Grund für ihr Vorhandensein.« Die Architektur des theatralischen Raumes setzt sich zusammen aus Kulisse und Theatertechnik; deren Existenz mache es dem Publikum einfacher zu sehen und zu hören. Aber wie schon erwähnt, sind das zumeist einfachste optische Lösungen. Er selbst formulierte als die künstlerische Maxime bei seiner »Einstein«Inszenierung die größter Simplizität: »Es ist so schön, es ist wie eine Kinderfibel über Einstein ... Es ist ein Buch mit Kindergeschichten.« Gleichwohl habe der theatralische Raum nichts mit Alltäglichem zu tun, denn darin funktioniert Zeit anders als im normalen Leben. Und indem Wilson Evolution auf die Bühne bringt, gleicht sie der sich ständig erneuernden Natur, beide verändern sich kontinuierlich – im Theater naturgemäß innerhalb seiner festgelegten Bühnendimensionen.

Der architektonische Raum des Theaters kennt zwei Dimensionen, eine Zeit- und eine Raumlinie, die eine vertikal und die andere horizontal. Und ebendiese Spannung zwischen beiden reizt den Regisseur: »Zeitliche und räumliche Linien können sich kreuzen, sich gegenseitig unterstützen oder sogar parallel laufen. Egal ob ich einen Stuhl entwerfe oder eine Geste mache, denke ich immer über das Gleichgewicht zwischen Zeit und Raum nach.« Erst aus der Distanz zur Bühne seien dann die eigenen Interpretationen des Publikums möglich; deshalb setzt Wilson bewußt Rahmen, um diesen Abstand genau zu definieren. Hans-Thies Lehmann verglich dies mit dem Fensterrahmen eines Zuges, in dem unerklärliche Bilder einer Landschaft vor den Augen des Betrachters vorüberziehen. Für Wilson kommen Inszenierungen, die diesen Rahmen und damit die Distanz zum Betrachter aufheben, niemals in Frage. Das Publikum würde die Freiheit der Vorstellung verlieren. Als Vergleich zog er den Stummfilm heran, bei dem der Betrachter die Freiheit besitzt, sich eine Tonspur vorzustellen. Das andere Extrem liefert das Hörspiel. Wilsons Regie besteht in der Trennung und kontrastierenden Zusammenführung. Das erinnert ebenso an die Trennung der Mittel im epischen Theater wie an das Charakteristische von Traumwelten, in denen die Erlebnisebenen gleichsam getrennt sind und Disparates zusammenführen. Man hat nicht zu Unrecht auf die Beziehungen zwischen Wilsons präzis choreografierter Gestik, vollführt von scheinbar emotionslosen Akteuren, und Kleists Betrachtungen des Marionettentheaters hingewiesen. So glaubte Kleist, auch wenn das Marionettentheater eine Sache der Mechanik sei, könne es nicht ohne Empfindungen betrieben werden. Im graziösen Tanz der Marionetten, in ihrer Pantomimik liege etwas Wesentliches, das sie den wirklichen Tänzern vorainshätten. Zugleich strahle die »Linie« ihrer Bewegung Geheimnisvolles aus, sie sei der »Weg der Seele« des Tänzers und käme zustande, indem sich der Maschinist in den Schwerpunkt der Marionette versetzt, d. h. »tanzt«. Der »Maschinist« ließe sich genausogut durch den Szenografen Wilson ersetzen, denn seine marionettenhaften Figuren sind ja ebensowenig seelenlos. Gerade die intuitive Arbeitsweise geht vom Gefühl mindestens im gleichen Maße aus wie vom Wissen, von den intellektuellen Voraussetzungen. Denn selbst wenn seine Ästhetik den staunenden Blick eines Kindes nachvollzieht, so besitzt Wilson natürlich eine detaillierte Kenntnis von den Werken, die er inszeniert. Bei Kleist, um noch einmal auf die Marionette zurückzukommen, ist beispielsweise die Rede von der Ruhe, Leichtigkeit und Anmut ihrer Bewegungen, und dies trotz aller Beschränktheit des Bewegungskreises. Wer Wilson-Inszenierungen kennt, findet dies in den Aktionen der Darsteller bestätigt, in diesen formalisierten, zeitlich überdehn-

ten Haltungen und Gebärden. Als Intention erkennt Ellen Levy den Wunsch, Extreme zusammenzubringen: »Die gehemmte Langsamkeit und plötzlichen Zuckungen, welche die Schauspieler auf Wilsons Bühne peinigen, können wahrgenommen werden als der Konflikt zwischen Bewegung und Stasis, Schauspiel und Bild, der seinen Ursprung hat in Wilsons Wunsch, beides zu beherrschen, die Macht der Schauspielkunst, Zeit zu besiedeln, und die Macht der bildlichen Darstellung, sie zu transzendieren.«

Bemerkenswert ist auch die Ähnlichkeit zwischen Wilsons Regiestil und dem traditionellen No-Theater, das als ein Gesamtkunstwerk aus Schauspiel, Tanz, dramatischer Dichtung, Gesang und Instrumentalspiel zu betrachten ist. Es besitzt einen entschieden antinaturalistischen Charakter, und als Tanz ist es von einer ähnlich minimalistischen Choreografie geprägt. Bühne wie Spiel sind von einem hohen Abstraktionsgrad, Requisiten besitzen Symbolwert. Dazu gehört, wie Bewegungslinien betont werden und im Zeitlupentempo ablaufen. Das No-Theater ist nicht an der Wirklichkeitsdarstellung interessiert, die ohnedies bloß als Schein empfunden wird, sondern an der Konzentration auf seelische Konflikte und deren szenischer Schilderung. Gewiß, die Resultate besitzen hier wie dort eine unterschiedliche Optik. Im heutigen Japan dürfte das No-Theater aber wohl eine ähnlich »elitäre« Angelegenheit sein wie dasjenige von Robert Wilson.

Kaum eine andere Oper schien geeigneter für seinen Inszenierungsstil als gerade »Parsifal«. Bevor er Wagners Bühnenweihfestspiel inszenierte, beschäftigte er sich bereits mit Tankred Dorsts dramatischer Bearbeitung, die er am Hamburger Thalia-Theater herausbrachte. Wenn Richard Wagner als »Meister des Übergangs« Bewunderung fand, so schrieb er mit dem »Parsifal« am Ende eine fürwahr »statische Partitur«. Und ebendieses ist dem Regisseur im Szenischen gelungen: Übergang und Statik in einem. Alles scheint stillzustehen und verändert sich dennoch unablässig, und zwar an der Grenze des Wahrnehmbaren. Bevor aus dem dämmrigen Dunkel des Bühnenraums das kalte Weiß im Hintergrund als Morgen erstrahlte, nahm man ein seltsames Flirren war, das durch Heben und Senken zweier durchscheinender Vorhänge hervorgerufen wurde. Ein schimmernder, matt funkelnder See wurde daraufhin sichtbar, der sich wie ein Band über die gesamte Bühne ausdehnte. Als wenig später die Trompeten- und Posaunenakkorde des Gralsmotives erklangen, entstieg gemessenen Schrittes ein Knabe dem See. Sein Weg führte ihn an

einer Gestalt vorbei, die, eingehüllt wie in einen Kokon aus langen rotbraunen Stoffbahnen, schon die ganze Zeit am Bühnenrand lag und gerade in diesem Moment erwachte. Sie streckte die Hand nach dem Knaben aus, der indes unbeirrt seinen Weg nahm, bis er plötzlich innehielt, zwei Schritte tat, als wolle er ein unsichtbares Hindernis überschreiten, um danach seinen Weg fortzusetzen.

Auch wenn Wilson erklärtermaßen kein »Interpretationstheater« beabsichtigt, drängen sich Assoziationen, Deutungen auf. Die Rätselhaftigkeit

»Lohengrin« (Zürich 1991) – Regie: Robert Wilson
Foto: Peter Schlegel

des Bühnengeschehens wirkt wie eine Herausforderung an den Betrachter. Was man während des Vorspiels beobachtet, klärt sich zu einem Teil wenig später auf: So ist die am Boden liegende Gestalt niemand anderes als die »Urteufelin« und »Höllenrose« Kundry. Und wieder später, nämlich in Klingsors Zaubergarten, wird für den textkundigen Opernbesucher auch das Rätsel um den Knaben gelöst. Es ist Jung-Parsifal, der Kundry als seine Mutter Herzeleide verläßt. Verweigert Wilson sonst konkrete Aussagen, so verkündete er im vorhinein: Kundry müsse Parsifals Mutter sein. Das klingt plausibel, zumal dadurch die Szene im Zaubergarten nicht durch Projektion zur inzestuösen Verstrickung führt, sondern unmittelbar aus der Mutter-Sohn-Konstellation heraus.

Zunächst aber gab es den Auftritt des Gurnemanz. Wie bei allen anderen Figuren dominiert das Statuarische, was übrigens Frida Parmeggianis Kostüme zusätzlich unterstrichen. Die Bewegungen sind gemessen und betonen die Überdimensionierung der Figur. Natürlichkeit würde hier nur befremden. Selbst auf das wenige, was der Komponist als Handlungselemente vorgibt, verzichtete Wilson. Dafür werden die Figuren immer wieder zu Tableaus einer geheimen Ritualität formiert. Wagners dramaturgisch ohnehin dürftige »Handlung« ersetzt der Regisseur durch ein vielschichtiges Zeichensystem. Weder übergibt Kundry wirklich den Balsam, obzwar sie ein kleines blaues Fläschchen vorzeigt, noch gibt es den Schwan. Dafür senkt sich am Bühnenhintergrund ein riesenhafter weißer Flügel herab. Weder gibt es den fliegenden Speer noch das Kreuzzeichen, weder Blütenmeer noch Fußwaschung. Und es gibt auch keine Gralsritter zu sehen – sie bleiben eine anonyme Gesellschaft, die nur aus dem Hintergrund zu hören ist. Dafür läßt Wilson die Blumenmädchen wie Engel in weißen, wallenden Gewändern auftreten. Als Zeichen ihrer Unschuld halten sie stilisierte weiße Lilien in den Händen. Ebenso stilisiert und in der Wirkung äußerst bizarr: riesenhafte Blüten der Paradiesvogelblume

in Klingsors Zaubergarten. Wenn Parsifal im dritten Aufzug von der »schönen Aue« singt, und dazu aus dem Orchestergraben verklärender Karfreitagszauber ertönt, taucht noch einmal am Bühnenhintergrund eine jener riesenhaften »Wunderblumen« auf. Der Gral ist durch einen kristallenen Felsen bezeichnet, über dem ein leuchtender Ring wie ein Heiligenschein schwebt. Herabgesenkt auf den Bühnenboden, dient er als altarähnliche Stätte. Nach dem »Erlösung dem Erlöser« ist die Bühne leer, nur die Flamme des Grals züngelt einsam zur langsam ins Nichts entschwebenden Musik.

Jedem Sänger ist ein bestimmtes Repertoire an Haltungen und Gesten zugeordnet, die Erkennungszeichen seines Charaktes, seiner Befindlichkeit sind. Das szenische Umfeld ergibt zusammen mit den sich wandelnden Konstellationen der Figuren und den symbolhaften Requisiten ein komplexes, hochartifizielles Gebilde, dessen Botschaft sich eben nicht im Verweis auf das ewig ungelöste Welträtsel erschöpft. Das Fremde an einem Werk wie »Parsifal« ist hier mitinszeniert, gerade darum sollte es nicht nur als ästhetisches Ereignis verstanden werden. Die Beobachtungen etwa über das Verhältnis Kundry/Parsifal zeigen an, daß die Inszenierung mehr als nur ästhetische Oberfläche aufweist. Und wollte man nur diese wahrnehmen, fände sich auch dort noch genug Faszinierendes. Wann hat man beispielsweise je das Wort vom Raum, der Zeit wird, derart zwingend inszeniert gesehen? Wilson fand ein Äquivalent für dieses »Ich schreite kaum, doch wähn ich mich schon weit« – »Du siehst, mein Sohn, zum Raum wird hier die Zeit«, wie es im Dialog zwischen Parsifal und Gurnemanz heißt. Der dümmste Vorwurf gegen Wilson ist der des l'art pour l'art, der von zweckloser, aber formschöner Bühnenkunst spricht, geeignet für ein übersättigtes Publikum. Als ob er den mündigen Zuschauer fürchten müßte! Sofern dieser Phantasie und Bewußtsein besitzt, wird er von Wilson allemal auf produktive Weise »bedient«. Der Vorwurf des l'art pour l'art verläßt sich im übrigen allein auf die stereotype und sture Antithese von engagierter und reiner Kunst. Daß deren Verhältnis komplizierterer Art ist, diagnostizierte Adorno am Beispiel des Dichters Paul Válery. Da war von einer Kunst die Rede, die ein »tieferes Wissen von historischen Veränderungen des Wesens« kundgebe »als in Äußerungen, die so behend es auf die Veränderung der Welt abgesehen haben, daß ihnen die lastende Schwere der Welt zu entgleiten droht, die es zu verändern gilt«. Válerys dichterische Begabung für das Schwerelos-Leichte, die Grazie und das Arabeskenhafte enthalte den Drang, »die Transparenz nach außen zum Maß des Gelingens im Innern selbst«

werden zu lassen. Dieses Urteil über die oft mißverstandene reine Kunst scheint durchaus auf Wilsons Regiearbeit anwendbar, denn auch dort ist die Transparenz nach außen formimmanentes Element, und stets gibt es darin Schwerelos-Leichtes, das Arabeskenhafte als eine Konzentration auf Bewegungslinien. Und alles in seiner Art Vollkommene weist über seine Art hinaus und wird, wie Válery selbst äußerte, zum völligen Aufgehen »eines Lebens im Dienste des alles umfassenden imaginären Anspruchs«. An ebendieser Stelle offenbart sich das widersprüchliche Verhältnis zwischen der künstlerischen Arbeit und den gesellschaftlichen Bedingun-

»Parsifal« (Hamburg 1991) – Regie: Robert Wilson
Foto: Markus Scholz

gen der materiellen Produktion, ein Widerspruch, den engagierte Kunst geflissentlich übergeht: »Sie will«, lautet Adornos Kritik, »daß die Kunst unmittelbar zu den Menschen spreche, als ließe sich in einer Welt universaler Vermittlung das Unmittelbare unmittelbar realisieren.«

Wilsons Bühne verweigert Unmittelbarkeit. Als Artefakt bleibt sie eine Sache der Vermittlung, durchsichtig sichtbar überwindet sie das Material. Man muß darum Wilsons Theater gewiß nicht hei-

ligsprechen, wie es verschiedenenorts bereits geschah, aber erst recht nicht als bloß weihevollen falschen Zauber verdammen, wie es häufiger und offenkundig aus mangelndem Wissen geschieht. Und ebensowenig läßt sich aus der Wiederholung dieses spezifischen szenischen Vokabulars so etwas wie Beliebigkeit ableiten – als sei jedes Werk nach dem gleichen Schnittmusterbogen gefertigt. Gegen diesen Irrtum helfen nur ein wacher Blick und Unvoreingenommenheit.

ANHANG

KURZBIOGRAFIEN / LITERATUR / INSZENIERUNGEN

Ruth Berghaus,

geb. 2. Juli 1927 in Dresden, 1947 bis 1950 Studium bei Gret Palucca (Tanzregie und -pädagogik), erste Theatererfahrungen in Dresden, 1952 Engagement am Deutschen Theater Berlin, 1954 Heirat mit Paul Dessau, 1964 Choreografie der Schlachtszenen im »Coriolan« am Berliner Ensemble, die allgemeines Aufsehen erregte und zu einem festen Engagement führte, 1971 bis 1977 Intendantin des Berliner Ensembles, ab 1977 Regietätigkeit an der Staatsoper Berlin.

Literatur

Ruth Berghaus im Gespräch mit Wolfgang Schreiber. Berliner Lektion am 15. Mai 1989, in: Berliner Lektionen. Siedler Verlag, Berlin 1989, S. 10 – 25

Ruth Berghaus im Gespräch: »Figuren in ihren Widersprüchen zeigen« von Helmut Deisinger, in: Neue Zeitschrift für Musik, H. 5/86

Thomas Delekat, Besuch am See. Ruth Berghaus, in: Die Deutsche Bühne. H. 1/89, S. 8 – 11

Friedrich Dieckmann, Befragte Prüfungen. Ruth Berghaus inszeniert »Parsifal« und »Die Zauberflöte«, in: Oper heute. Ein Almanach der Musikbühne, Bd. 7, Henschelverlag Berlin 1984

Jutta Duhm-Heitzmann, Kühl bis ans heiße Herz, in: Zeitmagazin. Nr. 16 vom 15. 04. 88

Kunst, die Gefühle und Gedanken unseres Publikums bereichert. Gespräch mit Ruth Berghaus von Günter Görtz, in: Neues Deutschland vom 26. 09. 85

Kunst ist ordnen und zum Punkt führen. Ruth Berghaus über ihre Opern-Inszenierungen im Gespräch mit Georg-Friedrich Kühn, in: Frankfurter Rundschau vom 02. 11. 85

Matthias Matussek, Die Luxus-Dissidentin, in: Der Spiegel. Nr. 28 vom 09. 07. 90

Ruth Berghaus und Heiner Müller im Gespräch, in: Sinn und Form. 41. Jg., H. 1/89, S. 114 – 131

Sigrid Neef, Das Theater der Ruth Berghaus, Henschelverlag Berlin 1989
Regisseure im Gespräch.
Ein Gespräch mit Ruth Berghaus von Sigrid Neef, in: Theater der Zeit, H. 6/83

Viola Roggenkamp, Kühne Künstlerin. Die Arbeiten der DDR-Opernregisseurin spalten Publikum und Kritik, in: Die Zeit. Nr. 37 vom 04. 09. 87

Das Theater ist nicht die Wirklichkeit. Ein Gespräch mit Ruth Berghaus von Wolfgang Schreiber, in: Theater heute, H. 12/82

Wolfgang Sandner, Ruth Berghaus. Von Buhrufern zum Erfolg verdammt, in: Westermans Monatshefte. H. 12/1985, S. 22 u. 28

Inszenierungen

10. 02. 60 Berlin (Staatsoper): »Die Verurteilung des Lukullus« (Dessau)
ML: Hans Löwlein/R: zusammen mit Erhard Fischer/B: Hainer Hill/K: Christine Stromberg

06. 10. 60 Mainz: »Die Verurteilung des Lukullus«
ML: Albert Grünes/A: Hermann Scherr

08. 07. 61 Rostock: »Die Verurteilung des Lukullus«
ML: Günter Lang/B: Willi Schröder/K: Waltraut Damm

13. 09. 65 Berlin (Staatsoper): »Die Verurteilung des Lukullus«
ML: Herbert Kegel/B: Gustav Hoffmann/K: Christine Stromberg

18. 04. 66 Berlin (Maxim Gorki Theater): »Der Jasager und Der Neinsager« (Weill)
ML: Gerhardt Plüschke

15. 11. 66 Berlin (Staatsoper): »Puntila« (Dessau) UA
ML: Otmar Suitner/A: Andreas Reinhardt

17. 02. 67 Berlin (Staatsoper): »Elektra« (Strauss)
ML: Otmar Suitner/A: Andreas Reinhardt

21. 11. 68 Berlin (Staatsoper): »Der Barbier von Sevilla« (Rossini)
ML: Otmar Suitner/A: Achim Freyer

19. 12. 69 Berlin (Staatsoper): »Lanzelot« (Dessau) UA
ML: Herbert Kegel/A: Andreas Reinhardt

04. 07. 70 Berlin (Staatsoper): »Der Freischütz« (Weber)
ML: Otmar Suitner/A: Andreas Reinhardt

16. 02. 74 Berlin (Staatsoper): »Einstein« (Dessau) UA
ML: Otmar Suitner/A: Andreas Reinhardt

26. 11. 74 München (Staatsoper): »Der Barbier von Sevilla« (Rossini)
ML: Silvio Varviso/A: Andreas Reinhardt

13. 07. 75 Berlin (Staatsoper): »Die Fledermaus« (Strauß)
ML: Otmar Suitner/A: Andreas Reinhardt

28. 05. 78 Berlin (Staatsoper): »La clemenza di Tito« (Mozart)
ML: Wolfgang Rennert/A: Marie-Luise Strandt

23. 09. 79 Berlin (Staatsoper): »Das Rheingold« (Wagner)

ML: Otmar Suitner/A: Marie-Luise Strandt

24. 11. 79 Berlin (Staatsoper): »Leonce und Lena« (Dessau) UA
ML: Otmar Suitner/A: Marie-Luise Strandt

04. 05. 80 Frankfurt: »Die Zauberflöte« (Mozart)
ML: Michael Gielen/A: Marie-Luise Strandt

05. 10. 80 Mannheim: »Elektra« (Strauss)
ML: Wolfgang Rennert/ A: Marie-Luise Strandt

05. 05. 81 Berlin (Staatsoper): »Idomeneo« (Mozart)
ML: Peter Schreier/A: Marie-Luise Strandt

05. 07. 81 Mannheim: »La clemenza di Tito« (Mozart)
ML: Wolfgang Rennert/ A: Marie-Luise Strandt

02. 12. 81 Frankfurt: »Die Entführung aus dem Serail« (Mozart)
ML: Michael Gielen/ B: zusammen mit Max von Vequel/ K: Marie-Luise Strandt

28. 03. 82 Frankfurt: »Die Sache Makropulos« (Janáček)
ML: Michael Gielen/ B: Erich Wonder/K: Nina Ritter

30. 05. 82 Mannheim: »Salome« (Strauss)
ML: Wolfgang Rennert/ A: Marie-Luise Strandt

28. 11. 82 Frankfurt: »Parsifal« (Wagner)
ML: Michael Gielen/A: Axel Manthey

05. 02. 83 Berlin (Staatsoper): »La Cenerentola« (Rossini)
ML: Ernst Märzendorfer/ A: Marie-Luise Strandt

11. 09. 83 Berlin (Staatsoper): »Die Verurteilung des Lukullus« (Dessau)
ML: Hartmut Haenchen/ B: Hans-Joachim Schlieker/ K· Marie-Luise Strandt

18. 12. 83 Frankfurt: »Die Trojaner« (Berlioz)
ML: Michael Gielen/ B: Hans-Dieter Schaal/K· Nina Ritter

15. 09. 84 Berlin (Staatsoper): »Wozzeck« (Berg)
ML: Siegfried Kurz/B: Hans-Dieter Schaal/K: Marie-Luise Strandt

27. 10. 84 Cardiff: »Don Giovanni« (Mozart)
ML: Charles Mackerras/A: Marie-Luise Strandt

16. 02. 85 Dresden: »Die Weise von Liebe und Tod des Cornets Christoph Rilke« (Matthus) UA
ML: Hartmut Haenchen/ A: Hans-Joachim Schlieker/ K: Marie-Luise Strandt

27. 03. 85 Paris (Grand Opéra): »Wozzeck« (Berg)
ML: Christoph von Dohnányi/ B: Hans-Dieter Schaal/K: Marie-Luise Strandt

23. 05. 85 Freiburg: »Così fan tutte« (Mozart)
ML: Eberhard Kloke/ B: zusammen mit Max von Vequel/ K: Marie-Luise Strandt

13. 10. 85 Berlin (Staatsoper): »Don Giovanni« (Mozart)
ML: Otmar Suitner/A: Marie-Luise Strandt

07. 12. 85 Frankfurt: »Das Rheingold« (Wagner)
ML: Michael Gielen/A: A. Manthey

01. 05. 86 Frankfurt: »Die Walküre« (Wagner)
ML: Michael Gielen/A: Axel Manthey

20. 06. 86 Wien (Staatsoper): »Orpheus« (Ballett/Henze)
ML: Ulf Schirmer/B: Hans Dieter Schaal/K: Marie-Luise Strandt

15. 07. 86 Dresden: »Elektra« (Strauss)
ML: Hartmut Haenchen/B: Hans Dieter Schaal/K: Marie-Luise Strandt

09. 11. 86 Frankfurt: »Siegfried« (Wagner)
ML: Michael Gielen/A: Axel Manthey

08. 03. 87 Frankfurt: »Götterdämmerung« (Wagner)
ML: Michael Gielen/A: Axel Manthey

13. 12. 87 Berlin (Staatsoper): »Moses und Aron« (Schönberg)
ML: Friedrich Goldmann/B: Hans Dieter Schaal/K: Marie-Luise Strandt

30. 01. 88 Brüssel: »Lulu« (Berg)
ML: Sylvain Cambreling/B: Hans Dieter Schaal/K: Marie-Luise Strandt/ Film: Maxim Dessau

13. 03. 88 Hamburg: »Tristan und Isolde« (Wagner)
ML: Zoltan Pesco/B: Hans Dieter

Schaal/K: Marie-Luise Strandt

08. 05. 88 Wien (Theater an der Wien): »Fierrabras« (Schubert)
ML: Claudio Abbado/B: Hans Dieter Schaal/K: Marie-Luise Strandt

23. 08. 88 St. Moritz (Hotel Laudinella): »L'Histoire du soldat« (Strawinsky)
ML: Claudio Abbado/A: Marie-Luise Strandt

23. 05. 89 Berlin (Staatsoper): »Così fan tutte« (Mozart)
ML: Olaf Henzold/A: Peter Schubert

28. 04. 90 München (Musiktheater Biennale): »Patmos« (von Schweinitz) UA Kassel (05. 05. 90)
ML: Adam Fischer/B: Hans Dieter Schaal/K: Marie-Luise Strandt

07. 10. 90 Graz: »Lohengrin« (Wagner)
ML: Mario Venzago/A: Peter Schubert

02. 02. 91 Zürich: »Elektra« (Strauss)
ML: Ralf Weikert/B: Hans Dieter Schaal/K: Marie-Luise Strandt

22. 04. 91 Paris (Théâtre du Châtelet): »Ariane et Barbe-Bleue« (Dukas)
ML: Eliahu Inbal/A: Hans-Dieter Schaal

22. 03. 92 Stuttgart: »Aufstieg und Fall der Stadt Mahagonny« (Weill)
ML: Markus Stenz/B: Hans-Joachim Schlieker/K: Marie-Luise Strandt

25. 09. 92 Basel: »Don Carlos« (Verdi)
ML: Michael Boder/B: Hartmut Meyer/K: Marie-Luise Strandt

20. 02. 93 Zürich: »Der Freischütz« (Weber)
ML: Nikolaus Harnoncourt/B: Hartmut Meyer/K: Marie-Luise Strandt

08. 05. 93 Stuttgart: »La Traviata« (Verdi)
ML: Philippe Auguin/B: Erich Wonder/K: Marie-Luise Strandt

25. 06. 93 Leipzig: »Nachtwache« (Herchet) UA
ML: Lothar Zagrosek/B: Hans Dieter Schaal/K: Marie-Luise Strandt

08. 10. 93 Dresden: »Tosca« (Puccini)
ML: Friedemann Layer/ A: Peter Schubert

19. 03. 94 Zürich: »Otello« (Verdi)

ML: Rafael Frühbeck de Burgos/
A: Andreas Reinhardt
08. 10. 94 Zürich:
»Katja Kabanowa« (Janaček)
ML: Ralf Weikert/B: Erich Wonder
28. 01. 95 Stuttgart:
»Macbeth« (Verdi)
ML: Gabriele Ferro/B: Erich Wonder/
K: Peter Schubert
02. 04. 95 Zürich:
»Der fliegende Holländer« (Wagner)
ML: Rafael Frühbeck de Burgos/
B: Hartmut Meyer/
K: Margit Koppendorfer
24. 09. 95 Hamburg: »Freispruch
für Medea« (Liebermann) UA
ML: Gerd Albrecht/A: M.-L. Strandt

Luc Bondy,

geb. 7. Juli 1948 in Zürich als Sohn des
Publizisten Francois Bondy, besuchte
eine Schauspielschule in Paris, 1969
Regieassistenz am Thalia Theater
Hamburg, seit 1971 eigene Regiearbei-
ten, 1974 bis 1976 als Regisseur am
Schauspielhaus Frankfurt tätig, 1976
folgte die erste Inszenierung an der
Schaubühne in Berlin (damals noch am
Halleschen Ufer), 1985 bis 1989 Co-
Direktor an der Schaubühne.

Literatur
REGIE... Luc Bondy. Hrsg. von
Dietmar N. Schmidt. Alexander Verlag
Berlin 1991
Andes Müry, Luc Bondy, in:
Frankfurter Allgemeine, Magazin,
H. 375 vom 08. 05. 87
Man verliebt sich immer neu – man
ist ein Ehebrecher. Rolf Michaelis im
Gespräch mit Luc Bondy, in: Theater
1984. Jahrbuch von »Theater heute«.
Hrsg. von Peter von Becker u. a.
Friedrich Verlag Velber, S. 98 – 102
Luc Bondy: Ich inszeniere immer,
wie ich empfinde, in: C. Bernd Sucher,
Theaterzauberer 2, a. a. O., S. 11 – 31
Wend Kässens/Jörg W. Gronius,
a. a. O., S. 9 – 24
Ivan Nagel, Lob des Unvorher-
sehbaren. Über den Regisseur Luc
Bondy, den Kämpfer für das Spiel, in:
Frankfurter Allgemeine Zeitung
(Beilage) v. 04. 02. 95

Inszenierungen
03. 06. 78 Hamburg: »Lulu« (Berg)
ML: Christoph von Dohnányi/B: Rolf
Glittenberg/K: Marianne Glittenberg
05. 04. 81 Hamburg:
»Wozzeck« (Berg)
ML: Christoph von Dohnányi/B: Rolf
Glittenberg/K: Marianne Glittenberg
17. 06. 84 Brüssel:
»Così fan tutte« (Mozart)
ML: Sir John Pritchard/
B: Karl-Ernst Herrmann/K: Jorge Jara
13. 05. 90 Wien (Staatsoper/Theater
an der Wien): »Don Giovanni« (Mozart)
ML: Claudio Abbado/B: Erich
Wonder/K: Susanne Raschig
20. 08. 92 Salzburg (Festspiele):
»Salome« (Strauss)
ML: Christoph von Dohnányi/B: Erich
Wonder/K: Susanne Raschig
15. 09. 92 Brüssel:
»Salome« (Strauss), Koproduktion
mit Salzburg
ML: Antonio Pappano
02. 03. 93 Brüssel:
»Reigen« (Boesmans)
ML: Sylvain Cambreling/B: Erich
Wonder
23. 07. 95 Salzburg: (Kleines
Festspielhaus): »Le nozze di Figaro«
(Mozart)
ML: Nikolaus Harnoncourt/B: Richard
Peduzzi/K: Susanne Raschig

Patrice Chéreau,

geb. 2. November 1944 in Lezigne
(Maine-et-Loire), besuchte das Lycée
Louis-le-Grand in Paris, wo er erste
Theatererfahrungen in der Laienspiel-
gruppe macht, bereits 1963 erste
Schauspielinszenierung (»L'affaire de
la rue Lourcine« von Labiche), 1966 bis
1969 Leiter des Vorstadttheaters in
Satrouville/Paris, 1970 folgte die erste
Inszenierung am Piccolo Teatro in
Mailand, 1972 Co-Direktor in Villeur-
banne/Lyon, seit 1983 leitet er das
Théâtre des Amandiers in Nanterre bei
Paris. Er arbeitete auch wiederholt als
Filmregisseur.

Literatur
»Die Kunst genügt nicht«.
Interview von André Müller, in:

Die Zeit vom 15. 04. 88
»Das deutsche Publikum ist
besser«. Interview von Evelyn Schels,
in: Süddeutsche Zeitung vom 02. 03. 88
Stefan Jaeger, Patrice Chéreau –
Zwischen Bayreuth und Amandiers,
in: Norbert Ely/Stefan Jaeger, Regie
heute, a. a. O., S. 47 – 64

Inszenierungen
1970 Spoleto:
»L'Italienia in Algeri« (Rossini)
28. 10. 74 Paris (Palais Garnier):
»Les Contes d'Hoffmann« (Offenbach)
ML: Georges Prêtre/B: Richard
Peduzzi/K: Jacques Schmidt
1976 Bayreuth:
»Der Ring des Nibelungen« (Wagner)
ML: Pierre Boulez/B: Richard
Peduzzi/K: Jacques Schmidt
24. 02. 79 Paris (Palais Garnier):
»Lulu« (Berg)
ML: Pierre Boulez/B: Richard
Peduzzi/K: Jacques Schmidt
1984 Mailand:
»Lucio Silla« (Mozart)
B: Richard Peduzzi/K: Jacques
Schmidt
30. 10. 84 Nanterre: »Lucio Silla«
22. 01. 85 Brüssel: »Lucio Silla«
ML: Sylvain Cambreling
03. 06. 92 Paris (Théâtre Châtelet):
»Wozzeck« (Berg)
ML: Daniel Barenboim/B: Richard
Peduzzi/K: Moidele Bickel
18. 04. 94 Berlin (Staatsoper):
»Wozzeck« (Berg)
ML: Daniel Barenboim
28. 07. 94 Salzburg (Großes Fest
spielhaus): »Don Giovanni« (Mozart)
ML: Daniel Barenboim/B: Richard
Peduzzi/K: Moidele Bickel

Willy Decker,

geb. 8. September 1950 in Köln, nahm
Violinunterricht, studierte in Köln
Theater- und Musikwissenschaft, Ger-
manistik und Gesang (bei Josef Metter-
nich), wurde 1975 Regieassistent bei
Michael Hampe in Köln, seit 1978 als
Opernregisseur tätig, seit 1985 Ober-
spielleiter der Oper Köln.

Literatur

Thomas Delekat, Der stille Maestro, in: Die Deutsche Bühne. 60. Jg., Nr. 10 (Okt. '89), S. 14 – 17, 53

Den Verstand kann man überlisten, aber nicht das Gefühl. Der Regisseur Willy Decker im Gespräch mit Thomas Voigt, in: Opernwelt. 34. Jg., H. 11 (Nov. 93), S. 16 – 18

Behutsam und verführend. Gespräch mit Willy Decker von Claus Holz, in: Orpheus, H. 10/1990, S. 9 – 12

Inszenierungen

13. 02. 78 Köln: »Die alte Jungfer und der Dieb« (Menotti)
ML: K. Cathcart/H. Griffiths

08. 07. 78 Passau: »Rita oder die 'verspielte' Frau« (Donizetti)
ML: G. Uecker

03. 03. 79 Passau:
»Fra Diavolo« (Auber)
ML: G. Uecker/B: H. P. Harlacher/ K: U. Dorra

Juni '80 Bogota:
»Die lustige Witwe« (Lehár)
ML: Jaime Leon/B: Erwin Zimmer/ K: Marion Gerretz

Aug. '80 Montepulciano:
»Pollicino« (Henze)
ML: Jan Latham-König/A: Peter Nagel

12. 08. 81 Bogota:
»Turandot« (Puccini)
ML: Daniel Lipton/B: Reinhard Heinrich/K: Marion Gerretz

1981 Edinburgh:
»Voice of Ariadne« (Musgrave)

26. 07. 82 Bogota:
»Rigoletto« (Verdi)
ML: Daniel Lipton/A: Martin Ruprecht

29. 01. 83 Bielefeld:
»Ritter Blaubart« (Offenbach)
ML: H. Henke/B: A. Schmitt-Falckenberg/K: Marion Gerretz

26. 05. 83 Bielefeld:
»Der fliegende Holländer« (Wagner)
ML: Rainer Koch/B: Peter Strnad/ K: Marion Gerretz

29. 09. 83 Bielefeld:
»Der Freischütz« (Weber)
ML: Rainer Koch/B: Peter Strnad/ K: Marion Gerretz

Juli '84 Stockholm (Drottningholm):
»Così fan tutte« (Mozart)
ML: Arnold Östmann/A: Tobias Hoheisel

Sept. '84 Chicago:
»Arabella« (Strauss)
ML: John Pritchard

07. 11. 84 Brüssel:
»Le nozze di Figaro« (Mozart)
ML: Friedemann Layer/B: Achim Freyer/K: Claudia Doderer

22. 05. 85 Aachen:
»Don Giovanni« (Mozart)
ML: Y. David/B: D. Jaumann/ K: Marion Gerretz

02. 09. 85 Hannover (Theater am Aegi): »Don Pasquale« (Donizetti)
ML: K. Mahlke/A: Wolfgang Gussmann

15. 12. 85 Köln:
»Zar und Zimmermann« (Lortzing)
ML: G. Fischer/A. Wolfgang Gussmann

05. 04. 86 Mannheim:
»La Cenerentola« (Rossini)
ML: S. van den Broeck/ B: J. G. Miller/K: Marion Gerretz

28. 04. 86 Oslo:
»Le nozze di Figaro« (Mozart)
ML: Heinz Fricke/B: Achim Freyer/ K: Claudia Doderer

25. 09. 86 Köln: »Gianni Schichi« (Puccini)/»Eine florentinische Tragödie« (Zemlinsky)
ML: Heinz Fricke/A: Wolfgang Gussmann

24. 02. 87 Aachen:
»Der Rosenkavalier« (Strauss)
ML: Yoram David/B: Wolfgang Gussmann/K: Marion Gerretz

13. 05. 87 Florenz:
»Capriccio« (Strauss)
ML: Gustav Kuhn/B: Wolfgang Gussmann/K: Marion Gerretz

29. 05. 88 Köln:
»Ein Sommernachtstraum« (Britten)
ML: Steuart Bedford/ A: John F. MacFarlane

18. 09. 88 Köln:
»Margarete« (Gounod)
ML: John Pritchard/B: Wolfgang Gussmann/K: Martin Rupprecht

03. 02. 89 Mannheim:
»Billy Budd« (Britten)
ML: Erich Wächter/A: Wolfgang Gussmann

09. 05. 89 Aachen:

»Ariadne auf Naxos« (Strauss)
ML: Yoram David/B: Wolfgang Gussmann/K: Götz Fischer

26. 09. 89 Chicago:
»Der Rosenkavalier« (Strauss)
ML: Jiri Kout/B: Günther Schneider-Siemssen/K: Kniepert

21. 12. 89 Köln:
»La finta gardiniera« (Mozart)
ML: John Pritchard/B: Wolfgang Gussmann/K: Martin Rupprecht

08. 03. 90 Bonn:
»Der Barbier von Sevilla« (Rossini)
ML: Donato Renzetti/A: Wolfgang Gussmann

29. 03. 90 Oslo: »Macbeth« (Bibalo)
ML: Antonio Pappano/A: Wolfgang Gussmann

21. 12. 90 Köln:
»Ritter Blaubart« (Offenbach)
ML: Daniel Lipton/B: Wolfgang Gussmann/K: Martin Rupprecht

15. 03. 91 Leipzig:
»Doktor Faust« (Busoni)
ML: Georg Schmöhe/A: Wolfgang Gussmann

22. 09. 91 Köln:
»Der fliegende Holländer« (Wagner)
ML: James Conlon/A: Wolfgang Gussmann

22. 12. 91 Bonn:
»Orpheus und Eurydike« (Gluck)
ML: Peter Schneider/A: Wolfgang Gussmann

23. 05. 92 Dresden:
»Der Freischütz« (Weber)
ML: Christof Prick/A: Wolfgang Gussmann

02. 09. 92 Berlin (Deutsche Oper):
»Das Schloß« (Reimann)
ML: Michael Boder/A: Wolfgang Gussmann

03. 12. 92 Ludwigshafen:
»Julius Cäsar« (Händel)
ML: Samuel Bächli/A: John MacFarlane

20. 12. 92 Köln:
»Billy Budd« (Britten)
ML: Thomas Fulton/A: Wolfgang Gussmann

19. 09. 93 Köln:
»Eugen Onegin« (Tschaikowski)
ML: James Conlon/B: Wolfgang Gussmann/K: Martin Rupprecht

27. 01. 94 Amsterdam:

»Wozzeck« (Berg)
ML: Hartmut Haenchen/A: Wolfgang Gussmann
    19. 04. 94 Brüssel:
»Peter Grimes« (Britten)
ML: Antonio Pappano/A: John MacFarlane
    08. 05. 94 Antwerpen:
»Billy Budd« (Britten)
ML: Stefan Soltesz/A: Wolfgang Gussmann
    18. 09. 94 Köln:
»Il Trittico« (Puccini)
ML: James Conlon/A: Wolfgang Gussmann
    02. 02. 95 Dresden:
»Die Soldaten« (B. A. Zimmermann)
ML: Friedemann Layer/A: Wolfgang Gussmann
    09. 04. 95 Hamburg:
»Salome« (Strauss)
ML: Semyon Bychkov/A: Wolfgang Gussmann

John Dew,

geb. 1. Juni 1944 in Santiago auf Kuba, wuchs in New York auf und studierte dort Kunstgeschichte und Malerei, kam 1967 als Bühnenbildner nach Deutschland, hospitierte bei Walter Felsenstein und ist seit 1982 Oberspielleiter der Oper in Bielefeld. Er wird ab der Spielzeit 1995/96 Generalintendant der Städtischen Bühnen in Dortmund.

Literatur
Entartet Verdrängt Vergessen. Bielefelds Oper erhebt Einspruch 1980 bis 1993, a. a. O.
Sabine Keck/Floria Jannucci, a. a. O., S. 67-72
Interview/Loskill und Persché, in: Opernwelt, H. 3/86
John Dew im Gespräch mit Andreas Kluge, in: Das Opernglas. 12. Jg., H. 12 (Dez. 91), S. 18/19

Inszenierungen
11. 05. 73 Ulm:
»Der Wüstling« (Strawinsky)
ML: Walter Gillessen/B: Peter Umbach/K: Ina Hagemann
25. 09. 73 Ulm: »Paganini« (Lehár)

ML: Norbert Nohé/A: Monika Bauert
    23. 12. 73 Ulm:
»Möwenfluß« (Britten)
ML: Kresco Pascuttini/A: John Dew
    03. 02. 74 Ulm:
»Arche Noah« (Britten)
ML: Hubert Dapp/A: John Dew
    09. 03. 74 Ulm:
»Eine Nacht in Venedig« (Strauß)
ML: Baldo Podic/B: Werner Hutteli/K: Renate Schmitzer
    27. 04. 74 Braunschweig:
»Paganini« (Lehár)
ML: Klaus Scheibenpflug/B: Malte Marks/K: Heta Kerle
    21. 06. 74 Weißenhorn: »Der Ehemann als Liebhaber« (Pergolesi)
ML: Norbert Nohé/A: John Dew
    21. 09. 74 Hagen:
»Gasparone« (Millöcker)
ML: Hans Hofmann/A: Peter Umbach
    24. 09. 74 Ulm:
»Der Zarewitsch« (Lehár)
ML: Baldo Podic/A: John Dew
    22. 10. 74 Ulm: »Die lustigen Weiber von Windsor« (Nicolai)
ML: Kresco Pascuttini/B: John/K: Jürgen Rose
    17. 05. 75 Weißenhorn:
»Livietta und Tracollo« (Pergolesi)
ML: Norbert Nohé/A: John Dew
    18. 09. 75 Ulm:
»Gräfin Mariza« (Kálmán)
ML: Hannsthomas Nowowiejski/B: György Schmidt/K: Renate Schmitzer
    21. 10. 75 Ulm: »Martha« (Flotow)
ML: Kresco Pascuttini/A: Jürgen Henze
    21. 12. 75 Heidelberg:
»Das Land des Lächelns« (Lehár)
ML: Manfred Mayrhofer/B: Wolf Gross/K: Renate Schmitzer
    29. 01. 76 Ulm:
»Gasparone« (Millöcker)
ML: David Shaw/B: Jürgen Henze/K: Renate Schmitzer
    29. 05. 76 Weißenhorn:
»Die Zigeunerin« (Da Capua)
ML: Norbert Nohé/A: John Dew
    29. 06. 76 Ulm:
»Die verkaufte Braut« (Smetana)
ML: Friedrich Pleyer/B: Wolfgang Gross/K: Renate Schmitzer
    26. 09. 76 Ulm:
»Der Vogelhändler« (Zeller)

ML: Hannsthomas Nowowiejski/B: Gerd Friedrich/K: Renate Schmitzer
    30. 10. 76 Ulm:
»Der Wildschütz« (Lortzing)
ML: Kresco Pascuttini/A: Wolfgang Buchner
    27. 01. 77 Heidelberg:
»L'Orfeo« (Monteverdi)
ML: Wulff-Dieter Irmscher/B: Wolf Gross/K: Renate Schmitzer
    05. 06. 77 Heidelberg:
»Die heimliche Ehe« (Cimarosa)
ML: Ingo Ingensand/B: Klaus Roth/K: Renate Schmitzer
    18. 06. 77 Hannover:
»Der Raub der Lukrezia« (Britten)
ML: Hans Herbert Jöris/A: R. Schulz
    24. 09. 77 Hildesheim:
»Anatevka« (Stein)
ML: Gerald Williams/B: Boris Kubik/K: Marianne Stolp
    02. 12. 77 Heidelberg:
»Carmen« (Bizet)
ML: Wulff-Dieter Irmscher/B: Wolf Gross/K: Renate Schmitzer
    28. 02. 78 Heidelberg:
»Don Giovanni« (Mozart)
ML: Christian Süss/B: Hildtraut Warndorf/K: Renate Schmitzer
    30. 04. 78 Mannheim:
»Viva la Mamma« (Donizetti)
ML: John Matheson/A: Günter Walbeck
    07. 09. 78 Bielefeld:
»Bettler-Oper« (Britten)
ML: Horst Henke/B/K: Axel Schmitt-Falckenberg/K: Ulla Röhrs
    08. 10. 78 Krefeld:
»Tristan und Isolde« (Wagner)
ML: John Bell/A: Wilfried Sakowitz
    23. 10. 78 Basel:
»Werther« (Massenet)
ML: Armin Jordan/B: Heinz Balthes/K: Renate Schmitzer
    17. 01. 79 Basel:
»Giulio Cesare« (Händel)
ML: Stuart Challender/B: Werner Hutterli/K: Renate Schmitzer
    06. 03. 79 Hildesheim:
»Silk Stockings« (Porter)
ML: James Allen Gähres/B: Jörg Demenik/K: Marianne Stolp
    03. 05. 79 Krefeld: »Die Entführung aus dem Serail« (Mozart)
ML: Lothar Zagrosek/B: Heinz

Balthes/K: Renate Schmitzer
16. 09. 79 Mönchengladbach:
»Bastien und Bastienne« (Mozart)
ML: Lothar Zagrosek/B: Heinz
Balthes/K: Renate Schmitzer
20. 09. 79 Saarbrücken:
»Nabucco« (Verdi)
ML: Gerhard Geist/B: Marlene Bode/
K: Doris Hersmann
25. 12. 79 Hannover:
»Die Frau ohne Schatten« (Strauss)
ML: Georg Alexander Albrecht/
A: Otto Werner Meyer/Olaf Zombeck
08. 03. 80 Kiel: »Die Liebe zu den
drei Orangen« (Prokofjew)
ML: Walter Gillessen/A: Gottfried Pilz
09. 05. 80 Krefeld:
»Così fan tutte« (Mozart)
ML: Lothar Zagrosek/B: Wilfried
Sakowitz/K: Renate Schmitzer
21. 09. 80 Krefeld: »Die Meister-
singer von Nürnberg« (Wagner)
ML: Lothar Zagrosek/B: Wilfried
Sakowitz/K: Renate Schmitzer
01. 11. 80 Kiel:
»Der Türke in Italien« (Rossini)
ML: Karl Eckert/A: Gottfried Pilz
29. 11. 80 Augsburg:
»Fausts Verdammnis« (Berlioz)
ML: Gabor Ötvös/B: Hans Ulrich
Schmückle/K: Uta Wilhelm
10. 03. 81 Mönchengladbach:
»Don Giovanni« (Mozart)
ML: Lothar Zagrosek/B: Heinz
Balthes/K: Renate Schmitzer
26. 04. 81 Krefeld:
»Don Carlos« (Verdi)
ML: Lothar Zagrosek/B: Wilfried
Sakowitz/K: Renate Schmitzer
09. 05. 81 Bielefeld:
»Die Kluge« (Orff)
ML: Stefan Klieme/A: Dorothea
Wagner-Jaumann
19. 09. 81 Krefeld:
»Nabucco« (Verdi)
ML: Lothar Zagrosek/A: Wilfried
Sakowitz
24. 10. 81 Krefeld:
»Die Walküre« (Wagner)
ML: Lothar Zagrosek/A: Gottfried Pilz
12. 11. 81 Bern: »Das Märchen vom
Zaren Saltan« (Rimski-Korsakow)
ML: Ewald Körner/B: Heinz Balthes/
K: Renate Schmitzer
26. 03. 82 Mönchengladbach:

»Die Zauberflöte« (Mozart)
ML: Lothar Zagrosek/B: Heinz
Balthes/K: Renate Schmitzer
02. 05. 82 Kiel: »Animalen« (Werle)
ML: Karl Eckert/A: Gottfried Pilz
13. 06. 82 Kiel:
»Die Teufel von Loudon« (Penderecki)
ML: Klaus Weise/A: Gottfried Pilz
17. 10. 82 Bielefeld:
»Der fliegende Holländer« (Wagner)
ML: Rainer Koch/A: Peter Strnad
07. 11. 82 Krefeld:
»Das Rheingold« (Wagner)
ML: Reinhard Schwarz/A: Gottfried
Pilz
22. 01. 83 Stuttgart:
»Il Trovatore« (Verdi)
ML: Lamberto Gardelli/A: Gottfried
Pilz
05. 03. 83 Bielefeld: »Hoffmanns
Erzählungen« (Offenbach)
ML: Anton Marik/A: Gottfried Pilz
01. 04. 83 Antwerpen:
»Parsifal« (Wagner)
ML: Silveer van den Broek/
B: Gottfried Pilz/K: Renate Schmitzer
29. 04. 83 Kiel: »Das Märchen vom
Zaren Saltan« (Rimski-Korsakow)
ML: Winfried Petzold/B: Heinz
Balthes/K: Renate Schmitzer
18. 06. 83 Bielefeld:
»Der Kreidekreis« (Mors) UA
ML: Anton Marik/B: Axel Schmitt-
Falckenberg/K: Renate Schmitzer
23. 09. 83 Gent (Antwerpen: 08. 10.
83): »Die Walküre« (Wagner)
ML: Frits Celis/B: Gottfried Pilz/
K: Renate Schmitzer
21. 01. 84 Bielefeld:
»Maschinist Hopkins« (Brand)
ML: Anton Marik/A: Gottfried Pilz
25. 02. 84 Bielefeld:
»Anatevka« (Stein)
ML: Horst Henke/B: Peter Strnad/
K: Marianne Stolp
13. 04. 84 Bielefeld: »Maria Stuart,
Königin von Schottland« (Musgrave)
ML: Rainer Koch/B: Axel Schmitt-
Falckenberg/K: Renate Schmitze
11. 06. 84 Krefeld:
»Siegfried« (Wagner)
ML: Reinhard Schwarz/A: Gottfried
Pilz
13. 09. 84 Bielefeld:
»Margarethe« (Gounod)

ML: Rainer Koch/A: Gottfried Pilz
09. 12. 84 Bielefeld:
»Luisa Miller« (Verdi)
ML: David de Villiers/A: Peter Strnad
12. 01. 85 Bielefeld:
»Zemire und Azor« (Grétry)
ML: David de Villiers/A: Gottfried
Pilz
10. 02. 85 Krefeld:
»Götterdämmerung« (Wagner)
ML: Reinhard Schwarz/A: Gottfried
Pilz
02. 03. 85 Bielefeld:
»Leben der Bohème« (Leoncavallo)
ML: Rainer Koch/A: Gottfried Pilz
05. 04. 85 Kiel: »Wozzeck« (Berg)
ML: Klaus Weise/A: Gottfried Pilz
05. 05. 85 Kiel: »Tiefland« (d'Albert)
ML: Alfred Eschwé/A: Gottfried Pilz
28. 09. 85 Kiel: »Othello« (Verdi)
ML: Hans Zanotelli/A: Gottfried Pilz
08. 12. 85 Bielefeld:
»Irrelohe« (Schreker)
ML: Rainer Koch/A: Gottfried Pilz
19. 01. 86 Bielefeld:
»Der Prophet« (Meyerbeer)
ML: David de Villiers/A: Gottfried
Pilz
02. 03. 86 Dortmund:
»Salome« (Strauss)
ML: Klaus Weise/A: Gottfried Pilz
06. 04. 86 Kiel: »Der König geht
nach Frankreich« (Sallinen)
ML: Alfred Eschwé/A: Gottfried Pilz
01. 05. 86 Bielefeld:
»Die Ballade von Baby Doe« (Moore)
ML: Rainer Koch/A: Gottfried Pilz
07. 06. 86 Bielefeld:
»Neues vom Tage« (Hindemith)
ML: David de Villiers/A: Gottfried
Pilz
14. 12. 86 Bielefeld:
»Die Frau ohne Schatten« (Strauss)
ML: Rainer Koch/A: Gottfried Pilz
24. 01. 87 Bielefeld:
»Transatlantik« (Antheil)
ML: David de Villiers/A: Gottfried
Pilz
08. 03. 87 Bielefeld:
»Ruh und Frieden« (Bernstein)
ML: Rainer Koch/A: Gottfried Pilz
09. 05. 87 Berlin (Deutsche Oper):
»Die Hugenotten« (Meyerbeer)
ML: Jesus Lopez Cobos/A: Gottfried
Pilz

233

12. 07. 87 Düsseldorf:
»Margarete« (Gounod)
ML: Hans Wallat/A: Gottfried Pilz
27. 09. 87 Bielefeld: »Nero« (Boito)
ML: Rainer Koch/A: Gottfried Pilz
29. 11. 87 Wuppertal:
»Die Zauberflöte« (Mozart)
ML: Jean François Monnard/
A: Gottfried Pilz
31. 01. 88 Bielefeld:
»Die ersten Menschen« (Stephan)
ML: David de Villiers/A: Gottfried Pilz
05. 03. 88 Bielefeld:
»Fennimore und Gerda« (Delius)
ML: David de Villiers/A: Gottfried Pilz
14. 05. 88 Freiburg:
»Hippolyt und Aricie« (Rameau)
ML: Granville Walker/A: Gottfried
Pilz
11. 06. 88 Berlin (Deutsche Oper):
»Faust« (Gounod)
ML: Jesus Lopez Cobos/A: Gottfried
Pilz
01. 10. 88 Berlin (Deutsche Oper):
»Los Alamos« (Neikrug)
ML: Arturo Tamayo/A: Gottfried Pilz
06. 11. 88 Bielefeld:
»Das Wunder der Heliane« (Korngold)
ML: David de Villiers A: Gottfried Pilz
08. 01. 89 Bielefeld:
»Der singende Teufel« (Schreker)
ML: Rainer Koch/A: Gottfried Pilz
17. 03. 89 Bielefeld: »Der Sprung
über den Schatten« (Křenek)
ML: David de Villiers/A: Gottfried Pilz
02. 04. 89 Hamburg:
»Hamlet-Maschine« (Rihm)
ML: Lothar Zagrosek/A: Gottfried Pilz
13. 05. 89 Berlin (Theater des
Westens): »Candide« (Bernstein)
ML: James A. Gähres/A: Gottfried Pilz
10. 09. 89 Bielefeld:
»Die Jüdin« (Halévy)
ML: Rainer Koch/A: Gottfried Pilz
07. 10. 89 Zürich:
»La clemenza di Tito« (Mozart)
ML: Nikolaus Harnoncourt/
A: Gottfried Pilz
10. 12. 89 Bielefeld:
»Nixon in China« (Adams)
ML: David de Villiers/A: Gottfried
Pilz
21. 01. 90 Bielefeld:
»Die Bakchantinnen« (Wellesz)
ML: Rainer Koch/A: Gottfried Pilz

18. 03. 90 Köln:
»Simone Boccanegra« (Verdi)
ML: James Conlon/A: Gottfried Pilz
27. 10. 90 Bielefeld:
»Die Zwingburg«/»Ausgerechnet
und verspielt« (Křenek)
ML: David de Villiers/A: Gottfried Pilz
09. 12. 90 Bielefeld:
»Yerma« (Villa-Lobos)
ML: Horst Henke/A: Gottfried Pilz
20. 01. 91 Bielefeld:
»Lohengrin« (Wagner)
ML: Rainer Koch/B: Heinz Balthes/
K: José Manuel Vazquez
20. 04. 91 Bielefeld: »Die verlorene
Ehre der Katharina Blum« (Medek)
ML: Rainer Koch/B: John Dew/
K: Dorothea Jaumann
07. 06. 91 Leipzig:
»Die Hochzeit des Figaro« (Mozart)
ML: Lothar Zagrosek/B: Heinz
Balthes/K: José Manuel Vazquez
14. 09. 91 Bielefeld:
»Die Afrikanerin« (Meyerbeer)
ML: Rainer Koch/B: Andrea Aupers/
K: José Manuel Vazquez
05. 11. 91 London:
»Die Hugenotten« (Meyerbeer)
ML: David Atherton/A: Gottfried Pilz
30. 11. 91 Bielefeld:
»Fremde Erde« (Rathaus)
ML: Geoffrey Moull/B: John Dew/
K: José Manuel Vazquez
11. 01. 92 Bielefeld:
»Armer Columbus« (Dressel)
ML: Rainer Koch/B: Heinz Balthes/
K: José Manuel Vazquez
19. 02. 92 Houston:
»Desert of Roses« (Moran)
ML: John De Main/B: Heinz Balthes/
K: José Manuel Vazquez
25. 04. 92 Nürnberg:
»Tod in Venedig« (Britten)
ML: Wolfgang Gayler/B: Heinz
Balthes/K: José Manuel Vazquez
21. 06. 92 Leipzig:
»Così fan tutte« (Mozart)
ML: Volker Rohde/B: Heinz Balthes/
K: José Manuel Vazquez
05. 09. 92 St. Gallen:
»Macbeth« (Verdi)
ML: John Neschling/A: Wolf-Eckhard
Lange
27. 09. 92 Bielefeld:
»Julietta« (Martinu)

ML: Geoffrey Moull/B: John Dew/
K: José Manuel Vazquez
25. 10. 92 Prag: »Hoffmanns
Erzählungen« (Offenbach)
ML: Andreas Stöhr/A: Wolf-Eckhard
Lange
13. 12. 92 Bielefeld:
»Der Schmied von Gent« (Schreker)
ML: Rainer Koch/B: Thomas Gruber/
K: Wolfgang Kalk
07. 02. 93 Hamburg:
»Aida« (Verdi)
ML: Eliahu Inbal/B: Wolf-Eckhard
Lange/K: José Manuel Vazquez
20. 03. 93 Augsburg:
»Armida« (Gluck)
ML: Stefan Blumier/B: Thomas
Gruber/K: José Manuel Vazquez
17. 04. 93 Nürnberg:
»Die Sache Makropulos« (Janáček)
ML: Wolfgang Gayler/B: Heinz
Balthes/K: José Manuel Vazquez
12. 09. 93 St. Gallen:
»Elektra« (Strauss)
ML: John Neschling/B: Wolf-Eckhard
Lange/K: José Manuel Vazquez
18. 09. 93 Bielefeld:
»Dreyfus« (Cotel)
ML: Rainer Koch/B: Thomas Gruber/
K: José Manuel Vazquez
30. 10. 93 Bielefeld:
»Till Eulenspiegel« (Karetnikow)
ML: Rainer Koch/B: Thomas Gruber/
K: José Manuel Vazquez
05. 12. 93 Augsburg:
»Orfeo ed Euridice« (Gluck)
ML: Basil Coleman/B: Thomas
Gruber/K: José Manuel Vazquez
12. 02. 94 Leipzig:
»Don Giovanni« (Mozart)
ML: Jiri Kout/B: Heinz Balthes/
K: José Manuel Vazquez
02. 05. 94 Wien:
»I Puritani« (Bellini)
ML: Placido Domingo/B: Heinz
Balthes/K: José Manuel Vazquez
12. 06. 94 Nürnberg:
»Die Jüdin« (Halévy)
ML: Wolfgang Gayler/B: Heinz
Balthes/K: José Manuel Vazquez
28. 07. 94 Rheinsberg:
»Montezuma« (Graun)
ML: Volker Olbrich/K: José Manuel
Vazquez
28. 09. 94 Berlin (Deutsche Oper):

»Andrea Chénier« (Giordano)
ML: Rafael Frühbeck de Burgos/
B: Peter Sykora/K: José Manuel
Vazquez
06. 11. 94 Bielefeld:
»Der Fächer« (Toch)
ML: Geoffrey Moull/B: Heinz Balthes/
K: José Manuel Vazquez
07. 01. 95 Bielefeld: »Der Sturz
des Antichrist« (Ullmann)
ML: Rainer Koch/A: Thomas Gruber
11. 03. 95 Bielefeld:
»Der Rosenkavalier« (Strauss)
ML: Rainer Koch/B: Thomas Gruber/
K: José Manuel Vazquez
13. 05. 95 Augsburg: »Iphigenie in
Aulis«/»Iphigenie auf Tauris« (Gluck)
ML: Basil Coleman/A: Thomas Gruber
22. 06. 95 Hamburg: »Historia von
D. Johann Fausten« (Schnittke) UA
ML: Gerd Albrecht/A: Heinz Balthes

Dieter Dorn,

geb. 31. Oktober 1935 in Leipzig, nach
dem Abitur Besuch der Theaterhochschule in Leipzig, verläßt 1956 aus politischen Gründen die DDR und setzt
die Ausbildung am Max-Reinhardt-
Seminar in Berlin (West) fort. 1958 erstes Engagement als Regieassistent,
Dramaturg und Schauspieler in Hannover, arbeitet ab 1961 beim NDR,
1964 wird er Erster Spielleiter und
Dramaturg in Hannover, 1971 dann
Regisseur am Schauspielhaus Hamburg und wechselt 1972 in gleicher
Funktion an die Staatlichen Schauspielbühnen in Berlin. 1976 wird er
Oberspielleiter an den Münchner Kammerspielen und 1983 deren Intendant.

Literatur
Sabine Keck/Floria Jannucci,
a. a. O., S, 127 – 130
Stücke, die uns nicht aufregen,
gehen uns nichts an. Gespräch mit
Dieter Dorn, in : Herbert Mainusch ,
a. a. O., S. 37 – 47
Dieter Dorn : Der Text ist das
Wichtigste , in : C. Bernd Sucher ,
a. a. O., S. 32 – 51

Inszenierungen
15. 06. 79 Wien (Staatsoper): »Die

Entführung aus dem Serail« (Mozart)
ML: Karl Böhm/A: Jürgen Rose
28. 07. 79 Salzburg (Kleines Festspiel-
haus): »Ariadne auf Naxos« (Strauss)
ML: Karl Böhm/A: Jürgen Rose
27. 06. 81 Kassel:
»Ein Menschentraum« (Hamel)
ML: Jean-Pierre Faber/A: Hans Kleber
31. 10. 82 München (Staatsoper):
»Wozzeck« (Berg)
ML: Gary Bertini/A: Jürgen Rose
30. 08. 84 Ludwigsburg:
»Così fan tutte« (Mozart)
ML: Wolfgang Gönnenwein/A: Jürgen
Rose
17. 08. 87 Ludwigsburg:
»Die Hochzeit des Figaro« (Mozart)
ML: Wolfgang Gönnenwein/A: Jürgen
Rose
27. 07. 90 Bayreuth:
»Der fliegende Holländer« (Wagner)
ML: Giuseppe Sinopoli/A: Jürgen Rose
02. 02. 93 München (Cuvilliés-
Theater): »Così fan tutte« (Mozart)
ML: Peter Schneider/A: Jürgen Rose
27. 03. 94 Berlin (Staatsoper):
»Elektra« (Strauss)
ML: Daniel Barenboim/A: Yannis
Kounellis
12. 10. 94 Straßburg:
»Salome« (Strauss)
ML: Friedrich Haider/A: Rosalie

Adolf Dresen,

geb. 31. März 1935 in Eggesin/Vor-
pommern, begann 1953 ein Studium
der Germanistik in Leipzig und leitete
dort die Studiobühne. Erste Regiearbeiten am Theater in Magdeburg 1960,
danach Regisseur in Greifswald (sein
»Hamlet« wurde dort 1964 verboten).
1965 Engagement ans Deutsche Theater Berlin. 1974 erste Inszenierung im
Westen (Münchner Kammerspiele). Er
verläßt 1977 in der Folge der Bier-
mann-Ausbürgerung die DDR, geht
zunächst nach Basel, dann nach Wien,
wo er bis 1981 am Burgtheater engagiert ist. 1981 bis 1985 Direktor am
Schauspiel Frankfurt (Rücktritt auf
eigenen Wunsch). Seither als freier
Regisseur tätig und seit 1993 auch Professor an der Folkwang-Hochschule in
Essen.

Literatur
Adolf Dresen, Siegfrieds Vergessen.
Kultur zwischen Konsens und Kon-
flikt. Ch. Links Verlag Berlin 1992
Adolf Dresen, Der Opern-Boom,
auf den wir verzichten können, in: Die
Deutsche Bühne. 57. Jg., H. 6 (Jan. '86),
S. 37 – 39
Theater ist die Herstellung der
Polis. Gespräch mit Adolf Dresen, in:
Herbert Mainusch, a. a. O., S. 49 – 58
Adolf Dresen im Gespräch mit
Thomas Voigt, in: Opernwelt. 34. Jg.,
H. 2 (Febr. '93), S. 19 – 22

Inszenierungen
11. 02. 79 Hamburg:
»Eugen Onegin« (Tschaikowski)
ML: Christoph von Dohnányi/B: Karl-
Ernst Herrmann/K: Margit Bardy
20. 09. 81 Hamburg: »Die
florentinische Tragödie«/»Der
Geburtstag der Infantin« (Zemlinsky)
ML: Gerd Albrecht/A: Margit Bardy
01. 10. 85 London (Covent Garden):
»Die florentinische Tragödie«/»Der
Geburtstag der Infantin« (Zemlinsky)
ML: Colin Davis/A: Margit Bardy
17. 06. 86 Brüssel:
»Boris Godunow« (Mussorgski)
ML: Michael Schönwandt/A: Margit
Bardy
30. 10. 86 Hamburg:
»Die verkaufte Braut« (Smetana)
ML: Hans Zender/A: Margit Bardy
12. 06. 87 Wien (Staatsoper):
»Wozzeck« (Berg)
ML: Claudio Abbado/B: Herbert
Kapplmüller/K: Margit Bardy
27. 10. 87 Brüssel:
»Jenufa« (Janáček)
ML: Sylvain Cambreling/A: Margit
Bardy
03. 05. 88 Schwetzingen:
»Der Wald« (Liebermann)
ML: Zoltán Peskó/B: A. Dresen/Max
von Vequel-Westernach/
K: Petra Kray
26. 06. 88 Berlin (Komische Oper):
»Eugen Onegin« (Tschaikowski)
ML: Rolf Reuter/B: Karl-Ernst
Herrmann/K: Margit Bardy
07. 01. 89 Frankfurt:
»Der Wald« (Liebermann)
ML: Zoltán Peskó/A: A. Dresen/Max

von Vequel-Westernach/K: Petra Kray
31. 03. 89 Brüssel:
»Fidelio« (Beethoven)
ML: Hans Zender/A: Margit Bardy
18. 06. 89 Stuttgart:
»Der fliegende Holländer« (Wagner)
ML: Garcia Navarro/A: Wolf
Münzner
22. 06. 90 Antwerpen:
»Eugen Onegin« (Tschaikowski)
ML: Rudolf Werthen/B: Karl-Ernst
Herrmann/K: Margit Bardy
15. 10. 90 Wien (Volksoper): »Die
florentinische Tragödie«/»Der
Geburtstag der Infantin« (Zemlinsky)
ML: Isaac Karabtchevsky/A: Margit
Bardy
24. 11. 90 London (Covent Garden):
»Fidelio« (Beethoven)
ML: Christoph von Dohnányi/
A: Margit Bardy
27. 09. 91 Paris (Théâtre du
Châtelet): »Lulu« (Berg)
ML: Jeffrey Tate/B: Herbert
Kapplmüller/K: Bettina Walter
28. 09. 92 Paris (Théâtre du Châte-
let): »Eugen Onegin« (Tschaikowski)
ML: Semyon Bychkov/B: Karl-Ernst
Herrmann/K: Margit Bardy
14. 10. 92 Wien (Staatsoper):
»Der Ring des Nibelungen« (Wagner)
»Das Rheingold«
19. 12. 92 »Die Walküre«
14. 03. 93 »Siegfried«
17. 05. 93 »Götterdämmerung«
ML: Christoph von Dohnányi/
Antonio Pappano («Siegfried«)/
A:Herbert Kapplmüller
03. 10. 93 Paris (Théâtre du Châte-
let): »Der Rosenkavalier« (Strauss)
ML: Armin Jordan/B: Matthias
Fischer-Dieskau/K: Bettina Walter
06. 11. 94 Antwerpen:
»Eugen Onegin« (Tschaikowski)
ML: Stefan Soltesz/A: Karl-Ernst
Herrmann
25. 03. 95 Paris (Théâtre du
Châtelet): »Peter Grimes« (Britten)
ML: Jeffrey Tate/B: Matthias Fischer-
Dieskau/K: Bettina Walter
01. 06. 95 Bologna:
»Der Rosenkavalier« (Strauss)
ML: Christian Thielemann/B: Martin
Fischer-Dieskau/K: Bettina Walter

Jürgen Flimm,

geb. 17. Juli 1941 in Gießen, in Köln
aufgewachsen, wo er Germanistik,
Soziologie und Theaterwissenschaften
studierte. 1968 führte ihn sein erstes
Engagement nach München, wo er
Regieassistent an den Münchner Kammerspielen wird. 1971 Spielleiter in
Mannheim und 1973 Oberspielleiter
am Thalia Theater Hamburg, von 1979
bis 1985 Intendant der Kölner Schau-
spiele, seit 1985 Intendant des Thalia
Theaters Hamburg.

Literatur
Jürgen Flimm: Das ist ja nicht von
Pappe!, in: C. Bernd Sucher, a. a. O.,
S. 52 – 69
Wend Kässens/Jörg W. Gronius, a.
a. O., S. 25 – 47

Inszenierungen
26. 06. 78 Frankfurt:
»Il gran sole carico d'amore« (Nono)
ML: Michael Gielen/B: Karl-Ernst
Herrmann/K: Nina Ritter
24. 05. 81 Hamburg: »Hoffmanns
Erzählungen« (Offenbach)
ML: Silvio Varviso/B: Rolf
Glittenberg/A. Marianne Glittenberg
24. 01. 90 Amsterdam:
»Così fan tutte« (Mozart)
ML: Nikolaus Harnoncourt/B: Rolf
Glittenberg/K: M. Glittenberg
20. 04. 91 Wien (Staatsoper):
»Der ferne Klang« (Schreker)
ML: Gerd Albrecht/B: Rolf
Glittenberg/B: Marianne Glittenberg
28. 03. 92 Zürich:
»Fidelio« (Beethoven)
ML: Nikolaus Harnoncourt/B: Rolf
Glittenberg/K: Marianne Glittenberg
07. 05. 93 Amsterdam:
»Le nozze di Figaro« (Mozart)
ML: Nikolaus Harnoncourt/B: Rolf
Glittenberg/K: Marianne Glittenberg
24. 07. 93 Salzburg (Festspiele):
»L'incoronazione di Poppea«
(Monteverdi)
ML: Nikolaus Harnoncourt/B: Rolf
Glittenberg/K: Marianne Glittenberg
05. 02. 94 Zürich: »Alcina« (Händel)
ML: Nikolaus Harnoncourt/B: Erich
Wonder/K: Florence von Gerkan

06. 05. 95 Wien (Theater an der
Wien): »L'anima del filosofo ossia
Orfeo ed Euridice« (Haydn)
ML: Nikolaus Harnoncourt/B: George
Tsypin/K: Florence von Gerkan

Achim Freyer,

geb. 30. März 1934 in Miersdorf b.
Berlin, begann 1951 ein Studium der
Gebrauchsgrafik in Berlin. Entwirft ab
1959 Ballettdekorationen und -kostüme
für Ruth Berghaus und arbeitet ab 1962
an zahlreichen Puppentrickfilmen für
die DEFA mit. Es folgen Bühnenausstattungen – u. a. 1968 »Der Barbier
von Sevilla« (Regie: Berghaus), 1970
»Clavigo« (Regie: Dresen), die verboten wurde. 1971 setzt Freyer sich in
den Westen ab, wohnt zunächst in
Köln und stattet in der Folgezeit zahlreiche Opern-Inszenierungen von
Hans Neugebauer aus: »Cardillac«
(Köln 1973 u. Berlin 1978), »Wozzeck«
(Köln 1975 u. Brüssel 1981), »Pelléas et
Mélisande« (Köln 1975), »Moses und
Aron« (Köln 1978). Erste eigene Insze-
nierung 1974 am Schloßparktheater
Berlin (»Maria Magdalena«), seit 1976
Professor für Bühnenbild an der Hoch-
schule der Künste, Berlin.

Literatur
Peter Simhandl, Achim Freyer
(Regie im Theater, hrsg. von Claudia
Balk), Fischer Taschenbuch Verlag
Frankfurt/M. 1991 – mit Auswahlbi-
bliografie
Norbert Ely, Achim Freyer – Innen-
räume eines Bildners, in: Stefan Jae-
ger/N. Ely, a. a. O., S. 19 – 46
Sabine Keck/Floria Jannucci,
a. a. O., S. 19 – 24
Achin Freyer, Taggespinste Nacht-
gesichte, hrsg, von der Akademie der
Künste, Henschel Verlag Berlin 1994

Inszenierungen
08. 10. 77 Berlin (Hochschule d.
Künste): »Maulwerke« (Schnebel)
ML: Dieter Schnebel
29. 10. 79 München (Staatsoper):
»Iphigenie auf Tauris« (Gluck)
ML: Karl Richter

12. 10. 80 Stuttgart:
»Der Freischütz« (Weber)
ML: Dennis Russell Davies
03. 10. 81 Stuttgart:
»Satyagraha« (Glass)
ML: Dennis Russell Davies
20. 05. 82 Hamburg:
»Die Zauberflöte« (Mozart)
ML: Christoph von Dohnányi
27. 06. 82 Berlin (Deutsche Oper):
»Orfeo ed Euridce« (Gluck)
ML: Jesus Lopez Cobos
24. 03. 84 Stuttgart:
»Echnaton« (Glass)
ML: Dennis Russell Davies
10. 02. 85 Berlin (Deutsche Oper):
»Der Messias« (Händel)
ML: Christopher Hogwood
07. 02. 86 Stuttgart: »Eine
musikalische Soirée mit
Matricia Persevers« (Ferrari)
ML: Caspar de Roo
08. 10. 88 Ludwigsburg
(Stuttgart 22. 10. 88): »Einstein on
the beach« (Glass)
ML: Michael Riesmann
20. 01. 91 Basel:
»Iphigenie auf Tauris« (Gluck)
ML: Michael Boder
08. 03. 91 Amsterdam:
»Iphigenie auf Tauris« (Gluck)
ML: Graeme Jenkins
12. 05. 91 Hamburg:
»Vergänglichkeit« (Schnebel)
ML: Marc Albrecht/B: Maria-Elena
Amos/K: Virginia Arndt
10. 05. 92 Kiel: »Freyer und
Toscanini proben Traviata«
ML: Thorsten Schmidt-Kapfenburg
27. 05. 93 Wien (Theater an der
Wien): »Alceste« (Gluck)
ML: Thomas Hengelbrock
23. 01. 94 Berlin (Staatsoper):
»Alceste« (Gluck)
ML: Thomas Hengelbrock
07. 06. 94 Venedig: »Turandot«
(Busoni)/»Perséphone« (Strawinsky)
ML: Michael Boder/K: Maria-Elena
Amos
01. 10. 94 Brüssel:
»Tristan und Isolde« (Wagner)
ML: Antonio Pappano

Klaus Michael Grüber,

geb. 4. Juni 1941 in Neckarelz, Schau-
spielunterricht in Stuttgart, wird danach Regieassistent und Mitarbeiter
von Giorgio Strehler am Piccolo Teatro
in Mailand, inszeniert dort selbst 1967
Brechts »Prozeß der Jeanne d'Arc«.
Arbeitet danach 1969 als Regisseur in
Bremen und seit 1972 regelmäßig an
der Schaubühne Berlin.

Literatur
Uwe B. Carstensen, Klaus Michael
Grüber (Regie im Theater, hrsg. von
Claudia Balk). Fischer Taschenbuch
Verlag Frankfurt/M. 1988 – mit Aus-
wahlbibliografie
Klaus Michael Grüber: Ein Mensch
der von Schönheit erzählt, in: C. Bernd
Sucher, a. a. O., S. 70 – 93
Luc Bondy, Es ist so schwer, die
Illusion zu schaffen, in: Der Spiegel,
Nr. 17/1981, S. 218 ff.

Inszenierungen
08. 04. 71 Bremen: »Wozzeck« (Berg)
ML: Hermann Michael/A: Eduardo
Arroyo
06. 02. 72 Bremen:
»Julius Cäsar in Ägypten« (Händel)
ML: Hermann Michael/B: Wilfried
Minks/K: W. Minks/Maja Lemcke
26. 06. 74 Frankfurt:
»Herzog Blaubarts Burg« (Bartók)/
»Erwartung« (Schönberg)
ML: Christoph von Dohnányi/
B: K. M. Grüber/Max von Vequel/
K: Moidele Bickel
18. 12. 76 Paris (Palais Garnier):
»Die Walküre« (Wagner)
ML: Georg Solti/B: Eduardo Arroyo/
K: Moidele Bickel
30. 04. 83 Florenz (Maggio Musicale):
»Tannhäuser« (Wagner)
ML: Emil Tchakarov/A: Carlo
Tommasi
18. 04. 84 Paris (Châtelet):
»La Cenerentola« (Rossini)
ML: Donato Renzetti/B: Eduardo
Arroyo/K: Eduardo Arroyo/Rudy
Sabounghi
22. 11. 91 Paris (Opéra Comique):
»Hyperion« (Maderna)
ML: Peter Eötvös

30. 07. 92 Salzburg (Festspiele):
»Aus einem Totenhaus« (Janáček)
ML: Claudio Abbado/A: Eduardo
Arroyo
15. 02. 93 Paris (Châtelet):
»La Traviata« (Verdi)
ML: Antonio Pappano/A: Lucio Fanti
02. 09. 93 Amsterdam:
»Parsifal« (Wagner)
ML: Hartmut Haenchen/B: Gilles
Aillaud/K: Moidele Bickel
04. 11. 95 Brüssel: »Erwartung«/
»Verklärte Nacht« (Schönberg)
ML: Antonio Pappano/ Choreografie:
de Keersmaeker

Karl-Ernst Herrmann,

geb. 1936 in Neukirch (Oberlausitz),
studierte an der Hochschule der Künste in Berlin Bühnenbild bei Willi
Schmidt. 1961 folgte sein erstes Engagement an das Theater in Ulm, 1963
bis 1969 dann am Theater in Bremen,
hier begann auch die Zusammenarbeit
mit Peter Stein. Nach einem Engagement am Theater Braunschweig, war
er von 1971 bis 1982 an der Schaubühne Berlin.

Ursel Herrmann,

geb. in Rheinsberg, studierte Literatur
und Geschichte an der Freien Univer-
sität Berlin, von 1980 bis 1984 war sie
Dramaturgin am Schauspielhaus Hamburg.

Literatur
Brigitte Landes, Kommen Sie rein,
da können Sie rausgucken. Ein Porträt
des Bühnenbildners und Regisseurs
Karl-Ernst Herrmann, in: Die Zeit,
Nr. 21 v. 20. 05. 83
Karl-Ernst Herrmann im Gespräch
mit Andra Wolowiec, in: Das Opernglas. 10. Jg., H. 9 (Sept. '89), S. 40 – 42
Interview mit Karl-Ernst Herrmann
von Imre Fabian, in: Opernwelt.
32. Jg., H. 2 (Febr. '91), S. 19/20

Inszenierungen
16. 06. 82 Brüssel:
»La clemenza di Tito« (Mozart)
ML: Sylvain Cambreling

02. 10. 84 Brüssel:
»Don Giovanni« (Mozart)
ML: Sylvain Cambreling
15. 04. 86 Brüssel:
»La finta giardiniera« (Mozart)
ML: Sylvain Cambreling
21. 04. 87 Brüssel:
»La Traviata« (Verdi)
ML: Sylvain Cambreling
27. 04. 88 Brüssel:
»Orfeo ed Euridice« (Gluck)
ML: Sylvain Cambreling
12. 05. 89 Wien (Staatsoper): »Die
Entführung aus dem Serail« (Mozart)
ML: Nikolaus Harnoncourt
18. 02. 90 Brüssel: »Die Entführung
aus dem Serail« (Mozart)
ML: Hans Zender
25. 01. 91 Salzburg (Landestheater):
»Die Zauberflöte« (Mozart)
ML: Sylvain Cambreling
27. 07. 92 Salzburg
(Kleines Festspielspielhaus):
»La clemenza di Tito« (Mozart)
ML: Gustav Kuhn
21. 01. 94 Salzburg (Mozarteum):
»Ombra felice« (Mozart)
ML: Heinz Holliger
16. 12. 95 Brüssel:
»Il Turco in Italia» (Rossini)
ML: Ivan Fischer

Hansgünther Heyme,

geb. 22. August 1935 in Bad Mergent-
heim, studierte Architektur in Karlsruhe und Soziologie, Germanistik und
Philosophie in Heidelberg. Begann
seine Theaterarbeit 1964 als Oberspielleiter in Wiesbaden, wurde 1968 Co-
Direktor in Köln und ab 1975 alleiniger
Direktor. 1979 wechselte er in gleicher
Funktion nach Stuttgart. 1985 übernahm er die Leitung des Schauspiels
Essen.

Literatur
Günther Erken, Hansgünther
Heyme (Regie im Theater, hrsg. von
Claudia Balk). Fischer Taschenbuch
Verlag Frankfurt 1989 – mit umfang-
reicher Auswahlbibliografie
Wend Kässens/Jörg W. Gronius ,
a. a. O., S. 48 – 68

Inszenierungen
18. 07. 75 Nürnberg:
»Wozzeck« (Berg)
ML: Hans Gierster/A: Frank Schultes
16. 07. 77 Nürnberg: »Lulu« (Berg)
ML: Wolfgang Gayler/A: Frank
Schultes
08. 07. 78 Nürnberg:
»Das Rheingold« (Wagner)
ML: Hans Gierster/A: Frank Schultes
05. 06. 81 Stuttgart (Kammer-
theater): »Aspern« (Sciarrino)
ML: Bernhard Kontarsky/A: Frank
Schultes
18. 06. 83 Frankfurt:
»Manon Lescaut« (Puccini)
ML: Michael Gielen/A: Wolf Münzner
15. 02. 87 Essen:
»Andrea Chénier« (Giordano)
ML: Guido Ajmone-Marsan/A: Wolf
Münzner
11. 02. 89 Düsseldorf:
»Julius Cäsar« (Händel)
ML: Michael Luig/A: Wolf Münzner
03. 02. 93 Bremen:
»La Bohème« (Puccini)
ML: Marcello Viotti
07. 06. 94 Bonn (Kunsthalle):
»Gorbatschow« (Hummel)
A: Wolf Münzner

Hans Hollmann,

geb. 4. Februar 1933 in Graz, studierte
zunächst Recht (mit anschließender
Promotion), um dann ein Schauspiel-
und Regiestudium am Max-Reinhardt-
Seminar in Wien zu beginnen. Arbeitet
als Schauspieler und Regisseur am
Theater in der Josefstadt und fand 1967
mit seiner Inszenierung von Horváths
»Italienischer Nacht« am Staatstheater
Stuttgart überregionale Beachtung.
1975 bis 1978 war er Direktor des Bas-
ler Theaters. Seit 1992 ist er Professor
für Theaterregie in Frankfurt.

Literatur
Georg Hensel, Zwischen
Aufklärung und Aberwitz. Große The-
men, künstliche Gesten: Dem Regis-
seur Hans Hollmann zum sechzigsten
Geburtstag, in: Frankfurter Allgemeine
Zeitung vom 04. 02. 93
Theater opponiert gegen Systeme.

Gespräch mit Hans Hollmann, in: Herbert Mainusch , a. a. O., S. 69 – 80

Inszenierungen
1976 Nürnberg:
»Die Hochzeit des Figaro« (Mozart)
17. 09. 77 Frankfurt:
»Don Giovanni« (Mozart)
ML: Michael Gielen/A: Andreas
Reinhardt
Nov. 1977 Basel:
»Das Rheingold« (Wagner)
ML: Armin Jordan/A: Andreas
Reinhardt
07. 05. 78 Basel:
»Die Walküre« (Wagner)
ML: Armin Jordan/A: Andreas
Reinhardt
17. 10. 81 Graz: »Lulu« (Berg)
ML: Friedrich Cerha/B: Wolfgang
Mai/K: H. Wartenegg
1983 Leeds:
»Die Fledermaus« (Strauß)
B: John Gunther
04. 04. 83 Kassel:
»Tristan und Isolde« (Wagner)
ML: Woldemar Nelsson/A: B. Leitner
02. 05. 84 Schwetzingen:
»Ophelia« (Kelterborn)
ML: Arturo Tamayo/B: Hans Hoffer/
K: Frida Parmeggiani
05. 05. 85 Stuttgart:
»König Hirsch« (Henze)
ML: Dennis Russell Davies/B: Hans
Hoffer/K: Frida Parmeggiani
20. 09. 86 Stuttgart:
»Die Fledermaus« (Strauß)
ML: Janos Fürst/B: Herbert
Kapplmüller/K: Joachim Herzog
26. 09. 87 Graz:
»Der Rattenfänger« (Cerha)
ML: Friedrich Cerha/B: Herbert
Kapplmüller/K: Frida Parmeggiani
25. 09. 88 Basel: »Otello« (Verdi)
ML: Armin Jordan/B: Hans Hoffer/
K: Gera Graf
11. 03. 89 Freiburg:
»Die Zauberflöte« (Mozart)
ML: Gerhard Markson/B: Herbert
Kapplmüller/K: Gera Graf
28. 01. 90 Basel:
»Tristan und Isolde« (Wagner)
ML: Michael Boder/B: Herbert
Wernicke/K: Anuschka Meyer-Riehl

14. 10. 90 Basel:
»Boris Godunow« (Mussorgski)
ML: Michael Boder/B: Hans Hoffer/
K: Anette Schröder
18. 10. 92 Dresden:
»Arabella« (Strauss)
ML: Wolfgang Rennert/B: Hans
Hoffer/K: Monika von Zallinger
18. 04. 93 Basel: »Tosca« (Puccini)
ML: Michael Boder/B: Hans Hoffer/
K: Monika von Zallinger
02. 01. 94 Zürich:
»Andrea Chénier« (Giordano)
ML: Manfred Honeck/B: Hans
Hoffer/K: Dirk von Bodisco
06. 03. 94 Basel: »Lulu« (Berg)
ML: Michael Boder/B: Wolfgang Mai
21. 05. 94 Dresden:
»Das schlaue Füchslein« (Janáček)
ML: Wolfgang Rennert/B: Herbert
Kapplmüller/K: Günter Brus
25. 03. 95 Düsseldorf:
»Tannhäuser« (Wagner)
ML: Hans Wallat/B: Hans Hoffer/
K: Dirk von Bodisco
21. 05. 95 Graz: »Elektra« (Strauss)
ML: Wolfgang Bozic/A: Günther
Domenig.
24. 06. 95 Zürich: »Norma« (Bellini)
ML: Eliahu Inbal
30. 09. 95 Dresden:
»Le nozze di Figaro« (Mozart)
ML: Colin Davis/B: Andreas
Reinhardt/K: Monika von Zallinger

Andreas Homoki,

geb. 1960. Eltern kamen 1956 von Un-
garn nach Deutschland, Vater war
zunächst Mitglied der Philharmonia
Hungarica, später in Bremen. Studierte
an der Hochschule der Künste in Berlin, Regieassistent bei Harry Kupfer,
wurde 1987 Spielleiter an der Kölner
Oper und arbeitet seit einiger Zeit als
freier Regisseur.

Literatur
Konzentration auf das Wesentliche.
Der Regisseur Andreas Homoki im
Gespräch mit Wolf-Eberhard von Le-
winski, in: Oper 1993. Jahrbuch der
Zeitschrift »Opernwelt«. Erhard
Fischer Verlag Velber, S. 78 – 81

Inszenierungen
25. 06. 88 Oslo:
»Bastien und Bastienne« (Mozart)
ML: Terje Boye Hansen/A: Dagmar
Fromme
18. 01. 90 Köln (Musikhochschule):
»Jakob Lenz« (Rihm)
ML: Francis Sippy/B: Linda Bruno/
K: Ulrike Zimmermann
21. 09. 90 Köln (Opernstudio):
»Nacht mit Gästen« (Febel)
ML: Simone Young/B: Dieter
Richter/K: Ulrike Zimmermann
21. 02. 91 Köln (Musikhochschule):
»Das Telefon« (Menotti)/»Der arme
Matrose« (Milhaud)
ML: Francis Sippy/B: Linda Bruno/
K: Ulrike Zimmermann
21. 06. 91 Wellington:
»Il Trovatore« (Verdi)
ML: Patrick Thomas/A: Uwe Müller-
Veith
30. 01. 92 Köln (Musikhochschule):
»L'enfant et les sortilèges« (Ravel)
ML: Francis Sippy/B: Bettina
Neuhaus/K: Mechthild Seipel
08. 11. 92 Genf:
»Die Frau ohne Schatten« (Strauss)
ML: Horst Stein/A: Wolfgang
Gussmann
06. 02. 93 Mainz:
»Cavalleria Rusticana«/»Der Bajazzo«
(Mascagni/Leoncavallo)
ML: Peter Erckens/B: Klaus
Baumeister/K: Ulrike Zimmermann
02. 10. 93 Essen:
»Madame Butterfly« (Puccini)
ML: Toshiyuki Kamioka/B: Wolfgang
Gussmann/K: Gabriele Jänecke
29. 01. 94 Hannover:
»Das Schloß« (Reimann)
ML: Hans Urbanek/B: Hartmut
Meyer/K: Mechthild Seipel
07. 03. 94 Paris (Théâtre du Châtelet):
»Die Frau ohne Schatten« (Strauss)
ML: Christoph von Dohnányi/
A: Wolfgang Gussmann
22. 05. 94 Köln:
»Der Wildschütz« (Lortzing)
ML: Lothar Zagrosek/B: Frank-Philipp
Schlößmann/Gabriele Jänecke
16. 10. 94 Hamburg:
»Rigoletto« (Verdi)
ML: Roberto Abbado/A: Wolfgang
Gussmann

21. 12. 94 Freiburg:
»Simone Boccanegra« (Verdi)
ML: Johannes Fritzsch/B: Frank-Philipp
Schlößmann/K: Gabriele Jänecke
29. 04. 95 Wiesbaden:
»Tristan und Isolde« (Wagner)
ML: Oleg Caetani/B: Hartmut
Meyer/K: Mechthild Seipel
12. 06. 95 Genf: »Orphée« (Gluck)
ML: Jeffrey Tate/A: Wolfgang
Gussmann
17. 11. 95 Köln:
»Die Zauberflöte« (Mozart)
ML: Georg Fischer/B: Hartmut
Meyer/K: Mechthild Seipel
15. 03. 96 Berlin (Komische Oper):
»Falstaff« (Verdi)
ML: Yakov Kreizberg/B: Frank-Philipp
Schlößmann/K: Mechthild Seipel

Alfred Kirchner,

geb. 22. Mai 1937 in Göppingen,
Schauspielausbildung zwischen 1957
und 1959 am Max-Reinhardt-Seminar
in Berlin, danach Engagement bis 1963
als Schauspieler und Regieassistent in
Kiel, von 1963 bis 1970 Assistent und
Regisseur in Bremen, 1972 bis 1979
Oberspielleiter in Stuttgart und von
1979 bis 1986 in gleicher Funktion am
Schauspielhaus Bochum. Operetten-
inszenierungen in Bremen (»Der Vogelhändler«) und Stuttgart (»Die Blume
von Hawai«). 1986 wurde er Oberspielleiter am Burgtheater. Zwischen
1990 und 1993 war er Generaldirektor
der Staatlichen Schauspielbühnen Berlin.

Literatur
Interview mit Alfred Kirchner von
Imre Fabian, in: Opernwelt. 29. Jg.,
H. 12 (Dez. 1988), S. 15/16

Inszenierungen
08. 07. 79 Frankfurt:
»Jenufa« (Janáček)
ML: Michael Gielen/A: Marco Arturo
Marelli
18. 06. 81 Frankfurt:
»Die Soldaten« (B. A. Zimmermann)
ML: Michael Gielen/A: Karl Kneidl/
Choreographie: Hans Kresnik
25. 04. 82 Schwetzingen:

»Die wundersame Schustersfrau«
(U. Zimmermann)
ML: Peter Gülke/A: Axel Manthey
28. 05. 82 Hamburg:
»Die wundersame Schustersfrau«
(U. Zimmermann)
ML: Peter Gülke/A: Axel Manthey
02. 10. 82 Frankfurt:
»Un ballo in maschera« (Verdi)
ML: Judith Somogi/B: Marco Arturo
Marelli/K: Anna Viebrock
28. 07. 84 Santa Fé:
»Wir erreichen den Fluß« (Henze)
ML: Dennis Russell Davies/A: John
Cronklin
09. 09. 84 Frankfurt:
»Eugen Onegin« (Tschaikowski)
ML: Peter Hirsch/A: Nina Ritter
15. 06. 86 Frankfurt:
»Stephen Climax« (Zender)
ML: Peter Hirsch/B: Gianni
Colombo/K: Randi Bubat
26. 07. 86 Santa Fé: »Der König
geht nach Frankreich« (Sallinen)
ML: Richard Buckley/A: John Cronklin
21. 01. 88 Amsterdam:
»Don Giovanni« (Mozart)
ML: Nikolaus Harnoncourt/B: Götz
Loepelmann/K: Joachim Herzog
25. 07. 88 Santa Fé:
»Die schwarze Maske« (Penderecki)
ML: George Manahan/A: John
Cronklin
21. 01. 89 Wien (Staatsoper):
»Chowanschtschina« (Mussorgski)
ML: Claudio Abbado/B: Erich
Wonder/K: Joachim Herzog
14. 01. 90 Hamburg:
»Idomeneo« (Mozart)
ML: Gerd Albrecht/A: Rosalie
25. 09. 91 Berlin
(Schloßpark-Theater): »Der Schau-
spieldirektor« (Mozart)
ML: Sebastian Lang/B: Vincent
Callara/K: Joachim Herzog
01. 12. 93 Amsterdam:
»La Traviata« (Verdi)
ML: Graeme Jenkins/B: Bernhard
Kleber/K: Joachim Herzog
26. 07. 94 Bayreuth:
»Der Ring des Nibelungen« (Wagner)
»Das Rheingold«
27. 07. 94 »Die Walküre«
29. 07. 94 »Siegfried«
31. 07. 94 »Götterdämmerung«

ML: James Levine/A: Rosalie
19. 10. 95 Wien (Staatsoper):
»Der Freischütz« (Weber)
ML: Leopold Hager/B: Erich Wonder/
K: Joachim Herzog

Peter Konwitschny,

geb. 1945 in Frankfurt/Main, 1949
Umzug der Familie nach Leipzig, Phy-
sikstudium in Berlin, 1964 – 65 Prakti-
kum an der Deutschen Staatsoper Berlin, 1965 – 70 Regiestudium an der
Hochschule für Musik »Hanns Eisler«,
Berlin, danach Assistent am Berliner
Ensemble und ab 1980 freie Regiearbeit, 1986 – 90 Regisseur am
Landestheater Halle, ab 1990 wieder
als freier Regisseur tätig.

Literatur
Frank Kämpfer, Sehnsucht nach
unentfremdeter Produktion. Der Re-
gisseur Peter Konwitschny. Zentrum
für Theaterdokumentation und -infor-
mation Berlin 1992
Frank Kämpfer, Theater – Spiel –
Raum für soziale Utopie. Zugänge zur
Regiearbeit von Peter Konwitschny, in:
Neue Zeitschrift für Musik, H. 1/1992
Peter Konwitschny, ein Regisseur
der Zukunft. Interview mit Peter Kon-
witschny von Christine Lemke, in: Mu-
sik & Theater, H. 6/1990
Daniela Reinhold, Peter
Konwitschny, DDR. Ein Porträt, in:
Die Deutsche Bühne, H. 2/1990

Inszenierungen
27. 02. 77 Berlin (Staatsoper): »R. Hot
bzw. Die Hitze« (Goldmann) UA
ML: Friedrich Goldmann/
A: Karl-Heinz Schäfer
31. 01. 81 Greifswald:
»Gräfin Mariza«
ML: Franz Kliem/B: Pieter Hein/
K: Katrine Cremer
22. 01. 82 Greifswald:
»Die Spieldose« (Hanell)
ML: Wilfried Koball/A. Jochen Heite
12. 06. 83 Altenburg:
»Der Freischütz« (Weber)
ML: Reinhard Kießling/A: Gabriele
Koerbl
13. 05. 84 Halle:

»Floridante« (Händel)
ML: Christian Kluttig/A: Kathrin
Mentzel
28. 07. 85 Montepulciano:
»L'occasione fa il ladro« (Rossini)/
»Arlecchino« (Busoni)
ML: Antony Beaumont/A: Klaus
Noack
22. 03. 86 Halle:
»Orpheus und Eurydike« (Gluck)
ML: Harald Knauff/B: Helmut
Brade/K: Sabine von Oettingen
26. 10. 86 Leipzig:
»Der Waffenschmied« (Lortzing)
ML: Johannes Winkler/B: Axel
Pfefferkorn/K: Jutta Harnisch
25. 12. 86 Berlin (Friedrichstadt-
palast/»Das Ei«): »Die elektro-
magnetische Gesangsstunde«/
»Ritter Eisenfraß oder Der letzte
Paladin« (Offenbach)
ML: Henry Krtschil/B: Pieter Hein/
K: Ursula Wolf
15. 03. 87 Halle: »Rinaldo« (Händel)
ML: Christian Kluttig/B: Helmut
Brade/K: Katrin Scholz
26. 09. 87 Kassel:
»Herzog Blaubarts Burg« (Bartók)
ML: Adam Fischer/A: Helmut Brade
16. 12. 87 Dresden (Staatsschau-
spiel): »The unanswered question«
(Ives)/»Die sieben Todsünden« (Weill)
ML: Udo Zimmermann/Eckehard
Mayer/Choreografie: Arila Siegert/
A: Jens Büttner
28. 02. 88 Halle: »Rigoletto« (Verdi)
ML: Christian Kluttig/B: Martin
Fischer/K: Monika Ringat
01. 05. 88 Halle:
»Aci, Galatea e Polifemo« (Händel)
ML: Ludwig Güttler/B: Helmut
Brade/K: Friederike Grumbach
25. 12. 88 Halle: »Carmen« (Bizet)
ML: Christian Kluttig/B: Helmut
Brade/K: Katrin Scholz
15. 09. 89 Basel:
»Fidelio« (Beethoven)
ML: Michael Boder/B: Helmut
Brade/K: Katrin Scholz
09. 12. 89 Kassel:
»Der Waffenschmied« (Lortzing)
ML: Andreas Kowalewitz/B: Axel
Pfefferkorn/K: Jutta Harnisch
28. 04. 90 Halle:
»Tamerlan« (Händel)

ML: Christian Kluttig/B: Helmut
Brade/K: Andrea Eisensee, Anne
Grimm
09. 06. 90 Nürnberg:
»Orpheus und Eurydike« (Gluck)
ML: Christian Reuter/B: Helmut
Brade/K: Sabine von Oettingen
24. 02. 91 Graz:
»Die verkaufte Braut« (Smetana)
ML: Wolfgang Bozic/B: Jörg
Koßdorff/K: Michaele Mayer/
Choreografie: Enno Markwart
09. 06. 91 Basel:
»Herzog Blaubarts Burg« (Bartók)/
»Erwartung« (Schönberg)
ML: Ingo Metzmacher/A: Helmut
Brade
15. 12. 91 Leipzig:
»La Bohème« (Puccini)
ML: Stefan Soltesz/A: Johannes
Leiacker
21. 03. 92 Dresden: »Hoffmanns
Erzählungen« (Offenbach)
ML: Caspar Richter/A: Bert Neumann
03. 05. 92 Graz:
»Madame Butterfly« (Puccini)
ML: Wolfgang Bozic/B: Jörg Koßdorff/
K: Hanna Wartenegg
05. 09. 92 Leipzig:
»Herzog Blaubarts Burg« (Bartók)/
»Erwartung« (Schönberg)
ML: Udo Zimmermann/A: Helmut
Brade
15. 11. 92 Basel:
»Der Türke in Italien« (Rossini)
ML: Markus Stenz/A: Klaus Noack
09. 10. 93 Graz: »Die Entführung
aus dem Serail« (Mozart)
ML: Mario Venzago
04. 02. 94 Paris (Théâtre du
Châtelet): »Cassandre« (Jarrell)
ML: David Robertson
14. 04. 94 Bremen:
»Der feurige Engel« (Prokofjew)
ML: Ira Levin/A: Bert Neumann
02. 10. 94 Dresden:
»Un ballo in maschera« (Verdi)
ML: Ingo Metzmacher/A: Bert
Neumann
27. 11. 94 Graz: »Aida« (Verdi)
ML: Mario Venzago/B: Jörg Koßdorff/
K: Michaela Mayer
22. 01. 95 Leipzig:
»Eugen Onegin« (Tschaikowski)
ML: Jiri Kout/A: Johannes Leiacker

02. 04. 95 Dresden:
»Friedenstag« (Strauss)
ML: Stefan Soltesz/A: Johannes
Leiacker
01. 07. 95 München (Staatsoper):
»Parsifal« (Wagner)
ML: Peter Schneider/A: Johannes
Leiacker

Günter Krämer,

geb. 2. Dezember 1940 in Neustadt/
Weinstraße, studierte Germanistik,
Geschichte und Philosophie in Heidel-
berg und Freiburg. Beginnt 1970 als
Regisseur in Wiesbaden, Köln und
Hannover zu arbeiten, 1975 bis 1979
Engagement an den Staatlichen Schau-
spielbühnen Berlin. Ging 1980 als
Oberspielleiter nach Stuttgart und
wurde 1984 Leiter des Schauspiels in
Bremen. Seit 1. August 1990 ist er In-
tendant des Kölner Schauspiels.

Inszenierungen
22. 03. 86 Berlin (Deutsche Oper):
»Katja Kabanowa« (Janáček)
ML: Jiri Kout/A: Andreas Reinhardt
20. 12. 86 Düsseldorf:
»Die tote Stadt« (Korngold)
ML: Bohumil Gregor/A: Andreas
Reinhardt
18. 12. 87 Düsseldorf:
»Die Gezeichneten« (Schreker)
ML: Hans Wallat/B: Xenia Hausner/
K: Inge Kiettrich
07. 05. 88 Berlin (Deutsche Oper):
»Lady Macbeth von Mzensk«
(Schostakowitsch)
ML: Jiri Kout/A: Andreas Reinhardt
29. 06. 88 Spoleto: »Jenufa« (Janáček)
ML: Spiros Argiris/A: Andreas
Reinhardt
16. 11. 88 Düsseldorf:
»Macbeth« (Verdi)
ML: Hans Wallat/A: Andreas
Reinhardt
28. 05. 89 Hamburg:
»Der Schatzgräber« (Schreker)
ML: Gerd Albrecht/A: Andreas
Reinhardt
30. 09. 89 Berlin (Komische Oper):
»Der Freischütz« (Weber)
ML: Rolf Reuter/A: Andreas
Reinhardt

02. 12. 89 Düsseldorf:
»Die Teufel von Loudun« (Penderecki)
ML: Janos Kulka/A: Carlo Diappi
19. 01. 90 Berlin (Deutsche Oper):
»Die Sache Makropulos« (Janáček)
ML: Jiri Kout/A: Andreas Reinhardt
09. 06. 90 Hamburg: »Aufstieg und
Fall der Stadt Mahagonny (Weill)
ML: Bruno Weil/A: A. Reinhardt
28. 06. 90 Spoleto:
»Elektra« (Strauss)
ML: Spiros Argiris/A: Carlo Diappi
03. 02. 91 Berlin (Deutsche Oper):
»Die Entführung aus dem Serail«
(Mozart)
ML: Peter Schneider/A: Andreas
Reinhardt
24. 09. 91 Berlin (Deutsche Oper):
»Die Zauberflöte« (Mozart)
ML: Heinrich Hollreiser/A: Andreas
Reinhardt
12. 04. 92 Hamburg:
»Das Rheingold« (Wagner)
ML: Gerd Albrecht/A: Andreas
Reinhardt
25. 10. 92 Hamburg:
»Die Walküre« (Wagner)
ML: Gerd Albrecht/ A: Andreas
Reinhardt
14. 03. 93 Hamburg:
»Siegfried« (Wagner)
ML: Gerd Albrecht/A: Andreas
Reinhardt
25. 07. 93 München (Staatsoper):
»La Traviata« (Verdi)
ML: Roberto Abbado/B: Andreas
Reinhardt/K: Carlo Diappi
16. 10. 93 Hamburg:
»Götterdämmerung« (Wagner)
ML: Gerd Albrecht/A: Andreas
Reinhardt
02. 07. 94 Spoleto:
»Wozzeck« (Berg)
ML: Christian Badea/B: Graziano
Gregori
12. 11. 94 Berlin (Deutsche Oper):
»Dialogues des Carmélites« (Poulenc)
ML: Jiri Kout/A: Gottfried Pilz/Isabel
Ines Glathar
20. 02. 95 München (Staatsoper):
»Der junge Lord« (Henze)
ML: Dennis Russell Davies/
A: Andreas Reinhardt
23. 09. 95 Köln: »Elektra« (Strauss)
ML: James Coulon/A: Gottfried Pilz

Harry Kupfer,

geb. 12. August 1935 in Berlin, studierte zwischen 1953 und 1957 Theaterwissenschaften in Leipzig und absolvierte ein Berufspraktikum als Regieassistent in Halle. Von 1958 bis 1962 war er Oberspielleiter in Stralsund und von 1961 bis 1966 erster Regisseur in Karl-Marx-Stadt. Anschließend war er bis 1972 Operndirektor in Weimar und von 1972 bis 1981 Operndirektor in Dresden. Seit 1981 ist er Chefregisseur an der Komischen Oper Berlin.

Literatur
Dieter Kranz, Der Regisseur Harry Kupfer: »Ich muß Oper machen«. Kritiken. Beschreibungen. Gespräche. Henschelverlag Berlin 1988

Rupert Lummer, Harry Kupfer. (Regie im Theater, hrsg. von Claudia Balk). Fischer Taschenbuch Verlag Frankfurt 1989

Norbert Ely, Harry Kupfer – Hellsehen oder die Kritik der Vorstellungskraft, in: Norbert Ely, a. a. O., S. 161 – 182

Inszenierungen
17. 08. 58 Halle: »Rusalka« (Dvořák)
ML: Ernst Schwaßmann/A: Dieter Degner

Okt. 1958 Stralsund: »Der Freischütz« (Weber)
ML: Olaf Koch/B: Hermann Roloff/K: Käte Wothke

März 1959 Stralsund: »Enoch Arden« (Gerster)
ML: Olaf Koch/B: Albrecht Langenbeck/K: Käte Wothke

07. 05. 59 Stralsund: »Così fan tutte« (Mozart)
ML: Lothar Seyfarth/A: Hermann Roloff

17. 09. 59 Stralsund: »Tiefland« (d'Albert)
ML: Olaf Koch/B: Albrecht Langenbeck/K: Käte Johann

29. 11. 59 Stralsund: »Schwanda der Dudelsackpfeifer« (Weinberger)
ML: Olaf Koch/B: Albrecht Langenbeck/K: Käte Johann

14. 01. 60 Stralsund: »Rita«/ »Il Campello di notte« (Donizetti)

ML: Lothar Seyfarth/B: Hermann Roloff/K: Brigitte Rose/Käte Johann

04. 03. 60 Stralsund: »Die lustigen Weiber von Windsor« (Nicolai)
ML: Olaf Koch/B: Albrecht Langenbeck/K: Käte Johann

21. 08. 60 Stralsund: »Die Entführung aus dem Serail« (Mozart)
ML: Wilhelm Schlenning/A: Albrecht Langenbeck

16. 11. 60 Stralsund: »Der Barbier von Sevilla« (Rossini)
ML: Lothar Seyfarth/A: Albrecht Langenbeck

15. 01. 61 Stralsund: »Der fliegende Holländer« (Wagner)
ML: Wilhelm Schlenning/A: Albrecht Langenbeck

01. 07. 61 Stralsund: »Otto und Theophano« (Händel)
ML: Lothar Seyfarth/A: Albrecht Langenbeck

10. 11. 61 Stralsund: »Die Zauberflöte« (Mozart)
ML: Lothar Seyfarth/A: Karl-Heinz Baumgärtel

13. 01. 62 Karl-Marx-Stadt: »Lohengrin« (Wagner)
ML: Robert Satanowski/B: Peter Friede/K: Renate Heuschkel

11. 03. 62 Stralsund: »Salome« (Strauss)
ML: Lothar Seyfarth/B: Albrecht Langenbeck/K: Karlheinz Langenbeck

16. 05. 62 Stralsund: »Der arme Konrad« (Forest)
ML: Wolfgang Bothe/A: Albrecht Langenbeck

15. 11. 62 Stralsund: »Das Märchen vom Zaren Saltan« (Rimski-Korsakow)
ML: Wolfgang Bothe/A: Karl-Heinz Baumgärtel

14. 02. 63 Karl-Marx-Stadt: »Nabucco« (Verdi)
ML: Günter Blumhagen/B: Horst Leiteritz/K: Renate Heuschkel

03. 07. 63 Karl-Marx-Stadt: »Die Kluge« (Orff)
ML: Günter Blumhagen/B: Horst Leiteritz/K: Renate Heuschkel

12. 10. 63 Karl-Marx-Stadt: »Ein Maskenball« (Verdi)
ML: Walter Heymann/B: Peter Friede/K: Renate Müller

16. 01. 64 Karl-Marx-Stadt: »Die

Abenteuer der Perichole« (Offenbach)
ML: Wolfgang Suppas/B: Horst Leiteritz/K: Renate Müller

21. 03. 64 Stralsund: »Wie Tiere des Waldes« (Forest)
ML: Jean Kurt Forest/A: Otto Kahler

02. 07. 64 Karl-Marx-Stadt: »Radamisto« (Händel)
ML: Günter Blumhaben/A: Peter Friede

24. 10. 64 Karl-Marx-Stadt: »Monsieur und Madame Denis«/ »Salon Pitzelberger« (Offenbach)
ML: Johannes Zweininger/B: Peter Friede/K: Renate Müller

27. 03. 65 Karl-Marx-Stadt: »Arabella« (Strauss)
ML: Günter Blumhagen/B: Wolfgang Vollhard/K: Renate Heuschkel

06. 05. 65 Stralsund: »Die Passion des Johannes Hörder« (Forest)
ML: Jean Kurt Forest/Hans Peter Richter/A: Otto Kahler

21. 08. 65 Karl-Marx-Stadt: »Madame Butterfly« (Puccini)
ML: Dieter Noll/B: Peter Friede/K: Renate Müller

25. 11. 65 Karl-Marx-Stadt: »Die Macht des Schicksals« (Verdi)
ML: Gerhard Rolf Bauer/B: Wolfgang Vollhard/K: Renate Müller

16. 01. 66 Karl-Marx-Stadt: »Die Banditen« (Offenbach)
ML: Carl Ferrand/B: Eberhard Söhnel/K: Ingrid Rahaus

02. 03. 66 Karl-Marx-Stadt: »Hoffmanns Erzählungen« (Offenbach)
ML: Dieter Noll/B: Dieter Lange/K: Renate Heuschkel

11. 09. 66 Weimar: »Tannhäuser« (Wagner)
ML: Gerhard Pflüger/B: Peter Friede/K: Ingrid Rahaus

17. 11. 66 Weimar: »My fair Lady« (Loewe)
ML: Hans-Peter Frank/B: Franz Havemann/K: Ingrid Rahaus

16. 04. 67 Weimar: »Salome« (Strauss)
ML: Gerhard Pflüger/B: Wolfgang Vollhard/K: Ingrid Rahaus

24. 06. 67 Weimar: »Die Blumen von Hiroshima« (Forest)
ML: Jean Kurt Forest/B: Franz Havemann/K: Ingrid Rahaus

21. 09. 67 Weimar: »Die Entführung aus dem Serail« (Mozart)
ML: Gerhard Pflüger/A: Dieter Lange
11. 02. 68 Weimar: »Jacobowsky und der Oberst« (Klebe)
ML: Hans-Peter Frank/A: Dieter Lange
03. 06. 68 Weimar: »Alcina« (Händel)
ML: Gerhard Pflüger/A: Dieter Lange
04. 10. 68 Weimar: »Das Märchen vom Zaren Saltan« (Rimski-Korsakow)
ML: Rudolf Bräuer/A: Dieter Lange
26. 01. 69 Weimar: »Der Rosenkavalier« (Strauss)
ML: Gerhard Pflüger/A: Dieter Lange
15. 06. 69 Weimar: »Die griechische Hochzeit« (Hanell)
ML: Hans-Peter Frank/A: Dieter Lange
28. 09. 69 Weimar: »Fidelio« (Beethoven)
ML: Gerhard Pflüger/A: Dieter Lange
30. 11. 69 Weimar: »Madame Butterfly« (Puccini)
ML: Gerhard Pflüger/B: Franz Havemann/K: Renate Müller/Ingrid Rahaus
21. 05. 70 Weimar: »Don Carlos« (Verdi)
ML: Rudolf Bräuser/A: Dieter Lange
21. 03. 71 Berlin (Staatsoper): »Die Frau ohne Schatten« (Strauss)
ML: Otmar Suitner/B: Wilfried Werz/K: Christine Stromberg
31. 03. 71 Weimar: »Der Freischütz« (Weber)
ML: Gerhard Pflüger/A: Dieter Lange
25. 06. 71 Weimar: »Der letzte Schuß« (Matthus)
ML: Hans-Peter Frank/B: Dieter Lange K: Eleonore Kleiber/Dieter Lange
24. 10. 71 Weimar: »Falstaff« (Verdi)
ML: Rudolf Bräuer/A: Dieter Lange
21. 09. 72 Dresden: »Die Hochzeit des Figaro« (Mozart)
ML: Siegfried Kurz/B: Peter Friede/K: Renate Müller
03. 12. 72 Berlin (Staatsoper): »Othello« (Verdi)
ML: Wolfgang Rennert/A: Wilfried Werz
27. 03. 73 Dresden: »Levins Mühle« (U. Zimmermann)
ML: Siegfried Kurz/A: Peter Friede
02. 06. 73 Dresden:

»Fidelio« (Beethoven)
ML: Herbert Blomstedt/A: Peter Friede
15. 09. 73 Dresden: »Renard«/»Mavra« (Strawinsky) – »Weiße Nächte« (Buzko)
ML: Gert Bahner/B: Peter Sykora/K: Eva Sickert
24. 11. 73 Graz: »Elektra« (Strauss)
ML: Ernst Märzendorfer/A: Wilfried Werz
27. 03. 74 Dresden: »Falstaff« (Verdi)
ML: Siegfried Kurz/A: Peter Friede
30. 06. 74 Dresden: »Die schweigsame Frau« (Strauss)
ML: Wolfgang Rennert/B: Peter Friede/K: nach Originalentwürfen von Leonhard Fanto, UA 1935 Dresden
29. 09. 74 Graz: »Don Giovanni« (Mozart)
ML: Ernst Märzendorfer/A: Wilfried Werz
17. 11. 74 Dresden: »Herzog Blaubarts Burg« (Bartók)
ML: Siegfried Kurz/A: Peter Sykora
21. 12. 74 Berlin (Staatsoper): »Sabellicus« (Kunad)
ML: Wolfgang Rennert/B: Peter Sykora/K: Christine Stromberg
26. 04. 75 Dresden: »Moses und Aron« (Schönberg)
ML: Siegfried Kurz/B: Reinhart Zimmermann/K: Hartmut Henning
18. 09. 75 Dresden: »Die Zauberflöte« (Mozart)
ML: Siegfried Kurz/A. Peter Sykora
12. 10. 75 Dresden: »Tristan und Isolde« (Wagner)
ML: Marek Janowski/A: Peter Sykora
22. 11. 75 Graz: »Wozzeck« (Berg)
ML: Gustav Erny/A: Wilfried Werz
17. 01. 76 Kopenhagen: »Fürst Igor« (Borodin)
ML: Wolfgang Rennert/A: Wilfried Werz
29. 05. 76 Dresden: »Die Banditen« (Offenbach)
ML: Franz Peter Müller-Sybel/A: Peter Sykora
26. 09. 76 Dresden: »Die Entführung aus dem Serail« (Mozart)
ML: Herbert Blomstedt/A: Peter Sykora
30. 12. 76 Dresden: »Der Schuhu und die fliegende Prinzessin«

(U. Zimmermann)
ML: Max Pommer/A: Peter Sykora
03. 02. 77 Amsterdam: »Elektra« (Strauss)
ML: Michael Gielen/A: Wilfried Werz
20. 04. 77 Dresden: »Hoffmanns Erzählungen« (Offenbach)
ML: Siegfried Kurz/B: Peter Sykora/K: Christine Stromberg
10. 08. 77 Berlin (Staatsoper): »Parsifal« (Wagner)
ML: Otmar Suitner/B: Peter Sykora/K: Christine Stromberg
06. 10. 77 Dresden: »Das Märchen vom Zaren Saltan« (Rimski-Korsakow)
ML: Siegfried Kurz/A: Peter Sykora
05. 12. 77 Kopenhagen: »Parsifal« (Wagner)
ML: Wolfgang Rennert/B: Peter Sykora/K: Reinhard Heinrich
15. 03. 78 Cardiff: »Elektra« (Strauss)
ML: Richard Armstrong/A: Wilfried Werz
18. 05. 78 Dresden: »Pelléas und Mélisande« (Debussy)
ML: Herbert Blomstedt/A: Peter Sykora
25. 07. 78 Bayreuth: »Der fliegende Holländer« (Wagner)
ML: Dennis Russell Davies/B: Peter Sykora/K: Reinhard Heinrich
10. 12. 78 Dresden: »Tannhäuser« (Wagner)
ML: Siegfried Kurz/A: Peter Sykora
17. 04. 79 Dresden: »Die Zauberflöte« (Mozart)
ML: Siegfried Kurz/A: Peter Sykora
30. 04. 79 Dresden: »Vincent« (Kunad)
ML: Peter Gülke/A: Peter Sykora
24. 06. 79 Berlin (Staatsoper): »Salome« (Strauss)
ML: Wolfgang Rennert/B: Wilfried Werz/K: Christine Stromberg
14. 10. 79 Frankfurt/M.: »Lulu« (Berg)
ML: Michael Gielen/B: Peter Sykora/K: Reinhard Heinrich
18. 01. 80 Dresden: »Simone Boccanegra« (Verdi)
ML: Siegfried Kurz/B: Peter Sykora/K: Reinhard Heinrich
22. 03. 80 Graz: »Alcina« (Händel)

243

ML: Wolfgang Rot/B: Wolfgang Gussmann/K: Reinhard Heinrich

25. 06. 80 Frankfurt/M.:
»Madame Butterfly« (Puccini)
ML: Friedrich Pleyer/A: Marco Arturo Marelli

09. 11. 80 Dresden:
»Eugen Onegin« (Tschaikowski)
ML: Herbert Blomstedt/B: Peter Sykora/K: Reinhard Heinrich

28. 01. 81 Dresden:
»Fausts Verdammnis« (Berlioz)
ML: Robert Hanell/B: Wolfgang Gussmann/K: Reinhard Heinrich

22. 03. 81 Köln: »Jenufa« (Janáček)
ML: Gerd Albrecht/B: Peter Sykora/K: Reinhard Heinrich

30. 04. 81 Amsterdam:
»Fidelio« (Beethoven)
ML: Hans Vonk/A: Wilfried Werz

05. 09. 81 Cardiff:
»Fidelio« (Beethoven)
ML: Richard Armstrong/A: Wilfried Werz

03. 10. 81 Berlin (Komische Oper):
»Die Meistersinger von Nürnberg« (Wagner)
ML: Rolf Reuter/A: Wilfried Werz

25. 11. 81 London (ENO):
»Pelléas und Mélisande« (Debussy)
ML: Mark Elder/A: Reinhard Heinrich

31. 03. 82 Berlin (Komische Oper):
»Die Entführung aus dem Serail« (Mozart)
ML: Rolf Reuter/B: Marco Arturo Marelli/K: Reinhard Heinrich

05. 06. 82 Berlin (Komische Oper):
»La Bohème« (Puccini)
ML: Rolf Reuter/B: Reinhart Zimmermann/K: Eleonore Kleiber

26. 09. 82 Mannheim:
»Tristan und Isolde« (Wagner)
ML: Wolfgang Rennert/B: Wilfried Werz/K: Christine Stromberg

15. 01. 83 Berlin (Komische Oper):
»Lear« (Reimann)
ML: Hartmut Haenchen/B: Reinhart Zimmermann/K: Eleonore Kleiber

12. 03. 83 Stuttgart:
»Wozzeck« (Berg)
ML: Dennis Russell Davies/B: Wilfried Werz/K: Reinhard Heinrich

28. 05. 83 Amsterdam: »Der Schuhu und die fliegende Prinzessin« (U. Zimmermann)

ML: Kasper de Roo/A: Reinhard Heinrich

10. 09. 83 Berlin (Komische Oper):
»Rigoletto« (Verdi)
ML: Rolf Reuter/B: Ezio Toffolutti/K: Eleonore Kleiber

20. 11. 83 Berlin (Komische Oper):
»Boris Godunow« (Mussorgski)
ML: Rolf Reuter/B: Reinhart Zimmermann/K: Eleonore Kleiber

21. 01. 84 Stuttgart:
»Idomeneo« (Mozart)
ML: Dennis Russell Davies/B: Wolfgang Gussmann/K: Eleonore Kleiber

13. 04. 84 Berlin (Komische Oper):
»Così fan tutte« (Mozart)
ML: Joachim Willert/B: Reinhart Zimmermann/K: Eleonore Kleiber

08. 06. 84 Wien (Volksoper):
»La Bohème« (Puccini)
ML: Ernst Märzendorfer/B: Reinhart Zimmermann/K: Eleonore Kleiber

28. 09. 84 Moskau (Stanislawski-Nemirowitsch-Dantschenko-Musiktheater):
»Die Entführung aus dem Serail« (Mozart)
ML: Wladimir Koshuchar/B: Marco Arturo Marelli/K: Reinhard Heinrich

04. 12. 84 Berlin (Komische Oper):
»Giustino« (Händel)
ML: Hartmut Haenchen/B: Valeri Lewental/K: Reinhard Heinrich

26. 01. 85 Köln:
»Katja Kabanowa« (Janáček)
ML: Gerd Albrecht/B: Reinhart Zimmermann/K: Reinhard Heinrich

24. 03. 85 Hamburg:
»Belsazar« (Händel)
ML: Gerd Albrecht/B: Wolfgang Gussmann/K: Reinhard Heinrich

02. 06. 85 Berlin (Komische Oper):
»Die verkaufte Braut« (Smetana)
ML: Rolf Reuter/B: Reinhart Zimmermann/K: Eleonore Kleiber

28. 09. 85 Berlin (Komische Oper):
»Judith« (Matthus)
ML: Rolf Reuter/B: Reinhart Zimmermann/K: Eleonore Kleiber

12. 01. 86 Berlin (Komische Oper):
»Die lustige Witwe« (Lehár)
ML: Robert Hanell/B: Hans Schavernoch/K: Reinhard Heinrich

30. 03. 86 Berlin (Komische Oper):
»Die Zauberflöte« (Mozart)

ML: Rolf Reuter/B: Hans Schavernoch/K: Eleonore Kleiber

12. 04. 86 Wien (Volksoper):
»Giustino« (Händel)
ML: Hartmut Haenchen/B: Valeri Lewental/K: Reinhard Heinrich

15. 08. 86 Salzburg (Kleines Festspielhaus): »Die schwarze Maske« (Penderecki)
ML: Woldemar Nelson/B: Hans Schavernoch/K: Reinhard Heinrich

12. 12. 86 Berlin (Komische Oper):
»Die Hochzeit des Figaro« (Mozart)
ML: Rolf Reuter/A: Reinhard Heinrich

10. 01. 87 Amsterdam:
»Boris Godunow« (Mussorgski)
ML: Hartmut Haenchen/B: Reinhart Zimmermann/K: Reinhard Heinrich

22. 03. 87 Stuttgart:
»Die Soldaten« (B. A. Zimmermann)
ML: Dennis Russell Davies/A: Wolf Münzner

31. 05. 87 Köln:
»Das schlaueFüchslein« (Janáček)
ML: Gerd Albrecht/B: Hans Schavernoch/K: Reinhard Heinrich

01. 10. 87 Berlin (Komische Oper):
»Don Giovanni« (Mozart)
ML: Rolf Reuter/B: Valeri Lewental/K: Eleonore Kleiber

19. 12. 87 Berlin (Komische Oper):
»Orpheus und Eurydike« (Gluck)
ML: Hartmut Haenchen/B: Hans Schavernoch/K: Eleonore Kleiber

24. 02. 88 Amsterdam:
»Salome« (Strauss)
ML: Hartmut Haenchen/A: Wilfried Werz

05. 03. 88 Zürich: »Lear« (Reimann)
ML: Michael Boder/B: Reinhart Zimmermann/K: Eleonore Kleiber

16. 04. 88 Kopenhagen: »Boris Godunow« (Mussorgski)
ML: Michael Schönwandt/B: Reinhart Zimmermann/K: Reinhard Heinrich

27. 07. 88 Bayreuth:
»Der Ring des Nibelungen« (Wagner)
»Das Rheingold«
28. 07. 88 »Die Walküre«
30. 07. 88 »Siegfried«
01. 08. 88 »Götterdämmerung«
ML: Daniel Barenboim/B: Hans Schavernoch/K: Reinhard Heinrich

29. 10. 88 Berlin (Komische Oper):
»Der steinerne Gast« (Dargomyszki)/

»Erwartung« (Schönberg)
ML: Rolf Reuter/B: Hans
Schavernoch/K: Eleonore Kleiber
22. 12. 88 Köln: »Lady Macbeth von
Mzensk« (Schostakowitsch)
ML: James Conlon/B: Wilfried Werz/
K: Christine Stromberg
10. 02. 89 Amsterdam:
»La damnation de Faust« (Berlioz)
ML: Hartmut Haenchen/B: Hans
Schavernoch/K: Reinhard Heinrich
01. 04. 89 Berlin (Komische Oper):
»Die Banditen« (Offenbach)
ML: Robert Hanell/B: Reinhart
Zimmermann/K: Eleonore Kleiber
04. 11. 89 München (Staatsoper):
»Jeanne d'Arc« (Tschaikowski)
ML: Gerd Albrecht/B: Hans
Schavernoch/K: Reinhard Heinrich
25. 03. 90 Hamburg:
»Tannhäuser« (Wagner)
ML: Gerd Albrecht/B: Hans
Schavernoch/K: Reinhard Heinrich
29. 04. 90 Wien (Staatsoper):
»Die Soldaten« (B. A. Zimmermann)
ML: Bernd Kontarsky/A: Wolf
Münzner
24. 11. 90 Berlin (Komische Oper):
»Idomeneo« (Mozart)
ML: Rolf Reuter/B: Reinhart
Zimmermann/K: Eleonore Kleiber
27. 01. 91 Hamburg:
»Werther« (Massenet)
ML: Gerd Albrecht/B: Hans
Schavernoch/K: Reinhard Heinrich
17. 03. 91 Köln:
»Aus einem Totenhaus« (Janáček)
ML: Michael Boder/B: Hans
Schavernoch/K: Reinhard Heinrich
17. 05. 91 Berlin (Komische Oper):
»Carmen« (Bizet)
ML: Rolf Reuter/B: Reinhart
Zimmermann/J: Eleonore Kleiber
15. 11. 91 Berlin (Komische Oper):
»Antigone oder die Stadt« (Katzer)
ML: Jörg-Peter Weigle/B: Hans
Schavernoch/K: Reinhard Heinrich
12. 05. 92 Schwetzingen (Koproduk-
tion mit der Kom. Oper Berlin):
»Desdemona und ihre Schwestern«
(Matthus)
ML: Rolf Reuter/B: Reinhart
Zimmermann/K: Annette Zepperitz
25. 10. 92 Berlin (Staatsoper):
»Parsifal« (Wagner)

ML: Daniel Barenboim/B: Hans
Schavernoch/K: Christine Stromberg
15. 01. 93 Berlin (Komische Oper):
»Hoffmanns Erzählungen« (Offenbach)
ML: Jörg-Peter Weigle/B: Hans
Schavernoch/K: Reinhard Heinrich
25. 04. 93 Schwetzingen (Koproduk-
tion mit der Komischen Oper Berlin):
»Julius Cäsar in Ägypten« (Händel)
ML: Richard Hickox/B: Hans
Schavernoch/K: Eleonore Kleiber
10. 09. 93 Berlin (Komische Oper):
»Das Märchen vom Zaren Saltan«
(Rimski-Korsakow)
ML: Simone Young/B: Reinhart
Zimmermann/K: Reinhard Heinrich
12. 12. 93 Berlin (Staatsoper):
»Die Walküre« (Wagner)
ML: Daniel Barenboim/B: Hans
Schavernoch/K: Reinhard Heinrich
22. 01. 94 Paris (Bastille):
»Die Soldaten« (B. A. Zimmermann)
ML: Bernhard Kontarsky/A: Wolf
Münzner
29. 01. 94 Köln:
»Die Nase« (Schostakowitsch)
ML: James Conlon/B: Wilfried Werz/
K: Christine Stromberg
06. 03. 94 Dresden:
»Belsazar« (Händel)
ML: Jörg-Peter Weigle/B: Wolfgang
Gussmann/K: Reinhard Heinrich
08. 05. 94 Hamburg:
»Chowanschtschina« (Mussorgski)
ML: Gerd Albrecht/B: Hans
Schavernoch/K: Reinhard Heinrich
16. 09. 94 Berlin (Komische Oper):
»Der gewaltige Hahnrei« (Goldschmidt)
ML: Jakov Kreizberg/B: Hans
Schavernoch/K: Reinhard Heinrich
22. 12. 94 Berlin (Komische Oper):
»La Traviata« (Verdi)
ML: Jakov Kreizberg/B: Hans
Schavernoch/K: Reinhard Heinrich
02. 04. 95 Köln:
»La damnation de Faust« (Berlioz)
ML: James Conlon/B: Hans
Schavernoch/K: Reinhard Heinrich
01. 06. 95 Amsterdam:
»Die Meistersinger von Nürnberg«
(Wagner)
ML: Hartmut Haenchen/B: Wilfried
Werz/K: Eleonore Kleiber

Thomas Langhoff.

geb. 08. April 1938 in Zürich, wächst in
der Schweiz auf, 1945 Rückkehr der
Familie nach Berlin (Ost); 1960
Abschluß der Theaterhochschule
Leipzig mit anschließenden Engage-
ments in Borna und Brandenburg;
1964 - 71 Schauspieler in Potsdam;
ab 1971 auch Schauspieler beim DDR-
Fernsehen, inszeniert dort auch ab
1975; 1978 beginnt er seine Regietätigkeit am Maxim Gorki Theater, Berlin,
und zwei Jahre später am Deutschen
Theater, Berlin. Seit der Spielzeit
'91/92 ist er Intendant des Deutschen
Theaters.

Literatur
Ingeborg Pietzsch, Thomas Langhoff.
Schauspieler, Regisseur, Intendant.
Henschel Verlag Berlin 1993

Inszenierungen
30.06.89 Frankfurt/M.:
»Ein Sommernachtstraum« (Britten)
ML: Gary Bertini/B: Pieter Hein/
K: Kazuko Watanabe
11.11.93 München (Staatsoper):
»La damnation de Faust« (Berlioz)
ML: Gerd Albrecht/A: Jürgen Rose

Jorge Lavelli,

geb. 1933, begann als Schauspieler und
Regisseur in Buenos Aires; 1959 – 60
Leiter des Theaters OLAT in Buenos
Aires; seit 1961 vorwiegend Paris, ar-
beitete eng mit Arrabal zusammen.

Literatur
Alain Satgé, Jorge Lavelli (unter
Mitarbeit von Sergio Segalini), Lavelli
Opéra et mise à mort. Vorwort von
Guy Samama. Fayard Paris 1979

Inszenierungen
1970 Wien (Staatsoper):
»Der Prozeß« (von Einem)
A: Max Bignens
1975 Angers: »Idomeneo« (Mozart)
ML: Diego Masson/A: Max Bignens
03. 06. 75 Paris (Palais Garnier):
»Faust« (Gounod)

ML: Michel Plasson/A: Max Bignens
1975 Aix-en-Provence:
»Le Carnaval de Venise« (Campra)
ML: Michel Plasson/A: Claudio
Segovia
1975 Mailand:
»L'heure espagnol« (Ravel)
ML: Georges Prêtre/A: Max Bignens
1977 Paris: »La Traviata« (Verdi)
ML: Michel Plasson/Diego Masson/
A: Max Bignens
18. 03. 77 Paris (Palais Garnier):
»Pelléas et Mélisande« (Debussy)
ML: Lorin Maazel/A: Max Bignens
1977 Toulouse:
»Fidelio« (Beethoven)
ML: Michel Plasson/A: Max Bignens
1978 Mailand:
»Madame Butterfly« (Puccini)
ML: Georges Prêtre/A: Max Bignens
23. 06. 78 Paris (Palais Garnier):
»Madame Butterfly« (Puccini)
ML: Georges Prêtre/A: Max Bignens
1978 Strasbourg: »Carmen« (Bizet)
ML: Alain Lombard/A: Max Bignens
1979 Aix-en-Provence:
»Alcina« (Händel)
ML: Raymond Leppard
11. 05. 79 Paris (Palais Garnier):
»L'enfant et les sortilèges« (Ravel)/
»Oedipus Rex« (Strawinsky)
ML: Seiji Ozawa/A: Max Bignens
28. 11. 81 Graz: »Maddalena«/
»Iwan der Schreckliche« (Prokofjew)
ML: E. Downes/B: J. Koßdorff/
K: M. Mayer
06. 02. 83 Bonn: »Norma« (Bellini)
ML: Gianfranco Masini/A: Max
Bignens
13. 05. 84 Bonn:
»Margarethe« (Gounod)
ML: Gianfranco Masini/A: Max
Bignens
10. 02. 85 Bonn:
»Andrea Chénier« (Giordano)
ML: Gianfranco Masini/A: Max
Bignens
22. 07. 85 München (Cuvillies Thea-
ter): »Le roi Béranger« (Sutermeister)
ML: Wolfgang Sawallisch/A: Max
Bignens
18. 01. 86 Zürich:
»Salome« (Strauss)
ML: Ralf Weikert/A: Max Bignens
02. 02. 86 Bonn:

»Oedipus Rex« (Strawinsky)/
»Herzog Blaubarts Burg« (Bartók)
ML: Ferdinand Leitner/A: Max
Bignens

Nikolaus Lehnhoff,

geb. 1939 in Hannover, studierte in
München und Wien Philosophie und
Musikwissenschaft. 1963 bis 1955
Regieassistent an der Deutschen Oper
Berlin unter Gustav Rudolf Sellner,
gleichzeitig assistierte er Wieland
Wagner in Bayreuth. 1966 bis 1971
arbeitete er in New York an der
Metropolitan Opera vor allem mit
Franco Zeffirelli.

Literatur
Stefan Jaeger, Nikolaus Lehnhoff –
Der Luxus der Unabhängigkeit, in:
Norbert Ely, a. a. O., S. 183 – 202

Inszenierungen
11. 10. 72 Paris (Grand Opéra):
»Die Frau ohne Schatten« (Strauss)
ML: Karl Böhm/A: Jörg Zimmermann
07. 07. 73 Orange:
»Tristan und Isolde« (Wagner)
ML: Karl Böhm/A: Heinz Mack
16. 06. 74 Bremen:
»Fidelio« (Beethoven)
ML: Hermann Michael/A: Günther
Uecker
10. 10. 75 Chicago:
»Elektra« (Strauss)
ML: Berislav Klobučar/A: Nikolaus
Lehnhoff
13. 12. 75 Stockholm:
»Die Frau ohne Schatten« (Strauss)
ML: Berislav Klobučar/A: Jörg
Zimmermann
15. 05. 76 Nürnberg:
»Bluthochzeit« (Fortner)
ML: Hans Gierster/A: Michel Raffaelli
15. 10. 76 San Francisco:
»Die Frau ohne Schatten« (Strauss)
ML: Karl Böhm/A: Jörg Zimmermann
08. 04. 77 Frankfurt:
»Tristan und Isolde« (Wagner)
ML: Christoph von Dohnányi/
B: Adolf Luther/K: Uta Wilhelm
10. 12. 77 Düsseldorf:
»Die Frau ohne Schatten« (Strauss)

ML: Günther Wick/Jörg Zimmermann
22. 12. 78 Duisburg:
»Die Hochzeit des Figaro« (Mozart)
ML: Günther Wick/A. Michel Raffaelli
08. 02. 79 Nürnberg:
»Pelléas et Mélisande« (Debussy)
ML: Wolfgang Gayler/A: Max von
Vequel
05. 10. 79 Berlin (Deutsche Oper):
»L'enfant et les sortilèges« (Ravel)/»La
chute de la maison Usher« (Debussy)
ML: Jesus Lopez Cobos/A: Pet Halmen
(Ravel) – Erich Wonder (Debussy)
15. 12. 79 Zürich:
»Hans Heiling« (Marschner)
ML: Ferdinand Leitner/B: Jörg
Zimmermann/K: J. Skalicky
08. 11. 81 Bonn:
»Così fan tutte« (Mozart)
ML: Jan Krenz/A: Marco Arturo
Marelli
24. 09. 82 San Francisco:
»Salome« (Strauss)
ML: Berislav Klobučar/B: Nikolaus
Lehnhoff/K: Tobias Hoheisel
25. 12. 82 Bonn:
»Le nozze di Figaro« (Mozart)
ML: Arnold Östman/B: Martin
Rupprecht/K: Tobias Hoheisel
29. 01. 83 Wiesbaden:
»Die Zauberflöte« (Mozart)
ML: Siegfried Köhler/A: Suzan Pitt
16. 03. 83 Rio de Janeiro:
»Salome« (Strauss)
ML: Mathias Kuntzach/A: Tobias
Hoheisel
11. 09. 83 Bonn:
»Fidelio« (Beethoven)
ML: Peter Schneider/B: Erich
Wonder/K: Frida Parmeggiani
04. 10. 84 Zürich:
»Der Kirschgarten« (Kelterborn)
ML: Ralf Weikert/B: Andreas
Reinhardt/K: Tobias Hoheisel
27. 02. 85 Mannheim:
»Eugen Onegin« (Tschaikowski)
ML: Wolfgang Rennert/A: Tobias
Hoheisel
02. 06. 85 San Francisco:
»Der Ring des Nibelungen« (Wagner)
»Das Rheingold«
04. 06. 85 »Die Walküre«
05. 06. 85 »Siegfried«
08. 06. 85 »Götterdämmerung«
ML: Edo de Waart/A: John Conklin

Juni ' 86 Graz:
»Dido und Aeneas« (Purcell)
ML: Nikolaus Harnoncourt/A: Tobias
Hoheisel
    19. 03. 87 München (Staatsoper):
»Der Ring des Nibelungen« (Wagner)
»Das Rheingold«
        21. 03. 87 »Die Walküre«
        25. 03. 87 »Siegfried«
        29. 03. 87 »Götterdämmerung«
ML: Wolfgang Sawallisch/B: Erich
Wonder/K: Frida Parmeggiani
    19. 05. 88 Glyndebourne:
»Katja Kabanowa« (Janáček)
ML: Andrew Davies/A: Tobias
Hoheisel
    16. 07. 88 Santa Fé:
»Der fliegende Holländer« (Wagner)
ML: Edo de Waart/A: John Conklin
    16. 10. 88 Hamburg:
»Fausts Verdammnis« (Berlioz)
ML: Gerd Albrecht A: Suzan Pitt
    20. 02. 89 New York (Metropolitan
Opera): »Salome« (Strauss)
ML: Marek Janowski/A: Jürgen Rose
    19. 05. 89 Glyndbourne:
»Jenufa« (Janáček)
ML: Andrew Davies/A: Tobias
Hoheisel
    20. 02. 90 Mailand: »Die Meister-
singer von Nürnberg« (Wagner)
ML: Wolfgang Sawallisch/A: Ezio
Toffolutti
    25. 07. 90 Salzburg (Festspiele):
»Idomeneo« (Mozart)
ML: Seiji Ozawa/B: Ezio Toffolutti
    01. 06. 91 Toronto:
»Così fan tutte« (Mozart)
ML: Jacov Kreizberg/A: Jorge Jara
    24. 11. 91 Frankfurt:
»Lohengrin« (Wagner)
ML: Stefan Soltesz/A: Gottfried Pilz
    24. 07. 92 München (Staatsoper):
»Der Prinz von Homburg« (Henze)
ML: Wolfgang Sawallisch/
A: Gottfried Pilz
    04. 11. 92 Toronto:
»Don Giovanni« (Mozart)
ML: Jacov Kreizberg/A: Jorge Jara
    11. 03. 93 Leipzig:
»Elektra« (Strauss)
ML: Günther Neuhold/
A: Gottfried Pilz
    08. 05. 93 Zürich:
»Don Carlo« (Verdi)

ML: Adam Fischer/B: Hans-Martin
Scholder/K: Jorge Jara
    12. 09. 93 Zürich:
»Der Prinz von Homburg« (Henze)
ML: Eliahu Inbal/A. Gottfried Pilz
    27. 05. 94 Charleston (Spoleto
Festival): »Fidelio« (Beethoven)
ML: Alicia Mounk/A: Nikolaus
Lehnhoff/Thomas Gabriel
    10. 09. 94 Leipzig:
»Salome« (Strauss)
ML: Jiri Kout/B: Hans-Martin
Scholder/K: Jorge Jara
    11. 03. 95 Antwerpen:
»Der Prinz von Homburg« (Henze)
ML: Bernhard Kontarsky/A: Gottfried
Pilz

Cesare Lievi,

geb. 1952 in Gargnana am Gardasee,
studierte Philosophie, promovierte
über »Trotzki und der Surrealismus«,
neben seiner Regietätigkeit im Schauspiel und in der Oper arbeitet er auch
als Schriftsteller und Dramatiker (»Die
Sommergeschwister«).

Inszenierungen
    11. 02. 89 Frankfurt/M.:
»La clemenza di Tito« (Mozart)
ML: Gary Bertini/B: Daniele Lievi/
K: Maria Braghieri
    01. 07. 90 Frankfurt/M.:
»Macbeth« (Verdi)
ML: Gary Bertini/B: Daniele Lievi/
K: Maria Braghieri
    07. 12. 91 Mailand:
»Parsifal« (Wagner)
ML: Riccardo Muti/B: Daniele Lievi/
Peter Laher/K: Ettora d'Ettore
    14. 06. 92 Zürich:
»Capriccio« (Strauss)
ML: Ralf Weikert/B: Paul
Lerchbaumer/K: Luigi Perego
    13. 06. 93 Zürich:
»Ariadne auf Naxos« (Strauss)
ML: Rafael Frühbeck de Burgos/
A: Luigi Perego
    17. 09. 94 Zürich:
»La Cenerentola« (Rossini)
ML: Adam Fischer/A: Luigi Perego
    27. 11. 94 Zürich:
»Die Frau ohne Schatten« (Strauss)
ML: Christoph von Dohnányi/A: Da-

vide Pizzigoni
    26. 05. 95 Wien (Staatsoper):
»Gesualdo« (Schnittke)
ML: Mstislav Rostropowitsch/
A: Davide Pizzigoni
    23. 09. 95 Zürich:
»Les Contes d'Hoffmann« (Offenbach)
ML: Franz Welser-Möst/A: Maurizio
Balò

Jurij Ljubimow,

geb. 1917 in Moskau. Lernte zunächst
Mechaniker, danach besuchte er die
Schule des Kunsttheaters. 1936 geht er
an das Wachtangow-Institut des
gleichnamigen Theaters, wo er bis 1964
bleibt. 1958 wird Ljubimow Schauspi-
ellehrer, 1959 folgt seine erste Schauspielinszenierung. 1964 wechselt er an
das Theater am Tagankaplatz, dessen
Leitung ihm 1984 entzogen wird wie
auch kurz darauf die sowjetische
Staatsbürgerschaft. Übernimmt 1985
das Teatro del sole in Bologna, dessen
Leitung er bereits ein Jahr später wieder aufgibt. Lebt heute wieder in
Moskau.

Literatur
J. Fiebach (Hrsg.), Sowjetische
Regisseure über ihr Theater. Henschelverlag Berlin 1976, darin: Jurij Ljubimow, Das Wort des Chefregisseurs
(1965); In Verteidigung des Berufs und
des Professionellen (1973); Algebra der
Harmonie (1974), S. 203 – 229
    Die Kunst kann den Menschen
stärken. Ein Gespräch mit dem sowjetischen Theatermacher Juri Ljubimow
von Klaus Dermutz, in: Frankfurter
Rundschau vom 05. 11. 90
    Juri Ljubimow. Ein russischer
Fidelio. Interview von Jochen Schönle-
ber, in: Die Deutsche Bühne. 57. Jg.,
Nr. 1 (Jan. ' 86), S. 8 – 11

Inszenierungen
    1975 Mailand:
»Al gran sole carico d 'amore« (Nono)
ML: Claudio Abbado/A: David
Borowsky
    18. 04. 82 München (Staatsoper):
»Die vier Grobiane« (Wolf-Ferrari)
ML: Alberto Zedda/A: David

Borowsky
24. 10. 82 Budapest:
»Don Giovanni« (Mozart)
ML: Ivan Fischer/A: David Borowsky
28. 11. 85 Stuttgart:
»Fidelio« (Beethoven)
ML: Dennis Russell Davies/
A: S. Lazaridis
09. 03. 86 Karlsruhe: »Der Meister
und Margarita« (Kunad)
ML: P. Sommer/B: Heinz Balthes/
K: R. Schmitzer
04. 05. 86 Zürich: »Jenufa« (Janáček)
ML: Christian Thielemann/B: Juri
Ljubimow/P. Hernon/K: C. Mitchell
15. 03. 87 Bonn:
»Eugen Onegin« (Tschaikowski)
ML: Maximiano Valdes/B: Paul
Hernon/K: Alexander Vassiliev
02. 12. 87 Chicago: »Lulu« (Berg)
ML: Dennis Russell Davies/A: David
Borowsky
07. 05. 88 Stuttgart:
»Tannhäuser« (Wagner)
ML: Garcia Navarro/A: Paul Hernon
18. 02. 90 Hamburg: »Lady Macbeth
von Mzensk« (Schostakowitsch)
ML: Maxim Schostakowitsch/
A: David Borowsky
10. 11. 90 Karlsruhe:
»Pique Dame« (Tschaikowski)
ML: Wassilij S. Sinaiskij/A: David
Borowsky
07. 01. 91 München (Staatsoper):
»Die Liebe zu den drei Orangen«
(Prokofjew)
ML: Wolfgang Sawallisch/A: David
Borowsky
05. 12. 93 Bonn: »Jenufa« (Janáček)
ML: Dennis Russell Davies

Peter Mussbach,

geb. 3. Juli 1949 in Schwabach b. Nürnberg, besuchte zwischen 1964 und 1968
das Konservatorium Nürnberg (u. a.
Klavierausbildung), danach Teilnahme
an Dirigentenkursen (Salzburg, Berlin),
studierte von 1968 bis 1970 Germanistik, Philosophie, Musikwissen-
schaften und Kunstgeschichte in Erlangen und Wien. 1970 bis 1976 folgte ein
Studium der Rechtswissenschaften
und der Soziologie, 1976 bis 1982 ein

weiteres der Humanmedizin, promo-
vierte 1982 im Fachgebiet Neurologie.
War 1972 Assistent von Jean-Pierre
Ponnelle bei dessen »Titus«-Inszenie-
rung in München. Neben seiner Regie-
tätigkeit praktizierte er bis 1988 als
Stationsarzt der Universitätsklinik
München.

Inszenierungen
1973 Augsburg:
»Der Barbier von Bagdad« (Cornelius)
1975 Frankfurt/M.:
»Götterdämmerung« (Wagner)
ML: Christoph von Dohnányi
März '77 Ulm:
»Die Hochzeit des Figaro« (Mozart)
11. 05. 80 Nürnberg:
»Werther« (Massenet)
ML: Wolfgang Gayler/B: F. Koppen-
dorfer/K: M. Koppendorfer
11. 09. 82 Kassel:
»Die Zauberflöte« (Mozart)
ML: Woldemar Nelsson/B: Johannes
Schütz/K: Johannes Herzog
1983 Kassel: »Idomeneo« (Mozart)
04. 12. 83 Hamburg:
»Ein Überlebender aus Warschau«/
»Glückliche Hand«/ »Die Jakobsleiter«
(Schönberg)
ML: Christoph von Dohnányi/
B: Johannes Schütz/K: Dirk von
Bodisco
29. 04. 84 Kassel:
»Idomeneo« (Mozart)
ML: A. Marik/B. Johannes Schütz/
K: Johannes Herzog
06. 04. 86 Kassel: »Die Entführung
aus dem Serail« (Mozart)
ML: Christian Fröhlich/A: Johannes
Schütz
16. 12. 86 Brüssel:
»Das Schloß« (Laporte)
ML: Friedemann Layer/B: Johannes
Schütz/K: Jorge Jara
06. 07. 88 Frankfurt/M.:
»Il barbiere di Siviglia« (Rossini)
ML: Gianluigi Gelmetti/B: Johannes
Schütz/K: Jorge Jara
17. 02. 89 Brüssel:
»Parsifal« (Wagner)
ML: Sylvain Cambreling/B. Johannes
Schütz/K: Jorge Jara
23. 12. 89 Frankfurt/M.:
»Ariadne auf Naxos« (Strauss)

ML: Richard Armstrong/K: Jorge Jara
11. 05. 90 Brüssel:
»Aus einemTotenhaus« (Janáček)
ML: Sylvain Cambreling/B: Johannes
Schütz/K: Andrea Schmidt-Futterer
28. 10. 90 Brüssel:
»Stephen Climax« (Zender)
ML: Sylvain Cambreling/B: Paul
Lerchbaumer/K: Joachim Herzog
11. 04. 91 Schwetzingen:
»Enrico« (Trojahn)
ML: Dennis Russell Davies/
K: Joachim Herzog
01. 06. 91 Amsterdam:
»Idomeneo« (Mozart)
ML: Frans Brüggen/B: Nina Ritter
09. 02. 92 Hamburg:
»Die Eroberung von Mexiko« (Rihm)
ML: Ingo Metzmacher/B: Peter
Mussbach/K: Joachim Herzog
10. 06. 92 Brüssel:
»Les Troyens« (Berlioz)
ML: Sylvain Cambreling/A: Lucio
Fanti
15. 08. 93 Salzburg (Kleines
Festspielhaus): »Lucio Silla« (Mozart)
ML: Sylvain Cambreling/A: Robert
Longo
06. 10. 93 Frankfurt/M.:
»Wozzeck« (Berg)
ML: Sylvain Cambreling
13. 02. 94 Frankfurt/M.:
»Aus einem Totenhaus« (Janáček)
ML: Sylvain Cambreling
27. 07. 94 Salzburg
(Kleines Festspielhaus):
»The Rake's Progress« (Strawinsky)
ML: Sylvain Cambreling/A: Jörg
Immendorff
27. 11. 94 Frankfurt/M.:
»Don Giovanni« (Mozart)
ML: Sylvain Cambreling/B: Peter
Mussbach/K: Joachim Herzog
20. 08. 95 Salzburg (Kleines
Festspielhaus): »Lulu« (Berg)
ML: Michael Gielen/B: Peter
Mussbach/K: Andrea Schmidt-
Futterer

Christof Nel,

geb. 1945 in Stuttgart, Studium in
München, zunächst Schauspieler in
Luzern, Münster, Bremen, Schaubühne
Berlin. 1972 erste Inszenierung in Köln

(»Stallerhof« von Kroetz). Arbeitete seither an zahlreichen deutschen Bühnen (u. a. Frankfurt/M., Köln, Hamburg, Berlin).

Inszenierungen
26. 09. 83 Frankfurt/M.:
»Der Freischütz« (Weber)
ML: Michael Luig/B: Axel Manthey/ K: Karin Seydth
28. 01. 85 Frankfurt/M.:
»Falstaff« (Verdi)
ML: Michael Gielen/B: Andreas Braito/K: Benedikt Ramm
02. 11. 85 Frankfurt/M.:
»Die verkaufte Braut« (Smetana)
ML: Michael Luig/A: Karl Kneidl
13. 06. 87 Gelsenkirchen: »Die Meistersinger von Nürnberg« (Wagner)
ML: Peter Hirsch/B: Hermann Feuchter/K: Ilse Welter
30. 04. 90 Basel: »Wozzeck« (Berg)
ML: Michael Boder/B: Michael Simon/K: Benedikt Ramm
13. 09. 91 Basel:
»Katja Kabanowa« (Janáček)
ML: Michael Boder/A: Michael Simon
11. 10. 92 Stuttgart:
»Intolleranza« (Nono)
ML: Bernhard Kontarsky/B: Alfred Hrdlicka/K: Gisela Storch
06. 06. 93 Frankfurt/M.: »Die Meistersinger von Nürnberg« (Wagner)
ML: Michael Boder/B: Christof Nel/ Max von Vequel-Westernach/K: Ilse Welter
09. 10. 94 Stuttgart:
»Das Schweigen der Sirenen« (Riehm)
ML: Bernhard Kontarsky/B: Johannes Brus/K: Ilse Welter

Hans Neuenfels,

geb. 31. Mai 1941 in Krefeld, studierte Schauspiel und Regie an der Folkwangschule Essen und am Reinhardt-Seminar in Wien; wurde 1954 Oberspielleiter und Chefdramaturg in Trier, wo man ihn jedoch fristlos entließ; ging daraufhin 1966 nach Krefeld; war zwischen 1967 bis 1970 in Heidelberg, 1970 und 1972 in Stuttgart und 1972 bis 1976 in Frankfurt/M. tätig. Arbeitete immer wieder auch als Filmregisseur. Zwischen 1986 und 1991 war er Inten-

dant der Freien Volksbühne Berlin.

Literatur
Norbert Ely, Hans Neuenfels – Über die schreckliche Klarheit von Träumen, in: Norbert Ely, a. a. O., S. 111 – 134
Jörg W. Gronius/Wend Kässens, a. a. O., S. 69 – 89
Hans Neuenfels: Leidenschaft ist besser als Wut, in: C. Bernd Sucher, a. a. O., S. 134 – 154
Hans Neuenfels zwischen dramaturgischer Innovation und Werktreue. Zur Aktualität und Aktualisierbarkeit der »Aida«, in: Oper heute. Formen der Wirklichkeit im zeitgenössischen Musiktheater. Hrsg. v. Otto Kolleritsch (Studien zur Wertungsforschung, Bd. 16, Universal Edition Wien/Graz 1985, S. 34 – 42

Inszenierungen
1974 Nürnberg:
»Troubadour« (Verdi)
ML: Max Loy/B: Klaus Gelhaar/ K: Dirk von Bodisco
22. 05. 76 Frankfurt/M.:
»Macbeth« (Verdi)
B: Max von Vequel-Westernach/ K: Dirk von Bodisco
20. 01. 79 Frankfurt/M.:
»Die Gezeichneten« (Schreker)
ML: Michael Gielen/A: Dirk von Bodisco
10. 03. 80 Frankfurt/M.:
»Doktor Faust« (Busoni)
ML: Friedrich Pleyer/A: Hans Neuenfels
31. 01. 81 Frankfurt/M.:
»Aida« (Verdi)
ML: Michael Gielen/B: Erich Wonder/ K: Nina Ritter
02. 10. 82 Berlin (Deutsche Oper):
»Die Macht des Schicksals« (Verdi)
ML: Jesus Lopez Cobos/B: Erich Wonder/K: Dirk von Bodisco
01. 10. 83 Berlin (Deutsche Oper):
»Die Soldaten« (B. A. Zimmermann)
ML: Lothar Zagrosek/B: Mark Gläser/ Hans Neuenfels/ K: Dirk von Bodisco
21. 06. 86 Berlin (Deutsche Oper):
»Rigoletto« (Verdi)
ML: Silvio Varviso/B: Hans Neuenfels/K: Dirk von Bodisco
19. 06. 94 Stuttgart: »Die

Meistersinger von Nürnberg« (Wagner)
ML: Gabriele Ferro/A: Reinhard von der Thannen
20. 05. 95 Wien (Theater an der Wien): »Die Wände« (Hölszky)
ML: Ulf Schirmer/A: Reinhard von der Thannen

Luca Ronconi,

geb. 1933 in Susa (Tunesien); studierte an der Accademia d'arte drammatica in Rom, wo er 1953 mit Diplom abschloß. Arbeitete zunächst als Schauspieler und begann 1964 mit ersten Regiearbeiten. Mit seiner Inszenierung des »Orlando furioso« in Spoleto erweckte er internationales Aufsehen; 1974/75 leitete er die Theaterbiennale in Venedig. Eröffnete 1977 eine Theaterwerkstatt in Prato. Seit 1989 ist er Intendant des Teatro Stabile in Turin.

Literatur
Luca Ronconi. Inventare l'opera. Hrsg. v. Angelo Dossena. Ubulibri Mailand 1986
Sabine Keck/Floria Jannucci, a. a. O., S. 15 – 18

Inszenierungen
1967 Turin: »Jeanne d ' Arc au bûcher« (Honegger)/ »Arlecchino« (Busoni)
ML: Gianfranco Rivoli/A: Enrico Job
1969 Zagreb:
»Traumdeutung« (Globokar)
18. 07. 70 Verona: »Carmen« (Bizet)
ML: Oliviero De Fabritiis/A: Pierluigi Pizzi
11. 03. 74 Mailand:
»Die Walküre« (Wagner)
ML: Wolfgang Sawallisch/ A: Pierluigi Pizzi
08. 10. 74 Neapel:
»Le astuzie femminili« (Cimarosa)
ML: Franco Caracciolo/B: Gae Aulenti
18. 02. 75 Bologna:
»Faust« (Gounod)
ML: Reynald Giovaninetti/A: Pierluigi Pizzi
07. 03. 75 Mailand:
»Siegfried« (Wagner)
ML: Wolfgang Sawallisch/A: Pierluigi Pizzi

12. 05. 75 Paris (Théâtre Odéon):
»Il barbiere di Siviglia« (Rossini)
ML: Diego Masson/A: Gae Aulenti
23. 05. 76 Berlin (Staatsoper):
»Oberon« (Weber)
ML: Wolfgang Rennert/B: Pierluigi
Pizzi
18. 06. 76 Florenz (Maggio
Musicale): »Orfeo ed Euridice« (Gluck)
ML: Riccardo Muti/A: Pierluigi Pizzi
02. 04. 77 Mailand:
»Wozzeck« (Berg)
ML: Claudio Abbado/A: Gae Aulenti
05. 05. 77 Florenz (Maggio
Musicale): »Nabucco« (Verdi)
ML: Riccardo Muti/A: Pierluigi Pizzi
08. 10. 77 Nürnberg:
»Der fliegende Holländer« (Wagner)
ML: Hans Gierster/A: Pierluigi Pizzi
07. 12. 77 Mailand:
»Don Carlos« (Verdi)
ML: Claudio Abbado/B: Luciano
Damiani
18. 12. 77 Florenz:
»Il Trovatore« (Verdi)
ML: Riccardo Muti/A: Pierluigi Pizzi
19. 12. 78 Florenz:
»Norma« (Bellini)
ML: Riccardo Muti/A: Luca Ronconi/
Raoul Farolfi
23. 05. 79 Florenz (Maggio
Musicale): »Das Rheingold« (Wagner)
ML: Zubin Mehta/A. Pierluigi Pizzi
20. 10. 79 Lyon:
»Passagio e Opera« (Berio)
ML: Marcello Panni/A: Gae Aulenti
20. 02. 80 Florenz:
»Die Walküre« (Wagner)
ML: Zubin Mehta/A. Pierluigi Pizzi
03. 02. 80 Berlin (Deutsche Oper):
»Macbeth« (Verdi)
ML: Giuseppe Sinopoli/A: Luciano
Damiani
20. 12. 80 Florenz:
»Les contes d'Hoffmann« (Offenbach)
ML: Antonio De Almeida/B: Jean
Paula Chambas/K: Karl Lagerfeld
25. 01. 81 Florenz:
»Siegfried« (Wagner)
ML: Zubin Mehta/A: Pierluigi Pizzi
15. 03. 81 Mailand:
»Donnerstag aus Licht« (Stockhausen)
ML: Peter Eötvös/A: Gae Aulenti
16. 06. 81 Florenz:
»Götterdämmerung« (Wagner)

ML: Zubin Mehta/A: Perluigi Pizzi
04. 04. 82 Bonn:
»Manon Lescaut« (Puccini)
ML: Gianfranci Masini/B: Mario
Garbuglia/K: Vera Marzot
04. 05. 82 Mailand:
»Les Troyens« (Berlioz)
ML: Georges Prêtre/B: Ezio Frigerio/
K: Karl Lagerfeld
08. 12. 82 Mailand: »Ernani« (Verdi)
ML: Riccardo Muti/B: Ezio Frigerio/
K: Franca Squarciapino
12. 09. 82 Bonn:
»La traviata« (Verdi)
ML: Carlo Franci/B: Mario Garbuglia/
K: Vera Marzot
28. 09. 83 Paris (Palais Garnier):
»Moïse et Pharaon ou le passage de la
Mer Rouge« (Rossini)
ML: Georges Prêtre/B: Gianni
Quaranta/K: Giuseppe Crisolini
Malatesta
08. 11. 83 Venedig:
»Così fan tutte« (Mozart)
ML: Peter Maag/A: Luca Ronconi/
Lauro Crisman
08. 02. 84 Bonn:
»Un ballo in maschera« (Verdi)
ML: Anton Guadagno/B: Uberto
Bertacca
25. 05. 84 Mailand
(Palazzo dello Sport): »Samstag aus
Licht« (Stockhausen)
ML: H. Robert Reynolds/Karlheinz
Stockhausen/A: Gae Aulenti
18. 08. 84 Pesaro:
»Il viaggio a Reims« (Rossini)
ML: Claudio Abbado/A: Gae Aulenti
11. 06. 85 Mailand: »L'Orfeo« (Rossi)
ML: Bruno Rigacci/B: Giorgio
Cristini/K: Carlo Diappi
08. 11. 85 Rom:
»Demophoon« (Cherubini)
ML: Gianluigi Gelmetti/B: Gianni
Quaranta/K: Dada Saligeri
07. 12. 85 Mailand: »Aida« (Verdi)
ML: Lorin Maazel/B: Mauro Pagano/
K: Vera Marzot
09. 02. 86 Bologna:
»I vespri siciliani« (Verdi)
ML: Riccardo Chailly/A: Pasquale
Grossi
15. 02. 87 Bologna:
»Capriccio« (Strauss)
ML: Ralf Weikert/B: Margherita

Palli/K: Carlo Diappi
30. 01. 88 Mailand:
»Fetonte« (Jommelli)
ML: Hans Vonk/B: Mauro Pagano/
K: Vera Marzot
20. 10. 88 Wien (Staatsoper):
»Il viaggio a Reims« (Rossini)
ML: Claudio Abbado/A: Gae Aulenti
07. 12. 88 Mailand:
»Guglielmo Tell« (Rossini)
ML: Riccardo Muti/B: Gianni
Quaranta/K: Vera Marzot
02. 02. 89 Mailand:
»Oberon« (Weber)
ML: Seiji Ozawa/B: Margherita Palli/
K: Vera Marzot
27. 11. 90 Bologna:
»Don Giovanni« (Mozart)
ML: Riccardo Chailly
22. 02. 91 Mailand:
»Lodoiska« (Cherubini)
ML: Riccardo Muti/A: Margherita
Palli
10. 08. 93 Salzburg (Großes
Festspielhaus): »Falstaff« (Verdi)
ML: Georg Solti/B: Margherita Palli/
K: Vera Marzot
09. 12. 93 Turin:
»Die Sache Makropulos« (Janáček)
ML: Pinchas Steinberg/B: Margherita
Palli/K: Carlo Diappi
05. 03. 94 Brüssel: »Otello« (Rossini)
ML: Gianluigi Gelmetti/B: Margherita
Palli/K: Rudy Sabounghi
28. 05. 94 Mailand:
»Elektra« (Strauss)
ML: Guiseppe Sinopoli/B: Gae
Aulenti/K: Giovanna Buzzi/Giorgio
Armani
28. 01. 95 Bologna:
»Macbeth« (Verdi)
ML: Gary Bertini/A. Luciano Damiani
09. 02. 95 Paris (Bastille):
»La damnation de Faust« (Berlioz)
ML: Myung-Whun Chung/
B: Margherita Palli
21. 06. 95 Florenz (Maggio
Musicale): »Fierrabras« (Schubert)
ML: Semyon Bychkov

Niels-Peter Rudolph,

geb. 1939 in Wuppertal, Studium in
Berlin, zunächst am Studententheater
in Kiel tätig, danach von 1963 bis 1968

Regieassistent und Regisseur in Bochum; ab 1970 Inszenierungen am Staatstheater Stuttgart und in Berlin und ab 1980 Intendant des Deutschen Schauspielhauses Hamburg.

Inszenierungen

04. 11. 87 Stuttgart: »Die Entführung aus dem Serail« (Mozart) ML: Hans Zender/A: Lilot Hegi
21. 02. 90 München (Staatsoper): »Der Freischütz« (Weber) ML: Otmar Suitner/A: Wolf Münzer
02. 03. 91 Stuttgart: »Die seidene Leiter« (Rossini) ML: Alberto Zedda/B: Wolf Münzer/ K: Joachim Herzog
17. 02. 95 Nürnberg: »Moses und Aron« (Schönberg) ML: Eberhard Kloke/ B: N. -P. Rudolph u. Martin Warth/ K: Falk Bauer

Johannes Schaaf,

geb. 1933 in Bad Cannstatt bei Stuttgart; arbeitete als Film- und Schauspielregisseur (Inszenierungen u. a. in Bremen, München, Salzburg, Wien, Düsseldorf), 1980 für wenige Monate Direktoriumsmitglied am Schauspiel Frankfurt/M.

Literatur

Interview mit J. Schaaf von Peter Schünemann, in: Das Opernglas. 7. Jg., H. 2 (Febr. 1987), S. 17 – 19
Interview mit J. Schaaf von Imre Fabian, in: Opernwelt. 29. Jg., H. 2 (Feb. 1988), S. 35 – 37
Sabine Keck/Floria Jannucci, a. a. O., S. 159 – 162

Inszenierungen

1978 Wien (Volksoper): »Hoffmanns Erzählungen« (Offenbach)
15. 05. 83 Bremen: »Eugen Onegin« (Tschaikowski) ML: Peter Erckens/B: Susanne Thaler/K: Peter Pabst
1985 Salzburg (Festspiele): »Capriccio« (Strauss)
21. 02. 87 Wien (Staatsoper): »Idomeneo« (Mozart) ML: Nikolaus Harnoncourt/B: David Fielding/K: Tobias Hoheisel
01. 06. 87 Amsterdam: »Die Fledermaus« (Strauß) ML: Nikolaus Harnoncourt/ A: Andreas Reinhardt
27. 07. 87 Salzburg (Festspiele): »Die Entführung aus dem Serail« (Mozart) ML: Horst Stein/B: Andreas Reinhardt/K: Peter Pabst
08. 10. 87 London (Covent Garden): »Le nozze de Figaro« (Mozart) ML: Bernard Haitink/B: Xenia Hausner/K: Peter Pabst
19. 12. 87 Berlin (Deutsche Oper): »Der Freischütz« (Weber) ML: Jesus Lopez Cobos/B: Andreas Reinhardt/K: Tobias Hoheisel
06. 04. 89 London (Covent Garden): »Così fan tutte« (Mozart) ML: Jeffrey Tate/B: Hans Schavernoch/K: Lore Haas
15. 12. 89 Wien (Staatsoper): »Così fan tutte« (Mozart) ML: Nikolaus Harnoncourt/B: Hans Schavernoch/K: Lore Haas
25. 02. 90 Frankfurt: »Die Nase« (Schostakowitsch) ML: Oleg Caetani/A: Peter Papbst
02. 04. 90 München (Staatsoper): »Dantons Tod« (von Einem) ML: Wolfgang Sawallisch/A: Ezio Toffolutti
18. 11. 90 Hamburg: »Le nozze di Figaro« (Mozart) ML: Eliahu Inbal/A: Ezio Toffolutti
20. 05. 91 München (Staatsoper): »Boris Godunow« (Mussorgski) ML: Valery Gergiev/B: Wolfgang Gussmann/K: Gabriele Jaennecke
27. 07. 91 Salzburg (Großes Festspielhaus): »Die Zauberflöte« (Mozart) ML: Georg Solti/B: Rolf Glittenberg/ K: Marianne Glittenberg
04. 11. 91 Amsterdam: »Fidelio« (Beethoven) ML: Hans Martin Schneidt/A: Peter Pabst
07. 02. 92 London (Covent Garden): »Don Giovanni« (Mozart) ML: Bernard Haitink/A: Peter Pabst
28. 05. 92 Stuttgart: »Lady Macbeth von Mzensk« (Schostakowitsch) ML: Ingo Metzmacher/B: Nina Ritter/K: Nina Ritter/Franz Lehr
30. 01. 93 Stuttgart: »Wozzeck« (Berg) ML: Gabriele Ferro/B: Paul Lerchbaumer/K: Joachim Herzog
02. 05. 93 Hamburg: »Die Entführung aus dem Serail« (Mozart) ML: Claus Peter Flor/A: Wolfgang Gussmann
20. 12. 94 Stuttgart: »Rigoletto« (Verdi) ML: Ingo Metzmacher/B: Alexander Lintl/K: Gabi Rahm
11. 03. 95 Stuttgart: »Hänsel und Gretel« (Humperdinck) ML: Michael Boder/A: Rolf und Marianne Glittenberg
12. 11. 95 Stuttgart: »Simone Boccanegra« (Verdi) ML: Francesco Corti/B: Alexander Lintl/K: Muriel Gerstner

Werner Schroeter,

geb. 7. April 1945 in Georgenthal (Thüringen), aufgewachsen in Bielefeld und Heidelberg. Nach dem Abitur in Heidelberg studierte er in Mannheim zunächst Psychologie und wechselte zur Filmhochschule München, von der er aber bereits nach wenigen Wochen wieder abging. 1968 entstanden seine ersten 8-mm-Filme. Er lernte Rosa von Praunheim kennen, mit dem er die nächsten Jahre zusammenarbeitete. 1969 gewann er den »Joseph-von-Sternheim«-Preis für »Eika Katappa«. Seit 1972 arbeitet er auch als Schauspielregisseur.

Literatur

Sabine Dhein, Werner Schroeter (Regie im Theater, hrsg. von Claudia Balk), Fischer Taschenbuchverlag Frankfurt/M. 1991
Interview mit Werner Schroeter von Dietrich Kuhlbrodt, in: Frankfurter Rundschau vom 23. 11. 85

Inszenierungen

30. 09. 79 Kassel: »Lohengrin«(Wagner) ML: James Lockhart/B. Werner Schroeter/Walter Perdacher/ K: Alberte Barsacq

04. 10. 80 Venedig:
»Eine florentinische Tragödie«
(Zemlinsky)
ML: Friedrich Pleyer/B: Paolo
Portoghesi/K: Werner Schroeter
24. 11. 85 Bremen:
»La Wally« (Catalani)
ML: Pinchas Steinberg/A: Alberte
Barsacq
24. 07. 86 Mexico City:
»Salome« (Strauss)
ML: Francisci Savin/A: Werner
Schroeter
07. 07. 87 Livorno:
»Lucia di Lammermoor« (Donizetti)
ML: Anton Guadagno/A: Florian Etti
19. 09. 87 Freiburg:
»Médée« (Cherubini)
ML: Eberhard Kloke/A: Alberte
Barsacq
06. 11. 88 Basel:
»Parisina d'Este« (Donizetti)
ML: Baldo Podic/A: Alberte Barsacq
22. 02. 89 Düsseldorf
(Schauspielhaus):
»Wagner und... « (Wagner/Huber)
ML: Eberhard Kloke/A: Alberte
Barsacq
03. 06. 90 Düsseldorf (Schauspiel-
haus): »Missa solemnis« (Beethoven)
ML: Eberhard Kloke/B: Werner
Schroeter/K: Werner Schroeter/
Andrea Markhoff
02. 12. 91 Amsterdam:
»Luisa Miller« (Verdi)
ML: Carlo Rizzi/A: Alberte Barsacq
Sept. 92 Düsseldorf
(Schauspielhaus):
»Die Jakobsleiter« (Schönberg)/»Ich
wandte mich und sah an alles Unrecht,
das geschah unter der Sonne«
(B. A. Zimmermann)
ML: Eberhard Kloke/A: Alberte
Barsacq
01. 02. 93 Genf:
»Luisa Miller« (Verdi)
ML: Carlo Rizzi/A: Alberte Barsacq
07. 03. 93 Frankfurt/M.:
»Lady Macbeth von Mzensk«
(Schostakowitsch)
ML: Eberhard Kloke/A: Alberte
Barsacq
03. 05. 94 Paris (Bastille):
»Tosca« (Puccini)
ML: Spiros Argiris

Peter Sellars,

geb. 1957 in Pittsburgh (Pennsylvania),
studierte an der Harvard University,
wo aus der Zusammenarbeit mit Sängern und Instrumentalisten opernähn-
liche Projekte entstehen. Wurde künstlerischer Leiter der Boston Shakespeare Company für eine Saison und ging
danach nach Washington als Leiter des
American National Theatre im Kenne-
dy Center. Erhielt 1983 ein Stipendium
der MacArthur Foundation. 1990 übernahm er die Leitung des Los Angeles
Festivals.

Literatur
Ivan Nagel, Handelt Händel von
uns?, in: Der Spiegel vom 09. 05. 88,
S. 212/213
Jordan Mejias, Peter Sellars, in:
Frankfurter Allgemeine Magazin,
H. 532 vom 11. 05. 90
»Warum müssen Kulturen
voneinander lernen, Mister Sellars?«.
Ein Interview von Jordan Mejias, in:
Frankfurter Allgemeine Magazin,
H. 573 vom 22. 02. 91
Nach Art von Hitchcock. Gespräch
mit Peter Sellars von Malte Linde, in:
Frankfurter Rundschau vom 30. 06. 92
»Ich haße Ausgedachtes. Alles muß
aus Erfahrung kommen. Niemand
erfindet wirklich etwas Neues!«. Ein
Gespräch mit Peter Sellars von Michael
Merschmeier, in: Theater 1987. Jahr-
buch der Zeitschrift »Theater heute«,
S. 16 – 23

Inszenierungen
1986 Purchase (Summerfare
Festival): »Così fan tutte« (Mozart)
ML: Craig Smith
1987 Purchase (Summerfare
Festival): »Don Giovanni« (Mozart)
ML: Craig Smith
05. 10. 87 Glyndebourne:
»The electrification of the Soviet
Union« (Osborne)
ML: Elgar Howarth/B: George
Tsypin/K: Dunya Ramicova
22. 10. 87 Houston:
»Nixon in China« (Adams)
ML: John DeMain/B: Adrienne
Lobel/K: Dunya Ramicova

01. 05. 88 Brüssel:
»Giulio Cesare in Egitto« (Händel)
ML: Craig Smith/B: Elaine Spatz-
Rabinowitz/K: Dunya Ramicova
02. 06. 88 Amsterdam:
»Nixon in China« (Adams)
ML: Edo de Waart/B: Adrienne
Lobel/K: Dunya Ramicova
13. 07. 88 Purchase (Summerfare
Festival): »Le nozze di Figaro« (Mozart)
ML: Craig Smith
10. 10. 88 Chicago:
»Tannhäuser« (Wagner)
ML: Ferdinand Leitner/B: George
Tsypin
21. 05. 90 Glyndebourne:
»Die Zauberflöte« (Mozart)
ML: Lothar Zagrosek/B: Adrienne
Lobel/K: Dunya Ramicova
19. 03. 91 Brüssel:
»The Death of Klinghoffer« (Adams)
ML: Kent Nagano/Choreografie: Mark
Morris/B: George Tsypin/K: Dunya
Ramicova
17. 08. 92 Salzburg (Felsenreitschule):
»Saint François d'Assise« (Messiaen)
ML: Esa-Pekka Salonen/B: George
Tsypin/K: Dunya Ramicova
01. 06. 93 Amsterdam:
»Pelléas et Mélisande« (Debussy)
ML: Simon Rattle/B: George Tsypin/
K: Dunya Ramicova
22. 08. 94 Salzburg (Großes
Festspielhaus): »Oedipus Rex«/
»Psalmensymphonie« (Strawinsky)
ML: Kent Nagano/B: COOP Himmel-
b(l)au/K: Dunya Ramicova
04. 02. 95 Los Angeles:
»Pelléas et Mélisande« (Debussy)
ML: Simon Rattle/B: George Tsypin/
K: Dunya Ramicova

Peter Stein,

geb. 1. Oktober 1937 in Berlin, studierte zwischen 1956 und 1964 Germanistik und Kunstgeschichte in Frank-
furt/M. und München. Wurde 1964
Regieassistent an den Münchner Kammerspielen. 1967 folgte seine erste
eigene Regiearbeit mit Edward Bonds
»Gerettet« (ebenfalls an den Kammerspielen). 1970 gründete er die Schaubühne in Berlin, deren künstlerischer
Leiter er bis 1985 blieb. Seit 1991 ist er

Schauspieldirektor bei den Salzburger Festspielen.

Literatur

Das Theater ist eine Art Museum. Gespräch mit Peter Stein, in: Herbert Mainusch, a. a. O., S. 111 – 118

Sibylle Wirsing, Das reiche Theater. Peter Stein und die Berliner Schaubühne, in: Frankfurter Allgemeine Zeitung (Beilage) vom 02. 11. 85

Interview mit Peter Stein von Andrea Wolowiec, in: Das Opernglas. 15. Jg., H. 7/8 (Juli/August '94), S. 30 – 35

Ivan Nagel, Kortner – Zadek – Stein, Hanser Verlag München 1989

Inszenierungen

06. 12. 76 Paris (Palais Garnier): »Das Rheingold« (Wagner)
ML: Georg Solti/B: Karl-Ernst Herrmann/K: Moidele Bickel
März '86 Cardiff: »Otello« (Verdi)
ML: Richard Armstrong/B: Lucio Fanti/K: Moidele Bickel
10. 09. 88 Cardiff: »Falstaff« (Verdi)
ML: Richard Armstrong/B: Lucio Fanti/K: Moidele Bickel
21. 02. 92 Cardiff: »Pelléas et Mélisande« (Debussy)
ML: Pierre Boulez/B: Karl-Ernst Herrmann/K: Moidele Bickel
04. 10. 95 Amsterdam: »Moses und Aron« (Schönberg)
ML: Pierre Boulez/B: Karl-Ernst Herrmann/K: Moidele Bickel

Herbert Wernicke,

geb. 24. März 1946 in Auggen (Schwarzwald), studierte 1965/66 an der Musikhochschule Braunschweig (Dirigieren, Klavier, Flöte); von 1967 bis 1971 besuchte er die Kunstakademie München (Bühnenbildklasse von Rudolf Heinrich). Sein erstes Engagement als Bühnen- und Kostümbildner trat er 1971 in Landshut an. 1971 bis 1974 arbeitete er in Wuppertal, und seit 1975 ist er freiberuflich tätig.

Literatur

»Ich schaue gern in die Fenster anderer Leute«. Herbert Wernicke im Gespräch mit Manuel Brug, in: Opernwelt. 35. Jg., H. 3 (März 1994), S. 4 – 7

Interview mit Herbert Wernicke von Nora Eckert, in: Das Opernglas. 15. Jg., H. 7/8 (Juli/August '94), S. 36 – 39

Thomas Delekat, Hang zur nackten Maya. Der Opernregisseur Herbert Wernicke, in: Die Deutsche Bühne. 57. Jg., H. 11 (Nov. 1986), S. 14 – 17

Thomas Wördehoff, Es muß komischerweise ein Walzer sein. Regisseur Herbert Wernicke entdeckt nicht nur die Operette wieder: Karriere gegen den Opernstrich, in: Die Weltwoche (Zürich) vom 01. 02. 90

Sabine Keck/Floria Jannucci, a. a. O., S. 45 – 49

Inszenierungen

28. 05. 78 Darmstadt: »Belsazar« (Händel)
ML: L. Plettner
23. 12. 79 Mannheim: »Carmen« (Bizet)
ML: Hans Wallat
23. 02. 80 München: »Judas Maccabäus« (Händel)
ML: G. Ferro
23. 05. 80 Schwetzingen (Koproduktion mit Deutscher Oper Berlin): »Hippolyte et Aricie« (Rameau)
26. 10. 80 Darmstadt: »Alceste« (Lully)
ML: K. -H. Bloemeke
25. 01. 81 München (Staatsoper): »Der fliegende Holländer« (Wagner)
ML: Wolfgang Sawallisch
28. 05. 81 Schwetzingen (Koproduktion mit Staatstheater Darmstadt): »Juditha triumphans« (Vivaldi)
ML: Hans Drewanz
06. 11. 81 Berlin (Deutsche Oper/ Hebbeltheater): »Montezuma« (Graun)
ML: Hans Hilsdorf
24. 01. 82 Hannover: »Herakles« (Händel)
ML: Hans Herbert Jöris
22. 03. 82 Basel: »Die Entführung aus dem Serail« (Mozart)
ML: Harri Rodmann
25. 06. 82 Bremen: »Jephta« (Händel)
ML: Peter Erckens
23. 01. 83 Hannover: »Lulu« (Berg)

ML: George Alexander Albrecht
20. 03. 83 Hamburg: »Der Kreidekreis« (Zemlinsky)
ML: Adam Fischer
18. 11. 83 Darmstadt: »Der Barbier von Sevilla« (Rossini)
ML: R. Baum
04. 03. 84 Hamburg: »Die Meistersinger von Nürnberg« (Wagner)
ML: Christoph von Dohnányi
02. 04. 84 Basel: »Simone Boccanegra« (Verdi)
ML: Baldo Podic
22. 06. 84 Bremen: »La clemenza di Tito« (Mozart)
ML: Peter Schneider
24. 10. 84 Kassel: »Die sechs Florentiner Intermedien von 1589: Die Prophezeiung des Goldenen Zeitalters und der Schrecken der Hölle«
ML: Samuel Bächli
06. 04. 85 Frankfurt/M.: »Hoffmanns Erzählungen«
ML: Michael Boder
09. 11. 85 Kassel: »Phaeton« (Lully)
ML: C. Fröhlich
08. 02. 86 Berlin (Deutsche Oper): »Oberon oder Des Elfenkönigs Schwur« (Weber)
ML: Jesus Lopez Cobos
Juni '86 Berlin (Theater des Westens): »Wiener Blut« (Strauß)
17. 10. 86 Gelsenkirchen: »Die Krönung der Poppea« (Monteverdi)
ML: Samuel Bächli
20. 11. 86 Amsterdam: »Der Kreidekreis« (Zemlinsky)
28. 02. 87 Kassel: »O Ewigkeit, du Donnerwort« (Vier Kirchenkantaten von J. S. Bach, szenische Aufführung)
ML: Karl Scheuber
16. 08. 87 Schwetzingen (Koproduktion mit der Hamburgischen Staatsoper): »Le Cinesi«/»Echo et Narcisse« (Gluck)
ML: René Jacobs
15. 11. 87 Gelsenkirchen: »Der Campiello« (Wolf-Ferrari)
ML: Laurent Wagner
20. 12. 87 Kassel: »Orfeo ed Euridice« (Gluck)
ML: Samuel Bächli
15. 04. 88 Frankfurt/M.: »Elektra« (Strauss)
ML: Richard Armstrong

05. 09. 88 Amsterdam:
»Herzog Blaubarts Burg« (Bartók)
01. 10. 88 Basel:
»Wiener Blut« (Strauß, Wrnicke, Gold)
ML: Curt Gold
Dez. '88 Paris (Palais Garnier):
»Die Meistersinger von Nürnberg«
(Wagner)
ML: Lothar Zagrosek
29. 01. 89 Hannover:
»Enrico Leone« (Steffani)
ML: Lajos Rovatkey
11. 04. 89 Basel: »Le Cinesi«/
»Echo et Narcisse« (Gluck)
ML: Olivier Cuendet
04. 06. 89 Basel: »Salome« (Strauss)
ML: Armin Jordan
29. 10. 89 Mannheim:
»Aus einem Totenhaus« (Janáček)
ML: Friedemann Layer
26. 01. 90 Basel:
»Im weißen Rößl« (Benatzky)
ML: J. Corn
12. 05. 90 Frankfurt (Alte Oper):
»Moses und Aron« (Schönberg)
ML: Gary Bertini
26. 11. 90 Basel:
»Così fan tutte« (Mozart)
ML: Michael Boder
10. 02. 91 Basel:
»La belle Hélène« (Offenbach)
ML: Samuel Bächli
08. 10. 91 Brüssel:
»Der Ring des Nibelungen« (Wagner)
»Das Rheingold«
09. 10. 91 »Die Walküre«
11. 10. 91 »Siegfried«
13. 10. 91 »Götterdämmerung«
ML: Sylvain Cambreling
24. 01. 92 Basel:
»Die Fledermaus« (Strauß)
ML: Franz Wittenbrink
27. 04. 92 Basel:
»Don Giovanni« (Mozart)
ML: Michael Boder
11. 01. 93 Basel: »Die Hochzeit des
Luis Alonso oder Die Nacht vor dem
Stierkampf« (Giménez)
ML: Franz Wittenbrink
01. 04. 93 Brüssel:
»La Calisto« (Cavalli)

ML: René Jacobs
27. 07. 93 Salzburg (Festspiele):
»L'Orfeo« (Monteverdi)
ML: René Jacobs
17. 12. 93 Hamburg
(Deutsches Schauspielhaus):
»Der Zigeunerbaron« (Strauß)
ML: Franz Wittenbrink
13. 03. 94 Frankfurt/M.:
»Herzog Blaubarts Burg« (Bartók)
ML: Sylvain Cambreling
26. 03. 94 Salzburg (Osterfestspiele):
»Boris Godunow« (Mussorgsky)
ML: Claudio Abbado
11. 06. 94 Basel:
»Theodora« (Händel)
ML: Friedemann Layer
13. 11. 94 Basel: »Carmen« (Bizet)
ML: Baldo Podic
31. 05. 95 Amsterdam:
»Esmee« (Loevendie)
ML: Friedemann Layer
30. 07. 95 Salzburg (Großes
Festspielhaus): »Der Rosenkavalier«
(Strauss)
ML: Lorin Maazel

Robert Wilson,

geb. 4. Oktober 1941 in Waco/Texas
(USA). Ging 1962 nach New York, wo
er am Pratt Institute »decorative archi-
tecture« studierte. Arbeitete danach
therapeutisch mit behinderten
Kindern. 1969 gründete er die »Byrd
Hoffmann School of Byrds« für inter-
mediale Zusammenarbeit von Künstlern. Im gleichen Jahr entstand sein
erstes Bühnenstück »The king of
spain«. 1971 gab er beim Festival von
Nancy mit »Deafman Glance« sein
europäisches Bühnendebüt.

Literatur
Collaboration Robert Wilson.
Parkett. Nr. 16 (Kunstzeitschrift),
Zürich 1988
Marie Hüllenkremer, Gespreizte
Hände, gewinkelte Arme. Präzise Be-
wegungen im Zeitlupentempo sind für
das Werk des Regisseurs charakteri-
stisch. Robert Wilson, in: Die Zeit.
Nr. 14 vom 29. 03. 91

Andres Müry, Robert Wilson, in:
Frankfurter Allgemeine Magazin,
H. 404 vom 27. 11. 87

Inszenierungen
1976 Avignon:
»Einstein on the beach« (Glass)
Okt. '82 Paris (Théâtre des Champs-
Elysées): »Great Day in the Morning«
(Spirituels mit Jessye Norman)
1984 Lyon: »Médée« (Charpentier)
05. 12. 86 Stuttgart:
»Alceste« (Gluck)
ML: Christoph Eschenbach/
K: Joachim Herzog
11. 01. 87 Mailand:
»Salome« (Strauss)
ML: Kent Nagano/B: Robert Wilson/
Giorgio Cristini/K: Gianni Versace
11. 06. 88 Hamburg: »Cosmopolitan
Greetings« (Ginsberg, Gruntz,
Liebermann, Wilson)
ML: George Gruntz
16. 05. 89 Mailand:
»Doktor Faustus« (Manzoni)
ML: Gary Bertini/B: Robert Wilson/
Giorgio Cristini/K: Gianni Versace
01. 06. 89 Amsterdam:
»De Materie« (Andriessen)
ML: Reinbert de Leeuw/K: Frieda
Parmeggiani
14. 09. 90 Chicago: »Alceste« (Gluck)
ML: Gary Bertini/K: Joachim Herzog
24. 03. 91 Hamburg:
»Parsifal« (Wagner)
ML: Gerd Albrecht/K: Frieda
Parmeggiani
21. 09. 91 Zürich:
»Lohengrin« (Wagner)
ML: Ralf Weikert/K: Susanne Raschig
03. 12. 91 Paris (Bastille):
»Die Zauberflöte« (Mozart)
ML: Friedemann Layer/K: Dohn
Coniccin
24. 08. 95 Salzburg (Großes Fest-
spielhaus): »Herzog Blaubart«
(Bartók)/»Erwartung« (Schönberg)
ML: Christoph von Dohnányi/
B: Robert Wilson/
K: Frida Parmeggiani

LITERATURHINWEISE

Die nachfolgenden Literaturhinweise dienen zugleich als Nachweis für die in den vorangegangenen Texten verwendeten Zitate, sofern deren Quellen dort nicht genannt wurden. Mehrfach wurde bei den Porträts aus Rezensionen zitiert, wobei nur die Namen der Rezensenten genannt wurden. Im Fall von Gerhard Koch handelt es sich stets um die »Frankfurter Allgemeine Zeitung«, bei Hans-Klaus Jungheinrich um die »Frankfurter Rundschau« und bei Heinz Josef Herbort um »Die Zeit«.

Theodor W. Adorno, Klangfiguren. Musikalische Schriften I. Suhrkamp Berlin und Frankfurt 1959 (darin: Bürgerliche Oper)

ders., Einleitung in die Musiksoziologie. Zwölf theoretische Vorlesungen. Suhrkamp Frankfurt 1962

Rudolph Angermüller, Mozart-Opern von der Uraufführung bis heute. Propyläen Frankfurt/M./Wien/Berlin 1988

Michael Behr, Musiktheater – Faszination, Wirkung, Funktion (Veröffentlichungen zur Musikforschung Bd. 6, hrsg. v. Richard Schaal). Heinrichshofen's Verlag Wilhelmshaven 1983

Udo Bermbach / Wolfgang Konold (Hrsg.), Oper von innen. Produktionsbedingungen des Musiktheaters. Reimer Verlag, Berlin/Hamburg 1993

Manfred Brauneck, Klassiker der Schauspielregie. Positionen und Kommentare zum Theater des 20. Jahrhunderts. Rowohlt Taschenbuch Verlag Reinbek

Peter Brook, Der leere Raum. Aus dem Englischen von Walter Hasenclever. Vorrede von Siegfried Melchinger. Hoffmann u. Campe Hamburg 1969

ders., Wanderjahre. Schriften zu Theater, Film & Oper 1946 – 1987. Deutsch von Gretchen Meier-Müller, bearbeitet von Ingrid Wewerka und Eric Peter Germain. Alexander Verlag Berlin 1989

ders., Das offene Geheimnis. Gedanken über Schauspielerei und Theater. S. Fischer Verlag Frankfurt/M. 1994

Hans Curjel, Experiment Krolloper 1927 – 1931. Aus dem Nachlaß hrsg. von Eigel Kruttge. Prestel Verlag München 1975

Mara Eggert / Hans-Klaus Jungheinrich, Durchbrüche. Die Oper Frankfurt. 10 Jahre Musiktheater mit Michael Gielen. Quadriga Verlag, Weinheim u. Berlin 1987

Norbert Ely / Stefan Jaeger (Hrsg.), Regie heute. Musiktheater in unserer Zeit. Quadriga Verlag Berlin 1984

Entartet Verdrängt Vergessen. Bielefelds Oper erhebt Einspruch 1980 – 1993. Hrsg. von Heiner Bruns. Mit Beiträgen von John Dew, Alexander Gruber und Thomas Mense. Westfalen Verlag Bielefeld 1993

Imre Fabian im Gespräch mit Jean-Pierre Ponnelle. Orell Füssli Verlag Zürich und Schwäbisch Hall 1983

Jürgen Fehling. Der Regisseur (1885 – 1968). Ausstellungskatalog der Akademie der Künste Berlin 1978

Das Theater des deutschen Regisseurs Jürgen Fehling. Hrsg. im Auftrag des Fehling Archivs Joana Maria Gorvin von Gerhard Ahrens. Mitarbeit Carsten Ahrens. Quadriga Verlag Weinheim/Berlin 1985

Jürgen Fehling, Die Magie des Theaters. Äußerungen und Aufzeichnungen mit einem Essay von Siegfried Melchinger. Friedrich Verlag Velber b. Hannover 1965

Götz Friedrich, Musiktheater. Ansichten – Einsichten. Propyläen Verlag Berlin 1986

Peter Hacks, Oper. Deutscher Taschenbuch Verlag München 1980

Joachim Herz, ... und Figaro läßt sich scheiden. Oper als Idee und Interpretation. R. Piper Verlag München 1985

Peter Heyworth, Otto Klemperer. Dirigent der Republik 1885 – 1933. Siedler Verlag Berlin 1988

Kurt Honolka, Die Oper ist tot – die Oper lebt. Kritische Bilanz des deutschen Musiktheaters. Deutsche Verlagsanstalt Stuttgart 1986

Leopold Jessner, Schriften. Theater der zwanziger Jahre. Hrsg. von Hugo Fetting. Henschelverlag Berlin 1979

Wend Kässens u. Jörg W. Gronius, Theatermacher. Athenäum Verlag Frankfurt 1987

Sabine Keck / Floria Jannucci, Die Regie hat das Wort. Meinungen zum Musiktheater. Georg Westermann Verlag Braunschweig 1988

Otto Klemperer, Anwalt guter Musik. Texte aus dem Arbeitsalltag eines Musikers. Hrsg. von Stephan Stompor. Henschel Verlag Berlin 1993

Gerhard R. Koch, Tradition, Glamour, Experiment und Krise. Musiktheater in der Bundesrepublik Deutschland zwischen 1967 und 1982, in: Theater 1967/1982. Hrsg. von Manfred Linke. Schriftenreihe des Zentrums Bundesrepublik Deutschland des Internationalen Theaterinstituts e. V., Bd. 2, Berlin 1983, S. 91 – 111

Dieter Kranz, Gespräche mit Felsenstein. Aus der Werkstatt des Musiktheaters. Henschelverlag Berlin 1981

Ernst Křenek, Zur Sprache gebracht.

Essays über Musik. Hrsg. und mit einer Einleitung versehen von Friedrich Saathen. Langen-Müller München 1958

Rolf Liebermann, Und jedermann erwartet sich ein Fest. Musiktheater. Ullstein Verlag Frankfurt/M./Berlin 1981

Herbert Mainusch, Regie und Interpretation. Gespräche mit Regisseuren. Wilhelm Fink Verlag München 1989

Hans Mayer, Versuche über die Oper. Suhrkamp Verlag Frankfurt/M. 1981

Friedrich Michael und Hans Daiber, Geschichte des deutschen Theaters. Suhrkamp Verlag Frankfurt/M. 1990

Oper heute. Formen der Wirklichkeit im zeitgenössischen Musiktheater. Hrsg. von Otto Kolleritsch. Studien zur Wertungsforschung, Bd. 16. Universal Edition Wien/Graz 1985

Walter Panofsky, Wieland Wagner. Carl Schünemann Verlag Bremen 1964

ders., Protest in der Oper. Das provokative Theater der zwanziger Jahre. München 1966

Vibeke Peusch, Opernregie. Regieoper. Avantgardistisches Musiktheater in der Weimarer Republik. tende Verlag Frankfurt/M./Dülmen 1984

Hans J. Reichardt, ... bei Kroll 1844 bis 1957. Etablissement. Ausstellungen. Theater. Konzerte. Oper.Reichstag. Gartenlokal. Ausstellungskatalog des Landesarchivs Berlin 1988

Max Reinhardt, Ich bin nichts als ein Theatermann. Briefe, Reden, Aufsätze, Interviews, Gespräche, Auszüge aus Regiebüchern. Hrsg. von Hugo Fetting. Henschelverlag Berlin 1989

Günther Rennert, Opernarbeit. Inszenierungen 1963 – 1973. Werkstattbericht. Interpretation. Bilddokumente. Deutscher Taschenbuch Verlag München 1974

Curt Riess, Theater gegen das Publikum. Aida als Putzfrau und andere Missetaten. Langen Müller Verlag München/Wien 1985

Giorgio Strehler, Für ein menschlicheres Theater. Geschriebene, gesprochene und verwirklichte Gedanken. Hrsg. und aus dem Italienischen von Sinah Kessler. Henschelverlag Berlin 1977

Hans Heinz Stuckenschmidt, Oper in dieser Zeit. Europäische Opernereignisse aus vier Jahrzehnten. Friedrich Verlag Velber 1964

C. Bernd Sucher, Theaterzauberer 2. Von Bondy bis Zadek. Zehn Regisseure des deutschen Gegenwartstheaters. R. Piper Verlag München 1990

Walther R. Volback, Adolphe Appia. Prophet of the Modern Theatre: A Profile. Wesleyan University Press Middletown, Connecticut 1968

Franz Willnauer, Gustav Mahler und die Wiener Oper. Löcker Verlag Wien 1993